T0190377

Edition <kes>

Herausgegeben von
P. Hohl, Ingelheim, Deutschland

Mit der allgegenwärtigen Computertechnik ist auch die Bedeutung der Sicherheit von Informationen und IT-Systemen immens gestiegen. Angesichts der komplexen Materie und des schnellen Fortschritts der Informationstechnik benötigen IT-Profis dazu fundiertes und gut aufbereitetes Wissen.

Die Buchreihe Edition <kes> liefert das notwendige Know-how, fördert das Risikobewusstsein und hilft bei der Entwicklung und Umsetzung von Lösungen zur Sicherheit von IT-Systemen und ihrer Umgebung.

Herausgeber der Reihe ist Peter Hohl. Er ist darüber hinaus Herausgeber der <kes>– Die Zeitschrift für Informations-Sicherheit (s.a. www.kes.info), die seit 1985 im Secu-Media Verlag erscheint. Die <kes> behandelt alle sicherheitsrelevanten Themen von Audits über Sicherheits-Policies bis hin zu Verschlüsselung und Zugangskontrolle. Außerdem liefert sie Informationen über neue Sicherheits-Hard- und -Software sowie die einschlägige Gesetzgebung zu Multimedia und Datenschutz.

Secure ICT Service Provisioning for Cloud, Mobile and Beyond
Von Eberhard von Faber und Wolfgang Behnsen

Security Awareness
Von Michael Helisch und Dietmar Pokoyski

Der IT Security Manager
Von Heinrich Kersten und Gerhard Klett

IT-Notfallmanagement mit System
Von Heinrich Kersten, Gerhard Klett und Klaus-Werner Schröder

IT-Sicherheitsmanagement nach ISO 27001 und Grundschutz
Von Heinrich Kersten, Jürgen Reuter und Klaus-Werner Schröder

Information Security Risk Management
Von Sebastian Klipper

Konfliktmanagement für Sicherheitsprofis
Von Sebastian Klipper

IT-Risiko-Management mit System
Von Hans-Peter Königs

Rollen und Berechtigungskonzepte
Von Alexander Tsolkas und Klaus Schmidt

Datenschutz kompakt und verständlich
Von Bernhard C. Witt

Heinrich Kersten · Jürgen Reuter ·
Klaus-Werner Schröder

IT-Sicherheitsmanagement nach ISO 27001 und Grundschutz

Der Weg zur Zertifizierung

4., aktualisierte und erweiterte Auflage

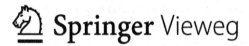

Dr. Heinrich Kersten
Meckenheim, Deutschland

Dipl.-Math. Klaus-Werner Schröder
Bornheim, Deutschland

Dipl.-Ing. Jürgen Reuter
Ober-Ramstadt, Deutschland

DIN-Normen wiedergegeben mit Erlaubnis des DIN Deutsches Institut für Normung e.V. Maßgebend für das Anwenden der DIN-Norm ist deren Fassung mit dem neuesten Ausgabedatum, die bei der Beuth Verlag GmbH, Burggrafenstr. 6, 10787 Berlin, erhältlich ist.

ISBN 978-3-658-01723-1   ISBN 978-3-658-01724-8 (eBook)
DOI 10.1007/978-3-658-01724-8

Die Deutsche Nationalbibliothek verzeichnet diese Publikation in der Deutschen Nationalbibliografie; detaillierte bibliografische Daten sind im Internet über http://dnb.d-nb.de abrufbar.

Springer Vieweg
© Springer Fachmedien Wiesbaden 2007, 2009, 2011, 2013

Springer Vieweg ist eine Marke von Springer DE. Springer DE ist Teil der Fachverlagsgruppe Springer Science+Business Media
www.springer-vieweg.de

Vorwort

Zum Inhalt

Die Sicherheit der Information und der informationsverarbeitenden Prozesse wird heute immer mehr zu einem Eckpfeiler der Unternehmensvorsorge.

Image, Geschäftserfolg und Unternehmensstabilität hängen in entscheidendem Maße von qualifizierten Management-Prozessen und Management-Systemen ab – sei es, dass solche

- von Aufsichtsbehörden gefordert,

- von Geschäftspartnern erwartet,

- von Kunden wohlwollend bei Kaufentscheidungen berücksichtigt,

- bei Ausschreibungen sogar verbindlich vorgeschrieben werden oder

- zur Bewertung von Kreditwürdigkeit und Versicherungsrisiken (Stichwörter Basel II/III, Solvency II) erforderlich sind.

Management-Standard

Die sich hieraus ergebenden Anforderungen wurden bereits in der Vergangenheit in Management-Standards zusammengefasst, z. B. die ISO 9000-Reihe für das Qualitätsmanagement, die ISO 14000-Reihe für das Umweltschutzmanagement und die ISO 20000 für das IT-Service-Management.

Im vorliegenden Buch wird das Management der *Informationssicherheit* auf der Basis der Normenreihe ISO 27000 erläutert. Informationssicherheit umfasst neben IT-Sicherheit und Datenschutz *alle* mit der Sicherheit von Informationen zusammenhängenden Aspekte einer Organisation.

Es richtet sich an Leser, die

- sich für die genannten Standards interessieren,

- mit der Einrichtung eines entsprechenden Management-Systems in einer Organisation beauftragt sind,

- IT-Sicherheitsbeauftragter (IT Security Manager) sind,

- zum IT-Sicherheitsmanagement in anderen Funktionen beitragen,

- in der Leitungsebene einer Organisation solche Management-Systeme überwachen,

– das Informationssicherheitsmanagement-System (ISMS) ihrer Organisation zertifizieren lassen wollen,

– Beratungen zu Management-Systemen durchführen,

– Management-Systeme prüfen und auditieren.

In diesem Buch werden vor allem die Inhalte des Standards ISO 27001 exemplarisch erläutert, weil nach dieser Norm zertifiziert werden kann. Der Leser wird Schritt für Schritt bei der Herstellung von Konformität zu diesem Standard angeleitet und begleitet. Bei der Darstellung werden auch wesentliche Inhalte der begleitenden Normen aus der ISO 27000-Reihe berücksichtigt, die wichtige Elemente eines ISMS vertiefen und beispielhafte Interpretationen der Normtexte liefern – etwa die ISO 27002 und die ISO 27003.

Mindest-anforderungen

Anforderungskataloge an Management-Systeme gewinnen in der Standardisierung immer mehr an Bedeutung. Sie werden darüber hinaus in Gesetzen und Ausschreibungstexten herangezogen, um Management-Strukturen und Prozess-Modelle in abstrakter Weise (unabhängig vom jeweiligen Kontext) festlegen zu können.

Ebenso wie im Umwelt-, Qualitäts- und IT-Service-Management wurden auch beim Management der Informationssicherheit keine standardisierten Management-Systeme festgelegt, sondern lediglich *Mindestanforderungen* aufgestellt.

Tailoring

Die Anwendung solcher Anforderungskataloge auf eine Organisation erfordert ein exaktes Maßnehmen, Zuschneiden und Verknüpfen (Tailoring) der Einzelaspekte zu einem auf die Organisation zugeschnittenen Management-System. Bei diesem Tailoring muss eine Organisation das Ziel verfolgen, die Anforderungen aus den verschiedenen Standards zweckentsprechend zu interpretieren und zu harmonisieren, um so effiziente und effektive Strukturen, Prozess-Modelle und Management-Aktivitäten festzulegen.

Ein derartiges Tailoring ist wegen seiner tief greifenden Implikationen nicht ohne ein hohes Maß an Engagement des Top Managements der Organisation durchführbar.

Kopiert man dagegen Management-Systeme anderer Organisationen oder beschränkt sich auf das formale Erfüllen von Zertifizierungsnormen, so wird einem die leidvolle Erfahrung (z. B. aus der Anwendung der ISO 9000-Reihe) nicht erspart bleiben, eine überbordende Bürokratisierung, aber eben keinen für die Organisation nutzbringenden Ansatz gewählt zu haben.

Risikoanalyse	Die Risikobetrachtung ist ein wesentlicher Grundpfeiler der Informationssicherheit. Sie ist Gegenstand der ISO 27005 und wird in Kapitel 6 dieses Buches an Beispielen erläutert.
	Darunter findet sich auch ein Abschnitt zur *monetären Einschätzung von Risiken,* um dieses in der Praxis oft auftauchende Thema zu unterfüttern.
Maßnahmen	Einen erheblichen Umfang nimmt das Kapitel 7 *Maßnahmenziele und Maßnahmen bearbeiten* ein, in dem die einzelnen Controls aus dem Anhang der ISO 27001 kommentiert und mit Beispielen versehen sind.
	Bei allen Aspekten wird auch die Verbindung zum Maßnahmenkatalog des IT-Grundschutzes (siehe unten) behandelt.
Validieren	Das Kapitel 8 *Maßnahmen: Validieren und Freigeben* beschreibt, wie mögliche Maßnahmen-Alternativen nach verschiedenen Faktoren bewertet werden können, bevor eine Alternative ausgewählt und für die Umsetzung freigegeben wird.
Kennzahlen	Für das Normerfordernis, die Leistungsfähigkeit bzw. Wirksamkeit der ergriffenen Sicherheitsmaßnahmen zu beurteilen, sind seit geraumer Zeit Ansätze für Metriken und Kennzahlen in der Diskussion. Dieses Thema wird Kapitel 9 dieses Buches behandelt und orientiert sich an ISO 27004.
Audits	Die Normen ISO 27006, 27007 und 27008 befassen sich mit Audits und Zertifizierungen. Im vorliegenden Buch werden dazu in Kap. 10 umfangreiche praktische Hinweise gegeben, darunter ein Abschnitt mit Erfahrungen aus realen Audits.
Leitlinien	Im *Anhang* dieses Buches wird ein kommentiertes Beispiel für eine Informationssicherheitsleitlinie wiedergegeben. Dieses Beispiel dient der Erläuterung der Sachverhalte an einem sehr einfach gestrickten Fall, kann aber durchaus als Ausgangspunkt für reale Leitlinien angesehen werden.
IT-Grundschutz	In Deutschland bzw. im deutschsprachigen Raum ist die Anwendung des IT-Grundschutzes des BSI verbreitet. Inzwischen wurde dessen Vorgehensmodell ebenfalls nach der ISO 27000-Reihe ausgerichtet. Der IT-Grundschutz mit seinen Baustein- und Maßnahmenkatalogen kann sehr hilfreich sein, um die Anforderungen des Standards vor allem auf der Maßnahmenseite zu konkretisieren. Insofern wird in diesem Buch auch beschrieben, wie der IT-Grundschutz bei dem Bemühen um Konformität zu ISO 27001 helfen kann.

Änderungen in der 4. Auflage

In dieser 4. Auflage sind folgende Ergänzungen vorgenommen worden:

- Aktualisierung aller Angaben zu Gesetzen, Richtlinien und Normen.

- Informationen über den aktuellen Stand des Ausbaus der ISO 27000-Reihe.

- Das Thema *Datenschutz* (personenbezogener Daten) wird durch viele Hinweise vertieft.

- Die Erläuterungen zu den Controls aus Anhang A der ISO 27001 wurden aktualisiert und ergänzt.

- Die vom BSI herausgegebene *Auslagerungsrichtlinie* wird im Zusammenhang mit der Grundschutz-Zertifizierung näher behandelt; sie enthält u. a. Anforderungen an Auftragnehmer bei der Vergabe von Aufträgen (Outsourcing) durch öffentliche Stellen.

Wichtige Hinweise

Nicht zuletzt wegen der zunehmenden Berücksichtigung der ISO 27001 in der Unternehmenspraxis, die die Autoren in ihrer beruflichen Tätigkeit als Auditoren und Zertifizierer feststellen konnten, haben sich einige Checklisten als nützlich erwiesen, in denen wichtige Schritte im Sicherheitsprozess tabellarisch abgebildet worden sind. Die Checklisten sind über den Verlag erhältlich[1].

Das vorliegende Buch versteht sich *nicht* als Einführung in die Informationssicherheit. Grundbegriffe und Grundstrukturen in dem hier verstandenen Sinne findet man z. B. in dem Buch *Der IT Security Manager*[2]. Da die genannten Standards jedoch eigene Begrifflichkeiten verwenden, werden wir diese in einem einführenden Abschnitt behandeln und den klassischen Begriffen gegenüberstellen.

---

[1] http://www.springer.com/springer+vieweg; nach dem vorliegenden Buch suchen und auf den Auswahlpunkt „ZUSÄTZLICHE INFORMATIONEN" klicken!

[2] 3. Auflage erschienen 2012 im gleichen Verlag.

Danksagung

Allen Lesern herzlichen Dank für die vielen Anregungen zu den früheren Auflagen. Die vorliegende vierte Auflage des Buches entstand mit tatkräftiger Unterstützung des Verlags Springer Vieweg. Vielen Dank an Herrn Hansemann und das gesamte Lektorat IT/Informatik.

Im Februar 2013
Heinrich Kersten, Jürgen Reuter, Klaus-Werner Schröder

Inhaltsverzeichnis

1 Gesetze und Standards im Umfeld der Informationssicherheit

In diesem Kapitel soll eine Einführung in das *rechtliche Umfeld* der Informationssicherheit und ein Abriss über verschiedene Standards zu Management-Systemen und zur Informationssicherheit gegeben werden.

Es sei aber darauf hingewiesen, dass dieses Kapitel keine Rechtsberatung im Einzelfall – etwa durch einen spezialisierten Anwalt – ersetzen kann.

Die Auseinandersetzung mit rechtlichen Aspekten ist im Rahmen der Einführung eines ISMS *unerlässlich:*

– Spätestens bei der Bearbeitung des Anhangs A der ISO 27001 – und hier der Gruppe A.15 „Compliance" – müssen klare Aussagen über die Erfüllung der geltenden rechtlichen Anforderungen getroffen werden.

– Es ist deshalb wichtig, die zu beachtenden (aktuellen) Regeln zusammenzustellen und auszuwerten.

Auf eine möglichst vollständige Erfassung aller Regelungen ist zu achten. Die einseitige Ausrichtung eines ISMS auf ein einzelnes Regelwerk führt in der Praxis zu suboptimalen Ergebnissen. Es kommt mitunter vor, dass konkurrierende Anforderungen aus unterschiedlichen Rechtsquellen oder anderen unternehmerischen Gesichtspunkten zu beachten und zu berücksichtigen sind. Letztendlich sind rechtliche Fragen ein wichtiger *Teilaspekt* der Informationssicherheit und des Datenschutzes. Hierbei ist zu bedenken, dass die Entscheidung über die praktisch zu realisierende Erfüllung der Anforderungen nicht aus einer einseitig juristischen sondern aus einer interdisziplinären Sicht getroffen werden muss.

1.1 Corporate Governance und Risikomanagement

Eine Vielzahl der in den letzten Jahren vorgenommenen Änderungen an rechtlichen Bestimmungen berührt die Informationssicherheit. Die haftungsrechtlichen Konsequenzen aus diesen Gesetzesänderungen sind für den flüchtigen Betrachter im Allgemeinen nicht ohne weiteres erkennbar. Schlagworte wie *Basel*

II/III, Sarbanes-Oxley, Euro-SOX tragen hier zum Teil mehr zur Verwirrung als zur Aufklärung bei.

Selbst bei näherer Beschäftigung mit den Gesetzestexten bleibt die Verpflichtung zur Absicherung der Informationssysteme in ihrer Qualität weitgehend im Verborgenen. Insofern lohnt es, die entsprechenden Gesetze und die einschlägigen Passagen an dieser Stelle kritisch zu beleuchten.

KonTraG

Im Jahre 1998 traten mit dem Gesetz zur Kontrolle und Transparenz im Unternehmensbereich (KonTraG) verschiedene Änderungen im *Aktiengesetz* und im *Handelsgesetzbuch* in Kraft. Diese Änderungen[3] betreffen die Ermittlung, die Aufnahme in die Berichterstattung sowie die Prüfung solcher Risiken, die für den Bestand der Unternehmen gefährlich sein können.

Die verbreitete Annahme, das KonTraG habe nur für Aktiengesellschaften oder Konzerne eine Bedeutung, wird durch die Ansiedlung der entsprechenden Paragrafen im 2. Abschnitt des 3. Buches des HGB widerlegt. Dieser Abschnitt gilt neben den Kapitalgesellschaften einschließlich der GmbH[4] auch für Personengesellschaften, bei denen die persönlich haftenden Gesellschafter keine natürlichen Personen sind.

Unabhängig davon gilt für alle Unternehmen der § 239(4) des HGB und damit die Bindung an die Grundsätze ordnungsgemäßer Buchführung.

BilMoG

Im Jahre 2009 wurden durch das Bilanzrechtsmodernisierungsgesetz (BilMoG) weitere relevante Präzisierungen in das Handelsgesetzbuch und das Aktiengesetz eingeführt. Die getroffenen Regelungen ähneln in ihrem Inhalt den Regelungen im weiter unten besprochenen Sarbanes-Oxley Act. Sie setzen die Anforderungen aus der 8.ten Kapitalmarktrichtlinie der EU (so genannte *Euro S-Ox Richtlinie*) um.

GDPdU, GoBS

Eine allgemeingültige, gleichwohl weniger bekannte Verpflichtung zur Vorsorge ergibt sich[5] aus den seit 1.1.2002 geltenden *Grundsätzen zum Datenzugriff und zur Prüfbarkeit digitaler Unterlagen* /GdPdU/ sowie den *Grundsätzen ordnungsgemäßer DV-gestützter Buchführungssysteme* /GoBS/.

Durch diese Vorschriften werden einerseits die Rechte der Finanzverwaltung beim Zugriff auf unternehmenseigene elektro-

---

[3] Vgl. insbesondere AktG § 91 (2), HGB § 289 (1).

[4] Siehe auch § 43 GmbH-Gesetz.

[5] Aufgrund der Abgabenordnung (§ § 146 und 147 AO).

nisch gespeicherte Informationen geregelt und andererseits dem Unternehmen gewisse Sorgfaltspflichten bei der Verarbeitung, Vorhaltung und Bereitstellung dieser Informationen auferlegt. Diese Vorschriften, die unabhängig von der Rechtsform eines Unternehmens gelten, fordern von den Unternehmen die Einrichtung eines internen Kontrollsystems (IKS)[6]:

– „Als IKS wird grundsätzlich die Gesamtheit aller aufeinander abgestimmten und miteinander verbundenen Kontrollen, Maßnahmen und Regelungen bezeichnet, die die folgenden Aufgaben haben: Sicherung und Schutz des vorhandenen Vermögens und vorhandener Informationen vor Verlusten aller Art...".

Ein solches IKS schließt offensichtlich ein vollständiges Informationssicherheitsmanagement-System (ISMS) ein.

S-Ox   Für Aktiengesellschaften, die an einer US-Börse notiert sind oder für Töchter dieser Unternehmen, ergeben sich ähnliche Forderungen aus dem amerikanischen *Sarbanes-Oxley* Gesetz (S-Ox), das anlässlich der Finanzskandale im Zusammenhang mit Worldcom, Enron und der Wirtschaftsprüfungsgesellschaft Arthur Anderson auf den Weg gebracht wurde und 2002 in Kraft trat.

Dieses Gesetz zielt hauptsächlich auf eine Wiederherstellung des Vertrauens in die Finanzberichterstattung und die damit in Zusammenhang stehenden Testate von Wirtschaftsprüfern ab. Zur Wiederherstellung des Vertrauens in deren unabhängiges Urteil sind die Wirtschaftsprüfer für Unternehmen, die unter dieses Gesetz fallen, von bestimmten Beratungsfeldern ausgeschlossen (IT-Beratung) bzw. unterliegen diesbezüglich Einschränkungen (IT-Sicherheitsberatung).

Andere sinnvolle Bestimmungen dieses Gesetzes beziehen sich auf den Schutz der „Whistleblower" – Mitarbeiter, die rechtswidrige Manipulationen des Managements den unternehmensinternen oder staatlichen Kontrollinstanzen zur Kenntnis bringen. Artikel 404 verlangt ein ähnlich qualifiziertes Kontrollsystem wie das oben im Zusammenhang mit GoBS bzw. GdPdU erwähnte. Verstöße des Managements gegen dieses Gesetz werden erstmals mit sehr harten Strafen geahndet, wobei eine Versicherung (Enthaftung des Managements) gegen finanzielle Strafen nur eingeschränkt erlaubt ist.

Inhaltlich legt das Gesetz keine Anforderungen fest, die zu größeren Anstrengungen bei den unter dieses Gesetz fallenden Un-

---

[6]   Aus /GoBS/, Abschnitt IV.

ternehmen führen sollten. Es werden lediglich formale Anforderungen gestellt, die dazu geeignet sind, dem Management der betroffenen Firmen ihre Haftung deutlich werden zu lassen. Wer dagegen in dem Gesetz explizite Bestimmungen zur Absicherung der IT sucht, wird enttäuscht: Im Gesetz findet die IT-Sicherheit keine Erwähnung.

Gleichwohl gilt unzweifelhaft, dass Konformität mit Sarbanes-Oxley ohne systematische Absicherung der IT nicht vorstellbar ist. Eine verlässliche IT, ein verantwortungsvoller Umgang mit den unternehmenseigenen Informationen einschließlich ihres Schutzes sind für eine zuverlässige Unternehmensberichterstattung im Sinne dieses Gesetzes unerlässlich. In den Prüfvorschriften der amerikanischen Börsenaufsicht sowie in den einschlägigen Richtlinien für die Wirtschaftsprüfungsgesellschaften wird dies dann deutlicher.

COSO

Zur Definition der Anforderungen an die Finanzberichterstattung bzw. Buchführung und deren sichere Verwahrung wird im amerikanischen Raum im Allgemeinen auf die unter dem Kürzel *COSO* (Committee of the Sponsoring Organizations of the Treadway Commission) bekannten Grundsätze zurückgegriffen. COSO definiert quasi die US-amerikanischen Grundsätze ordnungsgemäßer Rechnungslegung einschließlich einiger Implikationen hinsichtlich der IT.

Aus den praktischen Erfahrungen mit der Umsetzung des Sarbanes-Oxley Gesetzes wird jedoch klar, dass hier einiges falsch läuft: Die betroffenen Unternehmen treiben in erheblichem Maße unnützen Aufwand bürokratischer Art.

Notwendig ist im Bereich der finanzbezogenen IT lediglich das Festlegen unternehmensindividuell angemessener Regeln, die nachgewiesene Überwachung von deren Befolgung und die Überprüfung von deren Zweckmäßigkeit. Die Darlegung erfolgt gegenüber einem Wirtschaftsprüfer nach den Regeln der ISAE[7] 3402 (vormals SAS 70). Inwiefern der Wirtschaftsprüfer hierbei Zertifikate berücksichtigt, steht in seinem Ermessen. Die für die Zertifizierung nach ISO 27001 bzw. nach Grundschutz erstellte Dokumentation sollte jedoch hierfür geeignet sein.

Nach dem amerikanischen Gesetz ist dies in der bislang beobachteten Form weder erforderlich noch allein ausreichend, um ein angemessenes Sicherheits- und Vertrauensniveau herzustellen. Die sehr abstrakt gehaltenen Anforderungen des S-Ox Gesetzes verdienen eine intelligentere Umsetzung als die gängige

---

[7]   International Standard on Assurance Engagements.

Praxis mit möglichst vielen bürokratischen Einzelmaßnahmen, die durch Kontrolle und die Kontrolle von der Kontrolle gekennzeichnet ist. Das führt nicht zu einem Mehr an Sicherheit und rechtfertigt auch keinen erhöhten Vertrauensvorschuss, sondern stellt eine unnötige Wertvernichtung in hohem Ausmaß dar.

Basel II/III, Solvency II

Wenig Konkretes zu IT- und Informationssicherheit findet sich auch in anderen Vorgaben. Die *Kapitaladäquanzrichtlinie* für Banken (*Basel II*) gilt zunächst einmal nur für Banken. Das Pendant für Versicherungen ist unter dem Namen *Solvency II* bekannt und wird über eine EU-Richtlinie, nach der die EU-Staaten jeweils ihre Gesetze auszurichten haben, für die betroffenen Unternehmen verbindlich. Die Baseler Richtlinien befinden sich in einer ständigen Fortentwicklung; aktuell soll Basel III in Kraft treten – wobei Basel IV bereits in der Diskussion ist.

Allgemein wird im Zusammenhang mit solchen Vorgaben die Berücksichtigung der operativen Risiken gefordert, zu denen auch die IT-Risiken zählen. Da Banken und Versicherungen auch die Risiken im Zusammenhang mit ihren Kunden zu berücksichtigen haben, wirken die Forderungen dieser Gesetze mittelbar auf die Kreditnehmer, Versicherungsnehmer und die Dienstleister für diese Zielgruppen.

Kreditwesengesetz

Ähnlich allgemein gehaltene Regelungen finden sich im Kreditwesengesetz bzw. den Mindestanforderungen an das Risikomanagement (MARisk)[8]. Von Bedeutung ist, dass die Banken und Versicherungen nicht mehr wie bisher einen einheitlichen Prozentsatz Ihrer Eigenkapitalunterlegung für die Absicherung der getätigten Risiken unterstellen dürfen. Vielmehr müssen diese Institute in Zukunft eine filigranere interne Risikoermittlung durchführen. An Hand des ermittelten Risikos wird dann der verlangte Eigenkapitalanteil festgemacht. Hierbei wird auch eine Betrachtung der operativen Risiken verlangt.

Zu diesen operativen Risiken gehören auch die Risiken, die mit dem Einsatz von Informationssystemen verbunden sind. Da die Banken auch die Kreditausfallrisiken ihrer Schuldner (Adressenausfall) zu berücksichtigen haben, wirken diese rechtlichen Anforderungen mittelbar auf sämtliche Unternehmen, die am Kapitalmarkt Kredite aufnehmen möchten. Ein Unternehmen mit einer relativ schlechten Risikoeinstufung wird, wenn es kreditwürdig ist, einen relativ hohen Kreditzins zu entrichten haben.

---

[8]   Die MARisk werden in Form von Rundschreiben der Bundesanstalt für Finanzdienstleistungsaufsicht in ihrer jeweils aktuellen Fassung auf der Webseite der BAFIN veröffentlicht.

Derartige Ratingsysteme, die Banken und Versicherungen in Folge von Basel II/III und Solvency II auf ihre Kunden anwenden, sind nicht standardisiert und von Institut zu Institut unterschiedlich. Bei der Vielzahl der Ratingkriterien ist nach derzeitigem Erkenntnisstand davon auszugehen, dass ein ISMS zwar einen bemerkenswerten, aber in der Mehrzahl der Fälle nicht den *entscheidenden* Einfluss auf die Höhe der Kreditzinsen haben wird.

BDSG

Beim Bundesdatenschutzgesetz leitet sich die Verpflichtung zur Einrichtung eines ISMS aus dem § 9 einschließlich seiner Anlage ab. Demnach sind alle Stellen, die in irgendeiner Form für den Schutz personenbezogener Daten sorgen müssen, dazu verpflichtet, die erforderlichen organisatorischen und technischen Vorkehrungen zu treffen. Welcher Art diese Vorkehrungen sind, ergibt sich aus der Berücksichtigung der Anlage zum § 9 BDSG, in der die Grundsätze des Datenschutzes dargelegt sind. Der bei der Realisierung dieser Grundsätze zu treibende Aufwand ist anhand des Schutzzweckes abzuwägen. Der Nachweis der Erfüllung dieser Erfordernisse sollte sinnvollerweise im Rahmen eines ISMS durch das Risikomanagement erfolgen.

Sonstige

Neben den genannten Vorschriften existieren für den Bereich der Informationssicherheit eine ganze Reihe weiterer Spezialvorschriften, die im Grunde ein ISMS fordern, auf die an dieser Stelle jedoch nicht näher eingegangen werden soll:

- Produkthaftungsgesetz bzw. § 823 BGB (z.B. bei Software-Kauf).
- Teledienstegesetz (TDG).
- DeMail-Gesetz (bei Nutzung von DeMail-Diensten).
- Teledienstedatenschutzgesetz (TDDSG).
- Wassenar-Abkommen (europäische Kryptoregulierung) und zu berücksichtigende länderspezifische Gesetze, die Einschränkungen hinsichtlich der einsetzbaren Verschlüsselungstechnik vorschreiben.
- Grundgesetz Art. 10 und G10-Gesetz.
- Urheberrechtsgesetz (UrhG).
- Signaturgesetz (SigG).
- Umsatzsteuergesetz (§14, Echtheitsanforderungen an elektronische Rechnungen).
- Strafgesetzbuch, insbesondere § 203, was den Schutz von Berufsgeheimnisträgerdaten betrifft.
- Sicherheitsüberprüfungsgesetz (SüG).

Im Rahmen der Umsetzung eines ISMS wird es jedoch erforderlich sein, sich mit *allen* im konkreten Einzelfall anzuwendenden Gesetzen näher auseinander zu setzen.

Insgesamt existiert also eine Vielzahl von Gesetzen, die den Unternehmen und anderen Organisationen auferlegen, Vorkehrungen zu treffen, die einem ISMS vergleichbar sind oder die im Rahmen eines ISMS abzuhandeln sind.

Letztlich dienen Normen wie ISO 27001 auch der nationalen und internationalen Rechtsprechung als Maßstab, um die Erfüllung normaler Sorgfaltspflichten durch Unternehmen prüfen zu können, die in den Gesetzen meist nur abstrakt vorgegeben sind.

1.2 Die Bedeutung des öffentlichen Beschaffungsrechts

Eine nicht zu unterschätzende Bedeutung für die Durchsetzung von Zertifizierungsmodellen kommt dem öffentlichen Beschaffungsrecht und hier insbesondere den für diesen Bereich gültigen europäischen Richtlinien zu.

Zur Wahrung der Chancengleichheit der Bieter und zur Vermeidung der Diskriminierung ausländischer Bieter sind hinsichtlich der Spezifikation der technischen Anforderungen an Management-Systeme bestimmte Normen bevorzugt zu berücksichtigen. Hierbei handelt es sich primär um solche nationale Standards, die ihrerseits eine europäische Norm umsetzen[9].

ISO 27001

Von der Vielzahl der bestehenden Modelle wird für den Bereich des Managements der Informationssicherheit nur ISO 27001 (nach Übernahme als EN und DIN) diesen Anforderungen genügen.

Gleichwertige Nachweise

Die Anforderungen an ein ISMS, die ein öffentlicher Auftraggeber im Rahmen von Ausschreibungen vorschreiben darf, sind grundsätzlich auf die ISO 27001 beschränkt.

Nachweise für ein vorhandenes Management der Informationssicherheit sind in diesem Zusammenhang in Form von Zertifikaten zu erbringen, wie sie bereits im Zusammenhang mit ISO 9001 und ISO 14001 bekannt sind.

---

[9] Vgl. Richtlinie 2004/18/EG v. 31.3.2004, *Koordinierung der Verfahren zur Vergabe öffentlicher Bauaufträge, Lieferaufträge und Dienstleistungsaufträge*, hier insbesondere Art. 23 *Technische Spezifikationen*, Artikel 49 f. zu Qualitätssicherungs- und Umweltmanagementnormen sowie Artikel 52 zur Zertifizierung durch öffentlich-rechtliche und privatrechtliche Stellen.

Auch wenn das Beschaffungsrecht die Erfüllung der Anforderungen durch andere gleichwertige Nachweise zulässt, wird die praktische Relevanz anderer Nachweise als einer Zertifizierung nach ISO 27001 recht gering sein, weil damit ein erhöhter bzw. komplizierter Erklärungsaufwand verbunden sein dürfte.

- Erstellt werden diese Zertifikate entweder durch dafür bestimmte (notifizierte) öffentlich-rechtliche Stellen, die hierzu einen gesetzlichen Auftrag haben, oder gleichwertig durch privatrechtliche Stellen, bei denen eine entsprechende Akkreditierung vorhanden sein muss.

Zertifikate anderer Aussteller müssen von öffentlichen Auftraggebern nicht anerkannt werden.

IT-Grundschutz

In der Bundesrepublik Deutschland steht neben einigen für ISO 27001 akkreditierten privaten Stellen auch das Bundesamt für Sicherheit in der Informationstechnik für den Erwerb der benötigten Zertifikate zur Verfügung. Die entsprechenden BSI-Zertifikate sind überschrieben mit *ISO 27001-Zertifikat auf der Basis von IT-Grundschutz* und gehen in dem Detaillierungsgrad der Anforderungen über die ISO 27001 vielfach hinaus.

CobiT

Obwohl in einzelnen EU-Richtlinien neben dem *Code of Practice* in ISO 27002 bzw. dem Vorläufer ISO 17799 auch Modelle wie CobiT oder das *frühere* Grundschutzmodell des BSI Erwähnung finden, kann hinsichtlich des öffentlichen Beschaffungsrechts nicht von einer Gleichwertigkeit dieser Modelle ausgegangen werden.

CobiT *(Control Objectives for Information and Related Technology)* ist ein Verfahren zur *IT Governance* und gliedert die Aufgaben der IT in Prozesse und Control Objectives (Regelziele). CobiT verfolgt ähnlich ISO 27001 einen Top-Down Ansatz, bei dem ausgehend von den Geschäftszielen IT-Ziele festgelegt werden, welche wiederum die IT-Architektur beeinflussen. CobiT nimmt für sich in Anspruch, ein integrierendes Modell zu sein, welches die Anforderungen sämtlicher verbreiteter Modelle für die IT-Organisation in einem Reifegradmodell integriert.

Würde ein öffentlicher Auftraggeber in einer internationalen Ausschreibung z. B. den Grundschutznachweis alter Form des BSI einfordern, so würde er damit ein so genanntes nicht-tarifäres Handelshindernis etablieren und ausländische Bieter diskriminieren. Die Verwendung von CobiT würde im Widerspruch zur vorgegeben Normenhierarchie stehen, nach der *europäische Normen* für die Formulierung technischer Anforderungen zu präferieren sind.

Wenn also mit der Einführung bzw. Zertifizierung eines ISMS der Nebenzweck erfüllt werden soll, die Zulassungskriterien für internationale Ausschreibungen zu erfüllen, ist eine Konzentration auf ISO 27001 ratsam.

1.3   Standards zu Management-Systemen

ISO 9000

Die ISO 9000-Serie gilt in Normungskreisen als die wohl erfolgreichste Norm aller Zeiten. Die Norm fordert von den anwendenden Organisationen, sich bereichsübergreifend so zu organisieren, dass ihre Prozesse stets Produkte und Dienstleistungen hervorbringen, die den Anforderungen der Kunden gerecht werden.

So erfolgreich die Norm für die Normungsinstitute und Zertifizierungsstellen ist, so umstritten ist die Norm in der Praxis.

Historisch und von den Ansätzen her geht die Norm auf Anforderungskataloge militärischer Beschaffungsämter zurück. Mitte der 70er Jahre wurde hieraus eine britische Norm, in den 80er Jahren kam dann die ISO 9000-Reihe auf.

Ihre Vorbilder, nämlich die hauptsächlich aus dem militärischen Bereich stammenden Checklisten, waren hinsichtlich des damals *elementeorientierten* Aufbaus noch recht klar erkennbar. Inzwischen hat hier ein Paradigmenwechsel zugunsten eines *prozessorientierten* Aufbaus stattgefunden, der sich aber hinsichtlich der praktischen Auswirkungen auf die Organisation inhaltlich nicht nennenswert von den ursprünglichen Modellen unterscheidet.

Der eigentlich gute Grundgedanke der Überwachung von Geschäftsprozessen hinsichtlich der Parameter, die für das Produzieren erfolgreicher Produkte erforderlich sind, degeneriert in der Praxis nur allzu häufig zu einem eher hinderlichen Übermaß an Formalismen und Bürokratie. Das Resultat der Prozesse, nämlich das Produkt selbst, ist zunehmend aus dem Blickfeld der qualitätsbezogenen Aktivitäten vieler Organisationen geraten.

Dabei ist zu betonen, dass die inhaltlichen Forderungen der Norm keinesfalls für die oben angedeuteten Fehlentwicklungen verantwortlich zu machen sind. Vielmehr ist die gängige Art der Beantwortung der Normanforderungen durch die anwendenden Organisationen zu beanstanden.

Festzustellen ist, dass hierzu immer wieder auf Praktiken zurückgegriffen wird, die sich z. B. im Behördenalltag als hervorragend ineffizient erwiesen haben. Anstatt beispielsweise eine sinnvolle Vertragsüberprüfung durchzuführen, bei der sich alle an der beabsichtigten Leistungserbringung Beteiligten miteinander verständigen, wird die bekannte Abzeichnungspraxis angewandt.

Pro Forma wird die Normforderung auf diese Weise natürlich erfüllt. Von der Zertifizierungsstelle gibt es folgerichtig auch kaum eine Beanstandung. Die Auswirkungen auf die Vitalität der Unternehmen sind jedoch verheerend.

Aus Gesprächen mit Zertifizierern und eigener Praxis ist den Verfassern bekannt, dass 60-90% der Beanstandungen bei Zertifizierungsaudits im Bereich der *Dokumentation* liegen. Glaubt man wirklich, dass man durch immer mehr Dokumentation besser wird? Die Norm fordert eine *angemessene* Dokumentation der Prozesse, mehr nicht.

In vielen der gängigen Qualitätshandbücher findet sich zu Beginn eine ansprechende Sammlung von Grundsätzen der Qualitätspolitik. Den Satz, der die praktizierte Qualitätspolitik am besten kennzeichnet, findet man dort nie, in allen Amtsstuben ist er bestens bekannt: „Wer schreibt, der bleibt!"

Bei einer anstehenden Einführung der ISO 27001 wird dringend angeraten, diese Vorüberlegungen beim Aufbau des Sicherheitsmanagements zu berücksichtigen. Einige Normforderungen der ISO 9001 sind fast wortgleich auch in ISO 27001 enthalten. Es handelt sich im Wesentlichen um Forderungen nach

- einer gelenkten Dokumentation,

- Sicherung beweiserheblicher Aufzeichnungen,

- der Organisation interner Audits und

- Verbesserung der installierten Prozesse.

Unternehmen können sich Aufwand und leidvolle Erfahrungen bei der Einführung redundanter Verfahren ersparen, wenn sie sich für sinnvoll integrierte und effiziente Verfahren entscheiden.

ISO 14000   Die ISO 14000-Serie betreffend Umweltschutzmanagement-Systeme wurde nicht unter dem gleichen Druck wie ISO 9000 eingeführt. Vielmehr geschah dies häufig aus intrinsischer Motivation der Unternehmen. Aus diesen Gründen ist auch die Verbreitung dieser Normenreihe in der Unternehmenspraxis im Vergleich zu ISO 9000 recht gering.

Auch hier empfiehlt sich der Integrationsansatz bezüglich ISO 27001. Die Themen Notfallplanung und Notfallkommunikation sind hier besonders zu erwähnen.

ISO 20000   ISO 20000 ist ein verbreiteter Standard, der sich mit dem IT Service Management beschäftigt. Der Standard rührt aus den umfangreichen Büchern der *Information Technology Information*

Library (ITIL)[10] her. Sie wurden aufgrund einer Auswertung der Ereignisse beim Versagen von militärischen IT-Systemen im Falkland-Krieg von britischen Behörden zusammengestellt.

Der Standard betrifft im Wesentlichen die Organisation der IT-Abteilungen. Er sorgt für eine klare Aufgabenabgrenzung und für die Definition eindeutiger Ansprechstellen bei IT-Problemen sowie geeignete Eskalationsstufen.

Der auf ISO 20000 bzw. ITIL abgestimmte Standard zur Informationssicherheit ist ISO 27001. Hier finden sich im Detail vielfältige Überschneidungen. So wird beispielsweise das Kapazitätsmanagement in beiden Standards behandelt. Einen wichtigen Aspekt stellt das Incident Management nach ISO 20000 dar, welches das Security Incident Management nach ISO 27001 sinnvollerweise einschließen muss. Die Aufzählung weiterer Details würde den Rahmen des vorliegenden Buches sprengen.

Unsere Empfehlung ist auch hier, koordiniert und integrierend vorzugehen – wobei wir diese Empfehlung mit etwas weniger Nachdruck als hinsichtlich ISO 9000 und ISO 27001 aussprechen möchten. Bei gleichzeitiger Einführung von IT-Grundschutz ist das Bedürfnis der Integration mit ITIL hingegen ein erfolgskritischer Faktor.

Bei Anwendung von ISO 20000 ist eine sehr genaue Interpretation und Anwendung der Normerfordernisse auf die Organisation notwendig. Nur so kann der Gefahr der Überbewertung von Formalien – eine in der bisherigen Praxis beobachtbare Tendenz – begegnet werden. Dies gilt vor allem für kleinere IT-Abteilungen, in denen die von der Norm in filigraner Weise geforderten Aufgaben nur auf wenige Mitarbeiter verteilt werden können.

PCI-DSS

Wir gehen noch kurz auf PCI-DSS ein: Das Kürzel steht für *Payment Card Industry Data Security Standard*. Hierbei handelt es ich um einen amerikanischen Standard /PCI-DSS/, der auf die am elektronischen Zahlungsverkehr mit Kreditkarten beteiligten Unternehmen anzuwenden ist. PCI-DSS gilt somit nicht nur für die Banken, sondern für jedes Unternehmen, welches als Händler oder Dienstleister an der Verarbeitung von Kreditkartendaten beteiligt ist.

Die enthaltenen Anforderungen sind technisch nicht außergewöhnlich anspruchsvoll, jedoch sind sie sehr detailliiert und lassen vergleichsweise wenig Spielraum für individuell zugeschnittene Sicherheitsmaßnahmen.

---

[10]   British Standard BS 15000.

Bei der Anwendung ist das *Scoping* von Bedeutung, der Anwender sollte die betroffenen Systeme möglichst isoliert von anderen Systemen betreiben und die Maßnahmen soweit zweckmäßig nur auf die PCI-DSS-relevanten Systeme beschränken.

Eine Integration des Anforderungskatalogs von PCI-DSS in eine Systematik der risikoabhängigen Auswahl von Sicherheitsmaßnahmen, wie es ISO 27001 fordert, ist aus unserer Sicht anzuraten.

Bei größeren Anwendungsfällen ist die Erbringung eines Nachweises durch einen zugelassenen Penetrationstester (Approved Scanning Vendor) erforderlich. In derartigen Fällen sollte ein Zertifizierer gewählt werden, bei dem sowohl die Auditierung als auch der Penetrationstest bezogen werden kann. Zur Zeit ist den Autoren jedoch kein Anbieter bekannt, der dahingehend akkreditiert ist, Zertifizierungen sowohl hinsichtlich PCI-Konformität als auch gemäß ISO 27001 anbieten zu können.

Bei Anwendung des PCI-DSS ist zu beachten, dass dieser Standard einseitig an den Sicherheitsbedürfnissen der Kreditkartenanbieter ausgerichtet ist. Hinsichtlich der Zertifizierungsbedingungen ist nur der Schutz der eng definierten *Kreditkartendaten* gefordert. Das sind im Wesentlichen die Nummerncodes, die auf den Karten gespeichert sind. Der Datenschutz wird in den Standards zwar erwähnt – aber nicht automatisch sichergestellt. Insofern bedeutet PCI-Compliance nicht unbedingt Sicherheit oder umfassende Compliance zur Sicherheit.

ISO 27000 Man muss feststellen, dass der Ausgangspunkt für ein standardisiertes Sicherheitsmanagement bei der Informationsverarbeitung zweifelsohne im angelsächsischen Raum angesiedelt ist.

Der seinerzeit herausgegebene British Standard (BS) 7799 bestand aus zwei Teilen: Teil 1 (BS 7799-1) stellt einen so genannten *Code of Practice* dar, der eine Sammlung von Hinweisen, Maßnahmen und bewährten Praktiken für die Informationssicherheit enthält und erstmalig 1995 erschienen ist. Der Teil 2 (BS 7799-2) trägt den Titel *Specification with Guidance for Use* und beschreibt in Form von Spezifikationen ein Modell eines ISMS. Er ist erstmalig 1998 erschienen.

Weiterhin gehören zu dieser Normenreihe einige Guidelines zu speziellen Themen (etwa die Risikoanalyse oder die Vorbereitung auf eine Auditierung betreffend). Als Zwischenschritt ist BS 7799-1 im Jahre 2000 in den Standard ISO 17799 eingeflossen, bevor dieser dann in die ISO 27002 überführt wurde. BS 7799-2 ging auf direktem Wege in der ISO 27001 auf.

Hinsichtlich der uns primär interessierenden Normenreihe ISO 27000 haben wir folgenden aktuellen Stand. *Erschienen* sind[11]:

Allgemeine Normen

- ISO 27000[D] (Definitionen und Begriffe der Normenreihe)
- ISO 27001[D] (ISMS Anforderungen)
- ISO 27002[D] (Leitfaden zur Umsetzung, aus ISO 17799)
- ISO 27003 (Implementierung eines ISMS)
- ISO 27004 Measurement (Metriken / Kennzahlensysteme)
- ISO 27005 (Risikomanagement)
- ISO 27006 (Anforderungen an Stellen, die Audits und Zertifizierungen durchführen)
- ISO 27007 (ISMS Audits)
- ISO TR 27008 (Technische Audits)
- ISO 27010 (Austausch von Sicherheitsinformationen, z. B. in kritischen Infrastrukturen)

Spezielle Branchen

- ISO 27011 (Telekommunikation)
- ISO 27015 (Finanzdienstleistungen)
- ISO 27799 (Gesundheitswesen)

Spezialthemen

- ISO/IEC 27013 (Integration ISO 27001 und ISO 20000)
- ISO/IEC 27031 (Business Continuity)
- ISO/IEC 27032 (Cybersecurity)
- ISO/IEC 27033 (Network Security), teilweise vorhanden
- ISO/IEC 27034 (Application Security), teilweise vorhanden
- ISO/IEC 27035 (Incident Management)
- ISO/IEC 27037 (Digital Evidence)

Wenn man das Gefühl hat, bei der Vielzahl dieser Normen den Überblick zu verlieren, mag folgende Übersicht helfen:

---

[11] Stand Februar 2013; das hochgestellte „D" hinter der Nummer der Norm deutet an, dass diese in deutscher Sprache verfügbar ist.

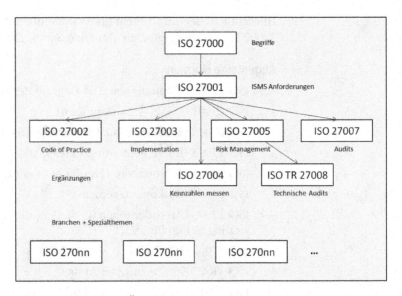

Abbildung 1:   Übersicht über ISO 27000-Normenreihe

Gute Informationen zum jeweils aktuellen Stand aller Normen dieser Reihe liefert www.iso27001security.com. Dort findet man auch eine Reihe von White Papers, ein FAQ, Checklisten und Materialien und viele weitere Detail-Informationen – allerdings überwiegend in englischer Sprache.

Welche dieser Standards sollte man sich beschaffen?

Die Begriffsdefinitionen aus ISO 27000 werden in allen anderen Standards dieser Reihe – soweit dort benötigt – wiederholt; ein Erwerb dieser Norm ist im Grunde obsolet. Die englische Fassung ist allerdings kostenfrei downloadbar.

Für den Aufbau eines ISMS bis hin zu einer Zertifizierung benötigt man zumindest ISO 27001. Zur Unterstützung bei der Interpretation der Controls des Anhangs A dieses Standards kann zusätzlich die Beschaffung des ISO 27002 sinnvoll sein.

Die weiteren Standards in der Mitte der Abbildung 1 kann man bei Bedarf ergänzend zu Rate ziehen; ihre Verwendung ist jedoch nicht zwingend vorgeschrieben.

Inhaltlich bieten die weiteren Normen („Spezielle Branchen“ und „Spezialthemen“) keine wesentlich neuen Erkenntnisse, insofern ist ihre Beschaffung von geringerer Priorität.

IT-Grundschutz In Deutschland wurde das vom BSI[12] Anfang der 90er Jahre herausgegebene IT-Grundschutzhandbuch vor allem in Behörden angewendet. Dieses Werk, das in einem etwas engeren Sinne die *IT-Sicherheit* einschließlich Datenschutz behandelt, hatte eine Maßnahmen-orientierte Sichtweise und stellte Standard-Maßnahmen vorwiegend für den normalen Schutzbedarf vor. Diese detaillierten Maßnahmen sind von einer Organisation grundsätzlich umzusetzen, wenn eine Konformität zum IT-Grundschutzhandbuch hergestellt werden soll.

Inzwischen hat sich der IT-Grundschutz insofern gewandelt, als die Ausführungen zum Sicherheitsmanagement an ISO 27001 ausgerichtet und die Methodik insgesamt der ISO 27001 angenähert wurde:

– Bei der Maßnahmen-Auswahl im technischen, organisatorischen und infrastrukturellen Bereich sind weiterhin die Baustein- und Maßnahmenkataloge anzuwenden.

– Für die Gefährdungsanalysen existieren umfangreiche Gefährdungskataloge.

– Beschreibungen der Methodik sind von diesen Katalogen getrennt und in so genannte BSI-Standards aufgenommen worden:

  o 100-1: Managementsysteme für Informationssicherheit,

  o 100-2: IT-Grundschutz-Vorgehensweise,

  o 100-3: Risikoanalyse auf der Basis von IT-Grundschutz.

Diese Synthese von ISO-Standard und IT-Grundschutz ist für viele Anwender ein wichtiges Kriterium. Man kann es so ausdrücken:

– ISO 27001 spezifiziert, welche Elemente ein ISMS enthalten muss und welche Anforderungen an das Management der IT-Sicherheit zu stellen sind – überlässt jedoch dem Anwender, detaillierte Prozesse und Einzelmaßnahmen auszuwählen, um die gestellten Mindestkriterien zu erfüllen.

– Der IT-Grundschutz hilft, diese Lücke zu schließen, indem er für seine Anwendungsbereiche konkrete Vorgehensweisen und Einzelmaßnahmen zwingend vorgibt – und zwar unter Nutzung von so genannten Bausteinen, die modellhaft bestimmte Einsatzszenarien und technische Komponenten beschreiben.

---

[12] Bundesamt für Sicherheit in der Informationstechnik.

Die Möglichkeiten individueller Anpassungen sind beim IT-Grundschutz natürlich geringer als bei einer Vorgehensweise nach ISO 27001. Zudem ist der Anwendungsbereich des IT-Grundschutzes stark auf Aspekte der klassischen IT-Sicherheit eingeschränkt.

1.4 Zertifizierfähige Modelle

Die Anzahl der Modelle, nach denen Informationssicherheit bzw. IT-Sicherheit zertifiziert werden kann, ist groß. Sie unterscheiden sich hinsichtlich ihrer Verbreitung, Reputation, der Anwendungsgebiete und der Kosten. Zertifikate (deutsch: Bescheinigungen) kann grundsätzlich jeder erteilen, jedoch bieten erst *akkreditierte Stellen* die nötige Vertrauensbasis und die internationale Akzeptanz der Zertifikate.

Wegen des mit einer Zertifizierung verbundenen Aufwandes sollte vorher genau überlegt werden, welches Ziel man erreichen möchte, ob man dieses Ziel mit einem *bestimmten* Zertifikat erreichen kann und ob die Anstrengungen und Kosten dieses Ziel rechtfertigen. Im Folgenden gehen wir nur auf solche Zertifikatsmodelle ein, die nach Auffassung der Autoren ein Mindestmaß an Seriosität und Bekanntheit aufweisen.

Tabelle 1: Übersicht über Zertifizierungsmodelle

ISO 27001	
Anwendung	Z. B. vollständiges Unternehmen – unabhängig von seiner Ausrichtung bzw. Branche, aber auch Einschränkungen auf Teile (z. B. einzelne Geschäftsprozesse) möglich.
Aufwand	Einführung eines ISMS mit angemessenem Risikomanagement-System und daraus je nach Sachlage abzuleitender Sicherheitsmaßnahmen.
Reputation	International auf hohem Niveau.
Zertifizierer	Darauf achten, dass die Zertifizierungsprogramme unter die jeweilige Akkreditierung fallen.
Nutzen	Erfüllung der Forderungen aus S-Ox, Basel II/III, Solvency II. Zugang als Anbieter zu öffentlichen Beschaffungsmärkten. Vertrauensbildung beim Kunden. Hoher interner Nutzen für die Informationssicherheit.
Externe Kosten	Abhängig vom Zertifizierungsprogramm und der Unternehmensgröße; typischerweise in der Größenordnung von 10.000-50.000 €.

ISO 27001 auf Basis von IT-Grundschutz	
Anwendung	Vollständiges Unternehmen mit allen IT-Anwendungen theoretisch möglich – praktisch aber eher Einschränkung auf einzelne IT-Anwendungen oder kleine IT-Verbünde.
Aufwand	Hoher formaler Aufwand für Modellierung und Schutzbedarfsanalyse. Es empfiehlt sich wegen der komplexen Struktur und des Umfangs des Regelwerks auf erfahrene externe Beratung zurückzugreifen. Hierfür sollte kein zu geringer Betrag veranschlagt werden.
Reputation	Hohe Anerkennung in der Bundesrepublik, in europäischen Richtlinien als Referenzmodell erwähnt.
Zertifizierer	Bundesamt für Sicherheit in der Informationstechnik.
Nutzen	s. ISO 27001, aber international eingeschränkte Akzeptanz.
Externe Kosten	ca. 20.000-100.000 Euro (Zertifizierung).
Common Criteria	
Anwendung	Begrenzt auf (überschaubare) technische Produkte und Systeme: Betriebssysteme, Chipkarten, Firewallsysteme, Signatur- und Kryptoanwendungen usw. Unterschiedliche Evaluierungsstufen festgelegt. Die Anforderung sollte nur gezielt gestellt werden, da die Ausrüstung eines kompletten IT-Verbundes mit zertifizierten Komponenten aufgrund des Marktangebots – vor allem beim Einsatz moderner Technologien unrealistisch ist.
Aufwand	Hoher formaler und zeitlicher Aufwand.
Reputation	Anwendung wird inzwischen von vielen Seiten gefordert; in Europa auch im Zusammenhang mit elektronischer Signatur; internationale Anerkennung bei unteren Sicherheitsstufen gegeben, jedoch Restriktionen bei höheren Sicherheitsstufen.
Zertifizierer	Auf Akkreditierung achten.
Nutzen	Zugang als Anbieter zu öffentlichen Beschaffungsmärkten. Wenn das der Zertifizierung zugrunde liegende Schutzprofil mit der jeweiligen Anwendung übereinstimmt, erspart sich der Anwender individuellen analytischen Aufwand.
Externe Kosten	Evaluierungskosten ab ca. 20.000 €, je nach Sicherheitsstufe und Produkt bis in Höhe einiger hunderttausend Euro, zusätzlich Zertifizierungskosten ca. 10-20%.

Trusted Site[13]	
Anwendung	Programm mit der Zertifizierung sicherer IT-Infrastrukturen, von Datenschutzaspekten, der sicheren Archivierung etc.
Aufwand	Projektabhängig.
Reputation	In der Bundesrepublik hoch. Keine Referenzierung in Gesetzen.
Zertifizierer	TÜV-IT.
Nutzen	Vertrauensbildung beim Kunden.
Externe Kosten	Projektabhängig.
Webtrust	
Anwendung	IT-Bereich ist abzugrenzen.
Aufwand	Anwendung eines Kriterienkataloges auf einen IT-Bereich.
Reputation	Hohes Niveau.
Zertifizierer	Nur Wirtschaftsprüfer.
Nutzen	Vertrauensbildung beim Kunden.
Externe Kosten	Zertifikat kostet ca. ab 100.000 Euro (hohe wiederkehrende Kosten).
ISO 20000 (ITIL)	
Anwendung	IT-Service-Bereich eines Betriebes.
Aufwand	Einführung eines angemessenen IT Service Managements einschließlich ISO 27001 für den begrenzten Bereich der IT-Services.
Reputation	Internationale Anerkennung, hohes Niveau.
Zertifizierer	Auf Akkreditierung achten.
Nutzen	Zugang als Anbieter zu öffentlichen Beschaffungsmärkten. Vertrauensbildung beim Kunden. Verbesserung des eigenen IT-Services.
Externe Kosten	Zertifikat kostet ca. 10.000 Euro.

---

[13]   Kein akkreditiertes Verfahren.

1.5 Konkrete Standards zur IT-Sicherheit

Eine wachsende Zahl von Standards beschäftigt sich mit Fragen der IT-Sicherheit – überwiegend mit Einzelaspekten und Themen, die für den Adressatenkreis dieses Buches von geringerer Bedeutung sein dürften.

Hiervon zu unterscheiden sind andere Standards, die eine echte Hilfe bei der *Konkretisierung* der Umsetzung der Normerfordernisse an die Informationssicherheit bieten. Um dem Leser einen Einblick zu gewähren und ihm die Möglichkeit zu verschaffen, sich gezielt um die wirklich benötigten Normen zu bemühen, geben wir an dieser Stelle einen knappen inhaltlichen Überblick anhand der Hauptnummern, ohne nach Teilnormen zu differenzieren.

Dort, wo ein besonderer Bezug zu konkreten Normerfordernissen der ISO 27001 besteht, geht die Erläuterung ein wenig über den ansonsten stichwortartig gehaltenen Charakter hinaus, insbesondere geben wir den entsprechenden Bezug zum Anhang A des Standards an.

Tabelle 2: Normen mit Bezug zum Anhang A der ISO 27001

Themengebiet	Standard	Bezug zu Anhang A der ISO 27001 Stand und Empfehlungen
Kryptografie, Verschlüsselung, Digitale Signaturen, Hash-Funktionen, Datenauthentisierung, Authentisierung von Kommunikationspartnern, Key Management	ISO 9979, 10116, 18033 9796, 14888, 10118, 15946 9797, 9798 11770, 15946, 18031, 18032	Kaum Bezug! In Ausnahmefällen kann für IT- Spezialisten die Berücksichtigung dieser Normen im Rahmen der Realisierung von A.12.3 eine Rolle spielen, bei dem es um den Schutz der Informationen durch kryptografische Methoden geht.
Non-repudiation[14], Zeitstempeldienste Public Key Infrastructure (PKI)	ISO 13888 15945, 18014 14516	Kaum Bezug! Die Standards können für Experten von Belang sein bei der Realisierung von: A.12.2.3 Nachrichtenintegrität A.10.9.x Schutz von E-Commerce-Diensten und deren Nutzung (mittelbar)

---

[14] Nachweisverfahren für erfolgte elektronische Kommunikation (in Analogie zum Einschreibebrief).

Themengebiet	Standard	Bezug zu Anhang A der ISO 27001 Stand und Empfehlungen
Anforderungen an PKI-Dienste und Trust Center	ETSI 101456, 102042, 101861	Technische Spezifikationen der ETSI[15] mit vielen inhaltlichen Querverbindungen zur ISO 27001; für PKI-Dienstleister unverzichtbar.
Guidelines for the Management of IT Security	ISO 13335	Starker Bezug! Für die praktische Arbeit sind diese älteren technischen Reporte aber entbehrlich, teilweise auch in der ISO 27000-Reihe integriert.
Evaluation und IT Security Assurance	ISO 15408[16], 15292, 15446 15443, 18045[17]	Weniger relevant: Sehr ambitionierte Standards, die mittels sehr stark formalisierter Verfahren Sicherheits-klassifizierungen erlauben. Enthalten zahlreiche interessante methodische Ansätze. Praktische Bedeutung nur für die Beurteilung der Sicherheit von technischen, meist sehr eng abgegrenzten Systemen wie Firewalls, Mailguards, Kartenanwendungen.
Netzwerksicherheit	ISO 18028[18]	Sehr hilfreich bei der Identifizierung des Handlungsbedarfs hinsichtlich der netzwerkbezogenen Vorgaben aus A.10, A.11 und A.12 des Standards.
Einsatz von Intrusion Detection Systemen	ISO 18043[19]	Nur sinnvoll, wenn der Einsatz derartiger Systeme im Rahmen der Auseinandersetzung mit dem Standard erwogen wird.
Security Incident Management	ISO 18044[20]	Klarer Bezug zu A.13: Der technische Report enthält zahlreiche Anregungen zur unterschiedlichen Ausgestaltung des Managements von Sicherheitsvorfällen.

[15] European Telecommunications Standards Institute (www.etsi.org).

[16] Eine frühere Version der *Common Criteria* /CC/.

[17] Eine frühere Version von /CEM/.

[18] Wird in revidierter Form in ISO 27033 überführt (Teile bereits vorhanden).

[19] Wird in revidierter Form in ISO 27039 überführt.

Themengebiet	Standard	Bezug zu Anhang A der ISO 27001 Stand und Empfehlungen
Reifegradmodell CMM / CMMI für die Prozesse des System Security Engineering[21]	ISO 21827	Zahlreiche inhaltliche Überschneidungen mit dem Standard. Der nicht uninteressante Modellansatz birgt die Gefahr aller Reifegradmodelle, die Dokumentationsflut stark anwachsen zu lassen. Für die Umsetzung des Standards vor allem in der Anfangszeit eher hinderlich.

---

[20] Ist in revidierter Form in ISO 27035 überführt worden.

[21] CMM = Capability Maturity Model, Software Engineering Institute der Carnegie Mellon University, CMMI = Capability Maturity Model Integration.

2   Vergleich der Begrifflichkeiten

Dass man auf der Basis schwammiger Begriffe hervorragend, kontrovers und lange *diskutieren* kann ist eine Binsenweisheit; dass man unter diesen Voraussetzungen kaum aussagekräftige *Ergebnisse* erzielen, aber beliebig viel Ressourcen investieren kann – ebenso.

Glossar Wie auch immer – aus ökonomischer und aus methodischer Sicht erscheint es sinnvoll, in der eigenen Organisation ein Begriffsglossar zum Thema Informationssicherheit anzulegen und sich in jedem weiteren Dokument (Leitlinien, Konzepte,....) darauf zu beziehen.

Meist beginnt man allerdings als Sicherheitsverantwortlicher nicht auf der grünen Wiese, sondern muss sich in einer gewachsenen Management-Struktur bewegen, die den Standards mehr oder weniger entspricht. Ein Problem liegt zumeist schon in der verwendeten Terminologie, die von veröffentlichen Quellen abweicht. Strebt man die Konformität zu einem der Standards an, muss man sich aber zwangsläufig mit der Begriffswelt dieses Standards auseinander setzen.

Wir wagen deshalb hier den Versuch,

– die klassischen IT-Sicherheitsbegriffe aus der Praxis,

– die Begriffswelt der ISO 27001 (im Folgenden immer als „der Standard" bezeichnet), sowie

– die Begrifflichkeiten des IT-Grundschutzes

unter einen Hut zu bringen bzw. für Vergleichbarkeit zu sorgen.

Wir werden diese Aufgabe angehen, indem wir den Sicherheitsprozess Revue passieren lassen und auf dieser Wegstrecke die anfallenden Begriffe aus den oben genannten Quellen einander näher bringen. In der Marginalien-Spalte deuten wir den Bezug wie folgt an:

    (K)   Klassische IT-Sicherheitsbegriffe.

    (ISO)   Begriffe aus der ISO 27000-Reihe.

    (GS)   Begriffe des IT-Grundschutzes.

Wer sich in den Begrifflichkeiten bereits gut auskennt, kann die Abschnitte 2.1 bis 2.4 beim Lesen überspringen.

Werfen Sie jedoch auf jeden Fall noch einen Blick auf den wichtigen Abschnitt 2.5 aber der Seite 41.

2.1 Organisation, Werte und Sicherheitsziele

Organisation

Mit dem Wort *Organisation* meinen wir in diesem Buch jede Art von Institution wie z. B. Unternehmen, Behörde, Verband oder Verein – aber auch Teile derselben, ausgewählt z. B. nach organisatorischen Gesichtspunkten (Abteilung, Bereich, usw.), nach territorialen Gesichtspunkten (Niederlassung, Geschäftsstelle usw.) oder nach nationalen Gesichtspunkten (Landesorganisationen).

Informationswerte

Ausgangspunkt der Diskussion sind die *Werte* (Assets) einer Organisation, speziell *die Informationswerte* (Information Assets).

(K) Klassischerweise beschränkt man sich auf Informationswerte im engeren Sinne wie Informationen, Daten, Dateien, Datenträger. Hierfür definiert man Sicherheitsziele. Hinzu kommen meist IT-Systeme und Netze, innerhalb derer solche Informationswerte gespeichert, verarbeitet und übertragen werden. Auch für diese Systeme und Netze gibt man Sicherheitsziele vor.

(ISO) Der Standard versteht unter Werten alles, was aus Sicht der Organisation eine Bedeutung für die Geschäftstätigkeit hat. Beispiele:

- Typ *Information*[22]:
  - Informationen aus der Geschäftstätigkeit der Organisation, Daten, Dateien, Verzeichnisse, Datenbanken.
  - Eigene Dokumente wie Verträge, Verfahrens- und Arbeitsanweisungen, Schulungsmaterial, Notfall-Handbücher, Wiederanlaufpläne.
  - Externe Dokumente wie System-Beschreibungen und Nutzerhandbücher.
  - Alle Arten von Aufzeichnungen bzw. Protokollen.
- Typ *Software*[23]: Anwendungssoftware, System-Software, Entwicklungswerkzeuge.

---

[22] In den meisten Quellen zum Thema Informationssicherheit wird nicht zwischen *Informationen* und *Daten* unterschieden.

- *Physische Werte*: Technische Komponenten wie Rechner, Firewalls, Gateways, Router, Netzwerk-Kabel, Datenmedien (z. B. Bänder, CD, DVD).

- *Infrastrukturen*: Server-Räume, Rechenzentren, Versorgungen aller Art.

- Typ *Dienstleistung,* und zwar solche, die man selbst erbringt, und auch solche, die man nutzt: RZ- und Telekommunikations-Services, Datenübertragung, Klimatisierung, Beleuchtung, Stromversorgung.

- *Mitarbeiter* mit Qualifikationen, Fähigkeiten, Erfahrungen und zugewiesenen Funktionen.

- Sonstige *(„intangible")* Werte wie z. B. das Ansehen (Image) und die Kreditwürdigkeit einer Organisation.

Man erkennt, dass zu den Werten auch solche gerechnet werden, die nicht unmittelbar Informationen, Daten oder IT darstellen.

(GS) Beim IT-Grundschutz sind *IT-Anwendungen* Ausgangspunkt der Überlegungen: Sie werden zur Durchführung bestimmter Fachaufgaben (Geschäftsprozesse) eingesetzt und bedienen sich der IT-Systeme, Netzwerke und IT-Räume[24] und des Personals einer Organisation. Die Gesamtheit aus infrastrukturellen, organisatorischen, personellen und technischen Komponenten, die zur Erfüllung einer Fachaufgabe dienen, wird als *IT-Verbund* oder Informationsverbund bezeichnet und charakterisiert die Werte einer Organisation.

Fazit Vergleicht man die drei Quellen (K), (ISO) und (GS), stellt man fest, dass bei (ISO) der Begriff *Wert* am weitesten gefasst ist.

Sicherheitsziele

Für die Werte einer Organisation bestehen unterschiedliche Ziele, etwa

- die Ordnungsmäßigkeit der *Datenverarbeitung* (die IT läuft im Einklang mit allen geltenden Vorschriften und Richtlinien),

---

[23] Diese Werte werden in der ISO 27002 separat aufgeführt, obwohl sie natürlich unter Werte vom Typ *Information* fallen.

[24] Die benutzte räumliche Infrastruktur, in der die übrigen Werte installiert sind, betrieben oder aufbewahrt werden.

- die (Rechts-)Verbindlichkeit z. B. von Vereinbarungen bzw. *Dokumenten,*

- die Rechtsgültigkeit von elektronischen *Rechnungen* – und nicht zuletzt

- die Sicherheit der *Informationswerte.*

Unter die *Sicherheitsziele* für Informationswerte fallen unter anderem die bekannten Ziele der Vertraulichkeit, Integrität und Verfügbarkeit. Wir schicken voraus:

Als *Subjekte* bezeichnen wir Individuen, Organisationseinheiten, Geschäftsprozesse oder andere Entitäten, die auf Werte in verschiedenem Sinne zugreifen können: entwickeln, erstellen, speichern, lesen, verändern, löschen, übertragen, beschaffen, installieren, bereit stellen, nutzen, warten usw.[25]

(ISO) Wegen der sehr allgemeinen Begriffsbildung eines Wertes muss man die für die Informationssicherheit charakteristischen Ziele Vertraulichkeit, Verfügbarkeit und Integrität ebenfalls etwas allgemeiner fassen:

- Unter der *Verfügbarkeit* eines Wertes versteht der Standard die Eigenschaft des Wertes, für jedes autorisierte Subjekt bei Bedarf zugreifbar zu sein.

- Mit der *Integrität* eines Wertes ist im Standard die Eigenschaft der Richtigkeit und Vollständigkeit des Wertes gemeint, autorisierte Änderungen sind nur von befugten Subjekten durchzuführen.

- Die *Vertraulichkeit* eines Wertes vom Typ *Information* ist ihre Eigenschaft, nur autorisierten Subjekten bekannt zu sein.

(K) In der klassischen IT-Sicherheit sind zwei dieser Begriffe etwas enger gefasst: *Verfügbarkeit* und *Integrität* beziehen sich fast immer nur auf Daten, IT-Systeme und Netze.

(GS) Beim IT-Grundschutz werden die drei genannten Sicherheitsziele als *Grundwerte* der IT-Sicherheit bezeichnet – es wird allerdings keine Definition angegeben. Vielmehr wird im Zusammenhang mit *Vertraulichkeit* und *Integrität* meist von Daten bzw. Informationen und Programmen, bei der *Verfügbarkeit* von IT-Anwendungen und IT-Systemen gesprochen.

---

[25] Nicht jeder dieser Zugriffe ist für alle Arten von Werten sinnvoll definierbar; außerdem ist die Aufzählung nicht als abschließend anzusehen.

Sonstige Ziele

Generell ist festzustellen, dass an vielen Stellen in der Praxis weitere Sicherheitsziele hinzukommen können – wie z. B.

– die Authentizität von Subjekten,

– die Zuweisbarkeit von Handlungen zu Subjekten,

– die Nicht-Abstreitbarkeit von Zugriffen und

– die Zuverlässigkeit von Services.

Im Standard wird dies ausdrücklich akzeptiert, d. h. die Organisation ist bei Anwendung der ISO 27001 „berechtigt", Ziele so aufzuschreiben, wie es für die Organisation passt. Beim IT-Grundschutz dagegen ist man bei den Grundwerten auf die drei klassischen Ziele fixiert (wobei man davon ausgeht, dass alle anderen Ziele daraus abgeleitet werden können).

2.2 Risiken und Analysen

Dass Sicherheitsziele für die Werte einer Organisation nicht immer und ohne Weiteres erreicht werden, liegt daran, dass Risiken bestehen, die bei ihrem Eintritt einem Sicherheitsziel zuwiderlaufen können.

Risiko

Als *Risiko* wird nach ISO 27005[26] eine Kombination aus der

– Eintrittswahrscheinlichkeit eines (unerwünschten, unerwarteten, schädlichen) Ereignisses und

– dessen Konsequenzen definiert.

Die Eintrittswahrscheinlichkeit wird nicht im strengen mathematischen Sinne, sondern eher als *geschätzte Häufigkeit verstanden*.

In dieser Definition bleibt offen,

– welche Ereignisse zu analysieren sind,

– welche Konsequenzen betrachtet und wie diese bewertet werden,

– welche Kombination gemeint ist.

Ereignisse

Für unseren Kontext sind die folgenden *Ereignisse* unerwünscht, unerwartet oder schädlich und insofern wichtig für die weitere Betrachtung:

– *Gezielte Angriffe* von Personen (Innentäter, Hacker, Spione) auf Werte durch Ausnutzen von Schwachstellen in der verwendeten (Sicherheits-)Technik, in der Organisation oder der Schwachstelle „Mensch".

---

[26] Auch nach dem älteren ISO Guide 73.

– *Ausfälle* von Geräten und Systemen, Personal und Prozessen.

– *Elementarereignisse* wie Erdbeben, Feuer, Wassereinbruch, Blitzeinschlag, usw., die sich auf Werte auswirken.

– *Fahrlässige Handlungen* und *Fehlbedienung von Systemen* durch Personen mit negativen Folgen für die Werte der Organisation.

– *Verstöße gegen Gesetze oder Verträge* mit finanziellen und anderen Konsequenzen für die Organisation.

– Potenzielle *Schädigung von Personen* (Ansehen, Gesundheit, Leben) und Organisationen (Ansehen, Kreditwürdigkeit etc.)

Im Standard werden solche Ereignisse als *Bedrohungen* (Threats) bezeichnet.

Konsequenzen

Die *Konsequenzen* solcher Bedrohungen können unmittelbar monetär einschätzbare Schäden sein – aber auch Imageverlust, Verlust der Kreditwürdigkeit, Entzug von Genehmigungen (etwa nach Gesetzesverstößen).

Kombination

Was ist nun mit *Kombination* gemeint? Sobald man Konsequenzen in Zahlen fassen kann – also etwa bei monetären Schäden –, besteht eine weit verbreitete Art der Kombination darin, das Risiko als *Produkt* aus Wahrscheinlichkeit und Schadenhöhe festzulegen. Das Risiko entspricht dann der *mittleren Schadenerwartung*.

Andere *probabilistische* Ansätze berücksichtigen dabei das Schadenausmaß stärker als die Häufigkeit. Dies stimmt mit der Motivation von Menschen überein, Versicherungen abzuschließen oder sich an Glücksspielen zu beteiligen.

Bei der Worst Case Methode, einem *possibilistischen* Ansatz, werden keine Werte für die Schadenhäufigkeit betrachtet, sondern das Risiko wird nur durch den größten denkbaren Schaden bestimmt.

Der Vollständigkeit halber sei darauf hingewiesen, dass in der *Portefeuilletheorie* das Risiko nicht durch die Erwartungswerte, sondern durch die Streuung der Verluste und Gewinne bestimmt wird.

Schließlich kommt bei der Bestimmung der Risikofunktion noch hinzu, dass die Einschätzung des Risikos subjektiven Präferenzen unterliegt. Eine sehr risikofreudige Organisation, die sich mit revolutionären, neuartigen Technologien beschäftigt, wird nicht die gleiche normierte Risikofunktion zur Begründung ihrer Entscheidungen verwenden wie z. B. ein alt eingesessenes Versicherungsunternehmen.

Statistiken

Ein weiteres Problem liegt im Fehlen belastbarer Daten: Bei Elementarereignissen und beim Problem des Ausfalls von Geräten kann man in vielen Fällen aufgrund von Erfahrungen auf geschätzte Wahrscheinlichkeiten zurückgreifen und die (monetären) Konsequenzen können verhältnismäßig genau eingeschätzt werden. Dabei sind Statistiken von Versicherungsunternehmen oder deren Verbänden hilfreich; bei den Anbietern von Geräten wird vielfach für einzelne Geräte die bekannte MTBF = *Mean Time between Failure* angegeben. Für diese Art von Ereignissen existieren aus der Vergangenheit relativ verlässliche Schätzungen, die für die Zukunft extrapoliert werden können. Für viele andere Ereignisse in der Informationssicherheit (wie z. B. Hacker-Angriffe) gilt dieses Prinzip jedoch nicht, die Datenlage ist eher desolat.

Risikoklasse, Risikoindex

Ein weit verbreiteter Ansatz besteht deshalb darin, eine gewisse Unschärfe einzuführen und Risikoklassen (bzw. Risikoindizes) festzulegen. Jede Klasse (jeder Index) gibt eine gewisse Größenordnung oder Bandbreite vor. Die Folge ist, dass jedes Einzelrisiko einer Klasse (bzw. einem Index) grob zugeordnet wird, aber nicht mehr detailliert beziffert werden muss.

Zusammenfassend ist also der Begriff des Risikos aus ISO 27005 nicht unproblematisch, da wir

–   in vielen uns interessierenden Fällen die Ereignisse (noch) nicht kennen und

–   für bekannte Ereignisse nicht immer Wahrscheinlichkeiten ermitteln können.

Beispielsweise sind Hacker-Angriffe zwar in ihren Konsequenzen beschreibbar, eine halbwegs gesicherte Wahrscheinlichkeit für einen konkreten Angriff ist aber kaum zu ermitteln.

Vielfach sind uns die möglichen Angriffe noch nicht bekannt, weil sie z. B. Schwachstellen in Betriebssystemen ausnutzen, die noch nicht publiziert wurden.

In anderen Standards /CC/ und /ITSEC/ nutzt man eine Methode, die zwischen dem *Angriffspotenzial* der vermuteten Täter und der *Stärke* der vorhandenen Sicherheitsmaßnahmen abwägt.

Angriffspotenzial

Man bestimmt das Angriffspotenzial eines Täters, indem man

–   seine technischen oder sonstigen *Fachkenntnisse*,

–   seine verfügbaren *Ressourcen* (wie z. B. die für den Angriff benötigte Zeit sowie erforderliche Spezialwerkzeuge), und

– die sich ihm bietende *Gelegenheit* (wie z. B. Kenntnis über besondere Umstände, Mitarbeit von Insidern)

anhand von Tabellen (vgl. /ITSEM/) auswertet und auf diese Weise das Angriffspotenzial einer von drei Klassen NIEDRIG, MITTEL oder HOCH zuweist.

Stärke von Maßnahmen

Sicherheitsmaßnahmen werden nun danach bewertet, welches Angriffspotenzial – eine der drei genannten Stufen – sie gerade noch abwehren können. Dieser Mindestwert wird *Stärke* der Maßnahme genannt.

Die Frage, ob man einem Angriff standhalten kann, ist bei dieser Betrachtungsweise eine Frage der Abwägung zwischen Angriffspotenzial und Stärke der vorhandenen Sicherheitsmaßnahmen. Wahrscheinlichkeiten für einen Angriff oder seine Schadenfolgen spielen in diesem Rahmen jedoch keine Rolle.

Die Stärke von (technischen) Sicherheitsmaßnahmen in IT-Produkten wird meistens bei der Zertifizierung solcher Produkte nach /ITSEC/ oder /CC/ ermittelt und im jeweiligen Zertifizierungsreport angegeben. Dass dabei Wahrscheinlichkeiten oder Schadenfolgen keine Rolle spielen können, ist erklärlich, da solche Abschätzungen immer nur bezogen auf konkrete Organisationen möglich sind – nicht aber bei Typ-Prüfungen bzw. Typ-Zertifizierungen von IT-Produkten.

Schließen wir die generelle Betrachtung ab und widmen wir uns wieder den drei Begriffsquellen:

(K)

In der klassischen IT-Sicherheit geht man meist nach der Regel *Risiko = Produkt aus Häufigkeit und Schadenhöhe* vor und legt dabei mehr oder weniger (un)sichere Schätzungen für die Häufigkeiten und Schadenhöhen zugrunde oder verwendet gleich ein System mit Risiko-Indizes oder Risiko-Klassen.

(ISO)

Im Standard wird *keine* detaillierte Methode zur Ermittlung von Risiken vorgeschrieben. Eine solche festzulegen wird vielmehr der betreffenden Organisation aufgegeben. In der ISMS-Leitlinie muss die Organisation beschreiben, welches Verfahren der Risikoanalyse sie anzuwenden gedenkt. Dazu zählt auch die Definition von Risikoklassen und Akzeptanzschwellen. Letzteres meint, dass Risiken unterhalb eines bestimmten Schwellenwertes ohne weitere Maßnahmen „ausgesessen" werden, über den Schwellenwert hinausgehende Risiken jedoch den Einsatz von Gegenmaßnahmen erzwingen.

Der Standard beschränkt sich auf Mindestanforderungen und gibt eine grobe Prozessbeschreibung. Beispiele für mögliche Analysemethoden finden sich in der ISO 27005.

Kurz zusammengefasst sieht das Vorgehen so aus:

Schritt 1: Risiko-Identifizierung

Bei der *Risiko-Identifizierung werden für die Informationswerte des ISMS*

- Ursachen bzw. Quellen für Bedrohungen von Informationswerten identifiziert und

- vorhandene (Gegen-)Maßnahmen ermittelt;

- es wird geprüft, ob hierbei Schwachstellen existieren.

Nach ISO 27005 ist das Zusammentreffen einer Bedrohung und einer Schwachstelle *Voraussetzung* für ein Risiko – nur dann ist man einem Risiko ausgesetzt (Risiko-Exposition).

Schwachstellen können darin bestehen, dass vorhandene Maßnahmen ausnutzbare Sicherheitslücken beinhalten, etwa in den technischen Prinzipien, der Umsetzung oder auch der Anwendung der Maßnahme. Gibt es erst gar keine Gegenmaßnahmen gegen eine Bedrohung, so ist dies natürlich erst recht eine Schwachstelle.

Schritt 2: Risikoabschätzung

Ist man gegenüber einzelnen Bedrohungen tatsächlich exponiert, muss eine *Risikoabschätzung* durchgeführt werden, d. h.

- für jede solche Bedrohung ist die Höhe des Risikos abzuschätzen bzw. zu klassifizieren.

Im Ergebnis dieses Schrittes liegt also eine Liste von Bedrohungen vor, denen gegenüber man exponiert ist und die man entsprechend abgeschätzt bzw. klassifiziert hat.

Schritt 3: Risikobewertung

Was versteht man unter Risikobewertung?

Da die Höhe eines Risikos nicht isoliert, sondern immer im Bezug zur Geschäftstätigkeit der Organisation gesehen werden muss, ist die Höhe des Risikos an einer Bewertungsskala zu spiegeln: Man braucht eine Einschätzung dafür, welche *Bedeutung* das betreffende Risiko für die Organisation hat. Diesen Vergleichsprozess nennt man *Risikobewertung*.

Als Beispiel sei ein Verlustrisiko von 1 Mio. € genannt, das für ein mittelständisches Unternehmen eine Katastrophe, für eine Großbank vielleicht nur Peanuts bedeutet. Erst die *Bewertung* des Verlustes durch die betreffende Organisation führt zu einer

Einordnung des Risikos. Im ersten Fall würde sich EXISTENZBE-DROHEND ergeben, im zweiten Fall nur GERINGFÜGIG.

Arbeit man also bspw. mit Risikoklassen, muss man diesen eine Bewertungsskala zuordnen – ausgedrückt durch Attribute wie z. B. GERINGFÜGIG, BETRÄCHTLICH, GRAVIEREND und EXISTENZBEDRO-HEND.

Synthese

In der Normenreihe ISO 27000 wird der Prozess bestehend aus Risiko-Identifizierung und Risikoabschätzung als *Risikoanalyse* bezeichnet. Risikoanalyse und Risikobewertung werden gemeinsam als *Risikoeinschätzung* benannt.

Risikoanalyse = Risiko-Identifizierung + Risikoabschätzung

Risiko-Einschätzung = Risikoanalyse + Risikobewertung

Das von einer Organisation ausgewählte Vorgehensmodell bei den drei Schritten der Risikoeinschätzung ist zu beschreiben, und zwar typischerweise in der ISMS-Leitlinie! Dazu zählt auch die Festlegung von Risikoklassen und Bewertungsstufen.

Wendet man nun dieses Vorgehensmodell auf die einzelnen Risiken der Organisation an, erhält im Ergebnis eine Liste mit exponierten Bedrohungen, deren Risiko jeweils beziffert oder klassifiziert und im Hinblick auf ihre Bedeutung für die Organisation bewertet ist. Die Analyseschritte und die Ergebnisse sind schriftlich festzuhalten.

Sowohl das Vorgehensmodell als auch die konkreten Ergebnisse sind regelmäßig zu überprüfen und ggf. zu aktualisieren.

(GS) Eine Motivation beim IT-Grundschutz war es dagegen, möglichst auf detaillierte individuelle Risikoanalysen der zuvor skizzierten Art zu verzichten: Man geht von so genannten *Gefährdungen* aus, die bei ihrem Eintreten zu Schäden für die Organisation führen können. Solche Gefährdungen werden im Gefährdungs-katalog zahlreich und detailliert beschrieben.

Schäden können unterschiedlicher Natur sein, sie werden deshalb beim IT-Grundschutz zu *Schadenkategorien* gruppiert, nämlich

– Verstoß gegen Gesetze[27], Vorschriften oder Verträge,

---

[27] Einschließlich Verstöße gegen das Recht auf informationelle Selbstbestimmung.

- Beeinträchtigung der persönlichen Unversehrtheit,

- Beeinträchtigung der Aufgabenerfüllung,

- negative Außenwirkung,

- finanzielle Auswirkungen.

Für jede IT-Anwendung und jede Schadenkategorie wird nun ermittelt, welche *Auswirkungen* Schäden dieser Kategorie auf die Organisation haben können; dabei wird eine Klassifizierung mit drei Stufen

- TOLERABEL bzw. GERINGFÜGIG,

- BETRÄCHTLICH,

- KATASTROPHAL

zugrunde gelegt; die Abgrenzung dieser Stufen untereinander legt die jeweilige Organisation selbst fest – ein gewisses Analogon zur Risikobewertung im Standard.

Schutzbedarf Jeder IT-Anwendung ordnet man schließlich einen *Schutzbedarf* zu, der sich aus der Schadenauswirkung wie folgt ergibt:

Tabelle 3:   Definition des Schutzbedarfs

Schadenauswirkung	Schutzbedarf
TOLERABEL bzw. GERINGFÜGIG	NORMAL[28]
BETRÄCHTLICH	HOCH
KATASTROPHAL	SEHR HOCH

Der Schutzbedarf einer IT-Anwendung *vererbt* sich nach bestimmten Regeln auf die von der IT-Anwendung „genutzten" IT-Systeme, Netzwerke und IT-Räume, so dass man allen beim IT-Grundschutz betrachteten Werten einen Schutzbedarf zuordnen kann.

Alle weiteren methodischen Schritte beim IT-Grundschutz basieren auf dieser Feststellung des Schutzbedarfs.

Die Maßnahmen aus den Maßnahmenkatalogen für den normalen Schutzbedarf sollen beim IT-Grundschutz aus einer (allerdings nicht publizierten) Risikoanalyse abgeleitet worden sein.

Man beachte: Im Vergleich zu ISO 27005 haben wir es bei den Gefährdungen des IT-Grundschutzes nicht automatisch mit exponierten Bedrohungen zu tun. Es werden auch keine Angaben

---

[28] Frühere Bezeichnung: GERING BIS MITTEL.

zu Wahrscheinlichkeiten oder Schadenhöhen gemacht – also sind es auch keine Risiken im Sinne des Standards.

Eine Bestimmung von individuellen *Risiken* hat beim IT-Grundschutz lediglich für den Bereich hohen und sehr hohen Schutzbedarfs zu erfolgen. Der BSI-Standard 100-3 beschreibt diese Thematik.

Fazit

Bei aller Methodendiskussion sollte generell bedacht werden, dass die erreichbare Genauigkeit bei Risikoanalysen aufgrund der Natur von Informationsrisiken begrenzt ist, andererseits sehr detaillierte Methoden auch einen erhöhten Aufwand nach sich ziehen.

Weiterhin: Nehmen wir einmal an, dass alle Einzelrisiken exakt berechenbar wären. Da die Einzelrisiken oft aber nicht unabhängig voneinander und nicht zueinander disjunkt sind, ist eine Zusammenfassung der Einzelrisiken zu einem Gesamtrisiko nur auf dem Wege der intuitiven Schätzung möglich.

Man beachte außerdem, dass wir im Bereich der Informationssicherheit eher selten die *Verkettung* von (Schaden-)Ereignissen analysieren.

2.3   Maßnahmenauswahl und Risikobehandlung

Maßnahmenauswahl

(K)

Beim klassischen Vorgehen priorisiert man zunächst die Risiken und beginnt mit der höchsten Klasse, um jedem Einzelrisiko einen geeigneten Satz von Maßnahmen zuzuordnen, mit dem das verbleibende Risiko unter eine noch akzeptierte Grenze fällt.

Die Beurteilung der Risiken, der Eignung von Maßnahmen und der Einschätzung des verbleibenden Risikos erfolgt dabei nach bestem Wissen der Analysten der Organisation (ggf. verstärkt um externe Sicherheitsberater).

(ISO)

Der Standard fordert eine ähnliche Vorgehensweise: Für jeden Informationswert sind bezüglich Verfügbarkeit, Vertraulichkeit und Integrität und ggf. weiterer Ziele die Risiken zu identifizieren, abzuschätzen und zu bewerten. Dabei gehen die Bedrohungen, Schwachstellen, sowie die Einschätzung von Ausmaß und Häufigkeit der Schäden ein.

Maßnahmenziele

Sodann sind die so genannten *Maßnahmenziele* aus dem Anhang A des Standards für jeden Informationswert anzuwenden. Dabei handelt es sich um Ziele für bestimmte thematische Bereiche, wie z. B. die Zugriffskontrolle oder die Behandlung von Sicherheitsvorfällen.

Anwenden bedeutet dabei zu entscheiden, ob ein Maßnahmenziel für die Organisation bzw. den betrachteten Wert relevant ist, und dann entsprechende Maßnahmen zuzuordnen. Neben den Maßnahmenzielen des Standards können natürlich organisationsspezifische Maßnahmenziele eingeführt und analog behandelt werden.

Begriff Maßnahme

Hinsichtlich des Begriffs der Maßnahme ist anzumerken, dass zwischen *Maßnahmen im Sinne des Standards* und *Einzelmaßnahmen der Organisation* unterschieden werden muss: Mit *Maßnahmen* sind im Anhang A des Standards Anforderungen gemeint, die durch Einzelmaßnahmen von der Organisation abzudecken bzw. zu erfüllen sind (vgl. zu dieser Begriffsverwirrung auch Abschnitt 2.5).

Die Maßnahmen im Sinne des Standards betreffen

– Leitlinien und Regelwerke,

– vertragliche Gestaltung,

– Prozeduren und Praktiken,

– Organisationsstrukturen und

– administrative, personelle, infrastrukturelle oder technische Anforderungen.

Einzelmaßnahmen für den letzten Aufzählungspunkt sind die klassischen Sicherheitsmaßnahmen, die Gegenmaßnahmen zu Bedrohungen, etc.

Nach Anwendung der Maßnahmenziele und nach Zuordnung geeigneter Einzelmaßnahmen sind die verbleibenden Risiken („Restrisiken") nach Umsetzung der Maßnahmen entsprechend einem vorher festgelegten Plan weiter zu behandeln.

(GS)

Als *IT-Verbund* einer Organisation wird beim IT-Grundschutz die Gesamtheit von Infrastruktur, Personal und IT bezeichnet, die der Erfüllung der betrachteten Fachaufgaben dienen.

Bei der *Modellierung* des IT-Verbunds werden passende *Bausteine* aus dem Handbuch ausgewählt, und zwar aus den Bausteingruppen *Übergreifende Aspekte* (Organisation), *Infrastruktur, IT-Systeme, Netze* und *Anwendungen*. Die Auswahl hat so zu erfolgen, dass die Kombination der gewählten Bausteine ein der Realität möglichst nahe kommendes Modell des IT-Verbunds ergibt.

Zu jedem ausgewählten Baustein gehört eine spezifische priorisierte Liste von Einzelmaßnahmen, die vom BSI als geeignet für den *normalen* Schutzbedarf angesehen werden und folglich von der Organisation umzusetzen sind. Hier legt man im Gegensatz zum Standard also eine Grundmenge von (Einzel-)Maßnahmen verbindlich fest, von der nur begründet abgewichen werden darf.

Die Maßnahmenkataloge des IT-Grundschutzes bilden auch eine Basis für Maßnahmen für den hohen und sehr hohen Schutzbedarf, werden jedoch vom BSI hierfür nicht automatisch als vollständig und ausreichend stark angesehen.

Für den Schutzbedarf HOCH oder SEHR HOCH ist die Vorgehensweise so, dass zunächst der IT-Verbund nach IT-Grundschutz modelliert wird und alle entsprechenden Sicherheitsmaßnahmen für den normalen Schutzbedarf umzusetzen sind. Dann wird in einer ergänzenden Analyse dem höheren Schutzbedarf Rechnung getragen. Dieses Verfahren ist im BSI-Standard 100-3 beschrieben, betrachtet jedoch keine Risiken im engeren Sinne des Standards.

Man beachte, dass beim Grundschutz zunächst die Werte mit normalem Schutzbedarf betrachtet – grob gesagt also die mit dem eher geringen Risiko – und hierfür Maßnahmen vorschreibt, die der Anwender umzusetzen hat. Erst danach kommen die Werte mit dem Schutzbedarf HOCH und SEHR HOCH an die Reihe, die einer zusätzlichen Analyse zu unterziehen sind. Dies ist eine durchaus bedenkliche Abkehr von der üblichen Vorgehensweise, sich zunächst um die sehr hohen und hohen Risiken zu kümmern.

Risikobehandlung

Bei der *Risikobehandlung* hat man generell eine Reihe von Alternativen bzw. Optionen:

– Einstellung risikoträchtiger Geschäftstätigkeiten.

– Akzeptanz von einzelnen Risiken, d. h. man akzeptiert sie, ohne weitere Maßnahmen vorzusehen (*Risiko-Akzeptanz*).

– Verlagerung von Risiken (Verlagerung der Geschäftstätigkeiten an einen sichereren Ort, Versicherung von Risiken, Outsourcing risikobehafteter Geschäftstätigkeiten[29]).

---

[29] Soweit dabei eine Risikoverlagerung überhaupt möglich ist.

    – Auswahl und Implementierung geeigneter Maßnahmen, mit denen das verbleibende Risiko[30] unter eine von der Organisation noch akzeptierte Grenze rutscht.

Risiko-
behandlungsplan   Wichtig ist, einen Risikobehandlungsplan aufzustellen, in dem die zulässigen Optionen für die Behandlung von Risiken festgelegt werden und für jedes Risiko eine Behandlungsoption ausgewählt wird.

Im Standard wird diese Vorgehensweise explizit gefordert.

Beim IT-Grundschutz wird vom Restrisiko gesprochen, dies allerdings eher in einem qualitativen Sinne:

– Für den normalem Schutzbedarf sind die Restrisiken bei Anwendung der Katalogmaßnahmen nach Aussagen des BSI *grundsätzlich* als gering einzustufen. Ist die Umsetzung dieser Maßnahmen nicht oder unvollständig erfolgt (z. B. aus Budget-Gründen), können Restrisiken entstehen, die jedoch nicht näher beziffert oder klassifiziert werden.

– Bei höherem Schutzbedarf wird untersucht, ob die auswählten – ggf. verstärkten – Maßnahmen geeignet sind, die betrachteten Bedrohungen abzuwehren oder nicht. Im Negativfall liegen Restrisiken vor, die aber auch hier nicht näher beziffert oder klassifiziert werden.

Im Falle solcher „Restrisiken" ist eine Entscheidung der Leitungsebene über deren Akzeptanz herbeizuführen

2.4   Sicherheitsdokumente

Beschäftigen wir uns noch kurz mit zwei grundlegenden Begriffen, hinter denen sich Dokumente verbergen: Sicherheitsleitlinie und Sicherheitskonzept.

Gelegentlich wird statt *Sicherheitsleitlinie* auch der Begriff *Sicherheitspolitik* verwendet – möglicherweise aufgrund einer nicht korrekten Übersetzung von *(Security)* Policy.

---

[30] Für das englische *residual risk* (verbleibende Risiken) wird im deutschen Sprachraum und im Kontext der Informationssicherheit vielfach der Begriff *Restrisiko* verwendet. Eine abweichende Definition von *Restrisiko* wurde im Jahre 1978 durch das Bundesverfassungsgericht im Rahmen des „Kalkar-Urteils" getroffen: Demnach werden hierunter die „hypothetischen Risiken, die nach dem Stand der Wissenschaft unbekannt, aber nicht auszuschließen" sind, verstanden. Wir schließen uns dieser Definition im Einklang mit ISO 27001 an.

Sicherheitsleitlinie

(K)

In der *Sicherheitsleitlinie* wird zumeist die Organisation mit ihrem Geschäftszweck, dem internen Aufbau und den Standorten, den Informationswerten und der verwendeten Technik *im Überblick* dargestellt. Anschließend werden die relevanten externen und internen Vorgaben summarisch aufgeführt bzw. referenziert. Dann wird die Bedeutung der Informationssicherheit für die Organisation beschrieben, indem die Gefährdungslage skizziert und die möglichen Folgen für die Organisation behandelt werden. Schlussendlich werden grundsätzliche Regeln für die IT-Sicherheit aufgeführt.

(ISO)

Auch beim Standard gibt es eine Sicherheitsleitlinie im Grunde sogar zwei: die *ISMS-Leitlinie* und die *Informationssicherheitsleitlinie*.

ISMS-Leitlinie und Informationssicherheitsleitlinie dürfen in *einem* Dokument zusammenfassend dargestellt werden – weshalb in vielen realen Beispielen nicht genau zwischen den beiden Aspekten unterschieden wird. Die Autoren empfehlen aber eine Aufteilung in zwei Dokumente.

Die *Informationssicherheitsleitlinie* einer Organisation definiert, wie Informationssicherheit individuell verstanden wird, d. h.

– welche grundsätzlichen (Informations-)Werte und welche grundsätzlichen Sicherheitsziele für diese Werte seitens der Organisation bestehen,

– welchen grundsätzlichen Risiken sich die Organisation hinsichtlich dieser Werte ausgesetzt sieht und welche Auswirkungen diese Risiken auf die Organisation haben können,

– wie die Verantwortung für die Sicherheit organisiert ist und durch welche Verfahren die Organisation diese Risiken steuert,

– welchen weiterführenden Dokumenten Details zur Sicherheit entnommen werden können.

Beispiel

Im Anhang dieses Buches ist ein Beispiel (!) für eine Informationssicherheitsleitlinie (im Sinne des Standards) angegeben, in der diese Informationen aufgeführt sind.

Die *ISMS-Leitlinie* wird im Standard als Erweiterung[31] der Informationssicherheitsleitlinie verstanden. Hinzu treten nämlich die

---

[31]   Diese Erweiterung ist in unserem Beispiel im Anhang nicht vorgenommen worden.

Rahmenbedingungen für das Management der Informationssicherheit, insbesondere

- die Methode der *Risikoeinschätzung* (*Risikoanalyse* und *Risikobewertung*), die von der Organisation einheitlich angewendet werden soll,

- die Kriterien der *Risikobehandlung* inkl. Festlegung von Risikoschwellen bzw. Risikoklassen,

- die Optionen der *Risikobehandlung* inkl. Festlegung von Akzeptanzschwellen.

Bei beiden Formen der Leitlinie handelt es sich vorwiegend um summarische Aussagen.

Gründe für diese (letztlich vernünftige) Aufteilung in zwei Bestandteile sind:

- Es sollen Vorgaben zum *Management* der Sicherheit und Vorgaben zum *Gegenstand* der Sicherheit voneinander getrennt werden.

- Der Adressatenkreis: Die ISMS-Leitlinie richtet sich an das Sicherheitsmanagement, die Informationssicherheitsleitlinie dagegen an die von der Informationssicherheit Betroffenen.

(GS) Bei Anwendung des IT-Grundschutzes ist eine *IT-Sicherheitsleitlinie* zu erstellen, in der neben dem *Stellenwert* der IT-Sicherheit und der Bedeutung der IT für die Aufgabenerfüllung insbesondere die IT-Sicherheitsziele und die *Strategie* zu ihrer Umsetzung zu beschreiben sind.

Bei den IT-Sicherheitszielen ist der Bezug zu den Geschäftserfordernissen der Organisation herzustellen und das angepeilte Sicherheitsniveau festzulegen. Optional kann auf wichtige Gefährdungen, gesetzliche und vertragliche Anforderungen sowie Sensibilisierungs- und Schulungsmaßnahmen eingegangen werden.

Bei der *Strategie* geht es um die Art und Weise der Umsetzung bzw. Durchsetzung (z. B. die angemessene Organisationsstruktur) und der Erfolgskontrolle.

Man erkennt, dass sich die IT-Sicherheitsleitlinie beim IT-Grundschutz nahe an der Informationssicherheitsleitlinie des Standards bewegt.

Sicherheitskonzept

(K) Das *Sicherheitskonzept* enthält (hoffentlich) eine präzise Festlegung des Betrachtungsgegenstands und sodann verschiedene Analysen (Anforderungen, Gefahren, Bedrohungen, Schwachstel-

len, Risiken). Anschließend werden „passende" Maßnahmen aus-gewählt und validiert; schlussendlich werden verbleibende Risi-ken ermittelt und beschrieben.

(ISO) Das klassische Sicherheitskonzept gibt es in dieser Form im Stan-dard nicht. Die entsprechenden Inhalte sind auf separate Ar-beitspakete verteilt, die gemeinsam in *einem* Dokument oder *getrennt* dokumentiert werden können:

– Die *Festlegung des Anwendungsbereichs* – was der Gegen-stand des ISMS ist und wofür die Analysen durchgeführt werden – ist aus Sicht des ISO 27001 ein separater Schritt, der allen anderen vorausgeht.

– Die Erfassung bzw. Festlegung der Informationswerte (As-sets) im Anwendungsbereich.

– Die *Risikoanalyse* und *Risiko-Bewertung* für den Anwen-dungsbereich

– Die *Erklärung zur Anwendbarkeit.*

Beim letzten Aufzählungspunkt geht es um die bereits auf der Seite 34 f. erläuterten Maßnahmenziele und Maßnahmen, mit denen die bewerteten Risiken gesteuert werden. Der Anhang A der ISO 27001 gibt eine bestimmte Systematik vor, nach der Maßnahmenziele und Maßnahmen aus- oder abgewählt werden können. Kriterium für die Abwahl ist immer, ob ein Maßnah-menziel oder eine Maßnahme für die Organisation und ihre Werte ungeeignet oder aus anderen Gründen nicht anwendbar ist.

Die Organisation ist grundsätzlich frei, ergänzend eigene Maß-nahmenziele und Maßnahmen hinzuzufügen und damit analog zu verfahren.

Bei den Entscheidungen und Begründungen spielen die Ergeb-nisse der Risikoeinschätzung und der Risikobehandlung eine Rolle, aber auch die in der Leitlinie enthaltenen Angaben zu gesetzlichen Anforderungen, vertraglichen Verpflichtungen und Geschäftsanforderungen der Organisation.

SoA Die so entstandene Liste von Maßnahmenzielen, (umgesetzten bzw. noch umzusetzenden) Einzelmaßnahmen und entsprechen-den Erklärungen bzw. Begründungen erhält die Überschrift *Erklärung zur Anwendbarkeit* (abgekürzt: *SoA*[32]).

Oft findet man als SoA lediglich ein Blatt vor, das von zuständi-gen Personen der Organisation unterzeichnet ist und in dem

---

[32] SoA = Statement of Applicability (vgl. auch Abschnitt 2.5).

erklärt wird, dass die zuvor genannte Liste abgesegnet ist, zur Anwendung freigegeben wird oder Ähnliches mehr. Ein solches Vorgehen ist in Ordnung (wenn auch im Standard so nicht gefordert).

(GS)

Als Sicherheitskonzept wird beim IT-Grundschutz die Gesamtheit der Informationen aus folgenden Schritten bezeichnet:

– Strukturanalyse: Erfassen der IT-Anwendungen, IT-Systeme und Netzwerke, IT-Räume.

– Schutzbedarfsanalyse.

– Modellierung: Auswahl geeigneter Bausteine mit spezifischen Maßnahmen.

– Basis-Sicherheits-Check.

– Ergänzende Sicherheitsanalyse bei hohem und sehr hohem Schutzbedarf.

– Realisierungsplanung.

Die sich als Ergebnis der Modellierung ergebenden Maßnahmen werden nach „Maßnahme vorhanden" bzw. „Maßnahme noch nicht vorhanden, Umsetzung vorsehen" klassifiziert. Diese Prüfung heißt *Basis-Sicherheits-Check*.

Die *Gefährdungskataloge* des IT-Grundschutzes eignen sich als Fundstelle für Gefährdungen und Schwachstellen der Informationssysteme und können somit Input für alle weiteren Schritte liefern.

Die sehr konkreten *Maßnahmenkataloge* können in Ergänzung zur ISO 27002 als Quelle für das Auffinden von erprobten Sicherheitsmaßnahmen verwendet werden – auch für die im Sinne des Standards *organisationsspezifischen* Maßnahmenziele und Maßnahmen.

2.5 Übersetzungsprobleme bei der deutschen Ausgabe des Standards

Zwischen englischen und deutschen Normtexten besteht immer das Problem einer möglichst präzisen Übersetzung. Wir wollen in diesem Abschnitt einige Punkte zusammentragen, die bei der deutschen Fassung der ISO27001 übersetzungsbedingt zu Fragen Anlass geben.

Statement of Applicability

Beginnen wir mit dem *Statement of Applicability* (SoA), das immer als *Erklärung zur Anwendbarkeit* übersetzt wird. Warum sollten die darin aufgeführten Inhalte nicht anwendbar sein? Viel wichtiger ist die Frage, ob die Inhalte *geeignet* sind, die von der

Organisation gewünschte Sicherheit herzustellen. Man beachte, dass das englische Wort *applicability* neben *Anwendbarkeit* auch die Bedeutung *Eignung* besitzt; somit wäre *Erklärung zur Eignung* eine bessere Übersetzung.

Control

Zu mancher Verwirrung hat die Übersetzung des Wortes *Control* mit *Maßnahme* geführt. Inspiziert man die Texte im Anhang A des Standards – also die Controls –, so stellt man fest, dass es sich stets um (Sicherheits-)*Anforderungen* handelt. Dann wird auch klar, warum in einer konkreten Organisation den Controls erst noch (Einzel-)*Maßnahmen* zugeordnet werden müssen, um die jeweilige Anforderung zu erfüllen.

Control Objective

Es geht weiter mit *Control Objective*, das mit *Maßnahmenziel* übersetzt wurde. Dies geht nun völlig schief, weil eine Maßnahme für sehr unterschiedliche Ziele eingesetzt werden kann, also mitnichten eine Maßnahme ein Ziel besitzt. Gemeint ist natürlich, dass die in einem Control beschriebene Anforderung (!) einem bestimmten Ziel dient. Eine bessere Übersetzung wäre einfach *Ziel der Anforderung*.

Policies

Der englische Begriff *Security Policy* wird bekanntlich (richtigerweise) mit *Sicherheitsleitlinie* übersetzt. Wenn das Wort *policy* oder *policies* allein auftaucht, sind damit jedoch Regeln, Regelwerke oder Richtlinien gemeint. Leider wird in der deutschen Fassung der Norm an solchen Stellen immer mit *Leitlinie(n)* übersetzt. Dies trägt, wie wir aus Erfahrung wissen, zur Verwirrung bei, weil Leser annehmen, die gemeinten Vorgaben müssten in der Sicherheitsleitlinie stehen – was mitnichten der Fall ist.

Authority

In englischen Texten dieser Art kommt häufig das Wort *authority* vor, was je nach Kontext *Behörde*, aber einfach auch *Autorität* meinen kann. Dass man *relevant authorities* kontaktieren soll, kann deshalb bedeuten, einschlägige sachverständige Stellen zu kontaktieren – was nicht zwangsläufig Behörden sein müssen.

Measure

Der Standard spricht an vielen Stellen von *messen* als Übersetzung von *measure*. Dieses englische Wort hat allerdings auch die Übersetzung *abschätzen*, was zutreffender ist, weil eine Messung im präzisen Sinne bei den relevanten Anforderungen ohnehin nicht möglich ist.

Access Control

Da haben es Übersetzer in der Tat schwer: Der Terminus *Access Control* kann wörtlich übersetzt *Zugangskontrolle*, *Zutrittskontrolle* oder *Zugriffskontrolle* bedeuten. In der neuen Ausgabe der ISO 27000 wird Access Control immer mit Bezug auf alle Arten von Assets verstanden, die ja sehr unterschiedlicher Natur sein können:

– Daten: Hier wäre *Zugriffskontrolle* die richtige Übersetzung.

– Bei physischen Orten (Räumlichkeiten, Sicherheitszonen) wäre es dann die *Zutrittskontrolle*[33].

– Wenn jemand Services, Anwendungen, Netzdienste nutzen kann, sprechen wir oft davon, dass der Betroffene Zugang zu diesen Objekten hat: *Zugangskontrolle*.

Wenn Sie in unseren deutschen Normtexten der ISO 27000-Reihe das Wort *Zugangskontrolle* finden, prüfen Sie besser anhand des Kontextes, was genau gemeint ist!

Audit Logging Im Anhang A kommt der Begriff *Audit Logging* vor – in der deutschen Fassung übersetzt als *Auditprotokolle*. Dies hat (fast) nichts mit unseren internen bzw. externen Audits zu tun, sondern meint die Aufzeichnungen diverser Kontroll- und Überwachungseinrichtungen (z. B. Log-Protokolle bei IT-Systemen, Aufzeichnungen über Zutritte zu Sicherheitszonen etc.), die aufbewahrt werden, um zu einem späteren Zeitpunkt Auswertungen über mögliche Sicherheitsverletzungen und andere Vorkommnisse durchführen zu können.

---

[33] An einigen Stellen in der Normenreihe ist hier auch von *entry controls* die Rede.

3   Das ISMS nach ISO 27001

In diesem Kapitel werden wir das Modell und die Elemente eines ISMS nach ISO 27001 behandeln. Die weitere Gliederung orientiert sich deshalb hart an den Kapiteln des Standards[34].

Sicher gibt es auch andere Möglichkeiten, ein ISMS zu beschreiben. Da unser Ziel die Normen-Konformität und eine mögliche Zertifizierung eines konkreten, beim Leser implementierten ISMS ist, wollen wir uns strikt an die ISO 27001 halten.

Für die Begriffe zur Identifizierung, Abschätzung, Bewertung und Einschätzung von Risiken vergleichen Sie bitte die Ausführungen auf den Seiten 31 f. Wir geben hier nochmal zur Orientierung an:

Risikoanalyse   =   Risiko-Identifizierung + Risikoabschätzung

Risikoeinschätzung =   Risikoanalyse + Risikobewertung

3.1   Das Modell des ISMS

Der Standard ISO 27001 definiert ein ISMS wie folgt:

"Teil des gesamten Managementsystems, der auf der Basis eines Geschäftsrisikoansatzes die Entwicklung, Implementierung, Durchführung, Überwachung, Überprüfung, Instandhaltung und Verbesserung der Informationssicherheit abdeckt.

ANMERKUNG Das Managementsystem enthält die Struktur, Grundsätze, Planungsaktivitäten, Verantwortung, Praktiken, Verfahren, Prozesse und Ressourcen der Organisation."

Diese Definition und die Anmerkung zur Definition enthalten einige wichtige Gedanken.

Gedanke 1
Integration

Ein ISMS ist ein Teil eines allgemeinen, umfassenderen Management-Systems, das andere Teile der Organisation, möglicherweise die gesamte Organisation, und weitere Themen umfasst.

Beispiele für weitere spezielle Ausprägungen von Management-Systemen sind ein Umweltschutzmanagement-System und ein Qualitätsmanagement-System. Es ist daher lohnend und vom Standard her sogar erwünscht, ein bereits vorhandenes Manage-

---

[34] Es könnte von Vorteil sein, sich den Standard zu beschaffen und die entsprechenden Kapitel parallel zu lesen.
Quelle: www.beuth.de.

ment-System z. B. für Qualität oder Umweltschutz, daraufhin zu prüfen, ob bereits dort vorhandene Steuerungsinstrumente auch für das ISMS genutzt werden können. Diese Prüfung hilft, Zeit und Kosten während des Aufbaus, der Einführung und des Betriebes des ISMS zu sparen.

Gedanke 2
Risikoorientierung

Das ISMS baut auf der Einschätzung der Geschäftsrisiken auf. Ein ISMS sollte daher als ein Mittel verstanden werden, mit dem das Management einer Organisation auf erkannte Risiken im Geschäft der Organisation reagiert.

Die Risikoeinschätzung wird als Voraussetzung angesehen, ohne die ein ISMS nicht sinnvoll aufgebaut werden kann. Dabei sind operative Risiken genauso zu betrachten wie Risiken in der strategischen Planung zum Ausbau und zur weiteren Entwicklung des Geschäfts. Bereits hier wird sichtbar, dass ein ISMS Elemente besitzen wird, die einen unterschiedlichen Zeithorizont haben. Auch diesen Aspekt hat es mit anderen Management-Systemen gemeinsam.

Gedanke 3
Gezielter Einsatz

Ein ISMS ist ein spezialisiertes System, in dessen Fokus die Wahrung der Informationssicherheit steht: Dort, wo der Verlust der Informationssicherheit zu signifikanten oder gar untragbaren Geschäftsrisiken für die Organisation führen kann, ist der rechte Einsatzort eines ISMS.

Das ISMS hat vielfältige Aufgaben zu erfüllen:

— Es legt fest, welche konkrete Ausprägung der Informationssicherheit benötigt wird (*„die Entwicklung ... der Informationssicherheit"*).

— Es stellt Maßnahmen bereit, die der Informationssicherheit dienen (*„die ... Implementierung ... der Informationssicherheit"*).

— Es gibt vor, auf welche Weise Informationssicherheit im täglichen Arbeitsablauf erreicht wird (*„die ... Durchführung ... der Informationssicherheit"*).

— Es dient dazu, den erreichten Stand bezüglich der Informationssicherheit sichtbar zu machen und aufrecht zu erhalten (*„die ... Überwachung ... der Informationssicherheit"*).

— Es ermöglicht, den Status der Informationssicherheit nachvollziehbar zu machen (*„die ... Überprüfung ... der Informationssicherheit"*). Der Unterschied zum vorangehenden Aspekt liegt hier im Soll-Ist-Vergleich, aus dem u. a. der Reifegrad des ISMS erkannt werden kann. Dieser Status ist wichtig, wenn eine Zertifizierung angestrebt wird.

- Es hilft, den erreichten Stand der Informationssicherheit in Zukunft zu erhalten („*die ... Instandhaltung ... der Informationssicherheit*").

- Es legt den Grundstein dafür, die Informationssicherheit zu verbessern („*die ... Verbesserung der Informationssicherheit*").

Gedanke 4
Umfang

Ein Management-System schließt folgende Bestandteile ein: die Organisationsstruktur, Verantwortlichkeiten, Planungsaktivitäten, Leitlinien und Regeln, Vorgehensweisen bzw. Praktiken, Prozesse, Verfahren und Ressourcen.

Neben der reinen Begriffsdefinition enthält der Standard drei weitere Grundgedanken, die für das Verständnis und den Umgang mit einem ISMS wichtig sind. Es ist lohnend, auch diese bei der Arbeit mit einem ISMS zu beachten.

Gedanke 5
Prozess

Die Gesamtheit der Aktivitäten, ein ISMS einzuführen und zu betreiben, wird als *Prozess* betrachtet.

Ein Prozess ist eine bestimmte Gesamtheit von identifizierten Aktivitäten, die bestimmte Eingangsgrößen in bestimmte Ausgangsgrößen umwandeln. Oft wird es dabei vorkommen, dass die Ausgangsgrößen einer Aktivität gerade Eingangsgrößen anderer Aktivitäten sein werden. Es ist daher möglich, zu einem Gesamtprozess Teilprozesse zu definieren, die zusammen mit ihren Interaktionen den Gesamtprozess konstituieren. Auf diese Weise wird unter anderem die Skalierbarkeit von Prozessen unterstützt.

Gedanke 6
Dynamik

Da das ISMS durch die Erfordernisse und Ziele der Organisation – ihre Sicherheitsanforderungen, die vorhandenen und zu schützenden Geschäftsprozesse, ihre Größe und Organisationsstruktur – bestimmt wird und diese sich mit der Zeit ändern können, muss ein ISMS einerseits an die Bedürfnisse angepasst sein und sich andererseits mit den Bedürfnissen ändern können.

Für einfache Verhältnisse muss es im Grunde auch eine einfache Lösung für die Implementierung eines ISMS geben. Im Standard heißt es dazu, dass *eine einfache Situation auch eine einfache ISMS-Lösung (erfordert)*. Ein ISMS muss aber auch skalierbar sein.

Gedanke 7
Ständige
Verbesserung

Prozesse lassen sich gut beherrschen und verbessern, wenn man einen bestimmten Zyklus von Aktivitäten auf sie anwendet. Dieser ist unter der Bezeichnung PDCA-Modell bekannt.

Die vier grundlegenden Aktivitäten dieses Modells sind Plan – Do – Check – Act. Sie bilden eine sich zyklisch wiederholende

Abfolge von Tätigkeiten (PDCA-Zyklus), derer sich eine Organisation bedienen sollte, solange sie ein ISMS betreibt.

Den vier Aktivitäten oder Phasen des PDCA-Zyklus sind die unter *Gedanke 3* oben genannten Aufgaben wie folgt zugeordnet:

Tabelle 4: PDCA-Phasen

Phasen		Inhalt
Plan	Planen	Planen / Festlegen des ISMS
Do	Durchführen	Umsetzen / Betreiben des ISMS
Check	Prüfen	Überwachen / Überprüfen des ISMS
Act	Handeln	Instandhalten / Verbessern des ISMS

Der PDCA-Zyklus dient sowohl der kontinuierlichen Verbesserung des ISMS als auch der Anpassung und Neuausrichtung des ISMS bei sich verändernden Verhältnissen der Organisation.

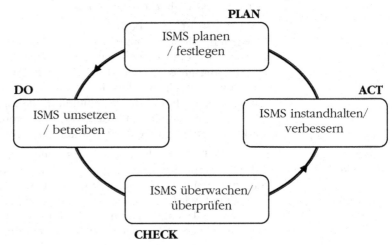

Abbildung 2: Der PDCA-Zyklus

Das PDCA-Konzept fußt auf der Vorgehensweise von Walter Shewhart, der in den dreißiger Jahren des vergangenen Jahrhunderts die Grundlagen für die Anwendung ökonomisch orientierter statistischer Methoden in der Produktionstechnik legte. Das Konzept wurde später erfolgreich von seinem Mitarbeiter William Edwards Deming beim Wiederaufbau der japanischen Wirtschaft nach dem zweiten Weltkrieg angewandt. Es ist deshalb auch als Deming- oder Shewhart-Modell bekannt.

Als ein Modell der kontinuierlichen Verbesserung von Produkten und Prozessen verlangt es in seiner ursprünglichen Form die Einhaltung einer Taktfolge aus Problemanalyse (Plan), kontrolliertem Ausprobieren (DO), systematischem Auswerten (Check) und praktischer nachhaltiger Anwendung (Act). Die Anwendung dieses Modells verlangt keinen Formalismus, sie soll vielmehr sicherstellen, dass keine Schnellschüsse mit der Folge kostenträchtiger und oft kontraproduktiver Scheinlösungen auftreten.

3.2 PLAN: Das ISMS festlegen und verwalten

Planungsphase

Die Planungsphase des PDCA-Zyklus dient zwei unterschiedlichen Zwecken, die sich nicht nur quantitativ, sondern auch qualitativ unterscheiden können:

– Der erste (und eher einmalig auftretende) Zweck ist die Planung eines noch nicht existierenden ISMS.

– Der zweite Zweck ist die Planung der Anpassung eines existierenden ISMS an veränderte Gegebenheiten.

Auf den ersten Blick scheint die Planung eines noch nicht existierenden ISMS umfangreicher zu sein als die Planung der Anpassung eines existierenden ISMS an veränderte Gegebenheiten. Dies ist aber nur dann der Fall, wenn die erforderlichen Anpassungen im Vergleich zum Gesamtumfang des ISMS eher gering sind. Wir wollen daher auf beide Zwecke der Planung gesondert eingehen, um die jeweiligen Besonderheiten besser zu erkennen.

Planung zur Einführung eines ISMS

Obwohl wir davon ausgehen wollen, dass das verantwortliche Management der Organisation die Entscheidung getroffen hat, ein ISMS einzuführen, ist die Frage berechtigt, auf welcher Grundlage das verantwortliche Management diese Entscheidung treffen kann. Auf diese Frage geht der Standard ISO 27003 in Kapitel 5 ein. Dabei werden Antworten auf fünf Fragen erwartet:

– Welche Ziele verfolgt die Organisation mit dem Betreiben eines ISMS?

– Welchen Bedarf an Informationssicherheit hat die Organisation?

– Welche Anforderungen stellt die Organisation an ein funktionierendes ISMS?

– Welchen Anwendungsbereich soll das ISMS anfänglich umfassen?

– Welcher Geschäftsplan liegt der ISMS-Einführung zugrunde?

Die Beantwortung sollte im Rahmen einer Entscheidungsvorlage erfolgen:

Diese Entscheidungsvorlage sollte ein Dokument enthalten, das die Ziele, den Bedarf an Informationssicherheit und die Anforderungen an ein funktionierendes ISMS darstellt. Beim Erstellen dieses Dokumentes wird unter anderem analysiert, welche gesetzlichen und sonstigen behördlichen Anforderungen (z. B. einer Aufsichtsbehörde) die Organisation erfüllen muss, welche vertraglichen Verpflichtungen die Organisation eingegangen ist und ggf. welche Erwartungshaltung Kunden haben – jeweils im Hinblick auf Informationssicherheit. Diese Informationen sollten dem Dokument beigefügt werden, z. B. als eine Liste.

Als weiteres Dokument sollte die Entscheidungsvorlage den anfänglichen Anwendungsbereich des geplanten ISMS darstellen. Dabei sollte unter anderem die Beziehung des ISMS zu den bereits vorhandenen Management-Systemen der Organisation dargestellt werden.

Natürlich sollte die Entscheidungsvorlage die für die Einführung des ISMS erforderlichen Rollen abschließend aufzählen und möglichst Vorschläge enthalten, mit welchen Personen diese Rollen besetzt werden sollten. Welche Rollen es im Einzelnen geben sollte, hängt sehr stark von der Art und Größe der Organisation selbst, aber auch vom anfänglichen Anwendungsbereich des ISMS ab. Die Managementverantwortung sollte in jedem Fall jedoch beim Beauftragten für Informationssicherheit liegen. Wenn diese Rolle in der Organisation bisher nicht explizit definiert wurde, sollte sie eingeführt und geeignet besetzt werden. Es sei daran erinnert, dass der verantwortliche Leiter der Organisation diese Rolle innehat, wenn keine andere Festlegung getroffen wurde. Es gibt hier kein Verantwortungsvakuum.

Die Norm ISO 27003 geht sehr ausführlich auf eine Vielzahl von Rollen ein. Es sei jedoch angemerkt, dass nicht alle dort aufgeführten Rollen in jeder Organisation relevant sein müssen. Es kommt also eher darauf an, die Vorschläge sinnvoll auf die eigene Organisation anzuwenden.

Schließlich soll die Entscheidungsvorlage einen Geschäftsplan enthalten, der den Zeitrahmen darstellt, die zu erwartenden Kosten den einzelnen Phasen der Einführung des ISMS zuordnet, die kritischen Erfolgsfaktoren benennt und den erwarteten Nutzen des ISMS quantifiziert. Es ist durchaus ein Zeichen von Seriosität, wenn der Geschäftsplan auch Meilensteine und Indikatoren benennt, an denen über eine Weiterführung des Einführungsprojektes sinnvoll entschieden werden kann.

In aller Regel wird im Zuge dieser Entscheidung das für die Informationssicherheit der Organisation zuständige Mitglied der Geschäftsleitung oder ein beauftragtes Gremium mit der Einführung des ISMS betraut.

Die als erster Schritt durchzuführende Planung umfasst in Übereinstimmung mit dem Standard die folgenden Aufgaben, die wir in der Marginalienspalte mit PLAN-a bis PLAN-j bezeichnen. Die Buchstaben **a** bis **j** sind den Aufzählungspunkten in Abschnitt 4.2.1 der ISO 27001 direkt zugeordnet.

PLAN-a

Anwendungsbereich und Grenzen des ISMS

Recht überlegt, sollte diese Aufgabe bereits erfüllt sein, wenn der Auftrag zur Einführung eines ISMS erteilt wird. Mit anderen Worten, in der Entscheidungsvorlage für die Einführung eines ISMS sollten Anwendungsbereich und Grenzen des ISMS bereits angegeben sein.

Anwendungs-bereich

Unter Anwendungsbereich verstehen wir den *Gegenstand* des ISMS. Dieser kann z. B. eine ganze Organisation, Teile davon, einzelne Standorte, eine Teilmenge der Geschäftsprozesse oder eine Gruppe spezieller Informationswerte umfassen. Die Organisation ist weitgehend frei, den Anwendungsbereich nach ihren Vorstellungen festzulegen.

Dieser weite Gestaltungsspielraum stellt hohe Anforderungen an die Leitung und ihre Beauftragten, einen angemessenen Anwendungsbereich auszuwählen und festzulegen. Bei der Begrenzung des *Anwendungsbereichs* ist auf Folgendes zu achten:

– Die Begrenzung auf einzelne Geschäftssparten ist möglich.

– Der Anwendungsbereich muss abgeschlossen sein, d.h. es dürfen keine wesentlichen Komponenten fehlen, die seine Sicherheit beeinflussen.

– Die Ausgrenzung von Querschnittsbereichen ist nicht möglich, da hiervon immer Einflüsse auf die Geschäftstätigkeit ausgehen (sonst bräuchte man sie nicht).

– Geographische Abgrenzungen (z. B. nach Standorten) sind möglich.

– Der Anwendungsbereich darf das ISMS nicht marginalisieren.

Die Norm ISO 27003 will in Kapitel 6 Hilfen geben, wie der Anwendungsbereich des ISMS festgelegt werden kann. Als Orientierungsgrößen werden dort unter anderem die Konzentration auf kritische Prozesse der Organisation, die physische Umgebung, in der Prozesse oder Teilprozesse abgewickelt werden, wesentliche Geschäftsbeziehungen und kulturelle Aspekte benannt.

Keine dieser Orientierungsgrößen sollte für sich allein den Ausschlag geben, den Anwendungsbereich des ISMS daran auszurichten. Wir möchten an dieser Stelle darauf hinweisen, dass eine Wechselbeziehung zwischen dem Anwendungsbereich des ISMS und der personellen Besetzung des Management-Forums besteht. Wenn das ISMS beispielsweise zur Unterstützung eines kritischen Geschäftsprozesses eingerichtet wird und dort seinen Fokus hat, sollte der für diesen Geschäftsprozess verantwortliche Manager dem Management-Forum angehören.

Der Grund ist einfach: Das ISMS wird nicht nur Vorteile, sondern zunächst auch Belastungen für den Geschäftsprozess mit sich bringen. Damit die Einführung des ISMS trotz der zu erwartenden Belastungen erfolgreich sein kann, muss der verantwortliche Manager die Einführung in seinem Bereich nicht nur mittragen, sondern auch beeinflussen können. Beides kann durch Teilnahme im Management-Forum erreicht werden.

Grenzen

Die *Grenzen des ISMS* sind anzugeben. Ziel ist es, eine klare Trennung zwischen dem Gegenstand des ISMS und dem nicht betroffenen „Rest" festzulegen – dies vor allem vor dem Hintergrund, klare Verantwortlichkeiten zu schaffen und vom ISMS nicht mehr zu erwarten, als der Gegenstand des ISMS beinhaltet.

Gerade die Angabe der Grenzen des ISMS sollte in ihrer Wichtigkeit nicht unterschätzt werden. Hier werden bereits die Weichen für die später auszuwählenden Maßnahmen und den damit verbundenen Aufwand gestellt.

Werden die Ausnahmen aus dem Anwendungsbereich aufgezählt bzw. wird der außerhalb des Anwendungsbereichs liegende „Rest" benannt, sollten nachvollziehbare Begründungen für die Aufteilung angegeben werden.

Der Gegenstand des ISMS sollte hinsichtlich folgender Aspekte abgegrenzt werden:

– Organisation: Die Grenzen des ISMS sollten mit den Grenzen der Verantwortungsbereiche innerhalb der Organisation vereinbar sein. Wird dieser Grundsatz nicht berücksichtigt, ist bereits der Grundstein für zu erwartende Konflikte bei der Einführung des ISMS gelegt.

– Technik: Informationsübertragung und Kommunikations- mittel sind wichtige Elemente, die den Geschäftserfolg tra- gen. Informationssysteme, die kritische Informationen vor- halten, zur Verfügung stellen oder übertragen, sollten daher bewertet werden, ob sie Teil des ISMS sein sollen oder nicht. In die Entscheidung sollte auch einbezogen werden, ob, wo und wie kritische Informationen organisatorische Grenzen innerhalb der Organisation überschreiten oder gar die Organisation verlassen.

– Gebäude und Infrastruktur: Alle Aktivitäten der Organisation finden an bestimmten Orten mit ihren besonderen bauli- chen und sonstigen Gegebenheiten statt. Dies ist insbeson- dere bei der Festlegung von Maßnahmen zum Schutz der Informationswerte zu berücksichtigen. Gebäude, in denen sich keine vom ISMS zu schützenden Werte befinden, müs- sen vom ISMS nicht erfasst, sondern können aus seinem An- wendungsbereich begründet ausgeschlossen werden.

PLAN-b

Definition der ISMS- und Informationssicherheitsleitlinie

Die beiden Leitlinien werden im Standard nicht explizit definiert, sondern durch die Aufzählung ihrer Inhalte charakterisiert. Diese Leitlinien haben folgende Aufgaben (für Details vgl. man die Beschreibung der Leitlinien auf der Seite 38):

– Die *Informationssicherheitsleitlinie* beschreibt Geschäftser- fordernisse, gesetzliche, vertragliche und andere regulative Anforderungen sowie die Verpflichtung aller Mitarbeiter der Organisation zur Einhaltung dieser Erfordernisse und Anfor- derungen.

– Die *ISMS-Leitlinie* umfasst die Informationssicherheitsleitlinie und beschreibt zusätzlich *Rahmenbedingungen* zur Errei- chung der Informationssicherheit und gibt an, welche Prin- zipien dazu angewendet werden sollen. Sie gibt in Überein- stimmung mit dem strategischen Risikomanagement der Or- ganisation insbesondere Kriterien vor, nach denen Risiken für die Organisation bewertet werden sollen.

Aus der Aufzählung der Bestandteile der Leitlinien ergibt sich bereits, dass ihr Inhalt auf einer hohen Abstraktionsebene be- schrieben werden soll. Technische Details etwa sind hier nicht gefordert.

Freigabe

Die Leitlinien müssen vom Management freigegeben und per Beschluss bzw. per Unterschrift in Kraft gesetzt werden. Es ist davon auszugehen, dass sich ein Auditor, der die Umsetzung des

ISMS prüfen soll, die Leitlinien und den Managementbeschluss zu ihrer Inkraftsetzung zeigen lässt.

Es fällt auf, dass die engere Informationssicherheitsleitlinie einen direkten Bezug zum Anwendungsbereich hat, aber die Erweiterungen in der ISMS-Leitlinie eher abstrakt sind und keinen direkten Bezug zum Anwendungsbereich des ISMS haben müssen.

PLAN-c

Art und Weise der Risikoeinschätzung

Es ist festzulegen, welche Methode zur *Risikoeinschätzung* (Analyse und Bewertung) angewendet werden soll. Die ausgewählte Methode soll für das ISMS und für die Art des Geschäfts der Organisation geeignet sein.

Ferner ist anzugeben, nach welchen Kriterien Risiken akzeptiert werden, welche Risikoklassen dabei festgelegt sind und nach welchen Kriterien Risiken bewertet werden.

Der Standard stellt bezüglich der Methode zur Risikoeinschätzung keine Anforderung, eine bestimmte Methode zu verwenden, sondern fordert nur, dass die angewendete Methode zu vergleichbaren und wiederholbaren Ergebnissen führt. In diesem Zusammenhang wird auf ISO 27005 (bzw. den Vorgänger ISO TR 13335-3) verwiesen.

Es sei an dieser Stelle ausdrücklich darauf hingewiesen, dass die ISMS-Leitlinie sinnvollerweise erst dann in Kraft gesetzt werden sollte, wenn die Methode der Risikoeinschätzung und die Kriterien für die Risikoakzeptanz festgelegt wurden.

PLAN-d

Identifizierung der Risiken

Risiken werden stets mit Bezug auf bestimmte Informationswerte gesehen. Daher müssen zunächst die Informationswerte identifiziert werden.

Als (Informations-)*Wert* bezeichnet der Standard etwas, dem aus Sicht der Organisation ein Wert beigemessen wird (vgl. Seite 24). Als Werte können daher nicht nur materielle Gegenstände benannt werden, sondern auch immaterielle Eigenschaften. Grundsätzlich sind hier nur Werte zu betrachten, die *innerhalb* des Anwendungsbereichs des ISMS liegen.

Eigentümer

Werte sind stets zusammen mit ihren *Eigentümern* zu identifizieren. Unter Eigentümer ist dabei die Rolle zu verstehen, der das Management die Verantwortung für den konkreten Wert übertragen hat. Der Begriff „Eigentümer" soll an dieser Stelle nichts über Besitzrechte aussagen, sondern stellt die Verantwortlichkeit in den Vordergrund:

- Wer Eigentümer eines Informationswertes ist, bestimmt sich nach sachlichen Verantwortungsbereichen.

- In den Fällen, in denen eine Kostenstellenzuordnung besteht, kann der Eigentümer mit dem Kostenstellenverantwortlichen zusammenfallen.

- In Ermangelung anderer Möglichkeiten muss die Organisation einen Verantwortlichen neu benennen.

Bedrohung

Wenn die Werte und ihre Eigentümer identifiziert wurden, sind die Bedrohungen dieser Werte anzugeben. Was unter einer Bedrohung zu verstehen ist, wird vom Technischen Bericht ISO TR 13335-1 wie folgt definiert: Eine Bedrohung ist ein potenzieller Grund für eine unerwünschte Folge, die einem System oder einer Organisation Schaden zufügen kann.

In erster Näherung ist es sicher ausreichend, unter einer Bedrohung ein Ereignis zu verstehen, das die Sicherheitsziele (z. B. die Vertraulichkeit, Integrität oder Verfügbarkeit) eines Wertes der Organisation beeinträchtigt. Nicht entscheidend ist hierbei, ob

- das Ereignis absichtlich, fahrlässig oder unbeabsichtigt herbeigeführt werden kann,

- es sich um eine Manipulation, einen Defekt oder ein Elementarereignis handelt.

Schwachstellen

Diese Unterscheidung kann jedoch wichtig werden, wenn im nächsten Schritt die *Schwachstellen* zu identifizieren sind, die durch eine Bedrohung ausgenutzt werden können.

Bei Schwachstellen von Werten, von Systemen[35] oder Maßnahmen[36] handelt es sich um bestehende Defizite, die Angriffe auf Werte der Organisation erleichtern oder erst möglich machen.

Schwachstellen – sofern sie vom Angreifer ausnutzbar sind – können Sicherheitsziele für die Werte der Organisation beeinträchtigen. Aber: Nicht alle Schwachstellen müssen ausnutzbar sein!

Nachdem die ausnutzbaren Schwachstellen identifiziert wurden, sind im nächsten und abschließenden Schritt die Auswirkungen zu bestimmen, die eine Verletzung der Sicherheitsziele eines Wertes für die Organisation hat. Als Sicherheitsziele für Werte

---

[35] Welche die Werte ver- bzw. bearbeiten, speichern oder übertragen.

[36] Von denen Werte betroffen sind.

kommen dabei die Vertraulichkeit, die Integrität und die Verfügbarkeit in Frage – aber auch andere Ziele wie Authentizität, Zurechenbarkeit oder Nicht-Abstreitbarkeit.

Fazit

Aus Sicht des Standards erfolgt die Identifizierung von Risiken in den vier Schritten:

– Bestimmung der Werte und ihrer Eigentümer.

– Bestimmung von Bedrohungen dieser Werte.

– Bestimmung von (ausnutzbaren) Schwachstellen.

– Bestimmung der Auswirkungen, die eine Verletzung der Sicherheitsziele bei diesen Werten aus Sicht der Organisation haben darf.

PLAN-e

Risikoabschätzung und Risikobewertung

Jeder der nachfolgend erläuterten Schritte ist für jedes unter PLAN-d identifizierte Risiko durchzuführen.

Dabei mag es vorkommen, dass die Analyse eines Risikos zeigt, dass ein weiteres, bisher nicht identifiziertes Risiko besteht (z. B. aufgrund von ausnutzbaren Schwachstellen). Für ein solches neu erkanntes Risiko ist dann zunächst PLAN-d anzuwenden, bevor es analysiert und bewertet wird.

Die Risikoabschätzung beantwortet folgende Fragen:

– Wie hoch ist der Schaden für jedes unter PLAN-d identifizierte Risiko für die Organisation?

– Mit welcher realistischen Häufigkeit wird der ermittelte Schaden eintreten?

Diese beiden Fragen sind vor dem Hintergrund der identifizierten Risiken und der vorhandenen (Gegen-)Maßnahmen zu beantworten.

Vor allem die Beantwortung der zweiten Frage ist vielfach schwierig, da zwar objektive Häufigkeiten für das Auftreten technisch bedingter Geräte-Fehler[37] oder für das Eintreten von Elementarereignissen vorliegen, jedoch darüber hinaus eher fehlen werden. Es lässt sich an dieser Stelle meist nicht vermeiden, mit subjektiven Schätzwerten zu arbeiten.

Aus Schadenhöhe und Wahrscheinlichkeit wird das Risiko bestimmt. Lesen Sie hierzu noch einmal die Ausführungen zum Risikobegriff auf den Seiten 27 f.!

---

[37] Z. B. in Form von Angaben über die garantierte Funktionsdauer oder die Fehlerrate.

Mit der Risiko-Identifizierung und der Risikoabschätzung ist die Risikoanalyse abgeschlossen.

Beim Aufbau eines ISMS sollte man nun Stufen festlegen, z. B. um Risiken nach *tolerabel, beträchtlich, hoch, katastrophal* zu bewerten. Dabei geht es jeweils um die Bewertung von Risiken für die gesamte Geschäftstätigkeit der Organisation. Die Abgrenzung der Klassen gegeneinander und natürlich auch ihre Bezeichnungen können von der Organisation nach ihren Bedürfnissen festgelegt werden.

Zwei bis maximal vier Risikoklassen sind vernünftig. Es macht wenig Sinn, hier besonders granular zu arbeiten, nur um z. B. bei der Auswahl der Maßnahmen feststellen zu müssen, dass das vorgeschlagene Maßnahmenbündel gegen Risiken aller Klassen gleichermaßen wirksam ist.

Mit der Risikobewertung haben wir die Risikoeinschätzung abgeschlossen.

Man beachte allerdings, dass noch Risiken ganz anderer Art existieren, nämlich zum Zeitpunkt der Bewertung *unbekannte* Risiken – diese kann man natürlich nicht abschätzen oder bewerten, allenfalls hoffen, dass sie durch ohnehin vorhandene Maßnahmen begrenzt werden.

Verbleibende Risiken

Nachdem nun alle Risiken bestimmt und in ihrer Bedeutung für die Organisation bewertet sind, werden die Risiken in zwei Kategorien eingeteilt:

–   Kategorie 1: Risiken, die ohne weitere Gegenmaßnahmen getragen werden.

–   Kategorie 2: Risiken, die eine weitergehende Behandlung erfordern.

Die erste Kategorie betrifft *tolerable* Risiken, die ohne weitere Diskussion akzeptiert werden.

Die Entscheidung, welche Risiken tolerabel sind, sollte auf der Grundlage der Kriterien erfolgen, die in der ISMS-Leitlinie hierfür aufgeführt sind. Die Zustimmung des Managements zur ISMS-Leitlinie bedeutet damit auch die grundsätzliche Zustimmung des Managements dazu, welche identifizierten Risiken getragen werden. Es muss klar sein, dass die ISMS-Leitlinie diese Wirkung hat!

Für den Fall, dass das Management ein bestimmtes Risiko, nachdem es nun explizit benannt wurde, nun doch nicht tragen will, besteht spätestens hier die Möglichkeit, dieses Risiko zu „korrigieren" und in die zweite Kategorie einzuordnen.

Dass es auch in der Kategorie 1 verbleibende Risiken gibt, ist eine Binsenweisheit. Das allein kann also nicht der Grund für das Management sein, solche Risiken nicht akzeptieren zu wollen!

Es ist somit für alle Seiten unbedingt von Vorteil, wenn die Kategorisierung der verbleibenden Risiken dem Management vorgelegt wird!

Risiken in der zweiten Kategorie sollten nicht pauschal, sondern immer individuell betrachtet werden. Hieran schließt sich jeweils die Auswahl bestimmter Optionen für deren Behandlung an (s. der folgende Abschnitt PLAN-f).

PLAN-f

Optionen für die Risikobehandlung

Risikobehandlung

Ein Teil der Risikobehandlung wurde bereits unter PLAN-e vorweggenommen, indem die *tragbaren* Risiken bestimmt wurden. Diese in das verbleibende Risiko eingehenden Risiken spielen daher in der weiteren Betrachtung keine Rolle, da sie bewusst und begründet in Kauf genommen werden.

Für alle *nicht* tragbaren Risiken ist festzulegen, in welcher Art und Weise sie von der Organisation weiter behandelt werden sollen.

Dazu beschreibt der Standard drei grundsätzliche Optionen der Risikosteuerung:

– Vermeidung der Risiken,

– Übertragung der zugehörigen Geschäftsrisiken auf andere,

– Anwendung geeigneter Maßnahmen zur Risikoreduzierung.

Risikovermeidung

Nicht tragbare Risiken können eventuell vermieden werden. Da Risiken durch Werte, Bedrohungen und Schwachstellen konstituiert werden, kann die Risikovermeidung potenziell an jedem dieser Konstituenten ansetzen:

– Werte, Systeme oder Maßnahmen, die eine bestimmte Schwachstelle aufweisen, können möglicherweise durch vergleichbare Objekte ersetzt werden, die diese Schwachstelle nicht aufweisen. Dadurch kann das identifizierte Risiko vermieden werden.

– Identifizierte Schwachstellen können durch den Einsatz bestimmter Mittel "geheilt" werden, so dass eine identifizierte Bedrohung die Schwachstelle nicht mehr ausnutzen kann und das Risiko so vermieden wird.

– Schließlich besteht die Möglichkeit, äußere Umstände so zu verändern, dass eine identifizierte Bedrohung nicht weiter besteht. Auch auf diese Weise wird ein Risiko vermieden.

Risikoübertragung Nicht tragbare Risiken für die Geschäftstätigkeit können auf andere Parteien übertragen werden. Dies scheint mit Abstand die am häufigsten praktizierte Art der Risikobehandlung zu sein. Dabei können mindestens drei Gruppen von Parteien unterschieden werden, auf die ein Risiko übertragen werden kann.

– Versicherungen: Für versicherbare Risiken kann das Risiko auf die Versicherung übertragen werden.

– Lieferanten: An eine Lieferung gekoppelte Risiken können auf den Lieferanten übertragen werden.

– Kunden: Natürlich können Risiken an Kunden weitergegeben werden.

Für jede der Übertragungen kennt der Leser Beispiele aus seiner täglichen Praxis. Man beachte, dass diese Risikoverlagerung natürlich an eine entsprechende vertragliche Gestaltung gebunden ist. Auch ist zu beachten, dass eine Risikoübertragung eher selten Imageschäden vermeiden kann.

Risikoreduktion Ein identifiziertes Risiko, das einer bestimmten Risikoklasse zugeordnet wurde, kann mit Hilfe von geeigneten Maßnahmen so verändert werden, dass die identifizierten, nachteiligen Auswirkungen nicht oder nur abgeschwächt eintreten. Mit geeigneten (Gegen-)Maßnahmen lässt sich das Risiko möglicherweise in eine niedrigere Klasse einstufen oder entfällt ganz.

PLAN-g **Auswählen von Maßnahmenzielen und Maßnahmen**

Die Identifizierung, Abschätzung und Bewertung der Risiken hat gezeigt, welche Risiken es für die Organisation gibt, in welcher Weise sie die Sicherheit ihrer Informationswerte beeinträchtigen können und wie ein entsprechender Sicherheitsverlust zu bewerten ist.

Auf dieser Grundlage werden nun für genau die Risiken, die der *Risikosteuerung* unterliegen, geeignete Maßnahmenziele und Maßnahmen ausgewählt. Der Standard stellt eine Vielzahl von Maßnahmenzielen und Maßnahmen im Anhang A bereit, aus denen die Organisation passende auswählen kann, um die betrachteten Risiken steuern zu können.

Es ist der Organisation freigestellt, weitere Maßnahmenziele und Maßnahmen anzugeben, die nicht im Anhang des Standards genannt sind. Von dieser Möglichkeit sollte einerseits bezüglich der Maßnahmenziele sparsam Gebrauch gemacht werden, andererseits zeigt die Erfahrung, dass bezüglich der Maßnahmen der Einsatz von nicht im Anhang aufgeführten, organisationsspezifischen Maßnahmen eher die Regel ist. Dies ist sicher auch darin begründet, dass der Standard nicht jede konkrete Besonderheit in den Verhältnissen der Organisation berücksichtigen kann.

Jeder ausgewählten Maßnahme[38] im Sinne des Standards sind geeignete Einzelmaßnahmen zuzuordnen und zu beschreiben: Im Standard ISO 27002 sind zu jedem Maßnahmenziel und zu jeder Maßnahme eine Reihe von Hinweisen angegeben, die eine erste Hilfestellung bei der Auswahl geeigneter Einzelmaßnahmen bieten. Auch die Maßnahmenkataloge des IT-Grundschutzes können hier eine Menge Input liefern.

Mit der Festlegung der Einzelmaßnahmen geht einher, die Risikoreduktion anzugeben. In der Praxis heißt dies meist, dass die Risiken einer niedrigeren Risikoklasse zugeordnet werden können – oder ganz entfallen.

Fazit

Mit Erfüllung der Aufgaben PLAN-a bis PLAN-f ist das Grundgerüst des ISMS festgelegt, die definitorische Phase also im Wesentlichen abgeschlossen. Ungeachtet dessen sind jedoch noch drei weitere wichtige Aufgaben zu erfüllen.

PLAN-h

Akzeptanz des verbleibenden Risikos durch das Management

Nach Erledigung von PLAN-f wird das verbleibende Risiko meist aus einer Tabelle oder einer Grafik zu entnehmen sein: Nach Anwendung der Risikosteuerung sind die verbleibenden Risiken jeweils in eine (niedrigere?) Risikoklasse einsortiert worden.

Dieses „Gebirge" von Einzelrisiken und zugeordneten Risikoklassen beschreibt das verbleibende Risiko, welches de facto von der Organisation zu tragen ist. Der Standard verlangt, dass diese Problematik dem Management explizit bekannt ist. Dies geschieht natürlich am besten, indem das Management dem verbleibenden Risiko ausdrücklich zustimmt.

Es kommt vor, dass der Akt, das verbleibende Risiko durch das Management bestätigen zu lassen, auch in die Aufgabe mündet, das Risiko weiter zu reduzieren. Schließlich wird jedoch die Bestätigung des ggf. iterativ verringerten Risikos durch das Management unausweichlich sein.

---

[38] Zum Begriff der erweiterten „Maßnahme" vgl. Seite 35 f. und Abschnitt 2.5.

Auch hier die kritische Anmerkung: Ein Risiko, dass *immer* zu tragen ist, ist die Unkenntnis über existente, aber von der Organisation nicht erkannte Risiken („Restrisiko").

PLAN-i **Auftrag zur Einführung und zum Betrieb des ISMS**

Nachdem die Umrisse des konkreten ISMS erkennbar sind und das Management das verbleibende Risiko ausdrücklich akzeptiert hat, ist zu entscheiden, ob das ISMS eingeführt und betrieben wird.

Bevor das Management diese Entscheidung fällt, werden sicher weitere Angaben vorzulegen sein:

– die zu erwartenden Kosten, unterschieden nach einmaligen und wiederkehrenden Kosten,

– der zu erwartende Personaleinsatz,

– der zu erwartende Ressourcenbedarf differenziert nach Einführungsphase und Betrieb.

Diese für die Organisation sehr wichtigen Aspekte werden vom Standard jedoch nicht erfasst.

Der Standard „schaltet" sich erst wieder ein, wenn ein ausdrücklicher Auftrag des Managements zur Einführung und zum Betrieb des ISMS vorliegt.

PLAN-j **Anfertigen einer Erklärung zur Anwendbarkeit**

Die Erklärung zur Anwendbarkeit (SoA) ist neben der ISMS-Leitlinie ein grundlegendes Dokument des ISMS. Es spielt bei der Prüfung eines ISMS eine herausragende Rolle. Der Grund liegt in seinem Inhalt, den der Standard wie folgt vorgibt:

– Die Erklärung zur Anwendbarkeit muss *alle* im vorangegangenen Schritt ausgewählten Maßnahmenziele und Maßnahmen aufführen.

– Jede einzelne Auswahl muss begründet werden. Durch diese Anforderung wird unterstützt, dass sich die Organisation zu jeder getroffenen Auswahl über den Grund, gerade dieses Maßnahmenziel oder gerade diese Maßnahme auszuwählen, Gedanken macht. Die Hoffnung dabei ist, dass nur wirklich notwendige und nutzbringende Maßnahmenziele und Maßnahmen ausgewählt werden. Dies ist gemeint, wenn in Abschnitt 0.1 des Standards der Satz zu finden ist: "…z. B. erfordert eine einfache Situation auch eine einfache ISMS-Lösung".

    – Die Erklärung zur Anwendbarkeit muss ferner alle *bereits umgesetzten* Maßnahmenziele und Maßnahmen aufführen. Dies wird in aller Regel eine (echte) Teilmenge aller ausgewählten sein. Praktisch bedeutet dies, dass jeweils eine Kennzeichnung anzubringen ist, ob das genannte Maßnahmenziel oder die genannte Maßnahme bereits realisiert ist.

    – Darüber hinaus muss die Erklärung zur Anwendbarkeit jedes nicht ausgewählte Maßnahmenziel und jede nicht ausgewählte Maßnahme anzeigen und eine entsprechende *Begründung* für diese Entscheidung enthalten.

Mit dieser letzten Forderung soll sichergestellt werden, dass kein Maßnahmenziel und keine Maßnahme unbeabsichtigt ausgelassen worden ist.

Mit der Fertigstellung der Erklärung zur Anwendbarkeit ist die Planungsphase des ISMS abgeschlossen.

Planung der Anpassung eines ISMS

Die Planungsphase für ein *bestehendes* ISMS unterscheidet sich natürlich von der Planung eines neuen ISMS. Der Leser wird sich bereits Gedanken gemacht haben, worin die Unterschiede bestehen werden. Wir wollen daher jeden der notwendigen Schritte beschreiben. Die Schritte für diesen Fall sind zur Unterscheidung mit PLAN-x* bezeichnet, der Buchstabe **x** bezieht sich wieder auf die Abschnitte in 4.2.1 des Standards.

PLAN-a*   **Anwendungsbereich und Grenzen des ISMS**

Für ein bestehendes ISMS sind Anwendungsbereich und Grenzen bereits definiert. Diese Festlegungen zu überdenken ist vor allem dann angebracht, wenn *Änderungen* vorgenommen werden sollen.

Der Beschluss des Managements zur Einführung eines ISMS kann insbesondere auf eine *schrittweise* Einführung abzielen: Man fängt mit einem "kleinen" ISMS an, das z. B. eine Abteilung oder einen Standort umfasst, und will im nächsten Schritt das ISMS auf der Basis der gewonnenen Erfahrungen auf eine weitere Abteilung oder weitere Standorte ausdehnen.

In dieser und vergleichbaren Situationen sind Anwendungsbereich und Grenzen des ISMS neu zu definieren.

Gleiches gilt, wenn sich herausstellen sollte, dass das ISMS im ersten Wurf zu umfangreich gewählt wurde. Anstatt die Einführung eines ISMS für gescheitert zu halten, sollte die Organisation versuchen, durch Neudefinition von Anwendungsbereich und

Grenzen die Komplexität zu verringern und so eine besser lösbare Aufgabe zu stellen.

Als eine gewisse Faustregel sollte gelten, dass in allen Fällen, in denen nicht ausdrücklich eine erfahrungsgesteuerte schrittweise Einführung eines ISMS vorgesehen ist, der Anwendungsbereich und die Grenzen des ISMS in der Größenordnung von Jahren, z. B. drei Jahre, unverändert Bestand haben sollten.

PLAN-b* **Definition der ISMS-Leitlinie**

Die ISMS-Leitlinie ist ein relativ abstraktes Dokument, dass eher selten von Änderungen betroffen sein wird.

Betrachten wir die beiden Bestandteile der ISMS-Leitlinie: die eigentliche Informationssicherheitsleitlinie und die Erweiterung hinsichtlich der Rahmenbedingungen (vergleichen Sie hierzu nochmal Abschnitt 2.4 bzw. die Ausführungen unter PLAN-b).

Für Organisationen, deren Geschäft sich nicht wesentlich ändert, sollte die Informationssicherheitsleitlinie stabil sein. Selbst bei wesentlichen Änderungen des Geschäfts muss es nicht zwingend erforderlich sein, diesen Teil der Leitlinie anzupassen.

Ein typischer Anlass für eine Änderung der Informationssicherheitsleitlinie wäre die Aufsetzung völlig neuer Geschäftsprozesse mit eigenen Sicherheitszielen.

Ein Anlass für Änderungen kann sich auch ergeben, wenn sich z. B. die Kriterien für die Risikobewertung in der Organisation geändert haben, da diese ja Bestandteil der ISMS-Leitlinie sind. Auch dies wird aber ein eher seltener Anlass sein.

Wichtig ist festzuhalten, dass nur eine stabile ISMS-Leitlinie die Chance hat, Bestandteil der Unternehmenskultur zu werden. Umso wichtiger ist es, sich für deren Erstellung Zeit zu nehmen und einen breiten Konsens in der Organisation herzustellen.

PLAN-c* **Art und Weise der Risikoeinschätzung**

Da bereits bei der Einführung des ISMS die Vorgehensweise bei der Risikoeinschätzung (= Identifizierung, Abschätzung und Bewertung von Risiken) festgelegt und schon mindestens einmal der Zyklus Plan-Do-Check-Act durchlaufen worden ist, liegen bei der Organisation Erfahrungen mit der Risikoeinschätzung vor. Diese Erfahrungen bilden die Grundlage zu entscheiden, ob hieran etwas geändert werden soll.

Hat sich die Methode als zu formal, zu aufwändig, zu wenig spezifisch oder gar als praktisch nicht anwendbar herausgestellt, sollte bzw. muss man sie anpassen.

Wichtige Gründe für Änderungen resultieren oft auch aus Sicherheitsvorfällen:

– Grund 1: Es hat sich gezeigt, dass Risiken, die als nicht tragbar bewertet wurden, bei Anwendung eines veränderten Maßstabes als tragbar erscheinen. Eine Veränderung des Maßstabs *kann* dann sinnvoll sein, wenn es einerseits zu diesen Risiken keine entsprechenden Sicherheitsvorfälle gegeben hat und andererseits die Maßnahmen zur Risikosteuerung unverhältnismäßig aufwändig waren.

– Grund 2: Es hat sich gezeigt, dass ein als tragbar eingestuftes Risiko – zu dessen Steuerung es aus diesem Grund auch keine Maßnahmen gegeben hat – zu einem Sicherheitsvorfall führte, dessen Auswirkungen nicht tolerierbar waren. Aus einem solchen Sicherheitsvorfall die einfache Schlussfolgerung zu ziehen, dass ein ISMS nutzlos sei, ist durchaus unangebracht. Vielmehr sollte nach einer Analyse des Vorfalls auch die Risikoeinschätzung grundsätzlich überprüft werden. Dieses *kann* zu einer Neudefinition der Vorgehensweise führen.

PLAN-d*

Identifizierung der Risiken

Diese Aufgabe zerfällt für ein im Betrieb befindliches ISMS in zwei Teilaufgaben:

– Einerseits ist für die früher identifizierten Risiken zu überprüfen, ob sie noch Bestand haben. Risiken können sich beispielsweise ändern, weil die Werte, auf die sie sich beziehen, sich verändert haben. Die Bedrohungen eines Wertes können sich geändert haben, Schwachstellen können entfallen oder neu hinzugekommen sein. In solchen Fällen müssen die früher identifizierten Risiken überprüft werden.

– Andererseits können sich im Verlauf der Zeit neue Risiken ergeben haben, weil neue Werte einbezogen wurden, die Systemlandschaft sich geändert hat, neue Bedrohungen hinzugekommen sind oder bisher unbekannte Schwachstellen entdeckt wurden.

Im Gegensatz zur erstmaligen Durchführung geht es also nun um die Analyse von Veränderungen der Risikolage, die sich seit der letzten Plan-Phase (PDCA) eingestellt haben könnte.

PLAN-e*

Risikoabschätzung und Risikobewertung

Hier sind folgende Fälle zu unterscheiden:

– Für entfallene Risiken fällt praktisch keine Arbeit an.

- Für früher identifizierte Risiken, deren Risikoeinschätzung sich geändert hat, sind die entsprechenden Abschätzungen anzupassen.

- Für im Schritt PLAN-d* neu identifizierte Risiken muss die Risikoabschätzung durchgeführt werden.

Die Risikoabschätzung für die neuen Risiken ist genauso durchzuführen wie bei der Einführung des ISMS. Eine Reduzierung des damit verbundenen Aufwands ist dennoch zu erwarten, weil die Zahl der neu identifizierten Risiken gering sein sollte.

Für die neu identifizierten Risiken sowie geänderte Risiken ist eine Risikobewertung vorzunehmen – die gleiche Aktivität wie bei der Einführung des ISMS.

Ist im Schritt PLAN-c* die Vorgehensweise bei der Risikoabschätzung oder der Risikobewertung geändert worden, muss die Risikobewertung natürlich für *alle* Risiken *erneut* durchgeführt werden.

PLAN-f* **Optionen für die Risikobehandlung**

Die Aufzählung der Optionen für die Risikobehandlung in PLAN-f ist im Grunde abschließend, d. h. es wird kaum grundsätzlich neue Optionen geben. Allenfalls können sich bei einzelnen Optionen Alternativen ergeben, so z. B. bei der Verlagerung von Risiken, indem weitere Dienstleister zur Auswahl stehen.

Ebenfalls praxisrelevant ist die Prüfung, ob sich neue Möglichkeiten oder Verpflichtungen ergeben haben, Risiken im Rahmen der Allgemeinen Geschäftsbedingungen (AGB) auf Dritte zu übertragen. Gleichfalls sollte der umgekehrte Fall geprüft werden: Die bisherige Praxis, ein bestimmtes Risiko auf Dritte zu übertragen, kann aufgrund aktueller Rechtsprechung unwirksam sein. Für ein solches Risiko sollte folglich eine andere Behandlungsoption gewählt werden.

PLAN-g* **Auswählen von Maßnahmenzielen und Maßnahmen**

Auch diese Aktivität zerfällt in zwei Teile:

Für unter PLAN-d* neu identifizierte Risiken ist zunächst zu überprüfen, ob sie sich mit bereits ausgewählten Maßnahmenzielen und Maßnahmen steuern lassen. Sollte sich dabei zeigen, dass es neue Risiken gibt, für die das nicht der Fall ist, müssen zusätzliche Maßnahmenziele und Maßnahmen ausgewählt werden. Das Vorgehen ist dabei das gleiche wie bei der Einführung des ISMS.

— Für die bereits bekannten Risiken, die nach PLAN-d* Bestand haben, liegen aus der Vergangenheit bereits Erfahrungen für die bisher ausgewählten Maßnahmenziele und Maßnahmen vor, da bereits mindestens eine Check-Phase durchlaufen wurde. Aufgrund dieser Erfahrungen kann für die bisher ausgewählten Maßnahmenziele und Maßnahmen über ihre Anwendbarkeit entschieden werden.

Mit der Streichung von Maßnahmenzielen sollte man allerdings zurückhaltend umgehen. Gegen eine Streichung oder Ersetzung von Maßnahmen bzw. Einzelmaßnahmen, die sich nicht bewährt haben, spricht allerdings wenig. Dennoch ist dafür etwas Fingerspitzengefühl nötig. Vor der Streichung einer Maßnahme sollte stets geprüft werden, ob das entsprechende Maßnahmenziel tatsächlich anderweitig abgedeckt ist.

PLAN-h* **Akzeptanz des verbleibenden Risikos durch das Management**

Die nochmalige Bestätigung der Akzeptanz des verbleibenden Risikos durch das Management ist erforderlich, wenn sich

— das verbleibende Risiko – und sei es nur in Teilen – geändert hat oder

— unter PLAN-c* die Vorgehensweise bei der Risikoeinschätzung geändert hat.

Der *zweite* Fall hat nicht zwingend die Konsequenz, dass sich (verbleibende) Risiken ändern. Es ist jedoch wichtig, dass auch die geänderte Vorgehensweise bei der Risikoeinschätzung vom Management mitgetragen wird.

PLAN-i* **Auftrag zur Einführung und zum Betrieb des ISMS**

Im Allgemeinen wird es nicht erforderlich sein, diesen Schritt in jeder Plan-Phase explizit auszuführen. Ob hier etwas zu tun ist, hängt von Art und Umfang der Änderungen ab.

Gravierende Änderungen an der Vorgehensweise der Risikoeinschätzung wie auch an dem Gegenstand des ISMS sollte man immer durch einen erweiterten Auftrag bzw. eine neue Genehmigung absichern.

PLAN-j* **Anfertigen einer Erklärung zur Anwendbarkeit**

Da eine Erklärung zur Anwendbarkeit bereits vorliegt, besteht die Aufgabe hier in ihrer Überprüfung auf Aktualität.

— Änderungen hinsichtlich der ausgewählten Maßnahmenziele und Maßnahmen sind zu dokumentieren. Die entsprechenden Begründungen müssen angepasst werden.

– Die den bereits realisierten Maßnahmenzielen und Maßnahmen zugeordneten Einzelmaßnahmen müssen ggf. aktualisiert werden.

Beide Punkte beziehen sich sowohl auf die Maßnahmenziele und Maßnahmen aus Anhang A des Standards wie auch auf die organisationsspezifischen bzw. -eigenen.

Die vollendete Aktualisierung der Erklärung zur Anwendbarkeit schließt die Planungsphase ab.

3.3 DO: Umsetzen und Durchführen des ISMS

Diese Phase des PDCA-Zyklus dient dem Zweck, ein arbeitendes ISMS aufzubauen und am Leben zu erhalten. Obwohl es auch hier gewisse Unterschiede zwischen der erstmaligen und der wiederholten Durchführung der Umsetzungsphase gibt, wollen wir diese beiden Fälle nicht getrennt erläutern. Die zu nennenden Aufgaben dieser Phase beziehen sich bei der wiederholten Durchführung jeweils nur auf die Änderungen. Wo sich darüber hinaus Unterschiede ergeben, werden wir dies explizit aufzeigen.

Die Umsetzungsphase umfasst folgende Aufgaben, die wir in Übereinstimmung mit ISO 27001, Abschnitt 4.2.2 mit den Buchstaben (DO-)**a** bis (DO-)**h** bezeichnen:

DO-a
Formulieren eines Risikobehandlungsplans

Systematisch sollte diese Aufgabe zur Planungsphase gehören, jedoch sieht der Standard dies anders. Verständlich wird dies, wenn man sich die Teilaufgaben genauer ansieht. Sie behandeln keine reinen Planungsaktivitäten, sondern bereits Ausführungsaktivitäten.

Der Risikobehandlungsplan soll die für den Umgang mit den Risiken

– geeigneten Aktionen des Managements und

– die dafür benötigten Ressourcen, zu schaffenden Verantwortlichkeiten und zu beachtenden Prioritäten beschreiben.

Geeignete Aktionen
Zu den geeigneten Aktionen des Managements zählen

– das Erstellen und in Kraft Setzen der ISMS-Leitlinie (mit den vom Standard geforderten Inhalten),

– die Vermittlung, welche Bedeutung die Einhaltung der ISMS-Leitlinie, das Erreichen der Sicherheitsziele und die kontinuierliche Verbesserung des ISMS für die Organisation besitzen,

–   die Durchführung aller Schritte der Risikoeinschätzung und Risikobehandlung,

–   die Erstellung der Erklärung zur Anwendbarkeit,

–   die Festlegung von Verantwortlichkeiten (Rollen und Aufgabenbeschreibungen),

–   die Bereitstellung ausreichender Ressourcen (auch ggf. externer Expertise) für alle Phasen des ISMS,

–   die Planung von Aus- und Fortbildungsmaßnahmen zur Aufrechterhaltung der Sensibilität für die Informationssicherheit,

–   die Durchführung interner ISMS-Audits und Managementbewertungen des ISMS.

Die im Standard ausgewiesenen Aufgaben der Risikoeinschätzung, Risikobehandlung, Erklärung zur Anwendbarkeit haben wir schon erläutert.

Selbst wenn die ISMS-Leitlinie verabschiedet und die individuelle Risikobehandlung akzeptiert ist, muss das Management die praktische Einführung des ISMS begleiten. Bei Einzelfragen sind Entscheidungen durch das Management zu fällen bzw. Vorgaben zu erlassen. Das Management hat in dieser Phase jedoch überwiegend kontrollierende Aufgaben. Der Risikobehandlungsplan wird für das Management daher *Entscheidungs- und Kontrollaufgaben* näher ausweisen.

Aufgabe des Managements ist es auch, die Bedeutung des ISMS für die Geschäftstätigkeit an die Mitarbeiter (auf allen Ebenen der Organisation) zu kommunizieren und dabei auch den Beitrag des Managements deutlich zu machen. Diese Aufgabe ist keine einmalige, sondern im Grunde eine Daueraufgabe, wenn das Betreiben eines ISMS zur Unternehmenskultur gehören soll.

Audit, Bewertungen

Ein Beleg für diese Absicht ist auch die Planung und Durchführung regelmäßiger *interner Audits* und *Managementbewertungen* des ISMS, wie sie auch für andere Management-Systeme üblich sind.

Ressourcen

Zur professionellen Planung der zuvor genannten Managementaufgaben gehören auch Angaben zum Personalbedarf, Bedarf an Material, Ausrüstungsgegenständen und baulichen Veränderungen sowie zum Bedarf an organisatorischen und ggf. personellen Veränderungen, die für die Einführung und den Betrieb des ISMS erforderlich sind.

Verantwortlich-keiten

Für jede Managementaufgabe sollte der Risikobehandlungsplan zwei Verantwortlichkeiten festlegen:

- eine Rolle für die Formulierung von Vorgaben und die Kontrolle der Einhaltung,

- eine Rolle für die Durchführung bzw. Umsetzung.

Wir möchten uns gar nicht auf die beliebte Diskussion einlassen, welcher der beiden Aspekte bei der Durchführung einer Aufgabe wichtiger ist, sondern empfehlen, beides gleich wichtig zu nehmen.

Prioritäten Das Setzen von Prioritäten betrifft zwei zu trennende Bereiche: einerseits die Umsetzung von Maßnahmen *innerhalb* des ISMS, andererseits das Verhältnis zu Geschäftstätigkeiten *außerhalb* des ISMS: Ein funktionierendes ISMS zu haben, ist natürlich nicht die einzige Aufgabe der Organisation; da die gleichen Ressourcen – personeller, finanzieller oder anderer Art – im Regelfall für konkurrierende Aufgaben eingesetzt werden müssen, ist es wichtig, dass im Risikobehandlungsplan Prioritäten vorgegeben werden.

Für die Priorisierung aller Managementaufgaben und der Umsetzung der Maßnahmenziele und Maßnahmen innerhalb des ISMS sollte eine Liste aller auszuführenden Aktivitäten aufgestellt und mit Prioritäten versehen werden.

Das Setzen von Prioritäten sorgt in beiden Bereichen dafür, eine geplante, an der Risikoeinschätzung und an den verfügbaren Ressourcen orientierte Vorgehensweise einzuhalten. Das Gegenteil wäre ein ungeplantes (= planloses) Vorgehen, bei dem nicht die größten Risiken zuerst behandelt werden, sondern eine Vielzahl eher sekundärer Aktivitäten die Motivation der Beteiligten nach einiger Zeit gegen Null tendieren lässt.

DO-b **Umsetzen des Risikobehandlungsplans**

Die im Risikobehandlungsplan benannten Verantwortlichen setzen den Risikobehandlungsplan unter Beachtung der Prioritäten um:

- Es werden Angebote für erforderliche Leistungen und Geräte eingeholt, bewertet und beauftragt.

- Die Durchführung der erforderlichen Arbeiten wird angeordnet, die benötigten Ressourcen werden bereitgestellt.

- Die erforderlichen Arbeiten werden an die jeweils Verantwortlichen delegiert und von diesen durchgeführt.

- Die Ergebnisse aller Arbeiten werden kontrolliert.

- Auftretende Probleme müssen behandelt und gelöst werden: Aufgaben, die sich als undurchführbar erweisen, müssen sinngleich ersetzt werden.

Mit anderen Worten: Hier findet das alltägliche Projektgeschäft statt. Das Umsetzen des Risikobehandlungsplans sollte deshalb als (internes) Projekt durchgeführt werden.

DO-c **Umsetzen der ausgewählten Maßnahmen**

Der Standard sieht dies als unterscheidbare Aufgabe zu DO-b an, da dort eher die Maßnahmen*ziele* im Vordergrund stehen. Dieser Abschnitt DO-c behandelt im Schwerpunkt die Umsetzung der Maßnahmen.

Dabei ist uns bewusst, dass eine systematische Unterscheidung sich in der Praxis eher als schwierig erweisen wird. Die unter DO-b und DO-c genannten Aufgaben werden in der Praxis daher eher verschmelzen.

Das unter DO-b genannte interne Projekt kann insofern *alle* umzusetzenden Maßnahmen zur Erfüllung der Maßnahmenziele als Teilaktivitäten umfassen.

DO-d **Messlatte zur Abschätzung der Wirksamkeit**

Die Wirksamkeit der ausgewählten (Einzel-)Maßnahmen zum Erreichen eines Maßnahmenziels abzuschätzen, ist eine besonders wichtige und gleichermaßen schwierige Aufgabe. Eine diesbezügliche Methode sollte grundsätzlich drei Bedingungen erfüllen:

– Sie sollte einheitlich angewendet werden können.

– Sie sollte für unterschiedliche Maßnahmen miteinander vergleichbare Ergebnisse liefern.

– Sie sollte für die gleiche Maßnahme unter gleichen Annahmen und Bedingungen identische Ergebnisse liefern.

Grundsätzlich können quantitative Messungen[39] und eher qualitative Abschätzungen in Frage kommen.

Messungen kann man mittels geeigneter Kennzahlensysteme durchführen (vgl. Kapitel 9).

Für qualitative Abschätzungen wird man ein sinnvolles System von Bewertungsklassen oder -stufen einführen. Dazu sei folgendes Beispiel genannt: Im Rahmen von Produkt- und Systemevaluierungen nach den Common Criteria /CC/ wird für technische Sicherheitsmaßnahmen eine Methode zur Abschätzung der Wirksamkeit eingeführt, bei der das *Angriffspotenzial* eines Angreifers mit der *Stärke* einer Sicherheitsmaßnahme verglichen wird, die zur Abwehr des Angriffs vorgesehen ist. Die Stärke wird in meh-

---

[39] Vgl. Abschnitt 2.5 zu *measure*.

reren Stufen bewertet. Eine solche Klassifizierung der Stärke wäre eine Abschätzung im obigen Sinne.

Es ist nicht erforderlich, jede einzelne Maßnahme hinsichtlich ihrer Wirksamkeit abzuschätzen. Ausreichend ist es, wenn dies für sinnvoll gebildete *Gruppen* von Maßnahmen geschieht. Hierbei sollte man sich jeweils an dem Maßnahmenbündel orientieren, das zur Erreichung eines Maßnahmenziels eingerichtet wurde.

DO-e **Sensibilisieren und Schulen der Mitarbeiter**

Diese Aufgabe ist nicht nur während der Einführung des ISMS von Bedeutung, sondern eine permanent andauernde. Aus diesem Grund sollte es einen jährlichen Plan für diese Maßnahmen geben und die Umsetzung der Aktivitäten durch entsprechende Aufzeichnungen nachgewiesen werden.

Das Management sollte insbesondere vermitteln, warum ein ISMS eingeführt wird und welche Vorteile für das Geschäft sich daraus ergeben sollen. Erst durch die tätige Mitarbeit an allen betroffenen Arbeitsplätzen wird die Einführung zum Erfolg. Die Mitarbeiter sollten verstehen, was von ihnen konkret verlangt wird und wie dies umzusetzen ist.

Wichtig für den Erfolg ist ebenfalls, dass vor dem Hintergrund der täglichen Routine-Aufgaben genügend Zeit für die Sensibilisierung und Schulung zur Verfügung steht. Ist dies über einen längeren Zeitraum nicht der Fall, wird es zu Ermüdungserscheinungen kommen: Arbeitsschritte, die ausschließlich der Aufrechterhaltung der Informationssicherheit dienen, werden nicht oder nur unzureichend ausgeführt.

Die Schulung sollte neben den alltäglichen Obliegenheiten auch das Verhalten in Ausnahmesituationen umfassen: im Katastrophenfall bzw. bei Notfällen sowie bei anderen Sicherheitsvorfällen. Auch dem Aspekt, wie derartige Ausnahmesituationen erkannt werden können, sollte Aufmerksamkeit geschenkt werden.

Rollen Sicherheitskritische Rollen (z. B. Backup-Manager, Systemadministratoren) bedürfen über eine lösungsorientierte Schulung hinaus auch eines praktischen Trainings für ihre wichtigen Tätigkeiten.

Mitarbeiter, die neu in die Organisation eintreten, sollten bereits durch geeignete Passagen im Arbeitsvertrag für das ISMS auf die Informationssicherheit aufmerksam gemacht werden. Auch eine Einweisung sollte so bald wie möglich erfolgen. Das Ende der Probezeit abzuwarten, um erst dann eine solche Maßnahme anzubieten, kann nicht als Mittel der Wahl angesehen werden.

Obwohl jede Sensibilisierungs-, Schulungs- oder Trainingsmaß-
nahme Arbeitszeit und Geld bindet, sollte man regelmäßig den
Bedarf ermitteln und z. B. in einem Jahresplan entsprechende
Maßnahmen vorsehen. Dabei können in verschiedenen Jahren
unterschiedliche Schwerpunkte gesetzt werden.

DO-f

Verwaltung des Betrieb des ISMS

Verwaltung des ISMS meint, dafür zu sorgen, dass alle vom Standard verlangten Maßnahmen vorhanden sind, auf ihre Wirksamkeit hin beobachtet und ggf. angepasst werden.

Zum Betreiben des ISMS gehört ebenfalls die Einbeziehung
neuer und die Anpassung des ISMS an bestehende Geschäftsprozesse vorzunehmen, um eine optimale Unterstützung der
Geschäftstätigkeit der Organisation zu gewährleisten. Das ISMS
soll ja nicht zum Selbstzweck werden.

In solchen Fällen wird es von Zeit zu Zeit auch zu Änderungen
an der ISMS-Leitlinie kommen, woraus wiederum Entscheidungs-
aufgaben für das Management resultieren.

Zum Betrieb des ISMS gehört auch, alle vorgesehenen Maßnahmen zum ISMS in den täglichen Arbeitsablauf einzubinden. Auf
den Mitarbeiter bezogen bedeutet dies, dass jeder die für seine
Aufgaben zu beachtenden Vorgaben kennt und befolgt.

Für das Management bedeutet es darüber hinaus auch, die Einhaltung der Maßnahmen zu kontrollieren. Es ist eine gute Praxis,
die Einhaltung der Maßnahmen des ISMS als Punkt in die regelmäßigen Berichte aufzunehmen.

Darüber hinaus wird es erforderlich sein, bei der Einführung
neuer Maßnahmen auch über den Stand der Realisierung zu
berichten.

DO-g

Ressourcenmanagement für das ISMS

Aufgabe des Managements ist es, die für das ISMS benötigten
Ressourcen bereitzustellen. Dies ist keine einmalige Aufgabe.
Weiter oben hatten wir bereits darauf hingewiesen, dass ein
ISMS als internes Projekt geführt werden kann. Als solches sollte
es in der jährlichen Ressourcen-Planung als wiederkehrender
Posten eine Rolle spielen.

Es ist ausgeschlossen, eine Kosten-Nutzen-Analyse für ein ISMS
aufstellen zu können, ohne einen Ressourcen-Plan zu haben und
die Wirksamkeit der Maßnahmen gemessen bzw. abgeschätzt zu
haben.

Nebenbei bemerkt, sollte das Management darauf vorbereitet sein, von einem Auditor nach dem Ressourcen-Plan für das ISMS gefragt zu werden.

Gegenstand dieses Plans ist das *gesamte* ISMS, d. h. von der Planung, über die Umsetzung bis zum Betrieb, zur Überprüfung und Anpassung. Zu betrachten sind dabei die Aufwände auf allen Ebenen der Organisation sowie alle Arten von Maßnahmen das ISMS betreffend.

DO-h **Erkennung und Management von Sicherheitsvorfällen**

Sicherheitsvorfälle Sicherheitsvorfälle (*Security Incidents*) kann man nicht vermeiden oder gar ausschließen. Ein Ziel des ISMS ist es vor diesem Hintergrund, mit Sicherheitsvorfällen *angemessen* umzugehen. Ein Sicherheitsvorfall ist zunächst nichts anderes als ein Vorfall, bei dem Sicherheitsziele der Organisation hätten verletzt werden können[40] oder tatsächlich verletzt wurden. Die Schwere der Verletzung bzw. der Effekt auf die Geschäftstätigkeit kann sehr unterschiedlich sein, entsprechend wird die Reaktion hierauf abzustimmen sein.

Incident Management Plan Somit benötigt man einen Plan, den *Incident Management Plan*, nach dem Sicherheitsvorfälle zunächst klassifiziert und entsprechend dieser Klassifizierung weiter behandelt werden. Es empfiehlt sich, eine Klassifizierung mit nicht zu vielen Stufen einzuführen – drei bis fünf Stufen sollten für die meisten Fälle ausreichen. Die höchste Stufe wird der *Notfall* oder die *Katastrophe* sein. In der Mitte liegen Vorfälle mit gravierenden oder beträchtlichen Auswirkungen, am unteren Ende der Skala rangieren tolerierbare und vernachlässigbare Vorfälle.

Notfall Für jede Klasse gibt es eine Vorgehensweise: Für den Notfall wird diese separat in einem

- Notfallplan (Übersicht, Eskalationswege, Managementvorgaben) und einem

- Notfallhandbuch (detaillierte Einzelanweisungen, insbesondere um einen schnellen Wiederanlauf zu gewährleisten)

beschrieben sein. Bei einem als vernachlässigbar eingestuften Vorfall wird das Verfahren vielleicht darin bestehen, diesen Vor-

---

[40] Gemeint ist hier nicht etwa eine *Bedrohung*, sondern ein realer Vorfall, bei dem Sicherheitsmaßnahmen umgangen oder außer Kraft gesetzt wurden, ein Schaden aber möglicherweise deshalb nicht eintrat, weil der Vorfall rechtzeitig erkannt und „gestoppt" werden konnte.

fall nur in einer Aufzeichnung zu erfassen und zu einem (viel) späteren Zeitpunkt in eine Auswertung einzubeziehen.

Damit sehen wir auch schon den groben Ablauf:

– Schritt 1: Sicherheitsvorfall erkennen / identifizieren.

– Schritt 2: Sicherheitsvorfall zentral melden.

– Schritt 3: Sicherheitsvorfall zentral erfassen, ggf. Sofortmaßnahmen einleiten.

– Schritt 4: Sicherheitsvorfall klassifizieren.

– Schritt 5: Sicherheitsvorfall eskalieren.

– Schritt 6: Bewältigen des Sicherheitsvorfalls (soweit noch möglich).

– Schritt 7: Sicherheitsvorfall auswerten.

Nach der Erkennung eines Vorfalls ist dieser einer zentralen Stelle anzuzeigen, die ihn klassifiziert und eine entsprechende Eskalation (z. B. bei Notfällen die Unterrichtung der Leitungsebene) durchführt. Anschließend bestimmt der Incident Management Plan das weitere Vorgehen.

Im Notfall wird es vor allem zunächst darum gehen, den bereits eingetretenen Schaden zu begrenzen – z. B. dadurch, dass ausgefallene Systeme entsprechend ihrer Kritikalität in der "richtigen" Reihenfolge wiederhergestellt werden.

Für jeden Sicherheitsvorfall sollte analysiert werden, ob es Maßnahmen zu seiner Verhinderung gab, und wenn ja, warum diese ggf. nicht gewirkt haben. Sie sind durch andere Maßnahmen zu ersetzen, die im analysierten Fall (und möglicherweise darüber hinaus) wirksam sind.

Aus dieser Analyse können Schlussfolgerungen für die Verbesserung der Informationssicherheit und damit des ISMS gezogen werden. Dabei kann es um die Korrektur vorhandener Maßnahmen oder um Vorbeugemaßnahmen gehen. Schließlich offenbart jeder Sicherheitsvorfall eine Schwachstelle, die geschlossen werden muss.

Im Incident Management Plan können auch Indikatoren benannt werden, die einen drohenden (in Kürze zu erwartenden) Sicherheitsvorfall erkennen und dann vermeiden helfen.

Sicherheitsvorfälle, die von Personen herbeigeführt oder geduldet wurden, können zu arbeits-, zivil- oder strafrechtlichen Folgen führen. Entscheidungen hierüber sind aber nicht mehr Gegenstand des ISMS. In neutral aufbereiteter Form (!) können solche Sicherheitsvorfälle jedoch im Rahmen von Sensibilisierungsveranstaltungen geschildert werden und helfen, das Sicherheitsbewusstsein der Mitarbeiter zu schärfen.

Wiederanlauf Es bleibt noch darauf hinzuweisen, dass insbesondere das Verfahren zur Behandlung von Notfällen und des Wiederanlaufs regelmäßig trainiert werden sollte; dabei sind Aufzeichnungen zu machen, aus denen später Schlüsse auf die Wirksamkeit des Verfahrens gezogen werden können. Dieser Punkt wird leider allzu oft vernachlässigt.

Das Umgehen mit Sicherheitsvorfällen und Notfällen können wir hier nur streifen. Für eine tiefer gehende Behandlung sei auf /KSK2011/ verwiesen.

3.4 CHECK: Überwachen und Überprüfen des ISMS

Den erreichten Stand bezüglich der Informationssicherheit sichtbar zu machen, das ISMS also zu überwachen, stellt ein wesentliches Element zur Steuerung des ISMS dar. Die Überwachung ermöglicht, den erreichten Grad der Umsetzung des ISMS zu erfassen und Entscheidungen für die weitere Entwicklung vorzubereiten.

Insbesondere ist es nur durch die Überwachung möglich, ggf. auftretende Fehlentwicklungen aufzuhalten und zu korrigieren.

Die Überwachung und Überprüfung des ISMS erfolgt in der Phase Check (PDCA-Modell) wie im Folgenden dargestellt. Die Bezeichnung der Aktivitäten mit CHECK-**a** bis CHECK-**h** entspricht den Gliederungspunkten in Abschnitt 4.2.3 der ISO 27001.

CHECK-a **Überwachung und Überprüfung**

Wesentliche Ziele dieser Aktivität sind,

– Fehler in der Datenverarbeitung aufzudecken,

– Sicherheitsvorfälle (versuchte und erfolgreiche) möglichst schnell zu erkennen,

– zu prüfen, ob alle sicherheitskritischen Tätigkeiten von den Beauftragten wie erwartet ausgeführt werden,

– soweit möglich Indikatoren für die Früherkennung von Sicherheitsvorfällen festzulegen und damit solche Vorfälle zu verhindern, und

– die Aktivitäten zur Behebung von Sicherheitsverstößen auf ihre Wirksamkeit hin zu bewerten.

In der Managementbewertung wird es dann später darum gehen einzuschätzen, ob die genannten Aktivitäten ausreichend sind, um die Wirksamkeit des ISMS überwachen und überprüfen zu können.

Auf ein wichtiges Detail soll noch hingewiesen werden: Es ist eine gute Praxis, wenn die für den Betrieb des ISMS verantwortliche Rolle nicht gleichzeitig die Aufgabe hat, das ISMS im Hinblick auf seine Wirksamkeit zu überwachen, da dann meist das festgestellte Ergebnis „vorhersehbar" ist. Hiermit wäre der Organisation nicht gedient.

CHECK-b

Regelmäßige Überprüfung der Wirksamkeit des ISMS

Die Wirksamkeit eines ISMS drückt sich durch die Einhaltung der ISMS-Leitlinie, das Erreichen der Sicherheitsziele und die Wirksamkeit der einzelnen Maßnahmen aus.

Wie wir bereits gesehen haben, umfasst ein ISMS nach dem Standard auch die erforderlichen Mittel, um eine Abschätzung der genannten Aspekte vornehmen zu können.

Die Ergebnisse dieser Abschätzungen bilden eine wichtige Grundlage für die Bewertung der Wirksamkeit des ISMS , obwohl es nur in Ausnahmefällen erforderlich sein wird, die Einzelabschätzungen vorzulegen – ein zusammenfassender Bericht dürfte ausreichend sein

*Management-
bewertung*

Die Bewertung der Wirksamkeit des ISMS ist auch ein Aspekt in der regelmäßigen Managementbewertung (vgl. hierzu die Aktivität CHECK-f).

CHECK-c

Abschätzen der Wirksamkeit von Maßnahmen

Die Abschätzung der Wirksamkeit von Maßnahmen zur Erfüllung der Sicherheitsanforderungen – u. a. der Controls aus Anhang A – ist in regelmäßigen Abständen vorzunehmen. Bei der Festlegung der zeitlichen Abstände sollte sich die Organisation von mindestens zwei Gesichtspunkten leiten lassen, nämlich

– dem mit einer vernünftigen Abschätzung verbundenen Aufwand und

– dem Schaden, den eine nicht ausreichende Wirksamkeit von Maßnahmen(gruppen) nach sich ziehen kann.

Beide Gesichtspunkte wirken gegenläufig: ein hoher Aufwand spricht für einen größeren Abstand, ein hoher möglicher Schaden spricht für einen geringeren Abstand. Hier muss also ein echter Kompromiss gefunden werden.

Das Verfahren der Abschätzung ist unter Anwendung der unter DO-d entwickelten Grundsätze festzulegen. Ihre Durchführung und das jeweilige Ergebnis sollten dokumentiert werden („Messprotokoll"). Um die einzelnen Abschätzungen zu verdichten, kann ein zusammenfassender Bericht angefertigt werden, der zur Erledigung der oben unter CHECK-b beschriebenen Aufgabe verwendet wird.

Es kann sein, dass besondere Einsatzbedingungen zu einer negativen Abschätzung einer Maßnahme geführt haben – z. B. Einsatzbedingungen, die vielleicht nicht den Normalfall darstellen. Deshalb ist es ratsam, die Einsatzbedingungen für die einzelnen Abschätzungen ebenfalls aufzuzeichnen.

Ergebnisse, die anzeigen, dass eine Maßnahme(gruppe) generell nicht oder unter bestimmten Einsatzbedingungen nicht mehr wirksam ist, sollten unverzüglich an den für die Überwachung und Überprüfung des ISMS Zuständigen geleitet werden.

CHECK-d   **Regelmäßige Wiederholung der Risikoeinschätzung**

Auf diese Aufgabe waren wir bereits in der wiederholten Planungsphase und den Aktivitäten PLAN-e* und PLAN-f* gestoßen. Dort ging es um den Aspekt der Bestätigung durch das Management. Durchgeführt wird die Aufgabe als Teil der Phase CHECK.

regelmäßig   Die Organisation muss festlegen, in welchen Abständen die Risikoeinschätzung *regelmäßig* wiederholt werden soll. In der Regel sollte dies jährlich oder spätestens zweijährlich erfolgen. Dabei sind Änderungen in der Organisation und bei der eingesetzten Technik, vor allem natürlich Änderungen an den Geschäftszielen und bei den Geschäftsprozessen zu betrachten – soweit sie beim Anwendungsbereich des ISMS zu berücksichtigen sind. Da sich die Bedrohungslage und das gesetzliche bzw. vertragliche Umfeld ändern können, müssen diese ebenfalls Beachtung finden.

anlassbezogen   Die Organisation sollte sich die Möglichkeit offen halten, eine *anlassbezogene* Wiederholung der Risikobewertung vorzunehmen. Jede einzelne der aufgezählten möglichen Änderungen kann für sich so schwerwiegend sein, dass eine unverzügliche Wiederholung der Risikobewertung angezeigt ist.

Die Unterscheidung zwischen regelmäßigen und anlassbezogenen Wiederholungen ist in vielen Bereichen üblich. Beiden wird gleiche Bedeutung zugemessen.

CHECK-e   **Durchführen regelmäßiger interner Audits**

Interne Audits werden für eigene Zwecke der Organisation durchgeführt. Dafür können eigene Mitarbeiter oder beauftragte Dritte eingesetzt werden. Die eigenen Zwecke können vielfältig sein, die Spanne reicht vom Erfassen des erreichten Ist-Zustandes des ISMS bis zur Vorbereitung auf ein externes Audit, das im Zuge der Zertifizierung durchzuführen ist. Entsprechend vielfältig sind auch die Möglichkeiten der Art und Weise der Durchführung eines internen Audits.

Ein internes Audit kann sich auf das gesamte ISMS beziehen. Dies ist anzuraten, wenn es um die Erfassung des erreichten Ist-Zustandes des ISMS oder um die Vorbereitung auf ein externes Audit geht.

Wenn es sich um einen beschränkten Zweck handelt, beispielsweise um die Feststellung, welche Wirkungen das ISMS auf einen bestimmten Geschäftsprozess hat, kann das interne Audit entsprechend eingeschränkt werden. Analoges gilt, wenn es z. B. um die Feststellung gehen soll, welche personellen Maßnahmen des ISMS bisher in welcher Qualität realisiert wurden.

Auditplan

Diese Beispiele zeigen schon, dass vor der Durchführung eines internen Audits der Zweck genau bestimmt werden muss. Der erforderliche Auditplan ist am Zweck des Audits auszurichten. Dadurch wird insbesondere die effektive Durchführung des internen Audits unterstützt.

Eine zweite Steuerungsgröße für interne Audits ist der Zeitpunkt der Durchführung. Hier ist zwischen angekündigten und nicht angekündigten Audits zu unterscheiden.

Es wird oft argumentiert, dass interne Audits eher unangekündigt durchgeführt werden sollten, da eine Ankündigung eine gezielte Vorbereitung der Mitarbeiter ermöglichen und so vielleicht ein zu optimistisches Ergebnis ermöglichen würde.

Nach Erfahrung der Autoren ist dies nur in Ausnahmefällen stichhaltig. Trotz aller Ankündigung bleibt den Mitarbeitern oft gar keine Zeit, sich in größerem Umfang speziell auf das interne Audit vorzubereiten. Wir können deshalb keine Präferenz für oder gegen die Ankündigung eines internen Audits erkennen, zumindest nicht für ein bereits länger eingeführtes ISMS.

Unbedingt abzuraten ist von unangekündigten internen Audits *während der Einführung* des ISMS. Die im Rahmen des ISMS von den Mitarbeitern zu erfüllenden Aufgaben sind diesen noch nicht ausreichend vertraut. Sie müssen sich also eher kontrolliert oder gar gegängelt fühlen, anstatt im Audit eine Unterstützung und Lernhilfe zu sehen. Diese Vorbehalte entfallen natürlich, wenn ein Audit geeignet angekündigt wird.

Auditbericht

Ein Audit – auch ein internes – sollte immer mit einem Auditbericht oder zumindest mit einem Auditprotokoll abgeschlossen werden. Darin sind

– die Unterlagen aufzuführen, die dem Audit zugrunde lagen,

– der Verlauf des Audits und die Beteiligten anzugeben,

- alle Feststellungen positiver und negativer Art aufzuführen, sowie

- ggf. Vorschläge der Organisation zur Behebung von Defiziten darzustellen.

Das Thema der internen und externen Audits wird im Kapitel 10: „Audits und Zertifizierungen" intensiv behandelt.

CHECK-f **Regelmäßige Managementbewertung des ISMS**

Die regelmäßige Durchführung einer Managementbewertung des ISMS verfolgt drei Ziele: Sie dient

- der Überprüfung des Anwendungsbereiches des ISMS, um sicherzustellen, dass er angemessen bleibt,

- der Bewertung der Wirksamkeit des ISMS und

- der Herausarbeitung von Verbesserungen des ISMS-Prozesses.

Bei der Festlegung des Abstandes zwischen zwei Managementbewertungen sollte zwischen der Einführung des ISMS und dem Betrieb unterschieden werden.

In der Einführungsphase kann eine Managementbewertung in höheren Frequenzen (z. B. vierteljährlich) erfolgen. Dies dient nicht nur der besseren Steuerung des Einführungsprozesses durch das Management, sondern zeigt auch das Interesse des Managements an der Einführung des ISMS. Beide Aspekte halten wir für gleichermaßen wichtig.

Später ist es dann ausreichend, eine Managementbewertung einmal jährlich durchzuführen.

Inhaltlich werden wir uns mit der Managementbewertung genauer in Abschnitt 3.11 beschäftigen, greifen jedoch schon etwas vor, um den Input für diese Aktivität zu beschreiben:

Die Erkenntnisse aus durchgeführten Sicherheitsaudits und früheren Managementbewertungen sollten ebenso verwendet werden wie die Vorschläge zur Verbesserung des ISMS und sonstige Rückmeldungen aus der Praxis des ISMS, die von Mitarbeitern und weiteren interessierten Parteien erfolgen. Die weiteren interessierten Parteien können beispielsweise Lieferanten oder Dienstleister sein, denen im Rahmen des ISMS vertragliche Verpflichtungen auferlegt wurden (etwa zur Geheimhaltung oder zum Datenschutz, aber auch zur Qualität).

Stets müssen alle Sicherheitsvorfälle im Rahmen der regelmäßigen Managementbewertung des ISMS ausgewertet werden. Dies betrifft nicht nur Sicherheitsvorfälle in der Organisation selbst, sondern auch Sicherheitsvorfälle bei Lieferanten oder Dienstleistern, die Auswirkungen auf das eigene Geschäft hatten. Man sollte sich nicht scheuen, entsprechende Informationen anzufordern, wenn auch mit angezeigtem Fingerspitzengefühl.

Im Ergebnis muss die Managementbewertung ein Votum über die Wirksamkeit des ISMS enthalten.

CHECK-g　　**Aktualisieren der Sicherheitspläne**

Der im Standard an dieser Stelle vorkommende Begriff *Sicherheitsplan* ist nicht näher spezifiziert.

Wir verstehen hierunter zumindest den Incident Management Plan (s. Aktivität DO-h).

Der Incident Management Plan beinhaltet insbesondere die Reaktion auf Katastrophen, das Verhalten bei Notfällen und den Wiederanlauf nach einer Betriebsunterbrechung. Deshalb müssen z. B. die unter CHECK-d aufgezählten Veränderungen daraufhin überprüft werden, welche Auswirkungen sie auf das Incident Management haben. Für einen neuen Geschäftsprozess könnte z. B. ein Ereignis jetzt als *Notfall* gelten, welches zu einem früheren Zeitpunkt nur der Klasse *tolerierbarer Vorfall* zugerechnet wurde.

Es ist klar, dass alle Abschätzungen zur Wirksamkeit des ISMS (CHECK-c) und einzelner Maßnahmengruppen (CHECK-d) einen wichtigen Input für diesen Incident Management Plan haben: Wird etwa im Rahmen der Abschätzungen eine (nicht oder nur teilweise zu behebende) Schwachstelle festgestellt, muss festgelegt werden, wie vorzugehen ist, wenn diese Schwachstelle ausgenutzt wird.

Weiterhin könnte man den Risikobehandlungsplan (vgl. Seite 37 sowie den Abschnitt DO-a) in diese Aktivität eingliedern.

Die Aktualisierung solcher Pläne ist eine ständige Aufgabe.

CHECK-h　　**Aufzeichnung von Aktivitäten und Ereignissen**

Aktivitäten und Ereignisse, die einen Einfluss auf die Wirksamkeit oder Leistungsfähigkeit des ISMS haben oder darüber Aufschluss geben können, müssen aufgezeichnet werden.

Insbesondere sollte es Aufzeichnungen zu folgenden Punkten geben:

– Ressourcenplanungen,

– Schulungsnachweise,

– interne und externe Audits (Protokolle, Berichte),

– Sicherheitsvorfälle,

- Abschätzungen der Wirksamkeit (Protokolle, Berichte) und

- Managementbewertungen (Protokolle und fortgeschriebene Aufgabenlisten).

Im Allgemeinen wird es zu einzelnen Maßnahmen weitere Aufzeichnungen geben – z. B. im Rahmen der personellen Sicherheit ein Besucherbuch, einen Laufzettel für Mitarbeiter bei Neueinstellung oder bei Beendigung des Arbeitsverhältnisses.

Es wird ebenfalls empfohlen, dass Informationen aus Rundgängen, Inspektionen, Mitarbeitergesprächen aufgezeichnet und später ausgewertet werden.

3.5 ACT: Pflegen und Verbessern des ISMS

Der vierte Bestandteil des PDCA-Zyklus dient der Pflege und Verbesserung des ISMS. Organisationen, deren ISMS sich in dieser Phase ACT im PDCA-Modell befindet, verfügen nicht nur über ein arbeitendes ISMS, sondern mindestens auch über erste Erfahrungen damit. Es geht nun darum, aus diesen Erfahrungen Schlussfolgerungen für die Weiterentwicklung des ISMS zu ziehen.

Der Standard sieht für diese Phase vier Einzelaufgaben vor, die näher erläutert werden sollen. Wir bezeichnen die Aufgaben mit ACT-**a** bis ACT-**d** (analog zur Gliederung des Abschnitts 4.2.4 der ISO 27001).

ACT-a   **Umsetzen der identifizierten Verbesserungen**

In der CHECK-Phase sind eine ganze Reihe von Informationen angefallen, aus denen Verbesserungen für das ISMS abgeleitet werden konnten. Diese Verbesserungsmöglichkeiten wurden im Rahmen der Managementbewertung diskutiert, sodann sind Entscheidungen gefällt worden, welche der Verbesserungen tatsächlich (als nächste) zu implementieren sind. Ebenfalls wurde über die dafür erforderlichen Ressourcen entschieden. Die Aufgabe ist nun, die Verbesserungen mit den zur Verfügung gestellten Ressourcen umzusetzen.

Zu beachten ist, dass es sich bei den Verbesserungsvorschlägen stets um Erwartungen handelt: Man *erwartet*, dass bei Implementierung der konkreten Maßnahmen eine Verbesserung des ISMS eintritt. Die ohnehin vorhandene Methodik, um die Wirksamkeit von Maßnahmen abschätzen zu können, muss auch (regelmäßig) angewendet werden, um die Wirksamkeit der vorgesehenen Verbesserungen zu beurteilen.

Mit einem internen Audit kann der Stand der Implementierung der beschlossenen Verbesserungen überprüft werden. Das in-

terne Audit muss vor der nächsten Managementbewertung stattfinden, damit die entsprechenden Ergebnisse dort bereits einfließen können.

Natürlich kann man sich dieses geschilderte Vorgehen als einen
Regelkreis vorstellen: Stellgrößen sind die identifizierten Verbesserungen, geregelt wird die Wirksamkeit des ISMS.

Verbesserungsvorschläge, die als Rückmeldung der Mitarbeiter
eingehen, sollten in geeigneter Weise honoriert werden, unabhängig davon, ob sie umgesetzt werden oder nicht. Sie zeigen
das Interesse der Mitarbeiter an ihrer Organisation. Beachtung
dieses Interesses führt nicht nur zu einer verbesserten Akzeptanz
des ISMS, sondern zu einer Verbesserung des Betriebsklimas
insgesamt.

Sind mehrere Alternativen mit gleicher Zielrichtung vorgeschla-
gen worden, ist es legitim und zeugt von unternehmerischem
Denken, wenn man den Vorschlag umsetzt, der die Ressourcen
stärker schont. Es mag aber auch andere Auswahlkriterien geben
– ohne genauere Kenntnis des konkreten Falles kann hier leider
keine Entscheidungsempfehlung gegeben werden.

Verbesserungsvorschläge, die nicht umgesetzt werden, sollten
nicht ins Altpapier wandern; vielleicht kann man später noch
einmal auf sie zurückkommen.

ACT-b

Korrektur- und Vorbeugemaßnahmen

Diese Aufgabe ist vor allem dem Lernen aus Sicherheitsvorfällen
gewidmet: Es gilt

–   vorhandene Maßnahmen, die sich bei einem Sicherheitsvor-
    fall nicht bewährt haben, geeignet zu korrigieren (meist
    durch Einsatz einer neuen Maßnahme) und

–   vorbeugende Maßnahmen zu ergreifen, mit denen bestimm-
    te Vorfälle von vornherein vermieden werden.

Hier wäre es sehr mühsam, nur aus den Erfahrungen innerhalb
der eigenen Organisation zu lernen. Effektiver ist es, auch Erfahrungen anderer Organisationen z. B. der gleichen Branche einzubeziehen, da unterstellt werden kann, dass zumindest vergleichbare Probleme aufgetreten sind. Selbst wenn sie nicht veröffentlicht werden, sprechen sich Sicherheitsvorfälle innerhalb
der Branche oft herum. Ein Mangel dabei ist, dass Informationen
vom Hörensagen recht ungenau sein können. In einigen Branchen ist es üblich, dass sich die Sicherheitsverantwortlichen verschiedener Organisationen regelmäßig im Rahmen eines Arbeits-
kreises treffen, um Sicherheitsprobleme, von denen alle betroffen
sind oder sein können, offen miteinander zu besprechen und

konkrete Maßnahmen abzustimmen, die jede Organisation einführen sollte.

Ganz allgemein sollte man über den eigenen Tellerrand hinaus-
schauen und Erfahrungen mit Sicherheitsvorfällen für die eigene
Organisation nutzbringend anzuwenden suchen.

In der eigenen Organisation liefert das ISMS selbst die benötigten
Informationen zu Sicherheitsvorfällen.

Als weitere Informations- und Anregungsquellen können natürlich die öffentlich zugänglichen Medien dienen, nicht zuletzt das
Internet. Hier sind nicht nur Informationen zu Schwachstellen
von Betriebssystemen oder anderer Software zu finden, sondern
auch Checklisten und andere Hilfestellungen für die aktuelle
Aufgabe.

Auch Studien von Beratungsunternehmen können eine wertvolle
Hilfe bei der Identifizierung von Korrektur- und Vorbeugemaßnahmen sein.

Nicht zuletzt ist auch der Besuch von einschlägigen Fachsemina-
ren und Konferenzen eine effektive Informationsquelle, wobei
zusätzlich der Erfahrungsaustausch ein Hauptanliegen ist.

ACT-c   **Kommunizieren der (beabsichtigten) Verbesserungen**

Wie jede wesentliche Veränderung des ISMS müssen auch die
vorgesehenen Verbesserungen und die dazu beabsichtigten
Maßnahmen an die Betroffenen kommuniziert werden.

Wenn hierbei nur die eigene Organisation betroffen ist, sollte
dies kein Problem darstellen. Die Akzeptanz bei den Mitarbeitern
hängt nicht nur von der Sinnhaftigkeit der Verbesserung bzw.
der Maßnahme ab, sondern auch von der Art und Weise, wie sie
kommuniziert werden. Das Management sollte diesen Aspekt
daher beachten. Es kann hilfreich sein, Änderungspläne frühzeitig zu kommunizieren und die Mitarbeiter zur Meinungsäußerung
einzuladen. In jedem Fall zu beachten sind Mitwirkungs- und
Mitbestimmungsrechte der Belegschaft und des Betriebs- oder
Personalrates.

Etwas anders sieht es aus, wenn externe Partner zu den betroffenen Parteien gehören. Hier muss zunächst festgestellt werden,
ob die geplante Verbesserung bzw. Maßnahme das Vertragsverhältnis berührt und in welcher Weise das der Fall ist. Dann sind
geeignete Vertragsänderungen oder Vertragsergänzungen vorzu-
schlagen und zu verhandeln.

Selbst wenn kein Eingriff in das Vertragsverhältnis vorliegt, muss
der Partner über die Änderungen des ISMS informiert werden –

wo nötig ist ein gemeinsames Verständnis über die weitere Vorgehensweise abzustimmen.

Bei allen Versuchen, Motivationen zu verstärken und Konsens zu erzielen, muss aber klar bleiben, dass das Management für die Durchsetzung der vitalen Interessen der Organisation verantwortlich bleibt. Wenn keine Einigung erzielt werden kann, muss das Management eine Entscheidung fällen und diese durchsetzen.

ACT-d **Erfolgskontrolle der Verbesserungen**

Die Durchführung der Erfolgskontrolle ist eine permanente Aufgabe des Managements. Dies gilt natürlich auch für die (beabsichtigten) Verbesserungen des ISMS.

Wir sind bereits unter ACT-a auf die Beurteilung der Wirksamkeit eingegangen und hatten festgestellt, dass das ISMS selbst ohne weiteres Eingreifen des Managements die Mittel bereitstellt, mit denen eine Erfolgskontrolle durchgeführt werden kann. In vielen Fällen wird es auch ausreichend sein, das nächste reguläre interne Audit oder die nächste Managementbewertung abzuwarten.

In kritischen Fällen jedoch, wenn eine zeitnahe Erfolgskontrolle benötigt wird, z. B. bei kosten- oder personalintensiven Verbesserungen oder bei komplexen Verbesserungen, kann nicht auf die turnusmäßige Durchführung gewartet werden. Es könnte zu ungewollten Fehlentwicklungen kommen, die viele Ressourcen binden und aufwändig korrigiert werden müssten.

Das Management muss daher bei jeder Entscheidung über durchzuführende Verbesserungen des ISMS auch festlegen, in welcher Weise und zu welchen Zeiten die Erfolgskontrolle durchzuführen ist. Für komplexe Verbesserungsvorhaben kann ein eigenes Projekt eingerichtet werden, das seinerseits die benötigten Steuerungsinstrumente bereitstellt.

Zusammen-fassung Wir haben nun die vier Phasen des PDCA-Zyklus ausführlich dargestellt. Dem Leser ist dabei natürlich aufgefallen, dass es bei aller Systematik, die der Standard verfolgt, Überschneidungen einzelner Aufgaben gibt, wobei diese auch verschiedenen Phasen zugeordnet sein können. Wir haben versucht, diese Überschneidungen durch Schwerpunktsetzungen zu verringern.

3.6 Anforderungen an die Dokumentation

Die allgemeinen Anforderungen, die der Standard ISO 27001 an die Dokumentation stellt, unterscheiden sich kaum von anderen Management-Standards wie ISO 9000 und ISO 14000. Wer mit den Anforderungen an die Dokumentation aus dem Qualitäts- oder Umweltschutzmanagement bereits vertraut ist, wird hier Bekanntes wiederfinden.

Die Dokumentation kann in jeder Form erfolgen. Es ist nicht erforderlich, alles in Papierform vorzuhalten. Ebenso akzeptabel zur Aufzeichnung sind elektronische Medien. Das Intranet eignet sich bei entsprechender Pflege besonders gut, um den Mitarbeitern die Basisdokumente des ISMS schnell und unkompliziert in jeweils aktueller Fassung zur Verfügung zu stellen.

Alle Managemententscheidungen, die das ISMS betreffen, müssen dokumentiert sein. Die Dokumentation kann durch verabschiedete Sitzungsprotokolle, unterzeichnete Beschlüsse oder besonders in Kraft gesetzte Dokumente erfolgen. Stets sind der Gegenstand, die erforderliche Aktion, die Verantwortlichkeit für ihre Durchführung, Termine und Festlegungen zur Erfolgskontrolle zu dokumentieren. Abweichungen sollte es nur in begründeten Ausnahmefällen geben.

Werden diese Einzelheiten entsprechend dokumentiert, so können die Aktionen stets auf den Beschluss zurückverfolgt werden, der sie auslöste. Dadurch wird nicht zuletzt die Verantwortung für Beschlüsse und Entscheidungen unterstützt. Auch der sorgsame Umgang mit Ressourcen lässt sich auf diese Weise erreichen und belegen.

Der Standard geht noch einen Schritt weiter und betont, dass jede einzelne Maßnahme, die als Bestandteil des ISMS ausgewählt wurde, auf diese Weise letztlich auf den Managementbeschluss zurückgeführt werden kann, der zu ihrer Auswahl und Realisierung geführt hat. Es entsteht also eine lückenlose Kette von der einzelnen konkreten Maßnahme über die Maßnahmenziele bis hin zur Informationssicherheitsleitlinie. Dies macht noch einmal deutlich, dass es dem Standard nicht nur darauf ankommt, aus der Leitlinie konkrete Maßnahmen abzuleiten, sondern auch für jede konkrete Maßnahme eine verfolgbare Begründung aus der Leitlinie zu gewinnen. Die bereits in Abschnitt 3.1 gewonnene Erkenntnis, dass es für einfache Verhältnisse auch eine einfache Lösung für die Implementierung eines ISMS gibt, bleibt nicht theoretisch, sondern hat hier ihre praktischen Auswirkungen.

Mindestumfang   Als Mindestumfang der ISMS-Dokumentation sieht der Standard die folgenden Dokumente und Aufzeichnungen a) bis i) vor, deren Gegenstand weitgehend schon in Abschnitt 2.4 erläutert wurde:

a)   ISMS-Leitlinie und Informationssicherheitsleitlinie

b)   Anwendungsbereich des ISMS

Diese beiden Vorgaben a) und b) sollten mindestens in Beschlüssen des Managements zur Einführung eines ISMS dokumentiert sein.

c)   Verfahren und Maßnahmen zur Unterstützung des ISMS

Hierzu ein Beispiel: Die so genannte Dokumentenlenkung (das Management der Dokumentation) kann ein unterstützendes Verfahren sein, wenn sie in einem übergeordneten QM-System erfolgt: Dieser Teil des ISMS ist dann ein Teil des QM-Systems. Für eine Organisation, die *kein* QM-System betreibt, bleibt die Dokumentenlenkung Teil des ISMS.

d)   Beschreibung der Methode zur Risikoeinschätzung

e)   Ergebnisse der Risikoeinschätzung

Diese beiden Punkte d) und e) haben wir bereits in Abschnitt 3.2 (Aktivität PLAN-c und folgende) behandelt. Die Dokumentation der Ergebnisse der Risikoeinschätzung muss als wichtigste Bestandteile folgende Informationen enthalten:

–   Anwendungsbereich der Risikoeinschätzung,

–   Auftraggeber der Risikoeinschätzung,

–   Zeitraum der Durchführung,

–   Durchführende(r),

–   Verweis auf die Methode der Risikoeinschätzung[41],

–   identifizierte Risiken und deren Abschätzung,

–   vorhandene Schwachstellen,

–   Risikobewertung je identifiziertes Risiko (ggf. einschließlich Klassifizierung in eine Risikoklasse).

Hier sei angemerkt, dass insbesondere Risikoabschätzung und Risikobewertung je identifiziertes Risiko so ausführlich darzustellen sind, dass sie jederzeit nachvollziehbar und wiederholbar sind.

f)   Risikobehandlungsplan

Der Risikobehandlungsplan ist uns bereits in Abschnitt 3.3 begegnet. Er ist die Basis der Do-Phase.

---

[41]   Z. B. ein Verweis auf ein entsprechendes Kapitel der ISMS-Leitlinie.

Der Risikobehandlungsplan soll die Behandlung der einzelnen Risiken gestaffelt nach Risikoklassen enthalten. Den größten Risiken ist die größte Aufmerksamkeit zu widmen.

Risiken, die ohne weitere Maßnahmen getragen werden, sind unter Bezug auf den entsprechenden Managementbeschluss als solche eindeutig kenntlich zu machen.

g) Dokumentierte Vorgehensweisen und Abschätzung der Wirksamkeit

Bestimmte Vorgehensweisen werden nach dem Standard benötigt, um eine wirksame Planung, Durchführung und Kontrolle der ISMS-Prozesse sicherzustellen.

Der Standard spricht von einer *dokumentierten* Vorgehensweise, wenn eine Vorgehensweise festgelegt und niedergeschrieben ist, in die Praxis eingeführt wurde und gepflegt wird.

Abschätzungen der Wirksamkeit haben uns schon weiter oben beschäftigt, hier soll daher nur darauf hingewiesen werden, dass ihre Dokumentation zu den Pflichten beim Betreiben eines ISMS gehört.

h) Erklärung zur Anwendbarkeit

Wie die ISMS- und Informationssicherheitsleitlinie ist auch die Erklärung zur Anwendbarkeit eines der grundlegenden Dokumente des ISMS der Organisation. Es spielt insbesondere bei jedem Audit des ISMS eine Rolle, denn hier sind sowohl die ausgewählten Maßnahmenziele und Maßnahmen des ISMS verzeichnet, als auch die Begründungen für abgewählte nachzulesen. Der Auditor kann das ISMS anhand der Erklärung zur Anwendbarkeit in gewissem Sinn vollständig kennen lernen und prüfen.

Dokumentenliste   Wir empfehlen, eine Liste der Dokumente, welche die Dokumentation des ISMS ausmachen, zu führen und zu pflegen. In dieser Liste sollten die Bezeichnungen der Dokumente, ggf. ergänzt durch Version und Datum, der Fundort und der für das Dokument Verantwortliche eingetragen sein. Für die Mitarbeiter ist auch ein Hinweis hilfreich, an wen Verbesserungsvorschläge zu den Dokumenten zu richten sind.

Dokumente, die nur für bestimmte Gruppen von Mitarbeitern gelten, sollten auch nur diesen zugänglich sein.

i) Aufzeichnungen

Die Aufzeichnungen, die der Standard verlangt, sind nicht explizit definiert. Sie sind von den Dokumenten, die der Standard verlangt, zu unterscheiden. Unter Aufzeichnungen sind alle Protokolle, Mitschriften, Berichte, Log-Dateien und ähnliches zu verstehen, die als Folge oder im Rahmen der Durchführung einer Maßnahme des ISMS entstehen. Beispiele, wie das Besucherbuch und Auditberichte haben wir bereits kennen gelernt. Welche Aufzeichnungen also im Rahmen eines bestimmten ISMS entstehen, wird durch die Maßnahmen bestimmt, die Bestandteil des ISMS sind.

Auditoren fragen im Rahmen der Prüfungen gern nach Aufzeichnungen, die im Rahmen des ISMS geführt werden. Sicher kann man über alles und jedes Aufzeichnungen führen, jedoch sollte berücksichtigt werden, dass auch das Führen von Aufzeichnungen Ressourcen verlangt. Wir raten daher, bei den einzelnen Maßnahmen des ISMS jeweils zu bestimmen, ob das Führen von Aufzeichnungen sinnvoll ist und einen Geschäftsvorteil bringen kann. Jede Maßnahme sollte insofern mit einem Hinweis versehen sein, ob und wenn ja, welche Aufzeichnungen in welchem Umfang zu führen sind. Ideal wäre es, wenn bei einem Verzicht auf Aufzeichnungen eine dokumentierte Begründung vorgelegt werden könnte.

3.7   Dokumentenlenkung

Wie bereits eingangs erwähnt, finden sich hier viele Elemente der Dokumentenlenkung wieder, die auch in anderen Management-Systemen vorhanden sind. Wir wollen Vertrautheit mit ISO 9000 oder ISO 14000 jedoch nicht voraussetzen und werden daher die Dokumentenlenkung ebenfalls ausführlicher behandeln. Der kundige Leser mag diesen Abschnitt überspringen.

Grundgedanke der Dokumentenlenkung für die Dokumente des ISMS ist der Schutz der Dokumente vor unbefugter Kenntnisnahme, vor unbefugter Veränderung und vor unbefugter Vorenthaltung. Um diese drei Ziele zu erreichen, werden dem Management bestimmte Aufgaben auferlegt. Diese Aufgaben und ihre Umsetzung bilden den Kern der Dokumentenlenkung.

Für jede einzelne Managementaufgabe verlangt der Standard, dass die entsprechenden Vorgehensweisen dokumentiert sind. Was dies bedeutet, hatten wir im vorangehenden Abschnitt erläutert. Folgende Aufgaben a) bis j) sind vom Standard vorgesehen.

a)   Dokumenten-Freigabe

Freigabe

Das Management muss dafür sorgen, dass es für die Dokumente des ISMS einen etablierten (und dokumentierten) Prozess zur Freigabe von Dokumenten gibt.

Für die Basisdokumente des ISMS, wie die ISMS-Leitlinie, trat dieser Punkt schon früher auf. Nun wird diese Anforderung auf alle Dokumente des ISMS erweitert.

Bei der praktischen Umsetzung sollte die Organisation auch darauf achten, dass die getroffenen Festlegungen praktikabel bleiben. Dies bedeutet insbesondere, dass überlegt werden muss, welche Managementebene die für ein bestimmtes Dokument geeignete ist, um es freizugeben und in Kraft zu setzen. Für die Leitlinien ist dies bereits durch den Standard selbst geregelt: hier ist die Leitung gefragt. Gehören beispielsweise Arbeitsanweisungen zum ISMS, so kann die Aufgabe der Freigabe und Inkraftsetzung auch von niedrigeren Ebenen des Managements erfolgen, etwa von der Abteilungsleitung oder einem Prozessverantwortlichen.

b)   Überprüfung und Aktualisierung von Dokumenten

Aktualität Es wird erforderlich sein, die Dokumente des ISMS aktuell zu halten. Änderungen des ISMS müssen sich in den ISMS-Dokumenten widerspiegeln. Es ist daher erforderlich, eine dokumentierte Vorgehensweise zu haben, nach der Aktualisierungen der ISMS-Dokumente stattfinden. Die praktische Frage ist natürlich, wie oft oder in welchen zeitlichen Abständen oder zu welchen Anlässen eine Überarbeitung vorzunehmen ist. Unseres Erachtens bieten sich dazu als Orientierung zwei Aspekte an.

Wesentliche Änderungen müssen *anlassbezogen* zu einer Anpassung der betroffenen Dokumente und zu ihrer anschließenden, erneuten Freigabe (!) führen. Zur Orientierung, was unter *wesentlichen* Änderungen zu verstehen ist, seien folgende Gesichtspunkte genannt:

–   Änderungen des Geschäfts,

–   Änderungen der Risikolage,

–   Einführung neuer Geschäftsprozesse, sofern sie im Anwendungsbereich des ISMS liegen,

–   Änderungen der Technologie.

Das sind nur Beispiele, die jedoch deutlich machen sollen, was unter dem Begriff *wesentlich* zu verstehen ist.

Alle Änderungen, die nicht in diese Kategorie fallen, sollten regelmäßig nach einem bestimmten Zeitablauf in die ISMS-Dokumente eingearbeitet werden. Als Orientierung bieten sich hier die meist jährlich stattfindenden internen oder externen Audits des ISMS an.

Spätestens vor einem Audit – aber eigentlich nicht aus diesem Anlass – sollte die ISMS-Dokumentation überprüft und ggf. angepasst werden. Dies sollte so rechtzeitig geschehen, dass die erneute Freigabe der geänderten Dokumente, die leider oft genug übersehen wird, noch vor dem Audit erfolgen kann. Wo dies nicht möglich ist, wird der Auditor auch zufrieden sein, wenn er sieht, dass die dokumentierte Verfahrensweise eingehalten wird und der Änderungs- und Freigabeprozess läuft.

c)   Kennzeichnen des Revisionsstandes und von Änderungen

Revisionsstand   Jedes ISMS-Dokument, das der Dokumentenlenkung unterliegt, muss Angaben darüber enthalten, welches der aktuelle Revisionsstand ist (z. B. mit Versionsnummer und Datum) und welche Änderungen im Vergleich zur Vorgängerversion vorgenommen wurden. Dadurch entsteht eine Dokumentenhistorie, die am Anfang oder am Ende des jeweiligen Dokumentes geführt werden kann. Es ist sicher sinnvoll, dies für alle Dokumente einheitlich zu handhaben.

d)   Aktuelle Versionen

Verteilung   Es ist eine Aufgabe des Managements, die jeweils freigegebenen Versionen der ISMS-Dokumente dem Personenkreis zugänglich zu machen, der entsprechenden Bedarf hat. Hierzu können Verteiler in den Dokumenten angegeben werden. Es sollte ein Verfahren festgelegt sein, mit dem die Verteilung tatsächlich auch erreicht wird. Die modernen elektronischen Medien sind dafür sehr gut geeignet.

Hier sei ergänzt, dass das Management auch die Verantwortung hat, einer *unkontrollierten* Verteilung von ISMS-Dokumenten vorzubeugen.

e)   Identifizierbarkeit und Lesbarkeit

Das Management soll dafür sorgen, dass die ISMS-Dokumente leicht lesbar sind und ohne Schwierigkeit identifiziert werden können.

Lesbarkeit   Die leichte Lesbarkeit kann beispielsweise durch einen Review-Prozess unterstützt werden. Schwer verständliche Stellen werden auf diese Weise entdeckt und können verbessert werden. Dabei kann es sinnvoll sein, jemanden mit dem Review zu beauftragen, der mit dem im Dokument behandelten Gegenstand nicht allzu vertraut, also nicht betriebsblind ist.

Identifizierbarkeit   Die leichte Identifizierbarkeit von Dokumenten wird erreicht, indem sprechende Dokumententitel gewählt werden. Dabei ist insbesondere darauf zu achten, dass verschiedene Dokumente auch verschiedene Titel haben. Hilfreich ist es, wenn auch die

Dokumententitel einer gewissen Systematik unterliegen, die den Adressaten der Dokumente bekannt ist.

f)   Sichere Übertragung, Speicherung und Entsorgung

Klassifikation von Dokumenten

Bei der Planung des ISMS hatten wir gesehen, wie die Informationswerte erfasst werden. Dabei ging es auch um das Thema Einstufung bzw. Klassifikation. Auch für die ISMS-Dokumente sollte jeweils festgelegt werden, welche Einstufung sie haben. Dies geschieht am besten im Zusammenhang mit der Festlegung des Verteilers. Verteiler und Einstufung müssen miteinander in Einklang stehen.

Sicheres Handling

Das Management muss nun dafür sorgen, dass die Verteilung / Übertragung, Lagerung / Speicherung und schließlich auch die Vernichtung von Dokumenten in Übereinstimmung mit ihrer Klassifikation erfolgt. Für offene Dokumente wird dies keine besondere Anstrengung bereiten.

Für Dokumente, die der staatlichen Geheimhaltung unterliegen, gelten spezielle gesetzliche Regelungen, die auch strafbewehrt sind. Dieser Fall, dass Dokumente, die das ISMS konstituieren, der staatlichen Geheimhaltung unterliegen, wird eher selten auftreten. Häufiger kann dies bei Dokumenten der Fall sein, für deren Behandlung es vertragliche Vereinbarungen mit Dritten gibt. Die Regelungen zur Klassifikation, Verteilung, Übertragung, Lagerung und Vernichtung sollten mit den vertraglichen Regelungen vereinbar sein.

g)   Kennzeichnung externer Unterlagen

externe Dokumente

Es ist generell von Vorteil, zwischen internen und externen Dokumenten zu unterscheiden: interne Dokumente können von der Organisation geändert werden, externe dagegen im Regelfall nicht.

Es kann ferner sein, dass es zu Regelungskonflikten kommt, wenn im Einzelfall mehrere Dokumente den gleichen Sachverhalt regeln. Dann wird es wichtig sein, eine Reihenfolge festzulegen, in welcher die Dokumente zu berücksichtigen sind, welches der Dokumente mehr Gewicht hat. Auch hierbei können externe Dokumente gegenüber internen Dokumenten bevorzugt sein – ein weiterer Grund, sie zu kennzeichnen.

h)   Kontrollierte Verteilung

Zugriffskontrolle

Neben der praktischen Ausgestaltung der Verteilung in f) geht es hier darum, Regeln festzulegen, wer Zugang zu bestimmten Dokumenten bekommt bzw. bekommen muss. Dies geschieht am besten durch eine Dokumentenliste, in der die jeweils berechtigten Rollen eingetragen werden.

i)   Veraltete Dokumente aus dem Verkehr ziehen

*Veraltete
Dokumente*

Das Management soll dafür sorgen, dass veraltete Dokumente nicht unabsichtlich genutzt werden. Unterstützt wird diese Forderung insbesondere durch die auf der Seite 90 unter c) besprochene Versionskontrolle. Bei der Verteilung der freigegebenen, aktuellen Version eines Dokumentes sollte darauf hingewiesen werden, dass alle früheren Versionen des Dokumentes ihre Gültigkeit verlieren und zurückzugeben oder zu vernichten – oder zumindest als *veraltet* zu kennzeichnen sind. Werden ISMS-Dokumente auf elektronischen Medien bereitgestellt, etwa im Intranet, so sollte sich dort nur die aktuelle Version eines Dokumentes befinden, um Verwechslungen zu vermeiden.

Interne Audits können dazu dienen, das Vorliegen aktueller Dokumentenversionen bei den Mitarbeitern zu überprüfen.

j)   Kennzeichnung und Archivierung

*Dokumenten-
archiv*

Es kann erforderlich sein, auch veraltete Versionen von ISMS-Dokumenten aufzuheben. Diese sollten dann einerseits als veraltet gekennzeichnet sein und andererseits an einem anderen Ort aufbewahrt werden als die aktuellen Dokumentenversionen, beispielsweise in einem Dokumentenarchiv. Es sollte eine dokumentierte Vorgehensweise geben, die bestimmt, welche ISMS-Dokumente wann, auf welche Weise und durch wen im Dokumentenarchiv abgelegt werden. Dies gilt auch für das endgültige Löschen „sehr alter" Dokumente.

3.8   Lenkung der Aufzeichnungen

Der Standard unterscheidet zwischen Dokumenten und Aufzeichnungen. Die ISMS-Dokumente wurden weiter oben behandelt. Sie dienen u. a. der Festlegung organisatorischer Abläufe und Verantwortlichkeiten.

Einige Beispiele für Aufzeichnungen haben wir bereits in Abschnitt 3.4 gegeben. Aufzeichnungen dienen generell zum Nachvollziehen von Abläufen und zum Nachweis konkreter Sachverhalte und Vorkommnisse – und damit insbesondere dem Ziel, Belege für die Konformität des ISMS zum Standard und für seine Wirksamkeit zu haben. Sie bilden daher eine wichtige Grundlage für Audits.

Aufzeichnungen müssen ebenso wie die Dokumente des ISMS der *Lenkung* unterliegen. Da Aufzeichnungen nachträglich nicht geändert werden dürfen, müssen sie vor allem gegen Manipulation und Verlust geschützt werden. Dies ist besonders wichtig, wo Aufzeichnungen dem Nachweis dienen, dass und wie gesetzliche oder vertragliche Obliegenheiten eingehalten werden.

Zur Lenkung der Aufzeichnungen gehört es auch, eine dokumentierte Vorgehensweise zur Ablage und zum Wiederauffinden von Aufzeichnungen zu etablieren. Da Aufzeichnungen häufig Geschäftsgeheimnisse enthalten, ist eine Klassifikation nach Geheimhaltungsstufen (sofern ein solches Schema genutzt wird) von besonderer Bedeutung.

Der Standard hebt hervor, dass ein Mindestmaß an Aufzeichnungen vorhanden sein soll: Aufzeichnungen zur Effektivität des ISMS (vgl. die Effektivitätsabschätzungen in Abschnitt 3.3) und Aufzeichnungen über Sicherheitsvorfälle, die sich auf das ISMS beziehen.

3.9   Verantwortung des Managements

Der Standard sieht die Verantwortung des Managements unter zwei Gesichtspunkten: der Verpflichtung (oder besser der Selbstverpflichtung) des Managements gegenüber dem ISMS und der Bereitstellung von Ressourcen für das ISMS.

Über die Art und Weise, wie das Management seine Verantwortung wahrnehmen und ihr gerecht werden soll, finden sich allerdings im Standard keine Angaben. ISO 27002 schlägt die Einrichtung eines Management-Forums vor. Dieser Weg sollte auch vorzugsweise gegangen werden. Hinweisen möchten wir auf die Möglichkeit, das Management-Forum auch für die Belange der anderen Management-Systeme vorzusehen, wenn ein Qualitäts- oder Umweltschutzmanagement-System installiert ist.

Die Verantwortung des Managements wurde aus rechtlicher Sicht bereits in Kapitel 1 beleuchtet. Wir haben dort u. a. auf die Einrichtung eines internen Kontrollsystems hingewiesen. Diese Rolle kann das Management-Forum spielen.

Verpflichtung und Engagement   Das Management ist nicht nur verantwortlich für Entscheidungen, die das ISMS betreffen, sondern der Standard geht auch davon aus, dass sich das Management der Einführung und Umsetzung des ISMS verpflichtet fühlt und sich dafür erkennbar engagiert. Daher verlangt der Standard ausdrücklich, dass das Management Nachweise dafür bereitstellen soll, dass sich die jeweils verantwortlichen Manager – auch als Gremium – für die Aufstellung, Einführung, den Betrieb, die Begleitung und Überwachung, Erhaltung und Verbesserung des ISMS einsetzen.

Einige Belege, die das Engagement des Managements nachweisen können, haben wir bereits kennen gelernt. Wir wollen sie hier noch einmal so zusammenstellen, wie auch der Standard sie aufführt:

a) Unterschriebene und in Kraft gesetzte Leitlinien.

b) Erfolgskontrolle der Erreichung der ISMS-Ziele und -Pläne.

c) Einsetzung von Sicherheitsverantwortlichen und Zuweisung von Verantwortung.

d) Kommunizieren der Unterstützung für das ISMS an die betroffene Belegschaft.

e) Bereitstellen von ausreichenden Ressourcen für das ISMS in allen Phasen des PDCA-Zyklus.

f) Entscheiden der Kriterien, unter denen Risiken akzeptiert werden, und Akzeptanz der verbleibenden Risiken.

g) Sicherstellen, dass interne ISMS-Audits durchgeführt werden.

h) Durchführen regelmäßiger Managementbewertungen des ISMS.

Die bei der Durchführung der vorstehenden Managementaufgaben entstehenden Belege sollten bei externen Audits zur Verfügung stehen, denn externe Auditoren werden gern danach fragen. Sie sollten aber auch bei internen Audits schon zum Gegenstand der Prüfung gemacht werden. Nicht nur die Belegschaft, sondern auch das Management unterliegt bei der Einführung und dem Betrieb des ISMS einem Lernprozess, den es zur Aufdeckung von Verbesserungspotenzial zu nutzen gilt.

Ressourcen-management

Das Ressourcenmanagement hat vielfältige Facetten. Neben der Budgetierung und Bereitstellung von finanziellen Mitteln geht es auch um die Bereitstellung von weiteren Ressourcen, vor allem von menschlicher Arbeitskraft als besonderer Ressource, welche für die Erledigung der Aufgaben benötigt wird.

Bereitstellung von Ressourcen

An verschiedenen Stellen sind wir schon auf die Bereitstellung von Ressourcen eingegangen und fassen deshalb hier noch einmal kurz zusammen. Das Management soll ausreichende Ressourcen bereitstellen für

a) die Einführung, den Betrieb, die Überwachung, die Erhaltung und die Verbesserung des ISMS,

b) die Sicherstellung, dass die Vorgehensweisen bei der IT-Sicherheit die Geschäftsanforderungen unterstützen,

c) die Herausarbeitung und Einhaltung der gesetzlichen und vertraglichen Verpflichtungen mit Bezug auf die IT-Sicherheit,

d) die Aufrechterhaltung einer angemessenen IT-Sicherheit durch Einrichtung und Einhaltung von Maßnahmen,

e) die erforderlichen Überprüfungen des ISMS und eine angemessene Reaktion auf die Überprüfungsergebnisse und

f) erforderlichenfalls die Verbesserung des ISMS.

Vom Standard verständlicherweise nicht angesprochen werden Konflikte, die sich bei der Zuteilung von Ressourcen ergeben können, da dieses Thema sicherlich nicht allgemein und für jede Situation passend behandelt werden kann. Dennoch macht gerade dies die Schwierigkeit bei der Bereitstellung von Ressourcen aus. Wir kennen keine Organisation, die bei der Bereitstellung von Ressourcen aus dem Vollen schöpfen könnte. Daher ist aus unserer Sicht nicht die bloße Bereitstellung der Ressourcen das vom Management zu lösende Problem, sondern vielmehr die Entscheidung darüber, wie die ohnehin beschränkten (und oft genug knappen, manchmal gar unzureichenden) Ressourcen verteilt werden. Die Frage ist, welche Kompromisse eingegangen werden können, um dennoch ein standardkonformes ISMS aufrecht zu erhalten. Dazu möchten wir folgende Hinweise geben.

– Konflikte bei der Zuteilung von Ressourcen sollten nachvollziehbar dokumentiert werden.

– Die Konsequenzen der Entscheidungsalternativen sollten mit Bezug auf die Risikobewertung und das verbleibende Risiko, wie sie in der Informationssicherheitsleitlinie niedergelegt sind, dargestellt werden.

– Die getroffene Entscheidung sollte nachvollziehbar auf die Informationssicherheitsleitlinie zurückgeführt werden.

– Aus der Entscheidungsbegründung sollten das verfolgte Geschäftsinteresse und die sich daraus ergebende Wirkung auf das ISMS klar hervorgehen.

Entscheidungen, die unter Berücksichtigung aller Umstände klar gegen das akzeptierte verbleibende Risiko verstoßen, können nicht zu einem standardkonformen ISMS führen.

Besonderheiten personeller Ressourcen

Der Standard fasst die Besonderheiten, die sich bei der Bereitstellung personeller Ressourcen ergeben, unter den Stichwörtern Ausbildung, Sensibilisierung und Kompetenz zusammen. Werden personelle Ressourcen vom Management für das ISMS oder spezielle sich daraus ergebende Aufgaben bereitgestellt, so hat das Management neben der reinen Bestimmung der Personenzahl folgende weiteren Aufgaben verantwortlich zu lösen:

a) Bestimmung der erforderlichen Fähigkeiten und Kenntnisse der Mitarbeiter, deren Arbeit das ISMS beeinflusst.

b) Einstellung von Mitarbeitern, welche die erforderlichen Kenntnisse und Fähigkeiten mitbringen, oder entsprechende Ausbildung für vorhandenes Personal zur Verfügung stellen.

c) Bewertung der Effektivität der durchgeführten Maßnahmen zur Erreichung und Erhaltung der Kenntnisse und Fähigkeiten.

d) Führen von Aufzeichnungen zur Aus- und Weiterbildung der Mitarbeiter, zu Schulungs- und Trainingsmaßnahmen und zu den Fähigkeiten und Fertigkeiten sowie der Maßnahmen, die zur Erhaltung und Verbesserung beitragen sollen.

Sensibilisierung Alle Mitarbeiter, die Arbeiten im Anwendungsbereich des ISMS leisten und daher vom ISMS aktiv betroffen sind oder sein können, sollten für die Wichtigkeit, die die Organisation dem ISMS beimisst, sensibilisiert werden. Diese Sensibilisierung ist einerseits im Zuge der Einführung des ISMS erforderlich. Dazu können entsprechende Informationsveranstaltungen oder Web-based Training durchgeführt werden. Andererseits zeigt die Erfahrung, dass die Aufmerksamkeit für Belange der IT-Sicherheit mit der Zeit nachlässt – wie überhaupt für alle Regelungen, die nicht unmittelbar die täglich zu leistende Arbeit betreffen. Sensibilisierung der Mitarbeiter ist daher ein Thema, das regelmäßig adressiert werden sollte. Dazu bieten natürlich Sicherheitsvorfälle stets einen Anlass. Ihre geeignete Auswertung sollte daher gesichert werden.

Das allein genügt allerdings nicht: Vielmehr sollte es regelmäßige Gelegenheiten geben, zu denen den betroffenen Mitarbeitern die Relevanz und Wichtigkeit ihrer Aktivitäten zur Erreichung der Sicherheitsziele des ISMS vor Augen geführt werden. Belehrungen sind dafür nur eines von vielen einsetzbaren Mitteln. Man kann den gleichen Effekt erreichen beispielsweise durch Arbeitsplatzbegehungen, Veröffentlichungen im Intranet, Wettbewerbe und ähnliche Maßnahmen, die nicht viel kosten, den Zweck der Sensibilisierung jedoch sehr gut erreichen.

Auch die besondere Erwähnung vorbildlichen Verhaltens spornt zur Nachahmung an.

3.10   Interne ISMS-Audits

Interne Audits haben bereits an verschiedenen Stellen dieses Kapitels eine Rolle gespielt. Nachdem wir kurz noch einmal die

Ziele eines internen Audits zusammengefasst haben, wie sie der Standard definiert, wollen wir auf einige Detail-Fragen bei der Durchführung solcher Audits eingehen.

Der Standard verlangt, dass interne Audits des ISMS regelmäßig, d. h. in etwa gleichen Zeitabständen, durchgeführt werden – mit dem Ziel festzustellen, ob die Maßnahmenziele, Maßnahmen, Prozesse und Vorgehensweisen des ISMS

a) mit den Anforderungen des Standards konform sind und den gesetzlichen und sonstigen regulativen Anforderungen entsprechen,

b) den identifizierten Sicherheitsanforderungen entsprechen,

c) effektiv umgesetzt und gepflegt werden und

d) erwartungsgemäß wirken.

In der Tat können interne Audits eingesetzt werden, um jedes dokumentierte Detail des ISMS in der täglichen Praxis der Organisation auf seine Einhaltung und Wirksamkeit hin zu überprüfen. Das kann sich als eine umfangreiche Aufgabe erweisen, wenn das ISMS selbst einen bestimmten Umfang erreicht hat, sei es wegen des großen Anwendungsbereiches oder wegen der Vielzahl der Maßnahmen, die vorgesehen und umgesetzt sind. Anhaltspunkte zum zeitlichen Aufwand für die Durchführung interner Audits bietet die Norm ISO 27006.

Über die Planung, Durchführung und Auswertung von Audits gibt das Kapitel 10 *Audits und Zertifizierungen* Auskunft.

Auditbericht Im Anschluss an das Audit verfassen die Auditoren in der Regel einen Auditbericht, in dem der Ablauf des Audits und die dabei festgestellten Defizite beschrieben sind. Auch die vereinbarten oder vorgeschlagenen Korrekturen und Verbesserungen werden vielfach im Auditbericht niedergelegt. Vor diesem Hintergrund ist ein Auditbericht ein wichtiger Input für Planungen und Managementbewertungen, sollte aber spätestens bei der Vorbereitung auf das nächste regelmäßige Audit hinzugezogen werden, da die Behebung der Defizite sicher nachgeprüft werden wird. Auf diese Weise bilden die regelmäßigen internen Audits gewissermaßen eine Kette, an der man die schrittweise Entwicklung und Verbesserung des ISMS ablesen kann.

Interne Audits können mit Ankündigung durchgeführt werden, was wir empfehlen, oder auch ohne Ankündigung stattfinden. Die Entscheidung darüber obliegt dem Management, welches das Audit veranlasst.

Hinweise für die Durchführung interner Audits des ISMS kann man zunächst in der ISO 27007, mehr grundsätzlicher Art auch in dem Standard ISO 19011 finden. Auditoren sollten sich damit vertraut machen.

3.11 Managementbewertung des ISMS

Das Management hat nicht nur die Aufgabe, Entscheidungen zu treffen, sondern auch die Durchführung der Entscheidungen zu überwachen und zu kontrollieren. Dies gilt natürlich auch für alle Belange des ISMS. Ein solches Element der Überwachung und Kontrolle sind – neben anderen Berichten – die so genannten Managementbewertungen.

Solche Managementbewertungen sind für alle von der Organisation betriebenen Management-Systeme durchzuführen, denn alle diesbezüglichen Standards enthalten die entsprechende Anforderung. Es ist daher anzuraten, die einzelnen vorhandenen Management-Systeme einer gemeinsamen Bewertung zu unterziehen. Dies ist mindestens für die gemeinsamen Bestandteile der Management-Systeme, wie z. B. die Dokumentenlenkung, sinnvoll. Die Möglichkeit gemeinsamer Bewertungen sollte allerdings nur dann genutzt werden, wenn sich dadurch tatsächlich Synergien ergeben.

Wie alle Kontrollaktivitäten soll auch die Managementbewertung des ISMS regelmäßig durchgeführt werden. Der Standard sieht vor, dass sie mindestens einmal jährlich durchgeführt werden soll. Das ist in der Tat sinnvoll, weil neben allen anderen Zwecken, die der Standard selbst nennt und auf die wir noch eingehen werden, dadurch auch das stetige Interesse, die Verpflichtung und Unterstützung des Managements für das ISMS den Mitarbeitern gegenüber zum Ausdruck gebracht werden.

Eine zu häufige Durchführung der Managementbewertung indessen kann zu einem unerwünschten Gewöhnungseffekt und damit zu einer verringerten Wahrnehmung und Wirksamkeit führen.

Die Managementbewertung dient dazu,

–   die fortwährende Eignung (zur Erreichung der Sicherheitsziele), die Angemessenheit (Vergleich zwischen Aufwand und Risikoreduktion) und die Wirksamkeit des ISMS,

–   die Möglichkeiten zur Verbesserung des ISMS und

–   die Notwendigkeit von Anpassungen des ISMS an die sich verändernde Organisation

festzustellen, daraus geeignete Schlussfolgerungen zu ziehen, Aktivitäten abzuleiten und deren Durchführung zu beschließen.

Der letzte Aufzählungspunkt schließt natürlich die Leitlinien, die Maßnahmenziele und die Maßnahmen des ISMS ein.

Managementbewertungen müssen in schriftlicher Form erfolgen und archiviert werden. Auf diese Weise bilden auch die Managementbewertungen eine fortlaufende Kette von Beurteilungen, an denen – wie bereits im Fall der internen Audits, hier jedoch auf einer höheren Abstraktionsebene – die Entwicklung des ISMS abgelesen und verfolgt werden kann.

Input

Zur Vorbereitung auf die Managementbewertung sollten folgende Informationen zur Verfügung stehen:

a) Die Ergebnisse aus bereits durchgeführten (internen wie externen) ISMS-Audits und Managementbewertungen.

b) Rückmeldungen zu den Wirkungen des ISMS von interessierter Seite, z. B. von Auftraggebern und Lieferanten oder Partnerunternehmen.

c) Von Mitarbeitern oder interessierten Dritten eingereichte Vorschläge zur Verbesserung des ISMS, die z. B. Techniken, Produkte oder Verfahren betreffen können, deren Einsatz im ISMS sinnvoll erscheint und die Effektivität steigern hilft.

d) Eine Übersicht zum Status der *Korrekturmaßnahmen,* wenn es in der Vergangenheit Fehlentwicklungen oder Unterlassungen gegeben hat, und zum Status von *Vorbeugemaßnahmen,* um bekannte Auffälligkeiten oder Sicherheitsvorfälle zu vermeiden.

e) Eine Aufstellung der identifizierten Schwachstellen und Bedrohungen, die bisher nicht angemessen adressiert worden sind.

f) Die Ergebnisse der Abschätzung der Wirksamkeit des ISMS.

g) Eine Aufstellung aller bei der letzten Managementbewertung beschlossenen Aktionen einschließlich des Standes ihrer Bearbeitung.

h) Eine Aufstellung aller Änderungen, die das ISMS in seiner Ausgestaltung beeinflussen können.

i) Sonstige Empfehlungen zur Verbesserung des ISMS.

In Ergänzung des Standards fügen wir noch hinzu:

j) Eine Aufstellung der Sicherheitsvorfälle, die seit der letzten Managementbewertung aufgetreten sind, einschließlich der daraus gezogenen Schlussfolgerungen.

Diese Materialien sollten allen an der Managementbewertung Beteiligten zur Verfügung stehen.

Der Kreis der Beteiligten hängt sehr stark von den Verhältnissen, insbesondere der Größe und der Struktur der Organisation ab. Aus unserer Sicht unverzichtbar ist die Teilnahme eines Mitglieds der Geschäftsführung, des Sicherheitsverantwortlichen, des Finanzvorstandes und des IT-Verantwortlichen. Die Teilnahme sollte möglichst nicht delegiert werden.

Output   Im Ergebnis der Managementbewertung sollten alle Entscheidungen und beschlossenen Aktionen in einem Protokoll festgehalten werden. Für jede Aktion sollten ein Verantwortlicher und ein Vollzugstermin festgelegt werden.

Die Entscheidungen und vorgesehenen Aktionen sollten folgende Aspekte betreffen:

a)   Verbesserungen der Wirksamkeit des ISMS.

b)   Aktualisierung der Risikoeinschätzung und des Risikobehandlungsplans.

c)   Änderungen von Vorgehensweisen und Maßnahmenzielen in Reaktion auf interne oder externe Ereignisse, die das ISMS beeinflussen können, insbesondere für folgende Aspekte:

1.   Änderung der Geschäftsanforderungen,

2.   Änderung der Sicherheitsanforderungen,

3.   Änderungen an Geschäftsprozessen, die einen Einfluss auf Geschäftsanforderungen haben,

4.   Änderungen gesetzlicher oder regulativer Randbedingungen,

5.   Änderungen vertraglicher Verpflichtungen und schließlich

6.   Änderungen der Risikoklassen und der Kriterien zur Akzeptanz von Risiken.

d)   Zur Umsetzung von Veränderungen erforderliche Ressourcen.

e)   Verbesserungen bei der Methode zur Abschätzung der Wirksamkeit des ISMS.

Im Rahmen der Managementbewertung getroffene Entscheidungen sollten stets als solche gekennzeichnet sein. Wenn sie noch durch ein anderes Gremium bestätigt werden müssen, bevor sie umgesetzt werden können, ist eine besondere Kennzeichnung und Statusverfolgung angezeigt. Treffen übergeordnete Gremien abweichende oder gegenteilige Beschlüsse, so ist dies ebenfalls zu dokumentieren.

3.12 Verbesserung des ISMS

Die Verbesserung eines bestehenden Management-Systems ist ein zentrales Anliegen jedes Management-Standards. Das eigentliche Problem wird nicht darin bestehen, Verbesserungspotenzial zu identifizieren, sondern unter den vielen Verbesserungsmöglichkeiten diejenigen auszuwählen, die den größten Effekt haben, und dabei die zur Verfügung stehenden Ressourcen zu berücksichtigen.

Der Standard stellt die kontinuierliche Verbesserung des ISMS als Aufgabe. Als Mittel, diese Aufgabe zu lösen, sollen die ISMS- und Informationssicherheitsleitlinie, die Sicherheitsziele, die Audits, die Sicherheitsvorfälle, die Korrektur- und Vorbeugemaßnahmen und die Managementbewertung genutzt werden – kurz: alle Erkenntnisse aus der Praxis des ISMS.

Welche Maßnahmen im Einzelnen zu einer Verbesserung des ISMS der Organisation führen, kann der Standard indessen nicht vorwegnehmen. Da dies von den Verhältnissen vor Ort abhängt, können auch wir nur einige allgemeine Ratschläge dazu geben: Verbesserungen des ISMS und seiner Wirksamkeit werden erreicht, wenn

– Sicherheitslücken, die zu Sicherheitsvorfällen geführt haben, geschlossen werden,

– komplizierte Vorgehensweisen innerhalb des ISMS durch einfachere, gleichermaßen wirksame ersetzt werden,

– manuelle oder individuell auszuführende Aktionen durch automatische Vorgänge, die ein vergleichbares oder höheres Maß an Sicherheit erreichen, ersetzt werden und

– eine höhere Akzeptanz, ein besseres Verständnis oder eine Verbesserung der Motivation der Nutzer bewirkt wird.

Im Übrigen sollte bei allen angedachten Verbesserungen der Primat des Geschäftsinteresses nicht vergessen werden.

Korrektur-maßnahme

Da der Standard von *Korrekturmaßnahmen* spricht, verlangen manche Auditoren die Identifizierung solcher Maßnahmen auch losgelöst von konkreten Anlässen. Dies ist unserer Ansicht nach nicht gemeint. Der Begriff Korrekturmaßnahmen impliziert, dass es etwas zu korrigieren gibt. Vor der Festlegung einer solchen korrigierenden Aktion muss es folglich einen Anlass dazu geben, einen Vorgang, der korrekturwürdig ist. Eine korrigierende Aktion kann daher nur anlassbezogen existieren.

Wir verstehen die Forderungen des Standards so, dass sie angeben, wann – und das heißt unter welchen Bedingungen – korrigierende Aktionen durchzuführen sind. Welche konkrete Maßnahme dabei die erforderliche Korrektur leistet, lässt der Standard offen.

Der Standard fordert, Korrekturmaßnahmen einzuleiten, um die *Wiederholung* von Vorkommnissen und Zuständen zu vermeiden, die den Sicherheitszielen der Organisation zuwiderlaufen oder dem Standard widersprechen. Dazu verlangt der Standard das Vorhandensein einer dokumentierten Vorgehensweise, die folgendes leistet:

a) Sie identifiziert nicht-konforme Zustände.

b) Sie deckt die Ursachen nicht-konformer Zustände auf.

c) Sie bewertet das Erfordernis von Aktionen, die eine Wiederkehr der identifizierten nicht-konformen Zustände verhindern hilft.

d) Sie legt Korrekturmaßnahmen fest und setzt sie um.

e) Sie zeichnet die Ergebnisse der getroffenen Korrekturmaßnahmen auf und

f) sie überprüft die getroffenen Korrekturmaßnahmen.

Vorbeuge-
maßnahme

Vorbeugende und korrigierende Aktionen stehen in enger Verwandtschaft. Einen Unterschied gibt es nur hinsichtlich des Gegenstandes: Während sich korrigierende Aktionen auf *eingetretene* Abweichungen von der Konformität richten, sind vorbeugende Aktionen auf *potenzielle* Abweichungen gerichtet: sie sollen verhindern, dass ein nicht-konformer Zustand (an einer bestimmten Stelle) überhaupt auftritt.

Der Standard verlangt, dass ein dokumentiertes Vorgehen existiert, das folgendes leistet:

a) Es werden potenzielle nicht-konforme Zustände identifiziert.

b) Es wird das Erfordernis von Aktionen bewertet, die dem Auftreten eines nicht-konformen Zustandes entgegenwirken.

c) Es werden die Vorbeugemaßnahmen festgelegt und umgesetzt.

d) Es werden die Ergebnisse der getroffenen Vorbeugemaßnahmen aufgezeichnet und

e) die getroffenen Vorbeugemaßnahmen überprüft.

Die Vorgehensweisen für korrigierende und für vorbeugende Maßnahmen erscheinen insgesamt als sehr ähnlich. Der Standard gibt zu bedenken, dass Vorbeugung sich oft als kostengünstiger und effektiver erweist als Korrektur (von Fehlentwicklungen).

Wenn sich die Risiken für die Organisation ändern, sollten diese identifiziert und ihre Auswirkungen auf die mögliche Prävention geprüft werden. Die (aktuelle) Risikoeinschätzung sollte als Grundlage verwendet werden, um die Wichtigkeit und die Reihenfolge der Umsetzung präventiver Maßnahmen festzulegen.

So gewappnet, hat die Organisation alles Erforderliche getan, um mit ihrem ISMS erfolgreich zu sein. Das ISMS wird in der Folge seine Wirksamkeit und Unterstützung bei der Erreichung der Geschäftsziele zeigen.

3.13   Maßnahmenziele und Maßnahmen

Die Maßnahmenziele und Maßnahmen sind als normativer Anhang A im Standard ISO 27001 enthalten. Einen entsprechenden *Code of Practice* beinhaltet die ISO 27002. Weitere Hilfen zur Umsetzung liefert ISO 27003. Es kann daher sinnvoll sein, sich neben ISO 27001 auch weitere Normen dieser Reihe zu beschaffen. Eine ergänzende Quelle – eher auf der Ebene von Einzelmaßnahmen – stellen die Maßnahmenkataloge des IT-Grundschutzes dar.

Wir werden hier den Anhang A des Standards ausführlicher behandeln und beschreiben seine Struktur.

Regelungsbereiche   Der Anhang A beschreibt 11 zentrale Regelungsbereiche[42], die alle wesentlichen Aspekte des ISMS ansprechen:

- (ISMS-, Informationssicherheits-) Leitlinie.
- Organisation der Informationssicherheit.
- Management von organisationseigenen Werten.
- Personelle Sicherheit.
- Physische und umgebungsbezogene Sicherheit.
- Management der Kommunikation und des Betriebes.
- Zugangskontrolle (umfasst auch Zugriffskontrolle).
- Beschaffung, Entwicklung und Wartung von informationsverarbeitenden Systemen.
- Umgang mit Informationssicherheitsvorfällen (= Management von Sicherheitsvorfällen).
- Sicherstellung des Geschäftsbetriebs (= Business Continuity Management).

---

[42] In ISO 27002 als *Security Control Clauses* bezeichnet.

– Einhaltung von Vorgaben (z. B. Übereinstimmung mit gesetzlichen Anforderungen oder Standards).

Kategorien In jedem dieser 11 Regelungsbereiche gibt es eine Unterteilung in Sicherheitskategorien[43]. Jede Kategorie beschäftigt sich mit einem bestimmten Sicherheitsaspekt.

Verschaffen wir uns zunächst einen groben Überblick anhand dieser beiden Gliederungsebenen. Die Nummerierung – beginnend mit A.5[44] – ist dem Standard entnommen. Die erste Ebene gibt den Regelungsbereich an, die zweite die Unterteilung des Bereichs in (Sicherheits-)Kategorien.

Tabelle 5: Übersicht über die Regelungsbereiche und Sicherheitskategorien

A.5 Sicherheitsleitlinie

    A.5.1 Informationssicherheitsleitlinie

A.6 Organisation der Informationssicherheit

    A.6.1 Interne Organisation

    A.6.2 Externe Beziehungen

A.7 Management von organisationseigenen Werten

    A.7.1 Verantwortung für organisationseigene Werte

    A.7.2 Klassifizierung von Informationen

A.8 Personelle Sicherheit

    A.8.1 Vor der Anstellung[45]

    A.8.2 Während der Anstellung

    A.8.3 Beendigung oder Änderung der Anstellung

A.9 Physische und umgebungsbezogene Sicherheit

    A.9.1 Sicherheitsbereiche

    A.9.2 Sicherheit von Betriebsmitteln

A.10 Betriebs- und Kommunikationsmanagement

    A.10.1 Verfahren und Verantwortlichkeiten

---

[43] In ISO 27002 als *Main Security Categories* bezeichnet.

[44] Die Punkte A.1 bis A.4 existieren in der ISO 27001 nicht; jedoch existieren entsprechend nummerierte Kapitel in der ISO 27002. Sie beziehen sich auf andere Kapitel der ISO 27001.

[45] *Anstellung* meint hier die Übernahme einer Verantwortung bzw. Aufgabe (unabhängig davon, ob es sich um eine Neu-Einstellung handelt oder nur einen Wechsel im Unternehmen).

A.14   Sicherstellung des Geschäftsbetriebs

   A.14.1   Informationssicherheitsaspekte bei der Sicherstellung des Geschäftsbetriebs

A.15   Einhaltung von Vorgaben

   A.15.1   Einhaltung gesetzlicher Vorgaben

   A.15.2   Einhaltung von Sicherheitsregelungen und -standards, und technischer Vorgaben

   A.15.3   Überlegungen zu Revisionsprüfungen von Informationssystemen

Man erkennt im Wesentlichen fünf Gruppen von Regelungsbereichen:

Tabelle 6:   Gruppierung der Regelungsbereiche

Regelungsbereiche	Gegenstand
5, 6 und 7	Leitlinie, Organisation, Analysen
8, 9, 10, 11 und 12	Klassische Sicherheitsanforderungen (Personal, Infrastruktur, Technik)
13	Incident Management
14	Business Continuity Management
15	Compliance Management[46]

Wie man anhand der Tabelle 5 erkennt, ist jeder dieser Regelungsbereiche z. T. mit umfangreichen Sicherheitskategorien unterlegt: Wir nehmen als Beispiel den Regelungsbereich 11, dessen im Standard beschriebener Zweck wie folgt lautet:

Kontrolle des Zugangs zu Informationen[47].

Dieser Regelungsbereich 11 besitzt 7 Sicherheitskategorien – greifen wir uns als Beispiel die Kategorie 11.5 heraus, deren Ziel im Standard so beschrieben ist:

---

[46]   Übereinstimmung mit gesetzlichen und vertraglichen Anforderungen sowie Standards.

[47]   Vgl. die Bedeutung von Zugang(skontrolle) bzw. Access (Control) im Abschnitt 2.5.

Verhinderung von unbefugtem Zugriff auf das Betriebssystem.

Dies ist das so genannte *Maßnahmenziel*[48] dieser Kategorie, d.h. dieses Ziel ist maßgebend für alle in dieser Kategorie beschriebenen Maßnahmen.

Um dieses Ziel zu erreichen, sind folgende *Maßnahmen*[49] im Anhang A aufgeführt:

Tabelle 7: Maßnahmen der Sicherheitskategorie 11.5

11.5.1	Verfahren für sichere Anmeldung
11.5.2	Benutzeridentifikation und Authentisierung
11.5.3	Systeme zur Verwaltung von Passwörtern
11.5.4	Verwendung von Systemwerkzeugen
11.5.5	Session Time-out
11.5.6	Begrenzung der Verbindungszeit

Wir nehmen als Beispiel die Maßnahme 11.5.1, deren Text wie folgt lautet:

Der Zugang zu Betriebssystemen muss durch ein sicheres Anmeldeverfahren kontrolliert werden.

Hier erkennt man nochmal, dass dieser Text keine Maßnahme im engeren Sinne angibt, sondern eher die *Anforderung* an eine Maßnahme beschreibt, hier die Existenz eines sicheren Anmeldeverfahrens betreffend.

Welches Anmeldeverfahren man verwendet – ob per User-ID und Passwort, per Chipkarte oder Biometrie –, also die konkrete Auswahl einer (umsetzbaren) *Einzelmaßnahme*, ist der Organisation überlassen. Die Auswahl muss allerdings die gewünschte Risikoreduktion bringen.

In ISO 27002 findet man zu 11.5.1 eine Reihe von Hinweisen: Die Anmeldeprozedur sollte

– möglichst keine Informationen über das Betriebssystem liefern (um Angriffe nicht zu erleichtern),

– eingegebene Passwörter nicht anzeigen und nicht unverschlüsselt über ein Netzwerk übertragen,

– Zugriff erst dann erlauben oder abweisen, wenn alle Anmeldedaten eingegeben wurden,

---

[48] Übersetzung von *control objective* (vgl. Abschnitt 2.5).

[49] Übersetzung von *control* (vgl. Abschnitt 2.5).

- – die Zahl ungültiger Anmeldeversuche und die Dauer des Anmeldevorgangs begrenzen,

- – gültige und ungültige Anmeldeversuche protokollieren und

- – bei gültigen Anmeldeversuchen Datum und Uhrzeit der letzten Anmeldung anzeigen.

Solche Hinweise erlauben es der Organisation, das vorhandene Betriebssystem zu beurteilen und ggf. Konfigurationsparameter das Anmeldeverfahren betreffend einzustellen.

In der folgenden Abbildung 3 fassen wir die Struktur des Regelungsbereichs 11 zusammen, wobei wir aus Platzgründen *nur die Kategorie A.11.5 weiter aufgelöst* haben.

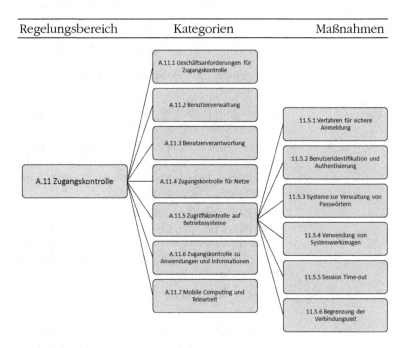

Regelungsbereich	Kategorien	Maßnahmen

Abbildung 3:   Anhang A: Struktur

Alle anderen Kategorien und Regelungsbereiche sind analog aufgebaut.

Diese Auszüge und Beispiele mögen genügen, um einen ersten Eindruck vom Aufbau des Anhangs A im Standard zu vermitteln.

4 Festlegung des Anwendungsbereichs und Überlegungen zum Management

In diesem Kapitel wollen wir den Anwendungsbereich (englisch: *Scope*) des ISMS bestimmen und wichtige Management-Elemente einrichten.

4.1 Anwendungsbereich des ISMS zweckmäßig bestimmen

Bei der Festlegung des Anwendungsbereichs sollte man sich von den Bedürfnissen der Organisation und ihren Gegebenheiten leiten lassen. Dennoch gilt: Jede Begrenzung des Anwendungsbereichs und jeder Ausschluss sind zu benennen und detailliert zu begründen (ISO 27001, Abschnitt 4.2.1.a).

Beschränkung

Ein weit verbreiteter Fehler bei der Festlegung des Anwendungsbereichs besteht darin, eine möglichst schnelle Realisierung der formalen Voraussetzungen für eine Zertifizierung erreichen zu wollen. Vor diesem Hintergrund ist es in der Praxis leider häufig zu beobachten, dass ein sehr „kleiner" Anwendungsbereich zum Gegenstand des ISMS einer Organisation gemacht wird – einzig und allein zu dem Zweck, möglichst schnell eine Bescheinigung (Zertifikat) zu erhalten. Die wesentlichen Vorteile der Management-Systeme bleiben hierbei leider auf der Strecke: die Verbesserung interner und vor allem bereichsübergreifender Abläufe.

Modularisierung

Der gleiche wenig wirksame Effekt entsteht bei einer Modularisierung des ISMS, bei der die unterschiedlichen Bereiche der Organisation, wie z. B. Einkauf, Vertrieb, IT-Abteilung, mit einem jeweils in sich geschlossenen ISMS versehen werden.

Von der Grundtendenz her werden die Informationsrisiken der gesamten Organisation bei der Betrachtung von solchen isolierten Management-Systemen nicht deutlich, da jedes einzelne ISMS nur seine Partikularrisiken betrachtet und reduzieren will, was möglicherweise sogar zu einer Erhöhung des Gesamtrisikos für die Organisation, aber in jedem Fall zu einer ineffizienten Verwendung von Ressourcen führt.

Wenn in der Organisation bereits ein bereichsübergreifendes Management-System – beispielsweise auf der Basis von ISO 9001 – besteht, liegt es nahe, dieses auch auf die Anwendung von ISO 27001 zu übertragen: Eine Vielzahl von Regelungen und Verfah-

ren dürften gleich oder ähnlich sein, somit kann Aufwand einge-
spart werden.

Parallelisierung Vor der Einführung eines zweiten, parallelen Management-Systems muss jedoch ausdrücklich gewarnt werden, da erfahrungsgemäß eine eindeutige Zuweisung von Verantwortlichkeiten und
eine Harmonisierung der Verfahrensweisen nicht erreicht wird.

Falls die Organisation Hersteller eines bestimmten Produktes ist
und sich in einem wichtigen Absatzmarkt mit der kurzfristigen
Forderung nach einem Zertifikat konfrontiert sieht, kann dies
Anlass für eine Begrenzung des Anwendungsbereiches sein. In
diesem Fall wird es sinnvoll sein, zumindest die gesamte Wert-
schöpfungskette für dieses Produkt vom Einkauf bis zum Kun-
dendienst in den Anwendungsbereich aufzunehmen.

Mittelfristig sollte in einem solchen Fall eine Ausweitung des
Anwendungsbereichs z. B. auf die gesamte Produktion von Produkten angestrebt werden – dies vor allem, weil *einheitliche* Um-
welt-, Sicherheits- und Qualitätsmaßstäbe weniger Kontrollauf-
wand erfordern und von den Mitarbeitern der Organisation
leichter einzuhalten sind.

Zielorientierung Ein weiterer Aspekt, der für die Festlegung eines möglichst umfassenden ISMS spricht, ist die Tatsache, dass ein ISMS einer
Vielzahl von Anforderungen aus unterschiedlichen Quellen
Rechnung tragen muss: Neben den Voraussetzungen für ein Zertifikat erfüllt ein intelligent abgegrenztes und realisiertes ISMS
auch andere Ziele:

– Gesetzliche Forderungen nach einem internen Kontrollsystem werden erfüllt.

– Es dient der Verbilligung von Krediten bzw. Versicherungs-
beiträgen.

– Es lässt sich ggf. zur besseren Erschließung bestimmter Ab-
satzmärkte einsetzen.

– Es dient der Transparenz der Risiken und der Verbesserung
der Sicherheitslage.

Ist die Einbeziehung der gesamten Organisation nicht möglich,
sollte der Anwendungsbereich so festgelegt werden, dass organi-
satorisch und geschäftlich eigenständige, abgrenzbare Bereiche
mit einem ISMS versehen werden. Hierbei beschreibt man jeweils den Geschäftscharakter, die Organisationsmerkmale, die
Standorte, die Produktionsmittel und verfügbaren Aktivposten.

4.2   Das Management-Forum für Informationssicherheit

In Kapitel 5 und 7 der ISO 27001 wird hervorgehoben, dass durch das Management der Organisation wesentliche Sicherheitsaufgaben wahrzunehmen sind:

–   Entwickeln und in Kraft Setzen der ISMS-Leitlinie.

–   Durchführen aller Schritte der Risikoeinschätzung und Risikobehandlung, sowie Festlegen von Grenzwerten für tolerierbare Risiken.

–   Festlegen der Verantwortlichkeiten im Sicherheitsmanagement.

–   Vermitteln der Bedeutung der ISMS-Leitlinie für das Erreichen der Sicherheitsziele und die kontinuierliche Verbesserung des ISMS der Organisation.

–   Bereitstellen von Ressourcen.

–   Abgabe der Erklärung zur Anwendbarkeit und Beschlussfassung über die Risikobehandlung bzw. die (einzelnen) Sicherheitsmaßnahmen.

–   Durchführen interner ISMS-Audits und Managementbewertungen des ISMS.

Diese Aufgaben müssen in einem geregelten Verfahren von einem Entscheidungsgremium mit entsprechender Zusammensetzung und ausreichenden Vollmachten wahrgenommen werden. Dieses Gremium kann in der Praxis durch Zusammenkünfte der Geschäftsleitung, ein speziell für solche Zwecke gebildetes Gremium oder ein bereits existierendes Management Forum realisiert werden. Aus Vorläufern des Standards stammt hierfür die Bezeichnung *Forum für Informationssicherheit* (ISF, Information Security Forum) [50].

Die konkrete Zusammensetzung eines solchen Gremiums legt die betreffende Organisation fest. Im Extremfall (besonders in kleinen Unternehmen) werden die Aufgaben oft durch einen einzelnen Sicherheitsbeauftragten erbracht, der dazu der Leitungsebene berichtet und deren Entscheidungen umzusetzen hat.

---

[50]   Im Falle börsennotierter Unternehmen, die dem amerikanischen Recht unterliegen, sollte bei Bildung des Forums für Informationssicherheit das im Sarbanes-Oxley-Act verlangte Audit-Komitee als Ausschuss des Aufsichtsrates bei der Festlegung der Aufgaben berücksichtigt werden.

Zu den Managementaufgaben sind noch folgende Erfahrungswerte nachzutragen:

– Informationssicherheit kann nicht ohne Management realisiert werden. Aus dem Qualitätswesen stammt die 85-15-Regel. Demnach liegen 85% der Qualitätsprobleme an unzureichendem Management und 15% an operativen Mängeln. Eine ähnliche Regel dürfte für Probleme der Informationssicherheit gelten.

– Ungeregelte Verantwortlichkeiten, ungeeignete Prozesse und unzureichende Ressourcen verursachen Sicherheitsmängel und können nur durch Entscheidungen des Managements geändert werden.

– In vielen Organisationen wird das Thema *Innentäter* eher vernachlässigt oder gar ausgeklammert, obwohl gerade hier hohe Risiken bestehen können. Kritisch sind hier Rollen mit hohen Privilegien einzuschätzen; sofern solche überhaupt benötigt werden, sollte das Vier-Augen-Prinzip zur Regel werden.

Zur Problematik der Innentäter noch eine Anmerkung: Die amerikanische Börsenaufsicht ermittelte gegen das Management einer Reihe von börsennotierten Unternehmen wegen der Rückdatierung der Kauftermine von Call-Optionen für das Management. Aufgrund der Untersuchung eines externen Wissenschaftlers war aufgefallen, dass die Termine auffallend häufig auf die Kurstiefs der entsprechenden Aktien fielen. Derartige, im Bereich der deliktischen Sicherheitsverstöße liegende Vorkommnisse werden im Fachjargon häufig mit dem Sammelbegriff des *Control-Override* bezeichnet und machen nach Schätzungen etwa 50-80% aller derartigen Verstöße aus. Dem Control-Override kann ein untergeordnetes Sicherheitsmanagement, das maximal als Stabsstelle direkt an eine der höchsten Führungskräfte berichtet, mit den üblicherweise eingeräumten Kompetenzen kaum gegenhalten. Die Notwendigkeit des besonderen Engagements für die Informationssicherheit wird auch von dieser Seite her untermauert.

4.3 Verantwortlichkeiten für die Informationssicherheit

Die Gewährleistung der Informationssicherheit ist eine Aufgabe, die in wirksamer Weise nur dann erfüllt werden kann, wenn jedem Einzelnen klar ist, dass er für die Informationssicherheit mitverantwortlich ist.

Die persönliche *Verantwortlichkeit des Einzelnen* ergibt sich aus den Prozessen, in denen er arbeitet, und aus den Informationen, mit denen er in Berührung kommt. Falsch ist die Annahme, dass das Sicherheitsmanagement die gesamte Verantwortung *allein* trägt.

Verantwortlich für die *Sicherheit eines Informationswertes* ist zunächst der *Eigentümer*, der für jeden Informationswert festzulegen ist (vgl. Planungsphase PLAN-d auf der Seite 54). Er ist dafür verantwortlich, dass Maßnahmen für einen angemessenen Schutz getroffen, umgesetzt und eingehalten werden. Die Angemessenheit des Schutzes ergibt sich aus der Risikoeinschätzung. Die operative Umsetzung dieser Verantwortung kann auch delegiert werden. Beim Eigentümer verbleibt aber zumindest die Verantwortung für die Wirksamkeit der Sicherheitsmaßnahmen.

Im *operativen Bereich* ergibt sich die Verantwortung aus der Befolgung der Informationsschutzregeln, dem Einhalten der Sicherheitsregeln für den Arbeitsplatz und der Verpflichtung zur Meldung von Sicherheitsverstößen jedweder Art.

Die Organisation sollte stets nach dem Grundsatz handeln, dass Verantwortung nur übernommen wird, wenn sie konkret ist. Jeder betroffene Mitarbeiter ist daher über die genaue Art und den genauen Umfang seiner Verantwortung zu unterrichten, wobei auch die Mittel anzugeben sind, durch die er seiner Verantwortung gerecht werden kann. Die damit verbundenen Aktivitäten wurden im Abschnitt 3.3 als Aufgabe DO-e (ab Seite 71) besprochen.

4.4 Integration von Sicherheit in die Geschäftsprozesse

Damit Sicherheit gewährleistet werden kann, muss sie in den Geschäftsprozessen integriert und nicht nur Gegenstand eines abstrakten Sicherheitsprozesses sein, an dem sich niemand orientiert, weil er eben nicht Bestandteil der Arbeitsprozesse ist.

Jeder Mitarbeiter einer Organisation trägt Verantwortung für die Sicherheit, und zwar zumindest für seinen Arbeitsplatz bzw. für die von ihm durchgeführten Tätigkeiten im Rahmen vorgegebener Prozesse.

Prozesse sollten deshalb dokumentiert sein. Dabei kann es sich um Formulare, Verfahrens- und Arbeitsanweisungen, Workflows, Ablaufdiagramme oder ähnliches handeln: Alles, was für die Arbeitsabläufe und die Tätigkeiten der Mitarbeiter wesentlich ist, gehört zur Prozessdokumentation.

Gut dokumentierte Prozesse stellen hilfreiche Handlungsanweisungen für die Mitarbeiter dar. Der Grad der Detaillierung ist so festzulegen, dass die Mitarbeiter aufgrund ihrer Kenntnisse und Erfahrungen in der Lage sind, die verlangten Arbeitsschritte in gewünschter Güte zu erbringen.

Wenn solche Unterlagen über Prozesse nicht vorliegen, kommt es darauf an, nachträglich festzustellen und zu dokumentieren, welche Aufgaben am jeweiligen Arbeitsplatz auf welche Weise wahrgenommen werden.

Für die Integration von Sicherheit in die Geschäftsprozesse sollen noch folgende Hinweise gegeben werden:

– Oft hilft es, Tätigkeiten an den verschiedenen Arbeitsplätzen Schritt für Schritt zu analysieren und Gespräche mit den (betroffenen) Mitarbeitern zu führen, um im Ergebnis zu praktikablen und sicheren Lösungen zu kommen. Das Gegenteil kann eintreten, wenn Lösungen ex cathedra ("von oben") und praxisfern angeordnet werden.

– Komplizierte Prozesse, die durch häufige Iterationen und die Beteiligung unterschiedlichster Systeme und Anwendungen gekennzeichnet sind, bergen aufgrund mangelnder Transparenz nicht nur Sicherheitsmängel. Sie sind darüber hinaus teuer, arbeitsaufwändig, ergebnisverzögernd und dysfunktional.

– Die Erfahrung zeigt, dass kritische, aufwändige, dysfunktionale Prozesse durch eine Prozessanalyse, wie sie im Rahmen der Risikoanalyse erfolgt, positiv verändert werden können. Bei Neukonzeption oder Änderung eines Geschäftsprozesses sind dabei natürlich Belange der Qualität, der Wirtschaftlichkeit, der Leistung stets von Anfang an mitzubetrachten.

– Es stellt sich oft die Frage, ob ein Problem durch organisatorische Maßnahmen *wirksam* lösbar ist: Bei allen organisatorischen Maßnahmen ist immer die Schwachstelle "Mensch" zu beachten. Technische Lösungen können weiterhelfen, wenn ihre Schwachstellen bekannt und nicht ausnutzbar sind, verursachen meist aber einen höheren finanziellen Aufwand.

4.5 Bestehende Risikomanagementansätze ergänzen

Risikomanagementverfahren wurden in der Vergangenheit aufgrund gesetzlicher Vorschriften, von denen sich vorwiegend der Finanzbereich angesprochen fühlte, in den betroffenen Organisationen eingeführt.

Die jüngere Entwicklung von Gesetzgebung und Jurisdiktion[51] erfordert eine Erweiterung des Fokus des Risikomanagements

---

[51]   Z. B. Sarbanes-Oxley Act.

auch auf die in ISO 27001 angesprochenen Bereiche der Informationssicherheit. Damit bietet sich an, das Risikomanagement nach ISO 27001 in bereits bestehende Risikomanagementverfahren zu integrieren und ein darauf aufbauendes internes Kontrollsystem einzuführen.

Eine *separate* Betrachtung dieser neuen Sicherheitsaspekte würde für die Unternehmen teure und kontraproduktive Doppelarbeit bedeuten – und darüber hinaus auch Forderungen nach verdichtender Darstellung *aller* Risiken widersprechen.

4.6 Bürokratische Auswüchse

Vielfach hört man, dass die Umsetzung mancher gesetzlicher Vorgaben wie auch von Vorgaben aus Management-Standards eine überbordende Bürokratie zur Folge habe, die keineswegs sicherheitserhöhend wirke.

Beispiel: Das amerikanische Sarbanes-Oxley-Gesetz fordert vom Management die Einführung eines internen Kontrollsystems. Es reicht hierbei nicht aus, dass das Management einfach Kontrollen einführt, vielmehr muss sich das Management auch von der Nachhaltigkeit der Kontrollen überzeugen. Im Gesetz wird eine Formulierung verwendet, die im deutschen Sprachraum vielfach als Kontrolle der Kontrolle ausgelegt wird. Würde man dies tatsächlich an dieser Stelle meinen, so müsste folgerichtig auch die Kontrolle der Kontrolle wieder einer Kontrolle unterzogen werden und so weiter. Glücklicherweise hat man sich darauf beschränkt, den Kontrollzyklus nur zweimal und nicht unendlich zu durchlaufen.

Aber auch dies hat zu merkwürdigen Ergebnissen geführt: So muss jetzt ein Rechenzentrum, das für eine unter den Sarbanes-Oxley Act fallende Unternehmung Leistungen erbringt, jeden Abend bei seinem Auftraggeber anrufen und diesem mitteilen, dass das Backup seiner Daten ohne Störungen abgelaufen ist. Der Backup wurde als Kontrolle formuliert und der Anruf ist die Kontrolle der Kontrolle.

Derartige Vorgehensweisen sind im besten Falle nutzlos, haben aber meist eine hohe Ressourcenbindung zur Folge. Sie lassen sich aus dem genannten amerikanischen Gesetz auch nicht zwingend ableiten!

5 Informationswerte bestimmen

Ein Kardinalproblem im Sicherheitsprozess ist die „richtige" Auswahl der (Unternehmens-, Informations-)Werte. Dieses Thema gehen wir in diesem Kapitel an.

5.1 Welche Werte sollen berücksichtigt werden?

Im Standard findet sich zunächst eine Definition des Begriffes *Wert* (Assets) im Sinne von „alles, was einen Wert für die Organisation hat".

Die Ermittlung derartiger Werte ist Ausgangspunkt für die Identifizierung der Risiken (ISO 27001, Kap. 4.2.1 d; Anhang A, Abschnitt 7.1).

Inventar-
verzeichnis

Der Standard verlangt von der Organisation, alle wichtigen Werte zu identifizieren und in ein *Inventarverzeichnis* aufzunehmen sowie dieses Verzeichnis zu pflegen. Welche Werte als wichtig anzusehen sind, definiert nicht die Norm, sondern die anwendende Organisation aus Eigeninteresse oder gesetzlichen bzw. vertraglichen Verpflichtungen.

Das Inventarverzeichnis muss nicht notwendigerweise auf die Belange der Informationssicherheit begrenzt sein, sondern kann auch für andere Zwecke – z. B. aus dem Arbeitssicherheits- und Finanzbereich – verwendet werden. Insofern liegt es nahe, hier zunächst einmal auf die in der Organisation bereits bestehenden Inventarverzeichnisse z. B. der Anlagenbuchhaltung und der IT-Abteilung zurückzugreifen.

Hierbei lässt sich meist feststellen, dass die vorgefundenen Verzeichnisse im Sinne des Standards nicht vollständig sind. Die Anlagenbuchhaltung erfasst im Rahmen kaufmännischer Bewertungsvorschriften alle zu berücksichtigenden tangiblen Güter und soweit vorhanden gewisse Ansätze für den Goodwill[52] aus eingegangenen Beteiligungen. Die vorsichtigen Bewertungsansätze tragen nur dem abgeschriebenen Anschaffungspreis Rechnung. Insofern verliert jeder angeschaffte Computer in der Anlagenbuchhaltung ständig an Wert, obwohl die in ihm gespeicherten

---

[52] Goodwill = (abgeschriebener) Anschaffungspreis – Bilanzwert einer Beteiligung.

Informationen den Wert der Hardware möglicherweise um ein hohes Vielfaches übertreffen.

Die traditionelle Anlagenbuchhaltung ist motiviert vom Gedanken des Gläubigerschutzes und der Erfüllung rechtlicher Vorgaben und insofern nur sehr begrenzt in der Lage, andere Wertmaßstäbe, wie sie im Bereich eine ISMS anzulegen sind, annähernd realistisch abzubilden.

Auch der gegenwärtig anzutreffende Übergang zu anderen Bewertungsmaßstäben[53] trägt den Erfordernissen eines ISMS nicht ausreichend Rechnung.

Insofern sind die bestehenden Inventarverzeichnisse nicht ausreichend für das ISMS, sondern müssen entsprechend ergänzt werden. Eine beispielhafte Aufzählung von möglichen Werten finden Sie im Abschnitt 2.1 auf der Seite 24. Eine solche Aufzählung kann aber nicht vollständig sein: Allein die Organisation ist in der Lage, für ihre spezifische Geschäftstätigkeit sämtliche wichtigen Informationswerte zu erfassen – natürlich auch vor dem Hintergrund bestehender gesetzlicher oder anderer externer Anforderungen.

Auf die Erfassung der Informationswerte ist große Sorgfalt zu legen. Die Informationswerte sind Ausgangspunkt der später durchzuführenden Risikoanalysen. Damit die Risikoanalysen nicht zu komplex und schwer pflegbar werden, sollten die Informationswerte in vernünftiger Form kategorisiert oder gruppiert werden.

Zu grob ist z. B. die Erfassung der Personaldatenverarbeitung über einen einzigen Informationswert wie etwa *Personaldatenverarbeitungssystem*. Dieser Informationswert ist in der Praxis erheblich differenzierter zu betrachten. Er überschneidet sich meist auch mit der Finanzdatenverarbeitung. Insofern empfiehlt es sich, filigranere Kategorien von Werten zu betrachten – beispielsweise folgende:

- Personaldaten,
- Personaldatenanwendungssoftware,
- SQL-Datenbankserver für Personal,
- Personaldatenserver (Unix),
- Windows 7 Client (Standard),

---

[53] Wie etwa IFRS = International Financial Reporting Standard; steht unter dem Grundsatz des fairen Wertes.

- Windows 7 Client (mit besonderen Sicherheitsvorkehrungen für die Personalabteilung),
- Administratoren (Standard),
- Administratoren mit erhöhten Anforderungen.

Bei der Kategorisierung ist auch zu beachten, ob es Überschneidungen mit anderen Werten gibt: Dies könnte im obigen Beispiel für die Finanzdatenverarbeitung der Fall sein. Möglicherweise können beide Bereiche als gemeinsamer Wert betrachtet und bei der Risikoanalyse behandelt werden.

Letztendlich sollte die Werteerfassung pragmatisch angegangen werden. Vor allem bei der Ersterfassung gehört dazu auch in gewissem Maße der sprichwörtliche „Mut zur Lücke". Es liegt im Wesen der Auseinandersetzung mit Sicherheit und Risiko, dass es hier keine absoluten Aussagen geben kann. Es soll „unsinkbare" Schiffe und „uneinnehmbare" Festungen gegeben haben, die trotzdem gesunken sind bzw. eingenommen wurden. Ein ISMS verlangt weniger die Konstruktion einer uneinnehmbaren Festung als vielmehr die ständige Wachsamkeit, Risiken zu erkennen, mit angemessenem Aufwand auf die wichtigsten Bedrohungen zu reagieren und bislang übersehene Schwachstellen zumindest zu entschärfen. Dort, wo eine Bedrohung oder eine Schwachstelle vorhanden ist, existiert auch ein betroffener Wert, und dieser sollte dann – falls noch nicht geschehen – erfasst werden.

5.2   Wo und wie kann man Werte ermitteln?

Informationen sind zumeist an vielen Stellen vorhanden. Ein konkreter Schutz ist nur möglich, wenn man die unterschiedlichen Stellen und deren Umfeld kennt.

Ein effektiver Schutz lässt sich nur bei genauerer Kenntnis der Informationsart und der genauen Form ihres Auftretens aufbauen.

In der Organisation ist es hierfür notwendig, nähere Recherchen durchzuführen:

- Als Ausgangspunkt mag eine Einteilung in Produktdaten, Marketingstrategie, Entwicklungsunterlagen, IT-Daten, Finanzdaten, Personaldaten dienen.
- Anhand bestehender Inventarverzeichnisse etwa der IT-Abteilung und der Anlagebuchhaltung können weitere Anknüpfungspunkte ermittelt werden.

Hieraus ergibt sich ein erstes Bild über die Landschaft der Informationswerte der Organisation. Auf Basis solcher Vorermittlungen lässt sich eine strukturierte Fragenliste vorbereiten, auf deren Basis man die eigentliche Ersterfassung präzisierter Informationswerte vornimmt. Als Vorgehensweise sind dabei Interviews mit den Rolleninhabern der Organisation dienlich.

Betrachten wir einige Beispiele für Informationen, die durch solche Interviews zu Tage treten können:

– Know-How-Träger-Kartei des Entwicklungsleiters

Der Entwicklungsleiter hat in seinem Schreibtisch eine Kartei mit den Namen und den Einsatzgebieten verschiedener Mitarbeiter, die in speziellen Entwicklungsprojekten zum Einsatz gekommen sind. Die Kartei wird benötigt, um effektiv geeignete Entwicklungsteams zusammenstellen zu können.

– Notfallplan des IT-Leiters

Der IT-Leiter verfügt über einen Notfallplan, der vor ca. 3 Jahren erstellt worden ist (und bisher noch nie zur Anwendung kam).

– Standardarbeitsplatz PC

PC für Standardarbeitsplätze werden von der IT-Abteilung vorkonfiguriert an die Nutzer ausgeliefert. Als Betriebssystem wird Windows 7 mit den herstellerseitig vorgegebenen Standardeinstellungen verwendet.

– IT-Berater der Firma Multisecure

Die IT-Berater der Firma „Multisecure" haben regelmäßig Zugriff auf sämtliche IT-Systeme. Mit der Firma besteht eine längerfristige Geschäftsbeziehung, wobei das eingesetzte Personal häufig wechselt. Zur Durchführung ihrer Arbeit benötigen die Mitarbeiter regelmäßig erweiterte Zugriffsrechte und erlangen Kenntnis über Sicherheitsmechanismen und Maschinenpasswörter.

– Unternehmensberatung Konrad Taler

Die Unternehmensberatung „Taler" erarbeitet ein Markteinführungskonzept für das neue Produkt XY. Die Beratungsfirma ist in der Branche der Organisation auf ihrem Gebiet Marktführer, und es ist nicht ausgeschlossen, dass auch die Konkurrenz ihre Dienste beansprucht.

– Hausbank

Zur Sicherstellung der Fremdfinanzierung erhält die Hausbank Einblick in den Geschäftsentwicklungsplan.

– Festplattenverschlüsselungssoftware

Für die Festplattenverschlüsselung der tragbaren PC kommt das Produkt XY zur Anwendung. Sie wird von der IT-Abteilung vorinstalliert und vom Nutzer entsprechend seinen Anforderungen angewendet.

– Serverraum in der Hauptstraße 4, Oberstadt

Im Kellerraum 0114 des Betriebsgebäudes ist der Serverraum untergebracht. Die zuvor als Lager genutzte Fläche ist durch Codeschloss von den anderen Flächen getrennt und nur für das dafür vorgesehene Personal der IT-Abteilung zugänglich.

– Blitzschutzanlage

Das Gebäude in der Hauptstraße 4 in Oberstadt ist mit einer Anlage für den äußeren Blitzschutz versehen. Die Nutzer klagen über sporadisch auftretende Störungen am PC und Datenverluste.

– Verkabelung

Die in den Arbeitsräumen (Hauptstraße 4, Oberstadt) befindlichen PC werden im gleichen Stromkreis wie andere Verbraucher betrieben.

– USB-Sticks

USB-Sticks werden ohne besondere Regelungen und Vorkehrungen angewendet.

– IT-Administrator für die Firewall

Der Firewalladministrator wird als sehr vertrauenswürdig bezeichnet. Er kann ohne Beschränkung auf sämtliche Firewall-Log-Dateien zugreifen.

– FiBu-Programm Flexifinanz

Diese Anwendung erlaubt die Verwaltung und den Abruf sämtlicher Finanzdaten. Die Anwendung unterliegt einer eigenen Berechtigungsverwaltung. Die Zahl der Berechtigten hat seit Einführung der Software stetig zugenommen, obwohl die Beschäftigtenzahl der Organisation sich zwischenzeitlich erheblich reduziert hat.

– Webseite für den Internetauftritt

Die Webseite für den Internetauftritt enthält keine vertraulichen Daten. Von daher wurde hier bislang kein besonderer Schutzbedarf gesehen. Bislang traten lediglich unbeachtliche Rechtschreibfehler als Besonderheit auf.

Im Anschluss an die so gesammelten Daten wird man die einzelnen Informationswerte kategorisieren:

Die oben unter *Blitzschutzanlage* und *Verkabelung* subsumierten Informationswerte könnten auch als „Gebäude Hauptstraße 4, Oberstadt" behandelt werden. Die bei den Interviews gewonnenen Erkenntnisse über die Besonderheiten hinsichtlich des Blitzschutzes und der Verkabelung sollten hierbei natürlich nicht verloren gehen.

Ebenso kann es sich anbieten, bestimmte Informationswerte nicht nach Organisationszugehörigkeit oder sachlichem Bezug, sondern nach ihrem Grad der Vertraulichkeit oder dem Kreis der Befugten zusammenzufassen: „streng vertrauliche Druckwerke", „zur unbeschränkten Weitergabe freigegebene Informationen", „Informationen für den Vorstand", „Unix-Server mit erhöhten Sicherheitsanforderungen".

Je größer eine Organisation ist, desto wichtiger ist für den Erfolg eines ISMS die gute Strukturierung eines Inventarverzeichnisses.

Strukturanalyse   Eine pragmatische Möglichkeit zur Erfassung einer wichtigen Teilmenge der Informationswerte, nämlich der IT-bezogenen Werte, zeigt die Strukturanalyse beim IT-Grundschutz auf:

– Es werden zunächst die Geschäftsprozesse (soweit es sich dabei um IT-Anwendungen handelt) erfasst.

– Danach werden für jede einzelne IT-Anwendung die beteiligten IT-Systeme aufgelistet.

– Die dritte Stufe bilden die Kommunikationsverbindungen zwischen den IT-Systemen.

– Die letzte Stufe beinhaltet die räumliche Infrastruktur, die von den IT-Anwendungen genutzt wird.

IT-Anwendungen, IT-Systeme, Kommunikationsverbindungen und IT-Räume sind vollständig zu ermitteln und zu inventarisieren. Die Tiefe der Darstellung ist so zu wählen, dass alle für die Konzeption von Sicherheitsmaßnahmen wichtigen Aspekte erkennbar sind. In der Breite kommt es nicht auf formale Vollständigkeit an, sondern darauf, dass alle für die IT-Anwendungen charakteristischen Systeme, Vernetzungen und Infrastrukturelemente Berücksichtigung finden.

Die so erfassten Informationswerte werden im späteren Verlauf benötigt, um sukzessive den Schutzbedarf der IT-Applikationen, IT-Systeme, Kommunikationsverbindungen und schließlich der IT-Räume zu bestimmen.

Die im Rahmen des IT-Grundschutzes nicht inventarisierten Informationswerte wie

- Personal,

- papiergebundene Dokumente,

- Dienstleistungen,

- Image und Reputation

sind wichtig und müssen für das ISMS noch zusätzlich erfasst werden. Hierbei dürfte es sich jedoch auch im konkreten Einzelfall um relativ überschaubare und gut zu kategorisierende Gruppen von Informationswerten handeln.

5.3   Wer ist für die Sicherheit der Werte verantwortlich?

Bei der Erfassung der Informationswerte war schon vom „Eigentümer" eines Informationswertes die Rede – die Person, der die allgemeine Verantwortlichkeit für den Wert zugeordnet wurde, wozu grundsätzlich auch das Thema Sicherheit gehört.

Natürlich können sicherheitsrelevante Tätigkeiten delegiert werden. Der Sicherheitsverantwortung wird man als Eigentümer eines Wertes dann gerecht, wenn man dafür sorgt, dass die identifizierten Sicherheitsaufgaben von geeignetem Personal wahrgenommen werden, und deren Ergebnisse kontrolliert.

Stellt man fest, dass für einen Informationswert *keine* Verantwortlichkeit festgelegt ist, so ist dies umgehend nachzuholen.

Vielfach wird man in der Praxis auf sich überschneidende Verantwortlichkeiten treffen, wie an dem folgenden Beispiel erkennbar ist:

Für die Personaldatenverarbeitung ist zunächst einmal der Personalleiter als Eigentümer der Daten verantwortlich. Der IT-Leiter ist wegen des Betriebs der Server und der dem Personalwesen zugeordneten Clients verantwortlich. Der Leiter der Programmierabteilung oder der Einkaufsleiter sind für die Bereitstellung der benötigten Software verantwortlich. Da Personaldaten personenbezogene Daten sind, sieht auch der Datenschutzbeauftragte eine Zuständigkeit.

Wollte man hier *eindeutige* Verantwortlichkeiten festlegen, müsste man den Informationswert *Personaldaten* entsprechend der genannten Aufgaben und Verantwortungen in mehrere Informationswerte aufteilen. Dieser Fall tritt immer auf, wenn es bei der Verantwortung zu Überschneidungen kommt – z. B. bedingt durch andere Prozesseigner, Kostenstellen-Verantwortliche, Geschäftsverteilungspläne, Querschnittsfunktionen.

Würde man andererseits den Informationswert *nicht* aufteilen, sondern nur die Verantwortung für den Wert auf mehrere Personen verteilen, wäre damit nur eine Verwischung der Verantwortung gegeben: Im Zuge eines Sicherheitsvorfalls wäre kein eindeutiger Ansprechpartner zu finden.

5.4 Wer bestimmt, wie wichtig ein Wert ist?

Nach den Ausführung in 5.3 ist klar, dass in erster Linie der Eigentümer eines Informationswertes über dessen Wichtigkeit entscheidet (und hierfür die Verantwortung trägt).

In der Praxis haben oft mehrere Rollen bzw. Personen eine starke Berührung zum jeweiligen Informationswert. Dass alle die Wichtigkeit des Informationswertes gleich beurteilen, dürfte eher selten vorkommen. Mit den meisten Informationswerten verhält es sich so, dass sie je nach Abteilung mehr oder weniger im Fokus stehen und deshalb in ihrer Bedeutung nicht gleichermaßen in der gesamten Organisation wahrgenommen werden.

Maximumprinzip Wie geht man bei unterschiedlichen Beurteilungen vor? Als Ergebnis der Diskussion ist die höchste vorkommende Stufe zu wählen, d. h. die höchste Wichtigkeit ist maßgebend. Dieses Maximumprinzip ist einem Durchschnitts- oder Mehrheitsprinzip in jedem Fall vorzuziehen.

Klassifizierung Im Rahmen eines ISMS sollten für die Ermittlung der Wichtigkeit eines Informationswertes bestimmte Klassen vorgegeben werden. Zur Orientierung sei eine Klassifizierung mit vier Stufen angegeben. Die Wichtigkeit eines Informationswertes (die Bedeutung für die Organisation) könnte

- *vernachlässigbar* sein, d. h. im Zusammenhang mit diesem Wert stehende Vorkommnisse führen höchstens zu einem vernachlässigbaren Schaden für die Organisation,

- *niedrig* sein, wenn der Wert Anlass für Schäden sein kann, die für die Organisation zwar tolerabel, aber nicht mehr vernachlässigbar sind,

- *hoch* sein, d. h. es sind Anhaltspunkte für einen hohen Schaden gegeben,

- *sehr hoch* sein, wenn z. B. im Zusammenhang mit dem Wert ein existenzgefährdender oder ein nachhaltig die Entwicklung der Organisation beeinträchtigender Schaden entstehen kann.

Man beachte einerseits, dass der potenzielle Schaden immer von Wahrscheinlichkeiten *und* Schadenhöhen abhängt, andererseits meist eine breite Palette von Schadenkategorien wie z. B. Gesetzesverstöße, finanzieller Schaden, Imageschaden zu beachten ist.

Die Datenschutzrelevanz (Vorhandensein personenbezogener Daten) eines Informationswerts sollte bei der Klassifizierung als gesondertes Merkmal erfasst werden. Dies ist eine Voraussetzung für systematische Überprüfung des Datenschutzes im Rahmen der einschlägigen Logging- und Berechtigungskonzepte und hat Einfluss auf die Beurteilung der Angemessenheit der Mechanismenstärken zum Schutz der Daten bei der Übertragung, Verarbeitung, Speicherung und bei Wartungsarbeiten, bei denen ggf. Fremdpersonal zum Einsatz kommt.

Abgrenzung

Die genaue Abgrenzung zwischen den Stufen ist von der Organisation individuell festzulegen – bei den finanziellen Schäden fällt dies leicht, da man Schadenhöhen in € als Schwellenwerte definieren kann

Die Einstufung kann auch ausführlicher oder komprimierter (nur „wichtig", „unwichtig") erfolgen, oder sich an andere Regelwerke (z.B. die Schutzbedarfskategorien des IT-Grundschutzes) anlehnen: ISO 27001 fordert lediglich eine zweckmäßige Einstufung und überlässt die Details sinnvollerweise der anwendenden Organisation.

Moderation

Bei der Festlegung der Wichtigkeit eines Informationswertes sollte das Sicherheitsmanagement eher eine moderierende als eine bestimmende Position einnehmen und die Festlegung dem Eigentümer des Informationswertes überlassen. Diese Selbstbeschränkung auf eine neutrale Haltung macht sich erfahrungsgemäß langfristig bezahlt. Wenn es später um die Budgetierung, Realisierung und Einhaltung von Sicherheitsmaßnahmen geht, hat das Sicherheitsmanagement die Möglichkeit, an die von den Beteiligten selbst festgelegten Einstufungen anzuknüpfen.

Schutzbedarfs-analyse

Im Rahmen der Grundschutzmethode ist für die Festlegung der Wichtigkeit (hier im Sinne von: Schutzbedürftigkeit) der Informationswerte die *Schutzbedarfsanalyse* vorgesehen. Auch hier ist die Abgrenzung der Schutzbedarfsklassen an spezifische Bedürfnisse der Organisation anzupassen.

Die Datenschutzrelevanz wird im Grundschutzmodell standardmäßig als separates Zusatzkriterium erfasst.

Ausgehend von der Schutzbedürftigkeit der Geschäftsprozesse (und der mit ihnen verbundenen Daten) wird in einem formalisierten Verfahren sukzessive auf die Schutzbedürftigkeit der IT-Anwendungen, der IT-Systeme, der Kommunikationsverbindungen und der Räume (Infrastruktur) geschlossen.

6 Risiken einschätzen

Nach der Bestimmung der Werte steht nun die Betrachtung der Risiken für diese Werte an. Die Risiken müssen

– analysiert (= identifiziert und abgeschätzt) und

– bewertet werden,

was zusammenfassend als *Risikoeinschätzung* bezeichnet wird.

Hier müssen wir den Umstand berücksichtigen, dass der Standard keine diesbezüglichen Methoden vorgibt. Der Standard ISO 27001 (ebenso wie ISO 27005) vermittelt nur Anregungen und Mindestanforderungen, die beispielsweise an Risikoanalysen zu stellen sind.

Risiko-Exposition   Die Risikoanalyse besteht im Allgemeinen aus zwei Schritten, nämlich dem Feststellen, ob man überhaupt einem Risiko ausgesetzt ist (*Risiko-Exposition*), und dem Abschätzen des Risikos. Die Durchführung einer Risikoanalyse macht häufig erst dann Sinn, wenn überprüft wurde, ob sämtliche risikounabhängig bestehenden Anforderungen aus Gesetzen, Verträgen und internen Richtlinien erfüllt sind (Compliance). Insofern ist einer Risikoanalyse zumindest ein grober Compliance-Check vorauszuschicken.

Andererseits werden manche Compliance-Risiken erst im Rahmen einer Risikoanalyse entdeckt. Jedenfalls sind festgestellte Lücken bei der Compliance immer unabhängig von dem in der Risikoanalyse festgestellten Risikoausmaß zu beseitigen.

Voraussetzung für eine Risiko-Exposition ist das Vorliegen zweier Voraussetzungen, nämlich

– der Existenz einer Schwachstelle oder Verwundbarkeit

– und einer dazu passenden Bedrohung – oder mehrerer.

Während die Bedrohung im Allgemeinen eher eine schädliche Einwirkung *von außen* auf das betroffene zu schützende Systembestandteil darstellt, handelt es sich bei der Verwundbarkeit um eine Eigenschaft, die dem System selbst innewohnt. Die Bedrohung ist meist von abstrakter, die Verwundbarkeit von konkreter Natur.

Tabelle 8:   Übersicht Risikoanalyse

Gefährdungen nach IT-Grundschutz Meist komplexe Beschreibung im Kontext definierter Modelle (Bausteine)	
Schwachstelle nach ISO	**Bedrohung nach ISO**
Eigenschaft eines Systembestandteils, welche ihn besonders anfällig für eine Bedrohung werden lässt.	Potenzial für schädliche Einwirkungen von außen auf einen zu schützenden Systembestandteil.
Sicherheitsmaßnahmen	
Sicherheitsmaßnahmen setzen meist an der Schwachstelle an, da diese leichter zu beeinflussen ist als die Bedrohung.	Sicherheitsmaßnahmen, die Bedrohungen entgegenwirken, verlangen ein höheres Maß an Entscheidungsbefugnis.

Nur dann, wenn mindestens ein passendes Paar aus konkreter Schwachstelle und Bedrohung benannt werden kann, besteht eine Risiko-Exposition hinsichtlich der Sicherheitsziele Integrität, Verfügbarkeit oder / und Vertraulichkeit.

In diesem Falle ist es notwendig, sich ein möglichst plastisches Bild von der Risikolage zu machen und möglichst quantitativ belastbare Aussagen zum Eintritt und zum Ausmaß von Schäden zu treffen. Für jeden Fall einer festgestellten Risiko-Exposition ist somit eine Risikoanalyse erforderlich, die die zur Erfassung und Beurteilung des Risikos notwendigen, betriebswirtschaftlich verwertbaren und im Berichtswesen verdichtbaren Kennzahlen für das Risiko bereitstellt.

Weder der IT-Grundschutz noch der Standard behandeln Ansätze zur *monetären* Bewertung von Risiken. Da in der Praxis die Forderung nach einer wirtschaftlich nachvollziehbaren Bewertung von Risiken für Zwecke der gesetzlich vorgeschriebenen Risikoberichterstattung, aber auch zur Berechnung von Business Cases zunehmen, widmen wir uns im Abschnitt 6.4 ergänzend diesem Thema.

6.1   Normative Mindestanforderungen aus ISO 27001

Zur Identifikation der Risiken ist zu jedem Informationswert zu ermitteln, welchen Bedrohungen er ausgesetzt ist, und für welche Schwachstellen er anfällig ist. In diesem Zusammenhang sind die Schäden hinsichtlich Vertraulichkeit, Verfügbarkeit und Integrität zu ermitteln. Es ist eine Abschätzung der Wahrscheinlichkeit und des Ausmaßes der Schäden unter Berücksichtigung der vorhandenen Sicherheitsvorkehrungen durchzuführen. Die so abgeschätzten Risiken sind einer Bewertungsklasse zuzuordnen.

Zunächst benötigen wir eine genauere Vorstellung von dem betreffenden Informationswert, seinem Umfeld – vielleicht am besten ausgedrückt durch die Einsatzumgebung – und seiner Wichtigkeit.

Informationswert Ist der Informationswert beispielsweise ein Serverraum, wäre hier anzugeben,

- wo er sich befindet,

- welche baulichen Besonderheiten vorhanden sind (z. B. Perimeterschutz),

- mit welchen Versorgungen er ausgestattet ist (Strom, Klima etc.),

- welche Systeme dort betrieben werden und

- welche Anhaltspunkte es für eine Gefährdung gibt.

Bedrohungen Im nächsten Schritt sind Bedrohungen zu ermitteln. Für die Ermittlung von Bedrohungen kann auf die folgende Liste zurückgegriffen werden, die zum Teil der ISO 27005 (Annex C) entnommen wurde:

Tabelle 9:   Bedrohungsliste

Bedrohungstyp	Abstrakte Bedrohung
Physikalische Beschädigung	Feuer, Wasser, Verschmutzung, spezifischer Großunfall, Zerstörung von Einrichtungen und Medien, elektrostatische Schläge.
Naturereignis	Unwetterereignis, Klimaanomalie, Erdbeben, vulkanische Aktivität, Flutereignis.
Verlust von Versorgungsdiensten	Ausfall der Klimatisierung, Zusammenbruch der Stromversorgung, Störung der Telekommunikationsverbindungen.
Strahlung	Elektromagnetische Einstrahlung, thermische Strahlung, elektromagnetischer Impuls.
Kompromittierung von Information	Abhören, Ausspähen, Diebstahl, Manipulation.
Technische Fehler	Gerätefehler, Softwarefehler, Systemüberlastung.

Bedrohungstyp	Abstrakte Bedrohung
Unzulässige Handlungen	Unberechtigte Nutzung des Systems, missbräuchliches Kopieren von Software, unrechtmäßige Nutzung von Software.
Kompromittierung von Funktionen	Benutzerirrtum, Missbrauch von Rechten, Fälschung von Rechten.
Andere, spezifisch menschliche Bedrohungen	Hacking, Cracking, Social Engineering, Spoofing, Systemangriffe, Erpressung, Bestechung, maliziöse Software, Vandalismus.

Derartige Auflistungen werden als Orientierungshilfe für die Identifizierung von Bedrohungen herangezogen.

Bei unserem Beispiel des Serverraums könnten die Bedrohungen in etwa wie folgt aussehen:

- Brand im Serverraum: Im Serverraum befinden sich Geräte, von denen ein Brand ausgehen kann.

- Brand im Nachbarraum oder Nachbargebäude: Dort befindliche besondere Brandlasten sind zu identifizieren.

- Wassereinbruch aufgrund der Lage im Keller, unter einem Flachdach oder durch Löschwasser.

- Überspannungsschäden: durch Blitz oder Störungen im Netz.

- Ausfall der Stromversorgung oder Spannungsschwankungen.

- Ausfall eines Klimatisierungsgerätes.

- Vandalismus.

- Diebstahl.

- Sabotage.

Schwachstellen An die Bedrohungsanalyse schließt sich eine Untersuchung der vorhandenen Schwachstellen an. Auch hier stellen wir eine Liste vor, die zum großen Teil dem Annex D der ISO 27005 entlehnt ist:

Tabelle 10:   Liste von Schwachstellen

Schwachstellentyp	Abstrakte Schwachstelle
Umgebung / Infrastruktur	Ungeschützte Gebäude, Türen, Fenster. Mangelnde Zutrittskontrolle oder Missachtung der Vorkehrungen durch Beschäftigte. Instabile Strominstallationen. Überflutungsgefährdeter Bereich. Brandschutz entspricht nur den gesetzl. Vorgaben.
Hardware	Empfindlichkeit gegen Spannungsschwankungen. Temperaturempfindlichkeit. Staub-, Schmutz-, Feuchteempfindlichkeit. Empfindlichkeit gegen elektromagnetische Einstrahlung. Elektrostatische Empfindlichkeit. Unzureichende Dokumentation der Hardwarekonfiguration.
Software und Daten	Unzureichendes Fachkonzept. Ungetestete oder „unreife" Software. Usability Mängel (Benutzbarkeit). Identifizierung oder Authentisierung unzureichend. Fehlende Aufzeichnungen (Logs). Bekannte Softwarefehler. Ungeschützte Passwortdateien. Schlechte oder komplizierte Zugangskontrollmechanismen. Ungeklärte Zugriffsberechtigungen. Ungeregelte Installation bzw. Download von Software. Kein Autologout. Unzureichende Dokumentation. Fehlende Backup-Kopien. Unsicheres Löschverfahren für auszumusternde Medien. Fehleingaben. Unberechtigte Zugriffsmöglichkeiten.

Schwachstellentyp	Abstrakte Schwachstelle
Kommunikation	Ungeschützte Kommunikationsverbindungen.
	Unverschlüsselte Übertragung.
	Fehlende Teilnehmerauthentisierung.
	Mangelnde Beweisbarkeit der Übermittlung einer Nachricht.
	(Ungesicherte) Einwahlverbindungen.
	Unangemessenes Netzwerkmanagement (ausfallanfälliges Routing).
	Unsichere Netzwerkarchitektur.
Dokumente	Ungeregelte Vervielfältigung und Verteilung.
	Ungeschützte Lagerung oder Archivierung.
	Sorgloser Umgang.
Personal	Personalmangel.
	Mangelhafte Qualität der Personalauswahl
	Ungenügendes Sicherheitsbewusstsein.
	Ungenügende Vertrautheit mit Sicherheitspraktiken.
	Unüberwachte Tätigkeit von externem Personal.
Prozesse / Arbeitsabläufe	Zu hohe Komplexität des Prozesses.
	Fehlende Überwachbarkeit des Prozesses.
	Ineffizienz oder Dysfunktionalität des Prozesses.
	Fehlen eines Prozesses.
	Missbrauchsanfälligkeit eines Prozesses.
	Veralteter Prozess.
	Mangelnde Beachtung des Prozesses.
	Widersprüchlichkeiten bezüglich verschiedener Prozesse.
	Unklare Verbindlichkeit des Prozesses.
	Unverständlichkeit oder Unübersichtlichkeit der Dokumentation des Arbeitsablaufes.
	Bürokratischer Overload.

Schwachstellentyp	Abstrakte Schwachstelle
Übergreifende Schwachstellen	Single Point of Failure.
	Wartungsdefizite.
	Nachlässige Einführung und Beachtung von Sicherheitsmaßnahmen.
	Bauartgleichheiten bei redundanten Systemen.

Bei unserem Beispiel des Serverraumes könnten folgende Schwachstellen erkannt werden:

– Der Serverraum ist nicht mit einer Brandfrühsterkennung ausgestattet und verfügt über keine besonderen Löschvorrichtungen.

– Der Serverraum weist ungeschottete Kabeleinführungen auf und verfügt nicht über besondere Türen mit erhöhter Feuerwiderstandskraft.

– Der Serverraum ist aufgrund seiner Kellerlage gegen bei Bränden anfallendes Löschwasser ungeschützt. Überflutungen durch einen Rückstau aus dem öffentlichen Kanalsystem sind nicht auszuschließen.

– Das Gebäude verfügt zwar über einen äußeren Blitzschutz, im Serverraum sind aber alle Geräte, die nicht durch die USV abgesichert sind, nicht ausreichend durch den inneren Blitzschutz geschützt. Es fehlt der Feinschutz.

– Es besteht keine echte Notstromversorgung, die USV ist nur für das ordnungsgemäße Herunterfahren der wichtigsten Server ausgelegt.

– Die Klimatisierung erfolgt über ein einzelnes an der Wand installiertes Splittergerät ohne Fernüberwachung.

– Da es im Sommer oft etwas zu warm wird und das Klimagerät die Wärmeabfuhr nicht verlässlich in ausreichendem Maße gewährleistet, sorgt das Personal durch Öffnen der Tür für genügenden Luftumsatz. Dieser Umstand setzt die bestehenden Zutrittskontrollen temporär und ersatzlos außer Kraft.

– Die Wand zum Nachbarraum ist entsprechend bauordnungsrechtlicher Vorgaben ausgelegt; bei Brand im Nachbarraum müssen Temperaturen im Serverraum von 200 Grad Celsius unterstellt werden, bei 70 Grad Celsius muss bei datentechnischen Einrichtungen der Ausfall unterstellt werden.

– Die Backups werden in einem Stahlschrank im Flur aufbewahrt. Der Flur ist räumlich getrennt vom Serverraum und führt zu einem Lagerraum mit hohen Brandlasten, der wiederum unmittelbar an den Serverraum grenzt.

Risiko-
Identifizierung

Nach Durchführung der Bedrohungs- und Schwachstellenanalyse erfolgt nun die Identifikation der Risiken. Hier sollten zumindest die wichtigsten im Zusammenhang mit der Ausstattung des Raums zu unterstellenden Schäden dargestellt werden.

– Vertraulichkeitsschäden: Im Sommer können sich unbefugte Personen unkontrolliert Zugang zum Serverraum verschaffen, da die Tür und die Fenster häufig geöffnet bleiben. Aus dem Serverraum könnten so bewegliche Datenträger oder Hardware entwendet werden, die firmenvertrauliche Unterlagen enthalten.

– Integritätsschäden: Bei Ausfall der Klimatisierung, bei Brand, Blitzschlag oder anderweitig verursachter Überspannung wird die Integrität der Daten gefährdet.

– Verfügbarkeitsschäden: Sämtliche netzgebundenen Informationssysteme der Firma können bei einem Gewitter ausfallen. Überspannung führt zum Ausfall bei Routern und Switchen, ohne die die Aufrechterhaltung des Netzes nicht möglich ist.

Risiko-
abschätzung,
-bewertung

Zur Abschätzung und Bewertung der Risiken sollte ein möglichst einfaches Verfahren herangezogen werden. In Anlehnung an die ISO 27005 möchten wir ein geeignetes Schema vorstellen:

Tabelle 11:   Bewertung von Risiken

Ausprägung der Bedrohung	niedrig			mittel			stark		
Ausprägung der Schwachstelle	n	m	s	n	m	s	n	m	s
< 1000 Euro	0	1	2	3	4	5	6	7	8
< 10000 Euro	1	2	3	4	5	6	7	8	9
< 100000 Euro	2	3	4	5	6	7	8	9	10
< 1 Mio. Euro	3	4	5	6	7	8	9	10	11
< 10 Mio. Euro	4	5	6	7	8	9	10	11	12
< 100 Mio. Euro	5	6	7	8	9	10	11	12	13

(Die erste Spalte trägt seitlich die Beschriftung: Wert[54])

Dieses Schema möchten wir am Beispiel unseres Themas *Blitzschlag* erläutern:

Die Ausprägung der Bedrohung "durch Blitzschlag verursachte Fehlfunktion (Ausfall) von Switchen und Routern im Serverraum" müsste aufgrund der Häufigkeit und der Wirkung von Blitzschlägen als *stark* eingeschätzt werden.

Die Ausprägung der Schwachstelle ist wegen des partiell fehlenden Überspannungsschutzes ebenfalls als *stark* zu bewerten.

Wir befinden uns damit in der rechten Spalte der Tabelle 11.

Da keine besonderen Vorkehrungen zur Eingrenzung der Schäden zu sehen sind, könnte der gefährdete Wert aufgrund

– des notwendigen Ersatzes „gegrillter" Bauteile,

– der Kosten der Ausfallzeit (hier können durchaus mehrere Tage unterstellt werden) der netzbedürftigen Informationsdienste

zu einem Schaden zwischen 10.000 und einer Million Euro führen. Damit ist das Risiko identifiziert und abgeschätzt. Aus der Tabelle entnehmen wir auf dieser Basis die (höhere) Kennzahl 11 für die Priorität des Risikos – womit das Risiko nunmehr bewertet ist.

---

[54]   Die Klassen sind wie folgt zu interpretieren: von 0 bis 1.000, von 1.000 bis 10.000, von 10.000 zu 100.000 usw.

Risiko-Akzeptanz
Um mit der Erklärung fortfahren zu können, unterstellen wir, dass das Management unserer fiktiven Organisation festgelegt hat, Risiken

– mit einer Prioritätskennzahl von 6 und höher (dunkelgrauer Bereich) als inakzeptabel anzusehen,

– mit den Prioritätskennzahlen 3, 4 und 5 temporär – z. B. aufgrund sich in Kürze ändernder Rahmenbedingungen – zu tolerieren (hellgrauer Bereich),

– mit den Prioritätskennzahlen 0, 1 und 2 ohne weitere Maßnahmen zu akzeptieren (weißer Bereich).

Maßnahmen
Um dem Handlungsbedarf bei einer Prioritätskennzahl von 6 und höher Rechnung zu tragen, verlangt ISO 27001 nach einem Blick in den Anhang A des Standards: In Betracht zu ziehen sind hier ausschließlich die im Regelungsbereich 9 des Standards aufgeführten Anforderungen an die physische und umgebungsbezogene Sicherheit. Im Zusammenhang mit dem Serverraum sind alle hier aufgeführten Maßnahmenziele und Maßnahmen zu überprüfen. Bezüglich des Blitzschutzes ist im vorliegenden Fall folgende Maßnahme zu berücksichtigen:

> **A.9.1.4**   *Schutz vor Bedrohungen von Außen und aus der Umgebung*
>
> *„Physischer Schutz gegen Feuer, Wasser, Erdbeben, Explosionen, zivile Unruhen und andere Formen natürlicher und von Menschen verursachter Katastrophen muss vorgesehen und umgesetzt sein."*

Sofern weitere Maßnahmenziele und Maßnahmen bekannt sind, die nicht im Standard vorkommen, aber dennoch berücksichtigt werden sollen, sind diese hier ebenfalls aufzuführen. Im vorliegenden Fall gehen wir davon aus, dass keine Ergänzungen vorzunehmen sind.

Realisierung
Wendet man sich dem Text der Maßnahme A.9.1.4 zu, so wird man feststellen, dass deren Formulierung wenig einengend ist und zu ihrer Umsetzung viele Einzelmaßnahmen denkbar sind – für die Organisation die Möglichkeit, die beste Maßnahme anstatt einer normierten Maßnahme zu ergreifen.

Beim Blitzschutz für unseren fiktiven Serverraum könnten beispielsweise folgende Einzelmaßnahmen etabliert werden:

     – Ertüchtigung der vorhandenen Blitzschutzeinrichtungen um den Feinschutz (Kosten lt. Angebot des Elektrikers ca. 5.000 Euro)

     – Nach Gewittern und ansonsten mindestens jährlich ist der Überspannungsschutz einer Inspektion zu unterziehen und das sofortige Auswechseln eventuell verbrauchter Geräte zu gewährleisten.

Verbleibendes Risiko

Eine erneute Bewertung des Risikos unter Berücksichtigung der identifizierten (Einzel-)Maßnahmen ergibt ein nahezu gänzliches Verschwinden von Bedrohung und Schwachstelle sowie eine Verringerung der bedrohten Werte: Die Kennzahl für die Priorität des Risikos kann gemäß der Tabelle 11 nur noch mit maximal 2 festgelegt werden und befindet sich damit in einem Bereich, den die Organisation als völlig unkritisch ansieht.

SoA

Die nun vorliegenden Maßnahmen sind aufgrund der Vorgehensweise mit einer klar strukturierten Begründungskette unterlegt. In dieser Weise kann deren Sinnhaftigkeit dem Management verständlich gemacht werden.

Der Standard verlangt vor Umsetzung der Maßnahmen noch die formale Begründung in der Erklärung zur Anwendbarkeit, die vom Management abzugeben ist. Folgt das Management einer Schlussfolgerung aus der Risikoeinschätzung nicht, so ist für jede Nichterfüllung einer Maßnahme bzw. eines Maßnahmenziels eine Begründung anzugeben, die im Einklang mit dem Konzept des ISMS steht.

Dieses Beispiel des Serverraums zeigt die Vorgehensweise, die für jeden Informationswert durchzuführen ist. Auf die *Umsetzung* der Maßnahmen kommen wir in einem späteren Kapitel zurück.

6.2   Schutzbedarf nach IT-Grundschutz

Bei der Schutzbedarfsanalyse handelt es sich um eine methodische Besonderheit des IT-Grundschutzes. Die IT-Grundschutz-Kataloge des BSI geben größtenteils Maßnahmen vor, die nach Einschätzung dieser Behörde generell beim Einsatz von IT zu beachten sind. Diese Maßnahmen sieht das BSI unabhängig von einer individuellen Ermittlung der Risiken als obligatorisch an. Der IT-Grundschutz unterscheidet somit

– Pflichtmaßnahmen, die risikounabhängig sind, und

– Maßnahmen, die in Abhängigkeit von dem Ergebnis einer Risikoeinschätzung in Betracht zu ziehen sind.

Um den Formalismus einer ausführlichen Risikoeinschätzung für wenig risikoträchtige IT-Anwendungen – die „nur" einen Grundschutz erfordern – entbehrlich zu machen, wird die Schutzbedarfsanalyse verlangt. Sie unterscheidet im Wesentlichen zwischen Grundschutzbedarf und dem darüber hinaus gehenden Bedarf.

Tabelle 12: Übersicht Schutzbedarf

Schutzbedarf	Qualifikation	Folge
Grundschutz ausreichend.	Normale Anforderungen an Vertraulichkeit, Verfügbarkeit oder Integrität.	Alle in den Grundschutzkatalogen mit A, B und C klassifizierten Maßnahmen sind anzuwenden.
Grundschutz nicht ausreichend.	Höhere Anforderungen.	Ergänzende Risikoanalyse und Anwendung aller A,B,C – Maßnahmen sowie Erwägung der Z-Maßnahmen.

Die Schutzbedarfsanalyse wird in vier Stufen angewandt. Zunächst sind die IT-Anwendungen zu untersuchen. Aus Sicht des IT-Grundschutzes stehen *IT-Anwendungen* für den mit der IT realisierten Teil von Geschäftsprozessen. Deren Schutzbedarf wird sukzessive auf die IT-Systeme, die Kommunikationsverbindungen und die IT-Räume vererbt.

Bei den IT-Anwendungen geht es um eine Analyse der in der Organisation verarbeiteten Daten und Informationen. Hier schreibt der IT-Grundschutz eine qualitative Erfassung vor. Das Beispiel in der folgenden Tabelle 13 soll die Vorgehensweise im Ansatz verdeutlichen. Bei einer mittelgroßen Organisation ist eine derartige Einstufung des Schutzbedarfs durchaus realistisch. Die Stufe *normal* ist in der weit überwiegenden Zahl der Fälle ausreichend.

Die in der Tabelle 13 verwendeten Kürzel bedeuten:

N – normaler Schutzbedarf   H – hoher Schutzbedarf

S – sehr hoher Schutzbedarf   D – Datenschutzrelevanz

Tabelle 13:   Beispiel Schutzbedarfsanalyse (1)

IT-Anwendungen der Firma Meyer	Schutzbedarf		
	Vertraulichkeit	Verfügbarkeit	Integrität
Finanzbuchhaltung	N	N	N
Personalverwaltung	N, D	N	N
Fakturierung	H[55]	N	N
Projektabwicklung	N	N	N
CAD	H[56]	N	H
Fertigungssteuerung	N	S[57]	N
Webseite	N	N	H[58]

Abhängigkeiten Grundsätzlich ist zu beachten, dass der Schutzbedarf einer IT-Anwendung sich erhöhen kann, wenn ihre Ergebnisse einen wichtigen Input für andere IT-Anwendungen mit höherem Schutzbedarf darstellen.

Nachdem die IT-Anwendungen hinsichtlich des Schutzbedarfs eingestuft sind, wird dieser auf die IT-Systeme *vererbt*, die jeweils an den IT-Anwendungen beteiligt sind. Hierzu schreibt das BSI Vererbungsregeln vor:

–   *Maximumprinzip*: Bestimmend für den Schutzbedarf eines IT-Systems ist der Schutzbedarf der schutzbedürftigsten Anwendung, die auf dem System läuft.

–   Beachtung von *Abhängigkeiten*: Aus den oben erläuterten möglichen Abhängigkeiten von IT-Anwendungen resultieren auch Abhängigkeiten zwischen den IT-Systemen, die entsprechend zu berücksichtigen sind.

–   *Kumulationseffekt*: Laufen auf einem IT-System viele Anwendungen mit eher geringen potenziellen Schäden, so kann sich in der Summe dennoch ein höherer Schutzbedarf für das IT-System als sinnvoll herausstellen.

---

[55]   Alle Kundendaten.

[56]   Produkt-/Entwicklungsdaten.

[57]   Produktionsausfall.

[58]   Firmenimage.

- *Verteilungseffekt*: Der nach dem Maximumprinzip ermittelte Schutzbedarf des IT-Systems kann sich verringern, wenn das IT-System nur unwesentliche Beiträge zu einzelnen dort laufenden IT-Anwendungen liefert.

Die Vorgehensweise lässt sich wiederum an einem vereinfachten Beispiel verdeutlichen, in dem die Anwendung jeder Vererbungsregel mindestens einmal demonstriert wird:

Tabelle 14: Beispiel Schutzbedarfsanalyse (2)

IT-Systeme der Firma Meyer	Schutzbedarf		
	Vertraulichkeit	Verfügbarkeit	Integrität
Standard-Arbeitsplatz PC	**H** (Maximum)	**N** (Verteilung)	**N** (Verteilung)
Webserver	**N** (Maximum)	**N** (Maximum)	**H** (Maximum)
Datenbankserver[59]	**H** (Maximum)	**H** (Kumulation)	**H** (Kumulation)
CAD-Server	**H** (Maximum)	**N**	**N** (Verteilung)
Server Produktions-steuerung	**N**	**N** (Verteilung, Redundanz)	**N**
Firewall	**H** (Abhängigkeit)	**S** (Abhängigkeit)	**H** (Abhängigkeit)

---

[59] Finanz, Personal und Projekte.

Nun wird der Schutzbedarf analog von den IT-Systemen auf die IT-Räume vererbt:

Tabelle 15:   Beispiel Schutzbedarfsanalyse (3)

IT-Raum der Firma Meyer	Schutzbedarf		
	Vertraulichkeit	Verfügbarkeit	Integrität
Büroraum	**H** (Maximum)	**N** (Verteilung)	**N** (Verteilung)
Zentraler Serverraum	**H** (Maximum)	**S** (Maximum)	**H** (Maximum)
Datenträgerarchiv mit Schutzschrank	**N**	**N**	**N**
Technikraum, Strom, Klima, Löschanlage	**H** (Abhängigkeit)	**S** (Abhängigkeit)	**H** (Abhängigkeit)

Im letzten Schritt der Schutzbedarfsanalyse geht es um die Analyse der Kommunikationsverbindungen. Hier sind sämtliche Verbindungen zwischen den IT-Systemen zu erfassen. Jede Verbindung ist anschließend einer der folgenden Kategorien zuzuordnen:

- K1 = Außenverbindungen.

- K2 = Verbindungen für die Übermittlung von Daten mit hoher Vertraulichkeit.

- K3 = Verbindungen mit hohen Anforderungen an den Schutz der Integrität der übertragenen Daten.

- K4 = Verbindungen, die hohen Verfügbarkeitsanforderungen genügen müssen.

- K5 = Verbindungen, die für die Übertragung hoch schutzbedürftiger Daten nicht benutzt werden dürfen.

Diese Klassifizierung ist für alle Verbindungen vollständig durchzuführen. Eine entsprechende tabellarische Übersicht liefert dann Auskunft darüber, für welche Verbindungen

- ein besonderer Schutz gegen externe Angriffe erforderlich ist (Außenverbindungen),

- besondere Maßnahmen zur Wahrung der Vertraulichkeit und Integrität zu ergreifen sind (i. d. R. kryptografische Maßnahmen),

- Redundanzmaßnahmen zur Erhöhung der Verfügbarkeit vorzusehen sind,

- darauf zu achten ist, grundsätzlich keine sensitiven Daten zu übertragen.

Nach einer ersten Durchführung der Schutzbedarfsanalyse sollten zunächst Überlegungen angestellt werden, ob und wie der Schutzbedarf einzelner Systeme und Räume reduziert werden kann. Unter Umständen können Sicherheitsziele durch eine quasi reversive Analyse der Vererbungsregeln viel einfacher und kostengünstiger erreicht werden als dies beim iterationsfreien Durchlauf des Grundschutzprozesses möglich ist.

6.3 Erweiterte Analyse nach IT-Grundschutz

Eine erweiterte Sicherheitsanalyse nach IT-Grundschutz ist erforderlich, wenn eine der folgenden Bedingungen zutrifft:

- Ein Zielobjekt des IT-Verbundes überschreitet den Schutzbedarf *normal* in mindestens einem der Grundwerte Vertraulichkeit, Verfügbarkeit oder Integrität.

- Ein Zielobjekt kann nicht mit den vorhandenen Bausteinen der IT-Grundschutz-Kataloge modelliert werden.

- Die Einsatzbedingungen sind so außergewöhnlich, dass der IT-Grundschutz keine hinreichende Modellierung erlaubt.

Hierzu sind sämtliche Zielobjekte aufzulisten, auf die eines der genannten Kriterien zutrifft. Für jedes Zielobjekt ist eine begründete Entscheidung zu dokumentieren, in der darzulegen ist, für welches Objekt eine Risikoanalyse durchgeführt werden soll und für welches eine Risikoanalyse entbehrlich ist. Dieses Dokument ist vom Management der Organisation zu genehmigen. Erst danach soll für die ausgewählten Zielobjekte eine Risikoanalyse nach der vom BSI vorgegebenen Methode erstellt werden.

Bei der vom BSI für die Risikoanalyse vorgeschlagenen Methode handelt es sich im Wesentlichen um eine Wiederholung der Schutzbedarfsanalyse. Ansonsten erlaubt die BSI-Methode andere Verfahrensweisen, ohne hierauf methodisch näher einzugehen. Eine umfangreiche, aber methodisch nicht sehr tiefgehende Beschreibung enthält der BSI-Standard /100-3/.

Insgesamt soll der vom BSI gewählte Ansatz der dreistufigen Kombination von Schutzbedarfsanalyse, ergänzender Sicherheitsanalyse und Risikoanalyse helfen, den analytischen Aufwand zu minimieren. In der Praxis führt die gut gemeinte Methodik jedoch oft zu einem erheblichen Formalismus, der sich kaum nutzbringend auswirkt.

6.4 Die monetäre Einschätzung von Risiken

In den besprochenen Standards finden sich kaum verwertbare Hinweise auf die Berechnung von Risiken in Euro und Cent. Bei Risikoentscheidungen wie zum Beispiel dem Abschluss einer Versicherung, der Überprüfung von Business Cases oder im Rahmen der Risikoberichterstattung werden die entsprechenden Daten jedoch häufig nachgefragt. Insofern wird es zunehmend schwierig, sich der Herausforderung zu verweigern. Das vorhandene Instrumentarium für die Durchführung exakter Berechnungen ist naturgemäß dürftig. Dies gilt zum einen auf Grund der mangelnden Datenbasis und zum anderen auf Grund der Tatsache, dass Risikoaggregationen aufgrund ihrer Wechselwirkungen mathematisch nicht exakt darstellbar sind. Insofern bieten sich nur sehr grobe und einfache Methoden an, die jedoch für die entscheidenden (d. h. hohen) Risiken zielführend sind.

Hinsichtlich der Vorgehensweise empfiehlt es sich, zunächst einmal den *Worst Case Schaden* abzuschätzen. In Fällen, in denen sehr hohe Schäden auftreten, kann der Worst Case Schaden meist als der für die Risikobeurteilung zutreffendste Wert angesehen werden.

Dies gilt jedenfalls insbesondere dann, wenn die erwartete Eintrittshäufigkeit recht hoch, d.h. im Bereich von bis zu 1 mal in 2 Jahren liegt. In diesen Fällen spielt es keine Rolle, wie häufig der Schaden vorkommt, da im Regelfall kaum unterstellt werden darf, dass sich ein solches Ereignis in der gleichen Weise mehrmals ereignet. Mit sinkender Wahrscheinlichkeit der Schadenereignisse sinkt die allgemeine Akzeptanz des Worst Case Schadens als zutreffender Risikokennwert. Ein Meteoriteneinschlag besitzt zwar ein hohes Schadenpotenzial, ist aber andererseits so unwahrscheinlich, dass niemand ernsthaft erwägen kann, ein derartiges Schadenereignis zur Risikocharakterisierung heranzuziehen.

Die Ermittlung des Worst Case Schadens erfolgt durch Bestimmung und Addition der wichtigsten monetär anzugebenden Schadenbeiträge. Schadenbeiträge, die unterhalb von 30% des größten Schadenbeitrags liegen, können in der Regel außer Acht gelassen werden, um den charakteristischen Schadenbeitrag des Worst Case Schadens darzustellen.

Beispielfall, Teil 1   Die weiteren Ausführungen orientieren sich an folgendem fiktiven (!) Beispiel:

Die IT-Service GmbH betreibt die Wartung für den e-Mail Server einer großen Behörde seit 15 Jahren ohne Beanstandung. Es ist bekannt, dass e-Mail-Verkehr der Behörde in der Presse zitiert wurde. Besondere vertragliche Vereinbarungen zur Sicherheit bestehen nicht. Der haftende Wert der GmbH beträgt 5 Millionen Euro.

Der Worst Case Schaden kann nach folgendem Schema abgeschätzt werden:

Tabelle 16:   Worst Case Schaden (I)

Bezeichnung des Schadenbeitrags	Schadenbeitrag
Ein Behördenvertreter macht gegenüber den Medien die IT-Service GmbH für die Informationsleckage verantwortlich. Es bestehen keine wirksamen Mittel zur Korrektur der Darstellung. Kunden kündigen Serviceverträge bzw. aktuelle Geschäftsanbahnungen werden gestoppt. Der Firmenwert reduziert sich.	2 Mio. Euro.
Die Vorwürfe stellen sich als berechtigt heraus. Schadensersatzforderungen werden gestellt.	1 Mio. Euro.
Gesetzliche Bestimmungen zum Datenschutz und zur Geheimhaltung wurden missachtet, es werden Strafzahlungen eingefordert.	Vernachlässigbar, da weniger als 30% von 2 Mio. Euro.
Schadensumme im Worst Case	3 Mio. Euro.

Für die Rechtfertigung von Sicherheitsmaßnahmen reicht diese grobe Schadenabschätzung aus. In der Praxis sind vergleichbare Risikosituationen, die zutreffend mit einer derart groben Analyse skizziert werden können, keinesfalls unrealistisch – sondern leider eher die Regel.

Eine Berücksichtigung des Aspekts der Häufigkeit ist hier insofern gegeben, als dass der Schadenfall jederzeit vorkommen kann und eine Wiederholung aufgrund der nachhaltigen Wirkung des Schadens auszuschließen ist – zumal die zu ergreifenden Maßnahmen im Verhältnis dazu marginal sind: Vertragliche Regelung der gemeinsamen Untersuchung von Sicherheitsvorfällen mit Stillschweigensvereinbarung, Regelung zur Überwachung der Wartungsarbeiten.

Nach Schließung der durch die erste Analyse entdeckten Sicherheitslücken wird die Worst Case Analyse wiederholt – und entsprechend verfeinern sich die Sicherheitsmaßnahmen.

Nachdem mittels der Worst Case Analyse keine weiteren Erhellungen der Risikolage mehr zu erwarten sind, da die Schadenbeiträge sich entsprechend verringert haben, empfiehlt es sich weiter, monetäre Größen zu betrachten. Hierbei handelt es sich um die *Schadenerwartung* und den *Barwert des Risikos*, die entsprechend aus dem Worst Case Schaden unter Zuhilfenahme von einfachen Häufigkeitseinschätzungen und eines Kalkulationszinssatzes ermittelt werden können.

*Schaden-
erwartung*

Die Schadenerwartung wird aus dem Worst Case Schaden nach dem Konzept des A*nnual Loss Estimate* gebildet. Hierzu ist es notwendig, dass die an der Risikoanalyse Beteiligten eine fachkundige, auf Erfahrung beruhende grobe Einschätzung *(Engineering Judgement)* abgeben, und zwar im Hinblick darauf, wie viele Jahre Betrieb ohne größeren Schaden erwartet wird.

Bei einem im Betrieb befindlichen System ohne größere Vorkommnisse kann als *untere* Grenze die bisherige Betriebszeit angesetzt werden und auf dieser Basis ein Wert abgeleitet werden. Die Schadenerwartung S_E ergibt sich dann durch Division des Worst Case Schadens S_W mit der geschätzten Jahreszahl (T).

$$S_E = \frac{S_W}{T}$$

Diese Risikokennzahl hat eine höhere allgemeine Akzeptanz, wenn die ermittelten Schadenausmaße in einem eher moderaten Rahmen liegen und die erwarteten Eintrittshäufigkeiten in einem niedrigen bis mittleren Bereich liegen. Die Schadenerwartung ist somit eine Prognose des im laufenden Jahr eintretenden Schadens.

Beispielfall, Teil 2

Wir führen unser (fiktives) Beispiel fort:

Die IT-Service GmbH hat die Untersuchung von Sicherheitsvorfällen mit der Behörde geregelt und entsprechend vereinbart, dass für den Fall von Sicherheitsuntersuchungen bis zum Abschluss der Untersuchungen Stillschweigen gegenüber Unbeteiligten zu wahren ist. Die Wartung des e-Mail Servers geschieht unter Kontrolle des Kunden und unter Einhaltung eines vereinbarten Logging-Konzeptes. Die vom BSI empfohlenen Maßnahmen der Grundschutzkataloge sind realisiert.

Zunächst ist nun wieder der Worst Case Schaden zu ermitteln:

Tabelle 17:   Worst Case Schaden (II)

Bezeichnung des Schadenbeitrages	Schadenbeitrag
Aufgrund eines Wartungsfehlers fällt der Server für mehr als 48 Stunden aus. Eine Fehlkonfiguration des Spam-Filters führt zu einem zunächst unbemerkten Verlust von e-Mail Verkehr. Eine Vertragsstrafe wird fällig.	10.000 Euro.
Daneben wird die Reputation der IT-Service GmbH in den Augen der Behörde nachhaltig beschädigt.	20.000 Euro.
Anzusetzender zusätzlicher Arbeitsaufwand.	7.000 Euro.
Mangelnde Notfallvorsorge wird offenbar. Reputationsschaden.	8.000 Euro.
Schadensumme im Worst Case	45.000 Euro.

Um die Schadenerwartung abzuschätzen, ist es notwendig, einen Anhaltspunkt für die Häufigkeit zu haben. Als untere Grenze kann hierbei die bisherige beanstandungsfreie Betriebszeit angesetzt werden.

Nach den Angaben unter *Beispielfall, Teil 1* und soweit aus den konkreten Umständen keine begründbaren Tatbestände dagegen sprechen, kann man sich mit dem Schätzwert von 1 mal in 15 Jahren behelfen. Die jährliche Schadenerwartung in unserem Beispiel beläuft sich dann auf 3.000 Euro.

Risikobarwert

Der Risikobarwert wird nun aus der Schadenerwartung S_E abgeleitet. Es handelt sich um den auf den aktuellen Geldwert abgezinsten Betrag der zu erwartenden Zahlungsreihe, den die Schadenerwartung unter der Annahme einer gleichbleibenden Rate ergibt. Hierzu ist es notwendig, einen Kalkulationszins z vorzugeben. Des Weiteren ist es erforderlich, die verbleibende Zeit t, über die die Risikokonfiguration unverändert bleibt (z. B. die Restbetriebszeit), zu prognostizieren. Dann ergibt sich für den Risikobarwert R_{BAR}:

$$R_{BAR} = \frac{S_E \times 100}{z} \times \left(1 - \frac{1}{(1+z/100)^t}\right)$$

Der Risikobarwert ist in mehrfacher Hinsicht von Interesse. Er erlaubt eine bessere Beurteilung der ökonomischen Bedeutung des Risikos für den Fall seiner Akzeptanz und liefert so auch einen Input für Business Cases.

Beispielfall, Teil 3 Wir führen das Beispiel unter der Annahme eines in spätestens 2 Jahren (t =2) anstehenden Systemwechsels weiter. Der in der IT-Service GmbH anzusetzende Kalkulationszins z beträgt nach Angaben der Finanzabteilung 8 %. Damit ergibt sich im vorliegenden Beispiel ein Risikobarwert in Höhe von (gerundet) 5.350 Euro.

Entsprechend den definierten monetären Kenngrößen für Risiken sind die anzuwendenden Schwellenwerte für tolerierbare bzw. berichtspflichtige Risiken festzulegen.

Abhängig von der Höhe des Risikos, das anhand der drei oben vorgestellten Risikokenngrößen aus der Risikoanalyse quantifiziert wurde, erfolgt die Zuweisung der Verantwortung auf die unterschiedlichen Managementebenen, die in dem Unternehmen für die Behandlung der Risiken vorgesehen sind. Dies könnte im praktischen Beispiel der IT-Service GmbH etwa wie folgt aussehen:

Tabelle 18: Zuweisung von Verantwortung

Geschäfts-führung	Worst Case Schaden	Schaden-erwartung	Risiko-barwert
Berichts-pflichtig	> 10.000 €	> 3.000 €	> 5.000 €
Zustimmungs-pflichtig	> 100.000 €	> 10.000 €	> 20.000 €

Unterhalb dieser Schwellenwerte sind weitere Festlegungen abgestuft nach Hierarchieebenen, Sachgebieten oder Projektverantwortlichkeiten möglich bzw. sind die Entscheidungsbefugnisse in die operative Verantwortung des ausführenden Personals gegeben.

Eine Eskalation in die höheren Ebenen der Geschäftsleitung ist immer erst dann erforderlich, wenn die untere Hierarchieebene ihre Risikooptionen ausgeschöpft hat und dennoch ein Risiko verbleibt, welches die oben definierten Schwellen überschreitet.

Die Verpflichtung zur Einhaltung von Compliance-Regeln bleibt unabhängig vom festgestellten Risiko immer bestehen.

7 Maßnahmenziele und Maßnahmen bearbeiten

Aufbauend auf der Ermittlung der Werte und der Risikoeinschätzung kommen wir nun zu den Maßnahmen. Beachten Sie zunächst, dass

– jede Sicherheitskategorie im Anhang A des Standards ein Maßnahmenziel besitzt, das durch die dort aufgezählten Maßnahmen erreicht werden soll,

– jede Maßnahme aus dem Anhang A des Standards erst in einem zweiten Schritt durch eine konkrete Einzelmaßnahme oder ein entsprechendes Maßnahmenbündel zu erfüllen ist.

Die Behandlung der Maßnahmenziele und Maßnahmen im Zusammenhang mit der *Erklärung zur Anwendbarkeit* haben wir bereits in den Abschnitten 2.3 und 2.4 sowie bei der Aktivität PLAN-j ab der Seite 61 behandelt.

IT-Grundschutz
Zu den Maßnahmen des Standards haben wir – insbesondere für die Anwender des IT-Grundschutzes – Referenzen auf Bausteine und Einzelmaßnahmen aus den IT-Grundschutz-Katalogen aufgenommen, um einerseits mehr Informationen über konkrete Einzelmaßnahmen zu geben, andererseits aber auch die Anwendung von ISO 27001 im Zusammenhang mit dem IT-Grundschutz transparenter zu machen. Die Nutzung dieser Bausteine und Maßnahmen ist natürlich freigestellt, d. h. für die Erfüllung von ISO 27001 nicht zwingend.

Die Maßnahmenziele und Maßnahmen[60] aus Anhang A des Standards wollen wir hier im Einzelnen behandeln und kommentieren.

Nummerierung
Unsere Nummerierung stimmt mit dem Anhang A des Standards überein, d. h. sie beginnt bei A.5 und hört mit A.15 auf.

---

[60] Eine vollständige Übersicht über alle Regelungsbereiche und Sicherheitskategorien enthält die Tabelle 5 ab der Seite 104, ein komplettes Verzeichnis mit allen Maßnahmen finden Sie im Anhang unter „Verzeichnis der Maßnahmen aus Anhang A der ISO 27001" ab der Seite 335.

Die einzelnen Maßnahmen werden in einem grau hinterlegten Feld dargestellt, um sie von unseren Kommentaren abzuheben.

A.5 Sicherheitsleitlinie

Dieser im Anhang A des Standards vorkommende Begriff *Sicherheitsleitlinie* meint die ISMS-Leitlinie insgesamt, Maßnahmen gibt es aber nur für die (untergeordnete, ggf. separate) Informationssicherheitsleitlinie.

A.5.1 Informationssicherheitsleitlinie

Diese Sicherheitskategorie dient dazu, dem Management vor dem Hintergrund der Geschäftsanforderungen und der anzuwendenden Gesetze und Regelungen Orientierung und Unterstützung bei der Informationssicherheit zu geben.

Es sind zwei Maßnahmen formuliert, für die wir keine Alternativen sehen. Sie sind immer anwendbar und müssen stets ausgewählt werden.

A.5.1.1 *Leitlinie zur Informationssicherheit*

Das Management muss eine Informationssicherheitsleitlinie genehmigen, veröffentlichen und alle Angestellten und relevanten Externe davon in Kenntnis setzen.

Die Leitlinie sollte so *erstellt* werden, dass sie für den genannten Adressatenkreis relevante Informationen bietet, für diesen zugänglich und verständlich ist.

Bei der *Veröffentlichung* sollte man sich natürlich auf die Informationssicherheitsleitlinie beschränken und nicht etwa die gesamte ISMS-Leitlinie (vgl. Abschnitt 2.4, S. 37 f.) publizieren.

A.5.1.2 *Überprüfung der Informationssicherheitsleitlinie*

Die Informationssicherheitsleitlinie muss in regelmäßigen Abständen und immer dann überprüft werden, wenn wesentliche Änderungen erfolgen, um ihre Eignung, Angemessenheit und Wirksamkeit auf Dauer sicherzustellen.

Hinsichtlich der *Überprüfung* beachte man auch die Ausführungen zur Phase CHECK-b auf der Seite 76 f. In Erweiterung der Maßnahme sollte sich die Überprüfung auf die ISMS-Leitlinie als Ganzes erstrecken.

Um die Forderung A.5.1.2 zu erfüllen, wird dringend angeraten, für die Leitlinie(n) einen verantwortlichen *Eigentümer* zu benennen. Seine Aufgabe besteht unter anderem darin, die Aktualität der Leitlinie(n) sicherzustellen – am besten durch definierte Review-Intervalle. Änderungsbedarf kann sich einstellen, sobald sich die Geschäftstätigkeit der Organisation, die Vorschriftenlage, einzelne Geschäftsprozesse oder deren technische Umsetzung ändert. Zu den Vorschriften muss man auch neue Vorgaben aus der letzten Managementbewertung zählen.

Aus Sicht des IT-Grundschutzes werden diese Themen vor allem im BSI-Standard 100-2, und zwar dort im Abschnitt 3.3 behandelt. Auf der Maßnahmenseite sind insbesondere die Maßnahmen

–   M2.192 (Erstellung der Leitlinie),

–   M2.193 (Aufbau einer geeigneten Organisationsstruktur...),

–   M2.199 (Aufrechterhaltung der IT-Sicherheit)

zu nennen – letztere speziell für den Überprüfungsaspekt.

A.6   Organisation der Informationssicherheit

In diesem Regelungsbereich geht es um die Handhabung der Informationssicherheit innerhalb und außerhalb der Organisation.

A.6.1   Interne Organisation

Zunächst werden Aspekte angesprochen, die die Interna der Organisation und ihr Handeln betreffen.

A.6.1.1   *Engagement des Managements für Informationssicherheit*

Das Management muss die Informationssicherheit innerhalb der Organisation aktiv unterstützen, indem es eine klare Ausrichtung vorgibt, sein Engagement demonstriert, Aufgaben explizit formuliert und die Verantwortlichkeiten für Informationssicherheit anerkennt.

Die klare *Ausrichtung* sollte in der Informationssicherheitsleitlinie zum Ausdruck kommen; das *Engagement* wird an den Aktivitäten des Managements erkennbar, die im Abschnitt 3.3 ab der Seite 67 beschrieben sind. Dazu zählen auch die Beschreibung und Benennung von Verantwortlichkeiten – aber natürlich auch die Überwachung der Wirksamkeit aller Vorgaben.

Die Formulierung „*...Verantwortlichkeiten für Informationssicherheit anerkennt.*" ist gemeint im Sinne von „*... die verantwortlichen Rollen für die Informationssicherheit einrichtet und bestätigt.*"

Zu A.6.1.1 tragen die Maßnahmen

– M2.336 (Übernahme der Gesamtverantwortung für IT-Sicherheit durch die Leitungsebene) und

– M2.193 (Aufbau einer geeigneten Organisationsstruktur)

aus dem Maßnahmenkatalog des IT-Grundschutzes bei.

A.6.1.2   *Koordination der Informationssicherheit*

Aktivitäten im Rahmen der Informationssicherheit müssen durch Repräsentanten verschiedener Organisationsbereiche mit relevanten Aufgabenbereichen und Funktionen koordiniert werden.

Bereits in den Abschnitten 3.9 und 4.2 wurde auf das Management-Forum (ISF) hingewiesen, in dem die für den Anwendungsbereich des ISMS relevanten Organisationsbereiche und die Leitungsebene vertreten sein sollten. Bei sehr großen, verteilten Organisationen muss überlegt werden, ob es sich hierbei tatsächlich um ein einzelnes, an einem Ort tagendes Gremium handelt, oder ob vor diesem Hintergrund eine räumliche Verteilung und Aufgabendifferenzierung angemessener ist. Bei sehr kleinen Organisationen kann die Koordinierungsaufgabe aus A.6.1.2 ggf. auch von einer einzigen Person ausgeführt werden.

Die schon genannte Maßnahme

– M2.193 (Aufbau einer geeigneten Organisationsstruktur)

des IT-Grundschutzes spricht hier einerseits vom *IT-Sicherheitsmanagement-Team* zur Unterstützung des IT-Sicherheitsbeauftragten, andererseits von einem verantwortlichen *Manager aus der Leitungsebene* als Ansprechpartner für die IT-Sicherheit – beide Funktionen machen gerade das ISF aus.

A.6.1.3   Zuweisung der Verantwortlichkeiten für Informationssicherheit

Alle Verantwortlichkeiten für Informationssicherheit müssen eindeutig definiert sein.

Diese Maßnahme hat Auswirkungen auf praktisch alle Aktivitäten im Rahmen des ISMS: Es ist erforderlich, alle im Rahmen der Informationssicherheit relevanten Aufgaben zu erfassen und die Verantwortlichen namentlich zu identifizieren bzw. zu benennen.

Die einfachste Variante ist, die relevanten Aufgaben bestimmten *Rollen* zuzuweisen, diese Rollen in einer Rollenliste zu erfassen, die Rolleninhaber anzugeben und die Liste bei allen Änderungen zu pflegen. Weiterhin sollten solche Rollen mit Aufgaben- bzw. Verfahrensbeschreibungen versehen werden.

Grundsätzlich gilt für jede Rolle, dass man Aufgaben *delegieren* kann, d. h. die praktische Durchführung kann an andere übertragen werden; die Verantwortung bleibt dem Rolleninhaber jedoch erhalten. Aus letzterem folgt die Pflicht des Rolleninhabers, die Erledigung von delegierten Aufgaben zu überwachen.

Bei der Abgrenzung der Verantwortlichkeiten kann nach dem RACI-System oder einer detaillierten Modellvariante zur Aufgabenfestlegung unterschieden werden zwischen

-     Responsible   Durchführungsverantwortung,
-     Accountable   Rechtlich verantwortlich,
-     Consulted   zu beteiligen, fachliche Teilverantwortung,
-     Informed   zu informieren, Auskunftsberechtigung.

Aufgaben und Verantwortungsbereiche mit kritischem Charakter, bei denen aus Sicherheitsgründen das Vier-Augen-Prinzip – durch geeignete Arbeitsteilung oder zusätzliche Kontrollen – sicherzustellen ist, sind zu dokumentieren.

Neben der schon strapazierten Maßnahme M2.193 ist beim IT-Grundschutz auch zu nennen:

-     M2.225 (Zuweisung der Verantwortung für Informationen, Anwendungen und IT-Komponenten).

A.6.1.4 Genehmigungsverfahren für informationsverarbeitende Einrichtungen

Für neue informationsverarbeitende Einrichtungen muss ein Genehmigungsverfahren durch das Management festgelegt und umgesetzt werden.

Es ist vorteilhaft, diese Anforderung in einem umfassenden Prozess zu realisieren, d. h. die Beschaffungsanforderung von IT-Systemen, die Funktions- und Integrationstests, die korrekte sicherheitstechnische Konfiguration und Einbindung, die Übereinstimmung mit dem Sicherheitskonzept, die Bereitstellung und die Freigabe zum Betrieb sollten Bestandteile eines solchen Genehmigungsverfahrens sein.

Man denke bei *informationsverarbeitende Einrichtungen* nicht nur an klassische IT-Systeme, sondern ebenfalls an Laptops und Notebooks sowie z. B. an PDAs und Mobiltelefone (in allen Konstruktionsarten) – hier schlägt das *Mobile Device Management* auf.

Das Thema wird von der Maßnahme M2.216 (Genehmigungsverfahren für IT-Komponenten) beim IT-Grundschutz adressiert; es sind auch die Maßnahmen

- M2.9 (Nutzungsverbot nicht freigegebener Hard- und Software) und

- M2.62 (Software-Abnahme- und Freigabe-Verfahren)

zu beachten.

A.6.1.5 Vertraulichkeitsvereinbarungen

Anforderungen an Vertraulichkeitsvereinbarungen oder zur Geheimhaltung, die den Schutzbedarf der Organisation für Informationen widerspiegeln, müssen identifiziert und regelmäßig überprüft werden.

Es muss festgestellt werden,

- wann Vertraulichkeitsvereinbarungen erforderlich sind,

- welche Anforderungen zu stellen sind,

- wie diese Anforderungen regelmäßig überprüft werden,

- was bei Bruch der Vertraulichkeit im Einzelfall zu unternehmen ist und

– wie lange die Vertraulichkeit von Informationen aufrecht zu erhalten ist.

Für den Umgang mit vertraulichen Inhalten müssen klare Anforderungen formuliert sein – dies gilt gleichermaßen innerhalb der Organisation wie auch bei Kooperation bzw. Kommunikation mit Externen:

– Innerhalb der Organisation kann es erforderlich sein, Vereinbarungen mit Mitarbeitern über die Geheimhaltung zu treffen, und zwar vor der Aufnahme entsprechend sensibler Tätigkeiten.

– Vor oder im Zuge der Aufnahme von Geschäftsbeziehungen mit Externen ist an den Abschluss einer Vertraulichkeitsvereinbarung mit den entsprechenden Vorgaben zu denken.

– Wichtig ist auch, an Regelungen zu denken, wie mit den vertraulichen Informationen *nach* Auslaufen der Vereinbarung umzugehen ist – im einfachsten Fall durch die Festlegung eines Zeitpunkts, bis zu dem Vertraulichkeit aufrechterhalten werden muss.

Es ist klar, dass dabei dem Schutzbedarf der betreffenden Informationen Rechnung getragen werden muss.

Die Maßnahme A.6.1.5 fordert im Grunde, möglichst standardisierte Vorgaben zu erstellen und anzuwenden, ihre Sinnhaftigkeit regelmäßig zu überprüfen. Im Kontext staatlicher Verschlusssachen (VS) sind solche Vorgaben bereits in der hier maßgebenden *Verschlusssachenanweisung* (VS-A) festgelegt.

Beim IT-Grundschutz findet man zu diesen Fragen die Maßnahmen

– M3.55 (Vertraulichkeitsvereinbarungen),

– M3.2 (Verpflichtung der Mitarbeiter auf Einhaltung einschlägiger Gesetze, Vorschriften und Regelungen),

– M2.226 (Regelungen für den Einsatz von Fremdpersonal),

– M2.253 (Vertragsgestaltung mit dem Outsourcing-Dienstleister) und

– M2.393 (Regelung des Informationsaustausches).

A.6.1.6   Kontakt zu Behörden

Geeignete Kontakte zu relevanten Behörden müssen gepflegt werden.

Soweit in bestimmten Anwendungen Behörden als Aufsichts-
oder Prüforgane auftreten, sind diese natürlich in die Gruppe
„relevant" einzuordnen. Es empfiehlt sich, solche Behörden frühzeitig zu kontaktieren, um deren Anforderungen an die Informationssicherheit kennenzulernen und berücksichtigen zu können –
auch vor dem Hintergrund zukünftig in Kraft tretender Regelungen. Im Falle eingetretener Sicherheitsverletzungen kann es erforderlich werden, relevante Behörden hiervon in Kenntnis zu
setzen.

Zu diesem Kreis von Behörden gehören z. B. die Datenschutz-
behörden, die Finanzbehörden, das Wirtschaftsministerium für
den Bereich des (staatlichen) Geheimschutzes in der Wirtschaft,
die Bundesnetzagentur für Fragen der elektronischen Signatur.

Zu den *authorities* aus dem englischen Text der Norm zählen
auch Autoritäten auf speziellen Gebieten – z. B. die Feuerwehr,
die bei der Beratung zum Brandschutz, im Rahmen von Ortsbegehungen oder auch bei gravierenden Änderungen der Infrastruktur beteiligt werden sollte. Im Zusammenhang mit der Sicherheit von Kommunikationsinfrastrukturen wird der Kontakt
zu Telekommunikationsanbietern aufzunehmen sein.

Beim IT-Grundschutz wird dieses Thema vor allem im Zusammenhang mit dem Notfallmanagement betrachtet.

A.6.1.7   *Kontakt zu speziellen Interessengruppen*

*Geeignete Kontakte zu speziellen Interessengruppen oder ande-
ren Experten-Sicherheitsforen und professionellen Verbänden
müssen gepflegt werden.*

Kontakte dieser Art werden insbesondere dann nützlich sein,
wenn es um Expertise, Beratungsbedarf, Branchenrichtlinien,
Schwachstellen-Informationen, die Aus- und Fortbildung des
eigenen Personals geht.

Beratung   In seiner beratenden Funktion ist das Bundesamt für Sicherheit
in der Informationstechnik zu nennen. Weiterhin sind Berufs-
und Branchenverbände, der Teletrust e.V. und die Gesellschaft
für Informatik in die Kategorie *Experten-Sicherheitsforen* einzuordnen.

CERT   Zur Beratung gehören auch die Schwachstellen-Informationen,
die von einer Vielzahl von CERT-Diensten geliefert werden.

Aus- und   Viele einschlägig bekannte Seminaranbieter stellen ein umfang-
Fortbildung   reiches Fortbildungsangebot zum Thema Informationssicherheit
                  bereit.

Ob es bei diesen Interessengruppen jeweils sinnvoll ist, eine
Kooperation vertraglich zu vereinbaren, muss im Einzelfall geprüft werden.

Die beiden letzten Sub-Themen behandelt der IT-Grundschutz
unter

–   M2.35 (Informationsbeschaffung über Sicherheitslücken des
    Systems) und

–   M2.312 (Konzeption eines Schulungs- und Sensibilisierungs-
    programms).

A.6.1.8   Unabhängige Überprüfung der Informationssicherheit

*Der Ansatz einer Organisation zur Handhabung und Umset-
zung der Informationssicherheit (d.h. Maßnahmenziele, Maßnahmen, Leitlinien, Prozesse und Verfahren für Informationssicherheit) muss in regelmäßigen Zeitabständen oder nach wesentlichen Änderungen an der implementierten Sicherheit von
unabhängiger Seite überprüft werden.*

Dies geschieht am besten durch interne und externe Audits. Zu
den internen Audits haben wir bereits in Abschnitt 3.4 bei der
Aktivität CHECK-e (ab Seite 77) sowie in 3.10 Hinweise gegeben.
Das Thema der praktischen Durchführung von internen und
externen Audits wird weiterhin in Kapitel 10 erschöpfend behandelt. Eine solche Überprüfung durch unabhängiges (d. h. vom
Prüfgegenstand nicht betroffenes) Personal endet in einem entsprechenden Bericht, der Ausgangspunkt für Korrektur- und
Vorbeugemaßnahmen sein wird.

Unabhängige Überprüfungen sind ein Teilaspekt der Grundschutz-Maßnahme

–   M2.199 (Aufrechterhaltung der IT-Sicherheit).

A.6.2   Externe Beziehungen

In dieser Sicherheitskategorie geht es um die Einbindung von
externen Parteien und die Aufrechterhaltung der Sicherheit der
Organisation, wenn

– Daten und Systeme von Externen genutzt oder verwaltet werden,

– für diese zugänglich sind, oder

– Daten an Externe kommuniziert werden.

A.6.2.1	*Identifizierung von Risiken in Zusammenhang mit externen Mitarbeitern*

Die Risiken für Informationen und informationsverarbeitende Einrichtungen der Organisation, die durch Geschäftsprozesse unter Beteiligung externer Mitarbeiter verursacht werden, müssen identifiziert und angemessene Maßnahmen umgesetzt werden, bevor diesen der Zugang gewährt wird.

Jedwede Beteiligung von Externen an den Geschäftsprozessen der Organisation muss im Grunde genauso behandelt werden, wie die eigene Beteiligung: Eine Risikoanalyse und Risiko-Bewertung ist durchführen, wirksame Maßnahmen sind zu konzipieren und umzusetzen.

Ein typisches Beispiel für eine solche Beteiligung Externer ist die Beziehung zwischen Produzent und Zulieferer.

In einem etwas erweiterten Sinne sind auch Aufsichtsbehörden beteiligt, wenn sie direkten Zugriff auf die Geschäftsprozesse der Organisation verlangen. Letztlich sind auch Dritte, die Unterstützungsleistungen für die Geschäftsprozesse erbringen (z. B. Internet Provider, Stromversorger, Reinigungsfirmen), hier einzubeziehen.

Bei der Frage nach der Sicherheit beim Dienstleister kann dessen Sicherheitsleitlinie (sofern vorhanden), ggf. auch eine vorhandene Zertifizierung helfen. Man sollte sich jedoch keinesfalls mit dem alleinigen Hinweis auf eine Zertifizierung zufrieden geben, sondern zumindest den genauen Scope der Zertifizierung und das zugrunde liegende Sicherheitsniveau eruieren.

Bei der Risikoanalyse darf das Problem nicht unbeachtet bleiben, dass bei vielen Dienstleistern zunehmend weitere Unterauftragnehmer eingeschaltet werden. Ein Dienstleistungsvertrag sollte daher stets eine Regelung darüber enthalten, ob und in welchem Umfang vom Dienstleister Unteraufträge vergeben werden dürfen und welche Sicherheitsanforderungen dabei zu erfüllen sind.

Auf der Maßnahmenseite ist für den elektronischen Austausch und die Speicherung wirklich sensitiver Daten in erster Linie an eine geeignete Verschlüsselung zu denken. Hinsichtlich des Problems der Autorisierung von Externen sind vor allem die Prozesse der Identifizierung und Authentisierung (beim Zugang zu sensitiven Einrichtungen, beim Zugriff zu sensitiven Informationen) entsprechend sicher zu gestalten.

Es kann aus juristischer Sicht sinnvoll sein, in (ansonsten nicht weiter geschützten) Dokumenten und E-Mails zumindest Hinweise auf die Vertraulichkeit des Inhalts oder auf die geforderte Löschung im Falle unbeabsichtigten oder unberechtigten Empfangs aufzunehmen.

Dieses Control kann auch Anlass geben, darüber nachzudenken, welche Risiken sich für die eigene Organisation ergeben, wenn Kunden keinen Zugang mehr zu „ihren" Informationen und Anwendungen haben (Verfügbarkeitsaspekt). Solche Risiken müssen durch geeignete SLAs, Ausschluss oder Begrenzung von Kompensationszahlungen etc. abgefedert werden.

A.6.2.2   *Adressieren von Sicherheit im Umgang mit Kunden*
Alle identifizierten Sicherheitsanforderungen müssen berücksichtigt sein, bevor Kunden Zugang zu Informationen oder Werten der Organisation gegeben wird.

ISO 27002 erläutert, dass „Kunden" in diesem Control im Grunde alle externen Parteien meint, die an den Geschäftsprozessen der Organisation beteiligt sind.

Bevor man Kunden Zugriff auf die eigenen Daten und Systeme (allgemein auf Werte) gewährt, sind die dafür nötigen Sicherheitsanforderungen zu bestimmen und durch entsprechende Maßnahmen zu erfüllen.

Sinnvollerweise geht man hierbei analog zur letzten Maßnahme vor, d. h. in der Schrittfolge Risikoanalyse, Risikobewertung, Formulierung von Anforderungen, Auswahl geeigneter Einzelmaßnahmen.

Wichtig ist, dass Kunden über die entsprechenden Maßnahmen informiert sind, entsprechende Auflagen erhalten und einhalten und ggf. Sicherheitsvorkommnisse melden. Solche Punkte sind im Vertrag mit dem Kunden bzw. der eigenen AGB als Vertragsbestandteil zu berücksichtigen – darunter natürlich auch Fragen der Haftung, der Compliance, des Inspektionsrechts, des Urheberrechts und des Datenschutzes.

A.6.2.3 Adressieren von Sicherheit in Vereinbarungen mit Dritten

Vereinbarungen mit Dritten, die den Zugriff, die Verarbeitung, Kommunikation oder Administration von Informationen oder informationsverarbeitenden Einrichtungen der Organisation betreffen, oder die Bereitstellung von Produkten oder Dienstleistungen für informationsverarbeitende Einrichtungen, müssen alle relevanten Sicherheitsanforderungen abdecken.

Diese Maßnahme fordert, in Vereinbarungen mit Dritten – als Beteiligte an Geschäftsprozessen der Organisation oder als „Versorger" – alle Sicherheitsanforderungen aufzunehmen, die zur Erreichung der Sicherheitsziele der Organisation erforderlich sind. Einige Dinge haben wir dazu schon in den beiden vorausgehenden Controls genannt. In ISO 27002 ist im Abschnitt 6.2.3 eine umfängliche Liste von Punkten angegeben, die in solche Verträge Eingang finden können. Wir geben hier einige Stichwörter an: Abgleich bzw. Austausch von Leitlinien, Schutz von sensitiven Objekten, Schulung der Nutzer, überprüftes Personal, Mitteilungspflichten bei Störungen oder Fehlern, Inspektionsrechte.

Aus Sicht der Organisation ist es bei allen Vereinbarungen mit unterstützenden Dienstleistern wichtig, sich der Situation zu stellen, dass die Dienste des Unterstützers ausfallen können. Eine finanzielle Kompensation kann man vereinbaren, jedoch ist bei kritischen Services Ersatz zu planen und vorzuhalten (z. B. ein zweiter Dienstleister, der bei Bedarf einspringt).

Datenschutz

Ist nicht auszuschließen, dass Mitarbeiter des Auftragnehmers bei der Verrichtung ihrer Arbeiten personenbezogene Daten einsehen können, so sind die aus §11 BDSG resultierenden Verpflichtungen vertraglich festzulegen (Auftragsdatenverarbeitung). Besonders kritisch ist das Engagement eines externen Partners zu behandeln, wenn es sich um Daten eines sogenannten Berufsgeheimnisträgers (das sind z.B. Ärzte, Anwälte, Steuerberater etc.) handelt. Nach § 203 StGB kann eine Strafbarkeit bestehen, wenn eine zufällige Kenntnisnahme von Berufsgeheimnisträgerdaten durch Personen besteht, die nicht hierzu befugt sind. Da externe Mitarbeiter regelmäßig nicht zum Kreis der Befugten gehören, ist die Auslagerung von Datenverarbeitung in Clouds oder an Anbieter dynamischer Rechenzentrumsleistungen (Virtualisierung) hier höchst problematisch, da auch unter Einsatz von Verschlüsselungstechnik hier in der Regel kein ausreichender Schutz geboten werden kann.

Überprüfung   Neben der Anforderung, in alle *neuen* Vereinbarungen Regelungen bzw. Absprachen der geschilderten Art aufzunehmen, ist regelmäßig eine Überprüfung bereits *existierender* Vereinbarungen vorzunehmen.

Beim IT-Grundschutz findet man Informationen in den Maßnahmenbeschreibungen zu

–   M2.393 (Regelung des Informationsaustausches),

–   M2.253 (Vertragsgestaltung mit dem Outsourcing-Dienstleister),

–   M2.226 (Regelungen für den Einsatz von Fremdpersonal),

–   M5.87 (Vereinbarung über die Anbindung an Netze Dritter) und

–   M5.88 (Vereinbarung über Datenaustausch mit Dritten).

Outsourcing   Unabhängig von den aufgezeigten Einzelmaßnahmen ist beim IT-Grundschutz in diesem Zusammenhang grundsätzlich der Baustein

–   M1.11 (Outsourcing)

zu beachten. Bei Zertifizierungen des BSI kommt darüber hinaus die Richtlinie

–   „IT-Grundschutz-Zertifizierung von ausgelagerten Komponenten" vom 8.03.2004

zur Anwendung. Diese ältere, aber noch immer aktuelle Richtlinie findet man auf der Webseite des BSI unter der Liste der Dokumente zum ISO 27001-Zertifizierungsschema. Zur Vertiefung des Themas haben wir am Ende des Abschnitts 10.7 in diesem Buch einige Ausführungen hinzugefügt.

A.7   Management von organisationseigenen Werten

Dieser Regelungsbereich mit 2 Sicherheitskategorien behandelt Managementaspekte zur Erreichung und Erhaltung eines angemessenen Schutzes der organisationseigenen Informationswerte.

A.7.1   Verantwortung für organisationseigene Werte

A.7.1.1   Inventar der organisationseigenen Werte

Alle organisationseigenen Werte (Assets) müssen eindeutig identifiziert und ein Inventar aller wichtigen organisationseigenen Werte (Assets) erstellt und gepflegt werden.

> ### A.7.1.2   Eigentum von organisationseigenen Werten
>
> *Alle Informationen und organisationseigenen Werte (Assets) in Verbindung mit informationsverarbeitenden Einrichtungen müssen einem bestimmten Teil der Organisation als Eigentümer dieser Werte zugeordnet sein.*

> ### A.7.1.3   Zulässiger Gebrauch von organisationseigenen Werten
>
> *Regeln für den zulässigen Gebrauch von Informationen und organisationseigenen Werten (Assets) in Verbindung mit informationsverarbeitenden Einrichtungen müssen identifiziert, dokumentiert und umgesetzt werden.*

Die Aufstellung eines Inventarverzeichnisses, das Benennen eines Verantwortlichen für jeden Informationswert und das Aufstellen von Regeln für den Gebrauch der Werte sind Schlüsselschritte bei der Implementierung eines ISMS. Wir sind auf Einzelheiten bereits in Abschnitt 3.2 bei der Aktivität PLAN-d sowie ausführlicher in Kapitel 5 eingegangen.

Das Führen und regelmäßige Aktualisieren solcher Verzeichnisse kann auch in anderem Zusammenhang relevant sein – etwa bei Nachweisen zur Erfüllung gesetzlicher, versicherungstechnischer und anderer Anforderungen, bei der Berichterstattung über Finanzen und Steuern.

Beim IT-Grundschutz ist die Inventarisierung der Informationswerte Teil der Strukturanalyse (s. /BSI 100-2/). Das Thema *Eigentümerschaft* ist auch Gegenstand der Maßnahme

– M2.225 (Zuweisung der Verantwortung für Informationen, Anwendungen und IT-Komponenten).

Die Anforderungen aus A.7.1.3 sind grundsätzlich in

– M2.217 (Sorgfältige Einstufung und Umgang mit Informationen, Anwendungen und Systemen),

dann aber in einer Vielzahl von Einzelmaßnahmen abgehandelt, die sich mit der Nutzung von Email (M2.118/2.119), mobiler Geräte (M1.33/1.34/2.309) und Datenträgern (M2.218) usw. beschäftigen.

A.7.2   Klassifizierung von Informationen

Bei den folgenden Maßnahmen liegt die Betonung auf der *Angemessenheit* des Schutzes.

> ### A.7.2.1   *Regelungen für die Klassifizierung*
>
> *Informationen müssen bezüglich ihres Werts, gesetzlicher Anforderungen, ihrer Sensibilität und ihrer Kritikalität für die Organisation klassifiziert werden.*

Die Forderung nach Klassifizierungen von Informationen wird hier für verschiedene Aspekte gefordert: die Klassifizierung von Informationen nach

– ihrem Wert für die Organisation,

– den bestehenden gesetzlichen Anforderungen,

– der Sensibilität für die Organisation (ausdrückbar durch eine Skalierung der Sicherheitsziele bzw. des Schutzbedarfs),

– ihrer Kritikalität (für die Geschäftsprozesse der Organisation).

Wir empfehlen grundsätzlich, die Zahl solcher Klassen bzw. Einstufungen nicht zu groß zu wählen.

Nehmen wir das Beispiel des Sicherheitsziels *Vertraulichkeit*: Eine Klassifizierung vertraulicher Informationen nach „offen" und „Firmen-vertraulich" kann schon ausreichen. Vielleicht nimmt man noch eine dritte Klasse hinzu, etwa für besonders schützenswertes Firmen-Know-How oder für sensible Strategie-Daten des Vorstands.

Wichtig ist, dass solche Klassen von Regeln begleitet werden, die aussagen, wie mit Informationen jeder Klasse umzugehen ist – wenn die *gleichen* Regeln für *alle* Klassen gelten, macht die Einteilung keinen Sinn.

Eine zu feine Klassifizierung hat erhebliche Nachteile, weil dann die Einstufung einer einzelnen Information immer schwieriger wird, das ISMS als Ganzes an Komplexität zunimmt und letztlich nicht mehr praktikabel sein kann.

Verschlusssachen   Es kann vorkommen, dass die Klassifizierung von Informationen durch Kunden bzw. Auftraggeber vorgeschrieben wird und man sich zu ihrer Einhaltung verpflichten muss, wenn man einen Auftrag erhalten will. Dies ist z. B. der Fall bei staatlich geheim gehaltenen Informationen (Verschlusssachen, VS), die nach den fünf Stufen *offen, VS-Nur für den Dienstgebrauch, VS-Vertrau-*

lich, *VS-Geheim* und *VS-Streng Geheim* klassifiziert werden. Die Regeln zur Bearbeitung solcher Informationen sind in der Verschlusssachen-Anweisung (VS-A) festgelegt.

Die genannten Beispiele beziehen sich auf das Sicherheitsziel der *Vertraulichkeit*. Die Klassifizierung sollte je nach den konkreten Verhältnissen aber nicht nur die Geheimhaltung berücksichtigen, sondern kann auch die Aspekte Integrität und Verfügbarkeit betreffen: Man kann ähnliche Klassen auch für die Ziele Integrität und Verfügbarkeit festlegen.

Verfügbarkeit
Bei der Verfügbarkeit von Information (besser: der sie benötigenden Systeme, Anwendungen bzw. Geschäftsprozesse) könnte man von *normaler, hoher* und *sehr hoher* Verfügbarkeit sprechen und für jede dieser Stufen eine maximal zulässige Ausfalldauer bzw. eine Ausfallrate festlegen. Alle Informationen (Systeme, Anwendungen), die für einen kritischen Geschäftsprozess wesentlich sind, werden dann nach einer dieser Stufen klassifiziert – woran sich Regeln für den Umgang mit diesen Informationen (Systeme, Anwendungen) anschließen, z. B. mit Bezug auf das Backup von Daten, die Zuverlässigkeit des Wartungs- oder Administrationspersonals, Vorgaben für das Vorhalten von Ersatzgeräten.

Kritikalität
Im Bereich der Notfallplanung wird die *Kritikalität* von Systemen, Anwendungen bzw. Geschäftsprozessen betrachtet. Sie bestimmt die Reihenfolge der Wiederherstellung dieser Objekte bei einem Notfall, um den Verlust für die Organisation möglichst zu minimieren – hat aber auch Einfluss auf präventive Maßnahmen und kann zu einer allgemeinen *Kontinuitätsstrategie* führen[61]. Einige weitere Informationen hierzu finden Sie im Abschnitt über Business Continuity ab der Seite 258.

Änderungen der Klassifizierung
Die Klassifizierung eines Informationswertes kann sich ändern: Eine Information könnte beispielsweise heruntergestuft werden – etwa von VS-geheim auf VS-vertraulich. Eine Anwendung könnte heraufgestuft werden – z. B. von mittlerer Kritikalität auf hohe Kritikalität. Auch für solche Einstufungsänderungen müssen in dem entsprechenden Regelwerk Vorgaben existieren. Grundsätzlich ist zudem zu fordern, dass die bereits existierenden Einstufungen für Informationswerte regelmäßig überprüft werden.

---

[61] Diese und weitere Themen aus dem Gebiet der Notfallplanung werden z. B. in dem Buch *IT-Notfallmanagement mit System* /KSK2011/ aus dem Springer-Vieweg Verlag behandelt.

Beim IT-Grundschutz wird das Klassifizierungsthema vor allem im Zusammenhang mit dem *Schutzbedarf* betrachtet. Als Maßnahme ist insbesondere

– M2.217 (Sorgfältige Einstufung und Umgang mit Informationen, Anwendungen und Systemen)

zu nennen.

A.7.2.2   Kennzeichnung von und Umgang mit Informationen

Geeignete Verfahren für die Kennzeichnung von und den Umgang mit Informationen müssen in Übereinstimmung mit dem von der Organisation angewandten Klassifizierungsschema entwickelt und umgesetzt werden.

Unter *Kennzeichnung* wird hier der Vorgang verstanden, eine Information (z. B. einen Brief, eine Datei, eine Email) entsprechend den geltenden Klassifizierungsregeln einer Klasse zuzuweisen und diese Klasse durch einen Stempel auf dem Brief oder durch ein Attribut an der Datei bzw. der Email kenntlich zu machen. Beispiele dazu haben wir bereits beim vorhergehenden Control gegeben.

Für die Kennzeichnung sollte es pragmatische Regeln geben, die überschaubar und in der Anwendung einfach sind. Es sei darauf hingewiesen, dass eine Klasseneinteilung nur dann sinnvoll ist, wenn es hinreichend große Unterschiede zwischen den Klassen und genügend differenzierte Regeln gibt.

Dem im Text der Maßnahme auftauchenden Aspekt der Umsetzung wird man in der Praxis auch dadurch Rechnung tragen, dass die Einhaltung der Regeln überwacht werden muss. Die Art und Weise der Überwachung legt die Organisation selbst fest, sofern es um das eigene Klassifikationsschema geht; bei externen Schemata (etwa dem VS-Schema) wird der Auftraggeber eine geeignete Überwachungsmethodik festlegen.

An dieser Stelle ist zwar nur von der Kennzeichnung von Informationen die Rede. Es kann jedoch auch sinnvoll sein, Anwendungen und Systeme, die klassifizierte Informationen verarbeiten, entsprechend zu kennzeichnen. Daran können sich Regeln anschließen, dass etwa hoch-klassifizierte Systeme nur in besonderen Schutzzonen aufgestellt und betrieben, nur von entsprechend vertrauenswürdigem Personal bedient und gewartet werden dürfen, nur mit Anwendungen und Systemen gleicher Klassifikation oder über entsprechend eingestufte Kanäle kommunizieren dürfen.

A.8 Personelle Sicherheit

Unter diesen Regelungsbereich *Personelle Sicherheit* fallen drei Sicherheitskategorien, die sich mit der Qualifikation und Zuverlässigkeit von Personal beschäftigen.

A.8.1 Vor der Anstellung

Das Wort *Anstellung* darf man hier nicht wörtlich nehmen. Es meint vielmehr jedwede Beauftragung einer Person mit einer neuen sicherheitsrelevanten Aufgabe bzw. die Übernahme einer neuen Verantwortung (mit Sicherheitsbezug) durch eine Person.

Aus dem Sicherheitsbezug ergibt sich die Anforderung, dass eine solche Übertragung von Aufgaben oder Verantwortung immer schriftlich erfolgen sollte.

Eine Übertragung dieser Art kann Firmen-intern, aber auch im Zusammenhang mit Auftragnehmern oder Lieferanten stattfinden.

Ziel ist es, dass die Beauftragten ihre neue Aufgabe und Verantwortung verstehen und für deren Durchführung ausreichend qualifiziert sind.

Weiterhin soll durch Maßnahmen sichergestellt werden, dass personelle Risiken (Diebstahl, Betrug oder Missbrauch) ausreichend verringert werden.

A.8.1.1   Aufgaben und Verantwortlichkeiten

Sicherheitsaufgaben und -verantwortung von Angestellten, Auftragnehmern und Drittbenutzern müssen im Einklang mit den Informationssicherheitsgrundsätzen der Organisation definiert und dokumentiert werden.

Hier geht es zunächst um die Mitarbeiter einer Organisation, deren Sicherheitsverantwortung definiert und dokumentiert werden muss. Dies kann im einfachsten Fall durch eine Guideline *Verhalten am Arbeitsplatz* geschehen, die jeder Mitarbeiter ausgehändigt bekommt. Für besonders sicherheitskritische Tätigkeiten (z. B. Systemadministration, Backup, Management von Sicherheitsvorfällen) sollten detaillierte Arbeitsanweisungen erstellt werden.

Dies gilt auch für Auftragnehmer und „Drittbenutzer": Als Beispiel sei die Rolle des Datenschutzbeauftragten genannt, die insbesondere von kleineren Unternehmen oft an einen Externen vergeben wird. Weitere Beispiele sind Fälle, in denen die IT-Infrastruktur von einer Fremdfirma gewartet oder gar bereitgestellt und betrieben wird.

Es ist klar, dass solche sicherheitskritischen Tätigkeiten nur auf der Basis einer klaren Aufgabenbeschreibung durchgeführt werden dürfen, in der alle sicherheitsrelevanten Aspekte abgehandelt werden. Was als sicherheitsrelevant anzusehen und wie damit umzugehen ist, muss in Einklang mit den Grundsätzen der ISMS-Leitlinie und daraus resultierender Regeln und Maßnahmen stehen.

Aus Sicht des IT-Grundschutzes ist vorrangig die folgende Maßnahme zu nennen:

- M2.1 (Festlegung von Verantwortlichkeiten und Regelungen für den IT-Einsatz).

A.8.1.2   Überprüfung

Überprüfungen der Vergangenheit aller Bewerber, Auftragnehmer und Drittbenutzer müssen in Einklang mit den relevanten Gesetzen, Vorschriften und ethischen Grundsätzen ausgeführt werden, und müssen den Geschäftsanforderungen, der Klassifizierung der Informationen, die diese verwenden werden, und den erkannten Risiken angemessen sein.

Die oben genannten Beispiele des Datenschutzbeauftragten und des externen IT-Supports machen deutlich, dass bei der Beauftragung nur besonders zuverlässige und vertrauenswürdige Personen in Betracht kommen.

Gespräche mit den vorgesehenen Personen – bei Neueinstellung schon das Bewerbergespräch – stellen eine Möglichkeit dar, eine gewisse Prüfung solcher persönlichen Eigenschaften vorzunehmen, ggf. auch die Berücksichtigung von Beurteilungen früherer Arbeitgeber, die mit einer Bewerbung eingereicht werden.

Angaben zu einer Person sollten bevorzugt als Selbstauskunft erbeten werden. Falls ein anderer Weg genommen wird, etwa durch Einschaltung einer Auskunftei, ist auf die Wahrung der Persönlichkeitsrechte des Betroffenen zu achten.

Soweit diese Erst-Prüfung positiv verlaufen ist, kann für besonders sicherheitskritische Tätigkeiten die Vorlage eines polizeilichen Führungszeugnisses erbeten werden.

Weitergehende Maßnahmen werden erforderlich, wenn z. B. Aufgaben im staatlichen Verschlusssachenbereich ausgeführt werden sollen: Hier ist eine so genannte Sicherheitsüberprüfung einzuleiten.

Die Überprüfung ist Gegenstand der Grundschutz-Maßnahmen

– M3.33 (Sicherheitsprüfung von Mitarbeitern) und

– M3.50 (Auswahl von Personal).

Eine Facette des Themas wird auch in

– M3.10 (Auswahl eines vertrauenswürdigen Administrators und Vertreters)

behandelt.

A.8.1.3   Arbeitsvertragsklauseln

Als Teil ihrer vertraglichen Auflagen müssen Angestellte, Auftragnehmer und Drittbenutzer den Vertragsklauseln ihres Anstellungsvertrags zustimmen und diesen unterzeichnen; diese Klauseln müssen ihre und die Verantwortlichkeiten der Organisation für Informationssicherheit festlegen.

In vielen Organisationen ist es üblich, dass dem Arbeitsvertrag eine Datenschutzverpflichtung als Anlage beigefügt wird, die gesondert zu unterzeichnen ist. Wir empfehlen, auch die Informationssicherheitsleitlinie und ggf. die Notfallleitlinie bei Unterzeichnung des Arbeitsvertrages auszuhändigen und den Willen zu ihrer Beachtung unterschriftlich bestätigen zu lassen. Besonders dort, wo sensitive Entwicklungsarbeiten betrieben werden, kann es sinnvoll sein, besondere Vereinbarungen über den Know How Schutz zu schließen – ggf. auch mit Wirkung über das Ende der Anstellung hinaus.

Es sollte ferner beachtet werden, dass es sich tatsächlich um gegenseitige Pflichten handelt, die Organisation selbst also mindestens die Verpflichtung eingeht, die für die Einhaltung der Informationssicherheit nötigen Voraussetzungen zu schaffen und dauerhaft zu erhalten.

Im Maßnahmenkatalog des IT-Grundschutzes finden sich hierzu die Maßnahmen

– M3.2 (Verpflichtung der Mitarbeiter auf Einhaltung einschlägiger Gesetze, Vorschriften und Regelungen) sowie

– M2.226 (Regelungen für den Einsatz von Fremdpersonal).

A.8.2   Während der Anstellung

Nach der Beauftragung einer neuen Tätigkeit unter Beachtung der Maßnahmen zu A.8.1 muss sichergestellt werden, dass die beauftragten Personen z. B. die typischen Bedrohungen der Sicherheit für ihre spezielle Tätigkeit kennen, sich entsprechend den Regeln der Organisation verhalten und dazu seitens der Organisation mit allem Nötigen ausgestattet sind. Hierdurch kann das Risiko menschlichen Fehlverhaltens reduziert, wenn auch nicht ausgeschlossen werden. Weitere zu berücksichtigende Faktoren sind dabei die Mitarbeiter-Motivation und die für den jeweiligen Arbeitsplatz erforderliche Qualifikation.

A.8.2.1   Verantwortung des Managements

Das Management muss verlangen, dass Angestellte, Auftragnehmer und Drittbenutzer Sicherheit in Übereinstimmung mit den festgelegten Leitlinien und Verfahren der Organisation anwenden.

Zu dieser Maßnahme tragen eine ausreichend tiefe Unterweisung der Personen, eine hohe Sensibilität und Motivation sowie das Aufrechterhalten der fachlichen Qualifikationen bei – nicht zuletzt auch das vorbildliche Verhalten des Managements selbst.

Übersetzung   Hinsichtlich des Begriffs *Leitlinie* in A.8.2.1 und in einigen weiteren Controls sei auf Abschnitt 2.5 verwiesen. Hier ist nicht die Sicherheitsleitlinie gemeint. Bitte korrigieren Sie gedanklich zu *Richtlinie*.

A.8.2.2   Sensibilisierung, Ausbildung und Schulung für Informationssicherheit

Alle Angestellten der Organisation, und, falls relevant, Auftragnehmer und Drittbenutzer, müssen geeignete Sensibilisierungsmaßnahmen in Sachen Informationssicherheit erhalten, und regelmäßig über organisationseigene Regelungen und Verfahren, die für ihre Arbeit von Bedeutung sind, informiert werden.

Die Begriffe im Titel dieser Maßnahme werden landläufig so verstanden: *Sensibilisierung* ist notwendig, um zu verstehen, welches Problem man hat und welche Auswirkungen es auf die Organisation haben kann. *Ausbildung und Schulung* dienen dazu, die von der Organisation vorgesehene Lösung des Problems in ausreichender Tiefe kennen zu lernen.

Sensibilisierungsmaßnahmen sind dann *geeignet*, wenn sie die Sensibilisierung der Betroffenen für das Sicherheitsthema *kontinuierlich* ausreichend hoch halten. Dies hat zur Folge, dass man Sensibilisierungsmaßnahmen periodisch wiederholen muss.

Bei Ausbildung und Schulung geht es darum, dass jeder Teilnehmer mindestens die für seine Tätigkeit geltenden Regeln, Verfahren und Maßnahmen kennen lernt, und zwar in einer Tiefe und Intensität, die eine praktische Umsetzung und Einhaltung der Regeln ermöglicht.

Die Bedeutung der Sensibilisierung und Schulung für das ISMS und den Erfolg der Organisation sollte man nicht unterschätzen. Es lohnt sich hierbei immer, entsprechende Ressourcen vorzusehen.

Lesen Sie hierzu auch die Hinweise unter DO-e auf der Seite 71, die Anmerkungen auf der Seite 74 sowie die Ausführungen zu den personellen Ressourcen ab der Seite 96.

Im Rahmen des IT-Grundschutzes sind hier unter anderen die Maßnahmen

– M2.312 (Konzeption eines Schulungs- und Sensibilisierungsprogramms zur IT-Sicherheit),

– M2.198 (Sensibilisierung der Mitarbeiter für IT-Sicherheit),

– M3.5 (Schulung zu IT-Sicherheitsmaßnahmen),

– M3.11 (Schulung des Wartungs- und Administrationspersonals)

sowie eine Vielzahl von Schulungsmaßnahmen und Einweisungen für spezielle technische Systeme zu nennen.

A.8.2.3   *Disziplinarverfahren*

Für Angestellte, die einen Sicherheitsverstoß begangen haben, muss ein formales Disziplinarverfahren eingeleitet werden.

Wo Licht ist, mag es auch Schatten geben, d. h. Sicherheitsvorfälle, die von Personen absichtlich oder fahrlässig verursacht werden, wird es immer geben. Diese Maßnahme adressiert das

Vorgehen in solchen Fällen, nämlich das mögliche *Einleiten* eines Disziplinarverfahrens.

Unter diesem Begriff sind hier sämtliche Verfahren zur Ahndung von Sicherheitsverstößen zu sehen. Die Sanktionsmaßnahmen können von der einfachen Ermahnung, der formalen, arbeitsrechtlich bedeutsamen Abmahnung bis hin zur Einleitung von Strafverfahren gehen. Dieses Verfahren ist mitbestimmungspflichtig und erfordert die Beteiligung der Arbeitnehmervertretung.

Hier ist aber auch die Grenze des ISMS erreicht: Die *Durchführung* eines solchen Verfahrens ist nicht mehr Gegenstand des ISMS, sondern im Allgemeinen im federführenden Bereich der Personalabteilungen bzw. im Verantwortungsbereich der Vorgesetzten des betroffenen Mitarbeiters anzusiedeln.

Beim IT-Grundschutz wäre dieses "unangenehme" Thema in

–   M2.39 (Reaktion auf Verletzungen der Sicherheitsvorgaben)

einzuordnen, wird aber dort nicht weiter behandelt.

A.8.3   Beendigung oder Änderung der Anstellung

In dieser Sicherheitskategorie geht es um den *ordnungsgemäßen* Abschluss einer Beauftragung – z. B. wegen Wechsels einer Person in eine andere Tätigkeit oder Verlassens der Organisation, oder des Auslaufens von Dienstleistungsverträgen für Fremdpersonal.

Dieser erste Aspekt von *ordnungsgemäß* ist die Forderung nach einer *Zuständigkeit* für den Wechsel bzw. das Beenden einer Beauftragung. Dieser Aspekt ist in folgendem Control zu finden.

A.8.3.1   Verantwortlichkeiten bei der Beendigung

Die Verantwortlichkeiten für das Beenden oder Ändern eines Anstellungsverhältnisses müssen klar definiert und zugewiesen werden.

Nicht direkt gefordert, aber ohne Zweifel sinnvoll ist es, wenn die hierfür Zuständigen über ein definiertes *Verfahren* verfügen.

Ein solches Verfahren etabliert der klassische Laufzettel, dessen Punkte bei Wechsel oder Beenden einer Tätigkeit abzuarbeiten sind – so wird an alles gedacht und nichts vergessen.

Zu prüfen ist weiterhin, welche Personen oder Einheiten innerhalb oder außerhalb der Organisation von dem geplanten Wechsel bzw. dem Ausscheiden des betreffenden Mitarbeiters zu informieren sind.

Ein weiterer wichtiger Punkt, über den informiert werden sollte, ist natürlich, wer die vakant gewordene Rolle zukünftig (und ab wann) übernehmen wird.

A.8.3.2   Rückgabe von organisationseigenen Werten

Alle Angestellten, Auftragnehmer und Drittbenutzer müssen alle organisationseigenen Werte in ihrem Besitz bei der Beendigung ihres Anstellungsverhältnisses, Vertrags oder Vereinbarung zurückgeben.

Diese Maßnahme adressiert einen wichtigen Punkt auf dem Laufzettel, nämlich die Rückgabe der für die bisherige Tätigkeit genutzten Informationswerte der Organisation. Dies können beispielsweise (physische oder logische) Schlüssel, Kryptomittel und Kryptogeräte, Authentisierungsmittel (Tokens, Chipkarten), restriktiv gehandhabte Unterlagen oder vollständige Rechner (etwa aus dem Home-Office) sein.

Ein besonders kritischer Fall liegt vor, wenn z. B. Mitarbeitern die Nutzung eigener mobiler Geräte (z. B. Notebooks oder Smartphones) für dienstliche Aufgaben gestattet worden ist und sich somit organisationseigene Daten auf diesen Geräten befinden. Die Rückgabe des Informationswertes *Daten* beinhaltet dann neben dem eigentlichen Datentransfer auch die Löschung derselben auf dem privaten mobilen Gerät.

A.8.3.3   Aufheben von Zugangsrechten

Die Zugangsrechte aller Angestellten, Auftragnehmer und Drittbenutzer zu Informationen und informationsverarbeitenden Einrichtungen müssen aufgehoben werden, wenn ihre Anstellung, Vertrag oder Vereinbarung endet, oder bei Veränderungen angepasst werden.

Der nächste wichtige Punkt auf dem Laufzettel: Alle in den IT-Systemen, IT-Anwendungen, im Zutrittskontrollsystem hinterlegten Berechtigungen für die betreffende Person sind zu löschen (bzw. an die neue Tätigkeit anzupassen, sofern es eine solche gibt). Dieser Punkt betrifft auch die Eintragung der Person in Rollen- und Gruppenlisten sowie Mailverteiler.

Es kann weiterhin erforderlich sein, bestimmte Berechtigungen komplett zu erneuern: Man denke an Schlüssel zu Sicherheitsbereichen, die für die Dauer einer Dienstleistung an Fremdpersonen ausgegeben und von diesen möglicherweise kopiert wurden. Bei Beenden der Dienstleistung muss man u. U. das gesamte Schließsystem erneuern.

Ein wichtiger Punkt ist immer die Frage nach dem *Zeitpunkt* der Aufhebung der Zugangsrechte. Soll dies erst zum Ende des Beschäftigungsverhältnisses erfolgen – oder gar schon bei Kündigung desselben? Hier mag es Situationen geben, in denen eine schnelle Reaktion erforderlich ist.

Aus Sicht der Autoren wird ein weiterer Punkt im Standard nicht explizit adressiert: Zwar gibt es in A.8.1.3 die Forderung nach entsprechender Berücksichtigung der Sicherheit in Arbeitsverträgen, jedoch fehlt eine *Entpflichtung* bei Wechsel des Arbeitsplatzes oder bei Beenden des Arbeitsverhältnisses. Die betreffende Person sollte zu diesem Zeitpunkt explizit auf das Fortbestehen von Geheimhaltungsverpflichtungen hingewiesen werden; möglicherweise sind in älteren Arbeitsverträgen solche Klauseln nicht (ausreichend) berücksichtigt worden, oder die Problematik hat sich erst durch Übernahme bestimmter Aufgaben ergeben.

Die drei Anforderungen A.8.3.x werden beim IT-Grundschutz unter die Maßnahme

–   M3.6 (Geregelte Verfahrensweise beim Ausscheiden von Mitarbeitern)

subsumiert und prägnant behandelt.

A.9   Physische und umgebungsbezogene Sicherheit

Bei diesem Regelungsbereich geht es um den Schutz von *Sicherheitsbereichen*, d. h. von Bereichen innerhalb der Liegenschaften der Organisation, in denen sensible Informationswerte aufbewahrt oder verarbeitet werden.

Für diese Gruppe von Anforderungen gibt es in den IT-Grundschutz-Katalogen einen eigenen umfangreichen Maßnahmenkatalog: M1 (Infrastruktur). Wir werden nicht auf alle einzelnen Maßnahmen verweisen.

A.9.1   Sicherheitsbereiche

Bei der Festlegung von Sicherheitsbereichen ist zu bedenken, dass Bereiche deshalb sicherheitsrelevant sind, weil sie in Beziehung zum Anwendungsbereich des ISMS stehen. Unstimmigkeiten zwischen dem Anwendungsbereich des ISMS und ggf. bereits aus anderen Gründen existierenden Sicherheitsbereichen sollten aufgelöst werden.

A.9.1.1   Sicherheitszonen

Sicherheitszonen (Hindernisse wie Wände, über Zutrittskarten kontrollierte Zugänge oder mit Pförtnern besetzte Empfangsbereiche) müssen die Abschnitte schützen, die informationsverarbeitende Einrichtungen beherbergen.

Im Grunde meint diese Maßnahme, dass Sicherheitsbereiche gegen andere Bereiche wirksam abgegrenzt sein müssen; gelegentlich verwendet man hierfür auch den Ausdruck *Perimeterschutz*. Dies meint, dass eine Sicherheitszone

a)   entsprechend als solche markiert ist,

b)   an definierten Stellen kontrolliert passiert werden kann,

c)   aber an allen anderen Stellen ein physischer Zutritt zum Sicherheitsbereich nicht möglich ist oder per Überwachung zumindest sofort entdeckt wird.

Beim IT-Grundschutz existiert hierzu die Maßnahme

–   M1.55 (Perimeterschutz).

Der Grad der Sicherheit muss von der Sensibilität der Prozesse innerhalb der Sicherheitszone abhängen.

Die Begrenzungen aus z. B. Zäunen, Wänden und Decken, Türen bzw. Schleusen und Fenster charakterisieren die Sicherheitszone. Im Extremfall kann bereits eine auf dem Fußboden gezogene Linie einen Sicherheitsbereich kennzeichnen und abgrenzen: Man denke an die Diskretionszone am Bankschalter oder den Vereinzelungsbereich bei der Passkontrolle. Es ist allerdings zu bewerten, ob eine solche symbolische Abgrenzung ausreichend ist, wie die folgende Maßnahme zeigt.

A.9.1.2   Zutrittskontrolle

Sicherheitsbereiche müssen durch angemessene Zutrittskontrollen geschützt sein, um sicherzustellen, dass nur autorisierten Mitarbeitern Zutritt gewährt wird.

Zutritt zu Sicherheitsbereichen darf nur über eine Zutrittskontrolle möglich sein, deren Sicherheit den zu schützenden Informationswerten angemessen ist. Es muss sichergestellt sein, dass nur

Befugte Zutritt erhalten. Solche Zutrittskontrollen können in der Praxis z. B. durch Schleusen mit Chipkartenprüfung oder ganz klassisch durch kontrollierte Vergabe von Schlüsseln zu Türen, oder mittels Kontrollen durch Wachpersonal realisiert werden.

Das macht natürlich nur Sinn, wenn an anderen Stellen der Sicherheitszone der unkontrollierte Zutritt unmöglich oder ausreichend schnell entdeckbar ist (etwa mittels Durchbruchsicherungen, Alarmauslösung). Sehr wirksam ist die Einrichtung mehrerer gestaffelter Sicherheitszonen, durch die der Widerstandswert erhöht wird: Darunter versteht man die Zeit in Minuten, die eine Schutzvorrichtung einem Angriff widersteht; da dies auch von den Fähigkeiten des Angreifers abhängt, definiert man *Widerstandsklassen* in der Kombination aus Zeitbedarf und Qualifikation des Angreifers (Laie, Experte ohne / mit Spezialwerkzeugen, etc.) für einen erfolgreichen Angriff.

Zu einer Zutrittskontrolle gehört immer auch eine Aufzeichnung der Ausübung von Zutrittsrechten – sei es automatisch durch eine Zutrittskontrollanlage oder durch manuelle Aufzeichnung (wie beim Beispiel des Besucherbuchs). Der Hintergrund ist, dass nur mit solchen Aufzeichnungen Ereignisse verlässlich rekonstruiert werden können. Es sind mindestens folgende Daten zu erfassen: Namen der Personen, die Bezeichnung der Kontrollstelle, die Uhrzeit des Einlasses in den Sicherheitsbereich und die Zeit des Verlassens.

Zutrittsrechte sollten immer nach dem Minimalprinzip bzw. nach der Strategie *Least Privilege* vergeben werden: Nur solche Rechte werden vergeben, die wirklich notwendig sind. Bei Entfall der Notwendigkeit sind die Rechte zu entziehen. Die Liste der vergebenen Rechte ist insofern regelmäßig zu überwachen.

Vor allem in großen Organisationen ist es dringend geboten, dass alle Personen ein sichtbares Erkennungsmerkmal tragen, ggf. differenziert nach verschiedenen Statusgruppen (etwa Firmenangehörige, Fremdpersonal, Besucher). Damit sind Unbefugte leicht auszumachen.

Beim IT-Grundschutz findet man zu diesem Themenkreis die Maßnahme

– M2.17 (Zutrittsregelung und -kontrolle).

A.9.1.3   Sicherung von Büros, Räumen und Einrichtungen

Physischer Schutz für Büros, Räume und Einrichtungen muss geplant und umgesetzt werden.

Hierunter könnten z. B. einfache Büros ohne größeren Sicherheitsbedarf fallen – aber auch Büros von Entwicklern, die an sensiblen Projekten arbeiten, oder Räumlichkeiten von Administratoren innerhalb eines Rechenzentrums.

Weiterhin sind Technik-Räume zu betrachten, in denen beispielsweise die Kommunikationsverbindungen zusammenlaufen oder die TK-Anlage, die Netzersatzanlage, die zentrale USV, die Klimageräte installiert sind. Ein weiteres Beispiel sind Archivräume.

Schlussendlich fallen auch die Server- bzw. Rechenzentrumsräume unter diese Maßnahmen A.9.1.3.

Besonders abzugrenzen sind Bereiche, die Kunden überlassen sind und in denen diese ihre Systeme betreiben dürfen (z. B. aufgrund eines Housing-Vertrages).

Für solche sehr unterschiedlichen Objekte muss die Notwendigkeit von physischem Schutz geprüft werden, der Schutz selbst ist zu planen und geeignet umzusetzen.

Passende Maßnahmen aus dem IT-Grundschutz sind typischerweise in folgenden Bausteinen enthalten:

- B2.3 Büroraum.

- B2.4 Serverraum.

- B2.5 Datenträgerarchiv.

- B2.6 Raum für technische Infrastruktur.

- B2.7 Schutzschränke.

- B2.9 Rechenzentrum.

- B2.11 Besprechungs-, Veranstaltungs- und Schulungsräume.

Beinahe banal: Ein erster Schutz wird schon dadurch erreicht, dass es keine weithin sichtbaren Hinweise auf Sicherheitsbereiche gibt, oder öffentlich zugängliche Dokumente (z. B. Telefonregister) keine Angaben zu Räumlichkeiten und deren Zweck enthalten.

A.9.1.4	*Schutz vor Bedrohungen von Außen und aus der Umgebung*

Physischer Schutz gegen Feuer, Wasser, Erdbeben, Explosionen, zivile Unruhen und andere Formen natürlicher und von Menschen verursachter Katastrophen muss vorgesehen und umgesetzt sein.

Diese Anforderung ist so zu verstehen, dass zunächst für den Anwendungsbereich des ISMS zu analysieren ist, welche der im Text angegebenen Gefahren für bestimmte Räumlichkeiten bzw. Gebäude relevant sind – erst dann ist ein physischer Schutz zu planen und umzusetzen.

Als Beitrag für den Schutz gegen Feuer sei auf die meist vermeidbare Lagerung brennbarer Stoffe (Brandlasten) innerhalb von Sicherheitszonen hingewiesen. Zu den weiteren Maßnahmen zählen die bauliche Konstruktion mit getrennten Brandabschnitten, geeignet aufgestellte Feuerlöscher, Einrichtungen zur Brandvermeidung (z. B. Sauerstoff-Reduktion) und zur Brand(frühst)-erkennung, ggf. eine automatische Löschanlage.

Bei redundanten Systemen – etwa die Server für kritische Anwendungen – muss darauf geachtet werden, dass diese zumindest in getrennten Brandabschnitten aufgestellt werden, wenn nicht sogar eine größere räumliche Distanz (Verteilung auf getrennte Liegenschaften) erforderlich ist.

Sinngemäß gilt dies für alle Arten von Backup: Es ist auf eine sichere Entfernung zwischen Original und Backup zu achten.

Der Grundschutz-Baustein

–   B2.9 Rechenzentrum

enthält eine eigene Maßnahmengruppe zum Thema *Brandschutz*; die anderen Themen in A.9.1.4 werden eher sporadisch behandelt.

A.9.1.5   Arbeit in Sicherheitszonen

Physischer Schutz und Richtlinien für die Arbeit in Sicherheitszonen muss entwickelt und umgesetzt werden.

Wir stellen uns als Beispiel das Arbeiten in einem Rechenzentrum vor, welches in einer Sicherheitszone aufgebaut ist.

Bei den Richtlinien geht es um Verhaltensregeln im normalen Betrieb und in Ausnahmesituationen (z. B. bei Brand), und zwar mit dem Ziel, das innerhalb der Sicherheitszone arbeitende Personal (z. B. Operator, Administratoren, Wartungstechniker) bei seinen notwendigen Tätigkeiten zu schützen.

Das Arbeiten setzt u. a. eine ausreichende Belüftung und Beleuchtung, Schutz vor elektrischem Schlag, bei ungeeigneten Bedingungen ggf. eine zeitliche Arbeitszeitbeschränkung voraus –

z. B. in Bereichen, in denen zur Brandverhinderung eine Sauerstoff-Reduktion vorgenommen wurde.

Richtlinien sind erforderlich für

- Wartungstechniker, die Reparaturen erst nach Anmeldung und Genehmigung sowie unter Aufsicht durchführen dürfen,

- Reinigungspersonal, das ggf. nur unter Aufsicht tätig werden darf,

- befugtes Personal im Hinblick auf die Mitnahme, d. h. Begleitung von Besuchern (etwa die Sicherheitsbelehrung, auch das Aufzeichnungs-, Fotografier-, Handy- und Rauchverbot betreffend),

- das geordnete Verlassen von Sicherheitsbereichen bei Brand (z. B. akustischer Alarm vor Auslösen einer automatischen Löschung),

- den Einsatz von Handfeuerlöschern im Brandfall (wer darf wann...).

A.9.1.6   *Öffentlicher Zugang, Anlieferungs- und Ladezonen*

Zugangspunkte wie Anlieferungs- und Ladezonen sowie andere Zugangspunkte, an denen unbefugte Personen den Standort betreten können, müssen kontrolliert und, sofern möglich, von informationsverarbeitenden Einrichtungen getrennt werden, um unerlaubten Zutritt zu verhindern.

Die Liegenschaft einer Organisation benötigt in aller Regel einen Perimeterschutz, der zwar die Anlieferung bzw. Abholung von Gerätschaften und den Zugang von bestimmten Personen (Mitarbeiter, Lieferanten, beauftragte Dienstleister, Besucher) kontrolliert ermöglicht, jedoch alle anderen Zutritte unterbindet oder zumindest erschwert und entdeckbar macht.

Es versteht sich von selbst, dass Externe vorher angemeldet werden müssen und sich auszuweisen haben, bevor sie im Besucherbuch eingetragen (und später bei Verlassen ausgetragen) werden.

Bei angelieferten Gegenständen ist eine Eingangskontrolle vorzunehmen, und zwar im Hinblick auf den jeweiligen Lieferauftrag wie auch vor dem Hintergrund potenzieller Gefahren wie z. B. Anlieferung von brennbarem oder explosivem Material. Eine Ausgangskontrolle bei abzuholenden Gegenständen ist ebenfalls sinnvoll.

Was passiert nun nach der Eingangskontrolle?

Zutrittsberechtigungen für weitere Sicherheitsbereiche (Gebäude, Räumlichkeiten) der Liegenschaft sollten restriktiv gehandhabt werden und nur dann vergeben werden, wenn der Betreffende aufgrund seiner Aufgabe tatsächlich Zutritt benötigt.

Extrem ungünstig ist es, wenn sich nach dem Perimeterschutz der Liegenschaft unmittelbar ein Sicherheitsbereich anschließt: Zutritt zu solchen Sicherheitsbereichen haben neben den Mitarbeitern oft auch solche von Fremdfirmen (Lieferant, Wartungstechniker, Reinigungsdienst, Auditoren, Papierentsorgung). Bei der Einlasskontrolle ist dann neben der generellen Erfassung und Ausstellen von Besucherscheinen auch noch die Berechtigung für ein oder mehrere Sicherheitsbereiche zu überprüfen, was zu bestimmten Zeiten und bei einem größeren Ansturm von Besuchern immer zu Problemen führt. Eine Sicherheitsbelehrung, die für Sicherheitsbereiche eigentlich unerlässlich ist, bleibt dann meistens auf der Strecke.

Es wird deshalb dringend empfohlen, mehrstufig vorzugehen und nach dem Einlass zur Liegenschaft erst in gewisser Distanz weitere (Sicherheits-) Zonen vorzusehen und dort nur kontrolliert Einlass bzw. Anlieferung zu gestatten.

In aller Regel ist innerhalb einer Sicherheitszone eine Begleitung von Externen durch eigene Mitarbeiter vorzusehen. Generell muss ein Zugriff zu IT-Systemen – wenn nicht explizit erforderlich – wirksam verhindert werden können.

Materialschleusen für Sicherheitszonen sollten zweistufig (mindestens eine Tür ist immer geschlossen) aufgebaut sein, d. h. zu keinem Zeitpunkt sollte ein direkter Zugang aus der Liegenschaft in den Sicherheitsbereich möglich sein.

Beim IT-Grundschutz streifen eine Reihe von Maßnahmen dieses Thema:

- M1.55 (Perimeterschutz).

- M2.16 (Beaufsichtigung oder Begleitung von Fremdpersonen).

- M2.17 (Zutrittsregelung und -kontrolle).

- M2.2 (Betriebsmittelverwaltung).

- M2.90 (Überprüfung der Lieferung).

A.9.2 Sicherheit von Betriebsmitteln

Diese Sicherheitskategorie behandelt leidvolle Themen wie Verlust, Beschädigung, Diebstahl und Kompromittierung von Informationswerten, ebenso die Sabotage von Geschäftsprozessen.

> ### A.9.2.1 Platzierung und Schutz von Betriebsmitteln
>
> *Betriebsmittel müssen so platziert und geschützt werden, dass das Risiko durch Bedrohungen aus der Umgebung, durch Katastrophen als auch die Gelegenheit für unerlaubten Zugriff reduziert wird.*

Obwohl diese Regel eine Binsenweisheit ist, beobachten wir oft, dass wichtige Geräte aus momentanem Platzmangel in Fluren oder Sozialräumen aufgestellt und betrieben werden – natürlich nur vorübergehend, aber immerhin temporär dem Zugriff durch Unbefugte ausgesetzt sind. Leider erweist sich oft nichts als so dauerhaft wie ein Provisorium.

Ein anderes Beispiel ist das Aufstellen von nicht-sicherheitsrelevanten Betriebsmitteln (etwa das Papiervorratslager) in Sicherheitsbereichen. Hier stellt sich das Problem, dass viele Personen Zutritt zum Sicherheitsbereich benötigen, um an diese Betriebsmittel zu gelangen – und bei dieser Gelegenheit Zugriff zu sensiblen Informationswerten haben können.

Letztlich gehören zu dieser Maßnahme auch die schon erwähnten Brandlasten in Form von Kartons und Papier, die zu Bedrohungen aus der Umgebung führen können.

Wasser führende Leitungen bzw. mögliche Überschwemmungen sind ebenfalls eine Bedrohung aus der Umgebung und bringen uns zu der Forderung, Systeme nicht unter entsprechende Leitungen bzw. in überschwemmungsgefährdeten Bereichen zu platzieren.

Ein Schutz der Installationen vor den Auswirkungen eines Blitzeinschlags ist ein weiteres Beispiel.

Die Aufbewahrung von Backup-Tapes in gewichtigen Tresoren ist eine gute Sache, aber wenig sinnvoll, wenn dessen Tür ständig offen steht. Der unerlaubte Zugriff ist dann nicht zu verhindern.

Abstrahlschutz — Das Thema Abstrahlschutz ist ebenfalls in diese Maßnahme einzusortieren, da es um die Gelegenheit unbefugten Zugriffs zu Informationen geht, der durch ungeschützte (abstrahlende) Betriebsmittel entsteht. Dabei geht es um Folgendes: Viele elektronische Geräte strahlen aufgrund der verwendeten hohen Taktfrequenzen elektromagnetische Wellen ab. Diese Abstrahlung kann bei IT-Systemen sensible Informationen tragen. Unter Einsatz entsprechender Mittel ist es möglich, diese Informationen in einigem Abstand von der Quelle aufzufangen und zu rekonstruieren. Hierdurch wird das Sicherheitsziel der Vertraulichkeit bedroht. Diesem Umstand wird vor allem im militärischen Bereich durch den (sehr teuren) Einsatz abstrahlgeschützten oder abstrahlgeminderten Equipments (Tempest-Systeme bzw. Systeme nach Zonenmodell) Rechnung getragen. Zu diesem Fragenkreis ist das BSI die nationale Ansprechstelle.

Zu den Betriebsmitteln können auch mobile Geräte gehören, die entsprechend abzusichern sind, um bei Verlust (z. B. durch Diebstahl) zumindest sensitive Daten zu schützen. Hier wird vor allem die Verschlüsselung einzusetzen sein. Dort, wo solche Geräte breitflächig eingesetzt werden, ist ein spezielles Mobile Device Management inkl. Technikunterstützung empfehlenswert (vgl. hierzu etwa /KeKl2012/).

Aber natürlich besteht auch bei stationären Systemen das Risiko des Diebstahls und des Zugriffs zu Daten.

Der Schutz von Betriebsmitteln vor Bedrohungen aus der Umgebung schließt auch die gesamte Mess- und Alarmierungstechnik ein, um ungeeignete Umfeldbedingungen (Temperatur, Feuchtigkeit, Spannungsabfall, Überspannungen, etc.) zu erkennen und geeignet reagieren zu können.

A.9.2.2   Unterstützende Versorgungseinrichtungen

Betriebsmittel müssen vor Stromausfällen und Ausfällen anderer Versorgungseinrichtungen geschützt werden.

Strom, Wasser, Klimatisierung und Datenleitungen sind solche notwendigen, unterstützenden Versorgungen.

Nehmen wir das Beispiel Stromversorgung, die beim Grundschutz u. a. in

–   M1.28 (Lokale unterbrechungsfreie Stromversorgung) und

–   M1.56 (Sekundär-Energieversorgung)

angesprochen wird. Die einfachste Absicherung kann eine USV-Pufferung kritischer Geräte sein, die zumindest ein geordnetes Abschalten der System ermöglicht. Um es gar nicht erst soweit kommen zu lassen, ist auch eine getrennte Einspeisung von Strom durch 2 EVU oder zumindest über getrennte Trafos eines

EVUs hilfreich. Weitergehende Maßnahmen sind der Aufbau einer zentralen Batteriestation (Leistungserhalt im höheren Minutenbereich) zur Überbrückung, bis ggf. eine Netzersatzanlage (Dieselaggregat) einspringt (Leistungserhalt über Stunden / Tage je nach Vorrat an Betriebsstoff). Auch hierbei können mehrere Einspeisungspunkte in das interne Stromnetz Ausfälle vermeiden helfen.

Weitere Betriebsmittel:

– Die den Wärmelasten entsprechend (mit Reserven) auszulegende Klimatisierung ist für die unterbrechungsfreie Produktion extrem wichtig. Es kann erforderlich sein, sie sogar redundant aufzubauen.

– Zwei (logisch bzw. auch physisch getrennte) Internetzugänge von unterschiedlichen Providern oder zumindest zwei getrennte Übergabepunkte des gleichen Providers können das Risiko einer ausfallenden Internetanbindung reduzieren.

– Die redundante Auslegung von Netzkomponenten und Vermaschung des internen Netzes kann weitere Risiken reduzieren.

A.9.2.3 Sicherheit der Verkabelung

Versorgerleitungen für Strom und Telekommunikation, welche Daten transportieren oder die Informationssysteme versorgen, müssen vor Abhören und Beschädigung geschützt sein.

Dies zielt einerseits auf die Sabotage (z. B. Kappen der Stromzufuhr), andererseits auf die häufigere Form der Unterbrechung durch Beschädigung z. B. im Zuge von Baumaßnahmen.

Ungeschützte Datenkabel können abgehört werden, die Unterbrechung der Leitung(en) zum Internet Provider kann eine Organisation für längere Zeit lahmlegen.

Beschädigungen müssen nicht immer beabsichtigt erfolgen, oft sind Fehler in der Handhabung die Ursache. Deshalb ist das Dokumentieren von Leitungsverläufen und Patchfeldern eine wichtige Maßnahme zur Fehlervermeidung. Weiterhin ist auf eine Trennung von Strom- und Datenkabeln zu achten, um Interferenzen auszuschließen.

Solche Themen werden beim IT-Grundschutz in folgenden Maßnahmen behandelt:

– M1.22 (Materielle Sicherung von Leitungen und Verteilern).

– M5.5 (Schadensmindernde Kabelführung).

– M1.2 (Regelungen für Zutritt zu Verteilern).

A.9.2.4   *Instandhaltung von Gerätschaften*

Gerätschaften müssen korrekt instand gehalten und gepflegt werden, um ihre Verfügbarkeit und Vollständigkeit sicherzustellen.

Diese Forderung muss nicht weiter erläutert werden: Sie ist auf alle wichtigen Geräte auszudehnen, die Angaben der Hersteller bzw. Lieferanten hinsichtlich Wartungs- und Pflegearbeiten sind zu beachten. Vollständigkeit ist hier im Sinne von Integrität bzw. Betriebsbereitschaft gemeint.

Zur Erfüllung dieser Anforderung A.9.2.4 ist es hilfreich, ein Verzeichnis der Gerätschaften zu haben, in dem alle Wartungszeitpunkte aufgeführt sind und erledigte Arbeiten eingetragen werden. Soweit Geräteversicherungen existieren, sollten diese ebenfalls erfasst werden; die Einhaltung der Versicherungsbedingungen ist ebenfalls zu dokumentieren (ggf. in dem schon erwähnten Verzeichnis).

Im Hinblick auf die angesprochene Verfügbarkeit ist festzustellen, dass für wichtige Gerätschaften regelmäßige Tests durchzuführen sind, um Defizite in der Funktion erkennen zu können. Ein Beispiel dafür ist der turnusmäßige Testlauf einer NEA.

Es versteht sich in unserem Kontext von selbst, dass alle Arbeiten zur Instandhaltung von Gerätschaften nur durch qualifiziertes und autorisiertes Personal erfolgen darf und diese Arbeiten aufzuzeichnen sind.

Beim IT-Grundschutz ist hier insbesondere die Maßnahme

– M2.4 (Regelungen für Wartungs- und Reparaturarbeiten)

zu nennen.

A.9.2.5   *Sicherheit von außerhalb des Standorts befindlicher Ausrüstung*

Betriebsmittel, welche sich außerhalb des Standorts befinden, müssen unter Beachtung der unterschiedlichen Risiken, die durch den Einsatz außerhalb eines Standorts entstehen, geschützt werden.

Unter solche Betriebsmittel fallen z. B. mobile Systeme wie Notebooks / Laptops, PDAs, Mobiltelefone, Smartcards – aber auch der klassische Datenträger Papier. Leider gilt "aus den Augen, aus dem Sinn". Hier kann das Inventarverzeichnis helfen, auch diese Betriebsmittel nicht zu vergessen.

Zu beachten ist, dass außerhalb der Liegenschaften der Organisation meist die Annahmen im Sicherheitskonzept nicht mehr gültig sind. Die Risiken sind viel höher einzuschätzen.

Zum Schutz von Daten, die auf Systemen außerhalb der Organisation in elektronischer Form gespeichert sind, eignet sich vor allem die Verschlüsselung – ergänzt um Vorkehrungen, die eine unbefugte Nutzung des Systems verhindern. Zu letzterem zwei Beispiele:

–   Einsatz von Polarisationsfolien bei Bildschirmen zum Schutz vor Schultersurfern auf Reisen oder in Bereichen mit Publikumsverkehr.

–   Einsatz von Kensington-Locks zum Schutz gegen Gelegenheitsdiebe in schlecht kontrollierbaren Bereichen.

Neben den technischen Maßnahmen kommen hier auch Versicherungen gegen Verlust und Diebstahl in Frage. Dabei sollte berücksichtigt werden, dass diese in der Regel nur den reinen Materialschaden abdecken, nicht aber den Schaden, der durch den Verlust (bzw. die mögliche Offenbarung) der auf den Geräten enthaltenen Information entsteht.

Letztlich sind die geschilderten Maßnahmen auch für das Thema *Home Office* relevant.

Die Regelungsseite wird im IT-Grundschutz durch die Maßnahmen

–   M2.309 (Sicherheitsrichtlinien und Regelungen für die mobile IT-Nutzung) und

–   M2.218 (Regelung der Mitnahme von Datenträgern und IT-Komponenten)

abgedeckt. Einige weitere Maßnahmen sprechen Detailaspekte an – etwa

–   M1.33 (Geeignete Aufbewahrung tragbarer IT-Systeme bei mobilem Einsatz) und

–   M4.29 (Einsatz eines Verschlüsselungsproduktes für tragbare PCs).

Beachten Sie zu diesem Themenkreis auch die Anmerkungen zum Mobile Device Management unter A.9.2.1.

> **A.9.2.6   Sichere Entsorgung oder Weiterverwendung von Betriebsmitteln**
>
> *Bei jeglicher Gerätschaft, welche Speichermedien enthält, muss vor der Entsorgung überprüft werden, ob alle sensiblen Daten und die lizenzierte Software entfernt oder sicher überschrieben wurden.*

Bei A.9.2.6 geht es um Geräte, die entsorgt werden sollen, aber z. B. fest eingebaute Datenträger (wie Festplatten, Speicherkarten) enthalten. Für das „Entfernen" der Daten kommt eine sichere Löschung oder Zerstörung des Datenträgers in Frage.

Das *Löschen* ist bei der heutigen Speichertechnik im Allgemeinen durch Überschreiben des kompletten Datenträgers – möglichst mit einem zufälligen Muster – zu gewährleisten. Lässt man dies von einer entsprechenden Utility vornehmen, adressiert diese alle beschreibbaren Blöcke / Sektoren des Speichers. Dabei bleiben meist Daten unberücksichtigt, die sich in Bereichen des Datenträgers befinden, die als *beschädigt* markiert sind. Im Normalfall wird man diese wenigen Blöcke jedoch vernachlässigen können.

Bei sehr sensiblen Daten sollte auf die Low-Level-Formatierung (Herstellerverfahren / BIOS), auf eine mechanische Zerstörung des Speichers oder auf eine sichere Verwahrung des Datenträgers zurückgegriffen werden. Dieses Thema wird uns nochmal bei A.10.7 im Zusammenhang mit (Speicher-)Medien begegnen.

Die sichere Löschung betreffend findet man beim IT-Grundschutz die Maßnahmen

- M2.167 (Sicheres Löschen von Datenträgern) und

- M4.32 (Physikalisches Löschen der Datenträger vor und nach Verwendung).

Der Hinweis auf die lizenzierte Software adressiert den Fall, dass der Finder eines entsorgten Gerätes möglicherweise eine installierte lizenzgeschützte Software vorfindet und nutzt – und damit die Organisation letztlich einen Lizenzverstoß begeht.

> **A.9.2.7   Entfernung von Eigentum**
>
> *Betriebsmittel, Informationen oder Software dürfen nicht unberechtigt aus dem Standort entfernt werden.*

Es sollte eine klare Regelung geben, die das *Mitnehmen* von Betriebsmitteln (z. B. IT-Systeme und IT-Komponenten), Informationen bzw. Daten (auf Datenträgern) unter expliziten Genehmigungsvorbehalt stellt. Auf diese Weise wird nicht nur dem Diebstahl vorgebeugt, sondern auch dem Vergessen, siehe A.9.2.5.

In der Praxis ist eine (regelmäßig auszuwertende) Inventarisierung erforderlich, in der der Zeitpunkt des Entfernens wie auch des Zurückbringens von Eigentum der Organisation aufgezeichnet wird.

Die schon erwähnte Grundschutz-Maßnahme

- M2.218 (Regelung der Mitnahme von Datenträgern und IT-Komponenten)

gibt weitere Hinweise zu diesem Thema.

A.10 Betriebs- und Kommunikationsmanagement

Der korrekte (ordnungsgemäße) und sichere Betrieb aller Informations- und Kommunikationssysteme steht in diesem Regelungsbereich im Vordergrund. Unter der *Ordnungsmäßigkeit* der Datenverarbeitung verstehen wir unter anderem

- den regelkonformen Ablauf aller Prozesse,
- eine Aufteilung von Verantwortlichkeiten auf definierte Rollen,
- eine Trennung von Entwicklung und Produktion,
- ein systematisches Nachverfolgen aller Änderungen und
- die Nachweisbarkeit von Vorgängen durch qualifizierte Aufzeichnungen.

A.10.1 Verfahren und Verantwortlichkeiten

A.10.1.1 Dokumentierte Betriebsprozesse

Betriebsprozesse müssen dokumentiert und gepflegt sein und ihren Benutzern bereitgestellt werden.

Die Betriebsprozesse sollten in Verfahrens- und Arbeitsanweisungen dokumentiert werden. Zur Unterscheidung: *Verfahrensanweisungen* beschreiben ein Verfahren im Gesamtablauf und geben insbesondere auch die beteiligten Rollen an. Jede Rolle sollte eine *Arbeitsanweisung* haben, in der die für diese Rolle spezifischen Aufgaben in dem betreffenden Verfahren dargelegt sind.

Wenn die Organisation über ein Intranet verfügt, so sollte dieses das Mittel der Wahl sein, um diese Dokumentation verfügbar zu machen. Die Pflege, d. h. die Bereitstellung der jeweils gültigen Fassung, ist dann einfach zu bewerkstelligen, und auch für die Benachrichtigung der Mitarbeiter über neue Dokumente oder neue Versionen ist das Medium bestens geeignet.

Der Begriff *Betriebsprozesse* beinhaltet z. B. (Wieder)Anlauf und Außerbetriebnahme von Systemen, Wartungsprozesse, Backup und Archivierung von Daten, Sichern und Auswerten von Aufzeichnungen – im Grunde also die gesamte Kette von betrieblichen Aktivitäten längs der Geschäftsprozesse. Einzureihen sind hier ggf. auch Verfahren der Notfallbewältigung z. B. bei Systemausfall.

Jede Änderung an solchen Betriebsprozessen muss dokumentiert werden und einem geordneten Change Management unterliegen (s. A.10.1.2).

Die wesentlichen Maßnahmen zu dieser Anforderung A.10.1.1 sind beim IT-Grundschutz

–   M2.219 (Kontinuierliche Dokumentation der Informationsverarbeitung) und

–   M2.1 (Festlegung von Verantwortlichkeiten und Regelungen für den IT-Einsatz).

In den Bausteinen

–   B1.9 (Hard- und Software-Management) und

–   B4.2 (Netz- und Systemmanagement)

gibt es jeweils einen eigenen Abschnitt *Betrieb* mit weiteren Einzelmaßnahmen.

A.10.1.2   Änderungsverwaltung

Änderungen an informationsverarbeitenden Einrichtungen und Systemen müssen geregelt durchgeführt werden.

Hier geht es um das Management von Änderungen, die informationsverarbeitende Einrichtungen betreffen. Gehen wir etwas großzügiger mit diesem Punkt um und betrachten einen Prozess *Change Management*, der zuständig ist für jede Art von Änderungen an

- Prozessen (Geschäfts- wie auch Betriebs- und Wartungsprozesse),

- Dokumenten (u. a. Verfahrens- und Arbeitsanweisungen, Sicherheitskonzepte, SLAs),

- Rollen, Aufgaben und Rechtebeziehungen,

- Personaleinsatz,

- Hardware und Software (einschließlich Konfigurationsdaten),

- Netzwerk und

- Infrastruktur.

Das Change Management ist so zu organisieren, dass bei jeder Änderung Antworten auf folgende Fragen (soweit anwendbar) aufgezeichnet werden:

- Wer ordnet eine Änderung an bzw. genehmigt sie?

- Wer plant die Änderung (was genau ist zu ändern)?

- Welche Auswirkungen hat die Änderung?

- Wer führt die Änderung dokumentativ und praktisch durch?

- Wie wird die Änderung getestet?

- Wer kontrolliert die Einhaltung der Vorgaben?

- Gibt es ein Rollback, wenn die Änderung aus irgendwelchen Gründen zurückgenommen werden muss?

- Wer erteilt die Freigabe zur Inbetriebnahme oder Nutzung?

- Wer ist wann über die Änderungen zu informieren?

- Wie wird die Effektivität der Änderung beurteilt und aufgezeichnet?

Auf solche Planungs-, Umsetzungs- und Kontrolltätigkeiten sind wir schon öfter eingegangen. Es sollte ein Modus gefunden werden, der nach den jeweils gegebenen Verhältnissen eine Optimierung zwischen Aufwand und Effekt verspricht.

Man beachte insbesondere, dass Änderungen oft Schulungs- und Trainingsaufwand nach sich ziehen, neue Fehler oder Sicherheitslücken verursachen können und insgesamt Kosten und Aufwand verursachen. Es ist deshalb ein guter Grundsatz, nur wirklich unabdingbare Änderungen an laufenden Geschäftsprozessen vorzunehmen.

Das Generalthema wird beim IT-Grundschutz in der Maßnahme

- M2.221 (Änderungsmanagement)

behandelt – wenn auch sehr rudimentär. Es ist hier anzuraten, sich an dem entsprechenden ITIL-Prozess (vgl. auch ISO 20000) zu orientieren, der diesen Bereich recht präzise anspricht.

A.10.1.3   Aufteilung von Verantwortlichkeiten

Pflichten und Verantwortungsbereiche müssen aufgeteilt werden, um die Möglichkeiten für unbefugte oder vorsätzliche Veränderung oder Missbrauch von organisationseigenen Werten (Assets) zu reduzieren.

Im Grund geht es hierbei um das Ziel, die Verantwortlichkeiten für bestimmte Prozesse und Arbeitsabläufe so zu verteilen, dass die Rechte einzelner Personen nicht ausreichen, um vorsätzlich unbefugte Änderungen an Informationswerten vorzunehmen oder damit Missbrauch oder Sabotage zu betreiben.

Dies lässt sich leicht bei Informationswerten erreichen, die in Arbeitsprozesse mehrerer Organisationseinheiten eingebunden sind: Hier können Pflichten und Verantwortungsgebiete genau festgelegt werden, wobei man jede der Einheiten als Black Box mit Eingabe und Ausgabe betrachten kann. Es kommt dann darauf an, die Pflichten und Verantwortungsgebiete in Übereinstimmung mit den tatsächlichen Schnittstellen zu bringen.

Vier-Augen-Prinzip

Wo dies wegen fehlender organisatorischer Trennung nicht möglich ist, muss man für sicherheitskritische Werte zu Verfahren wie dem Vier-Augen-Prinzip, Verfahren mit schriftlichen Anweisungen und abgezeichneten Einzelnachweisen oder einer unabhängigen Kontrolle aller Arbeitsschritte greifen.

Als ein Beispiel sei die Aufgabe genannt, Design, Implementierung und Wartung von Software voneinander zu trennen. Das Ziel könnte sein, Firmen-Know-How auf mehrere Schultern zu verteilen, Aufwands- und Kostenkontrolle zu ermöglichen und die Abhängigkeit von einzelnen Personen zu reduzieren.

Beim IT-Grundschutz ist auf die Maßnahme

–   M2.5 (Aufgabenverteilung und Funktionstrennung)

zu verweisen.

A.10.1.4 Aufteilung von Entwicklungs-, Test- und Produktiveinrichtungen

Entwicklungs-, Test- und Produktiveinrichtungen müssen getrennt sein, um das Risiko unbefugten Zugriffs oder Änderungen des Produktivsystems zu verhindern.

Dies betrifft eine klassische Erfahrung aus der Praxis: Entwicklung, Tests und Produktion sind – wie schon unter A.10.1.3 behandelt – zu trennen. Dies ist besonders wichtig, wenn das Produktivsystem Verfügbarkeitsanforderungen zu erfüllen hat: Durch vorschnelle Einführung neu entwickelter und nicht systematisch erprobter Software kann es zu Systemabstürzen bis hin zu vollständigem Ausfall der Produktion kommen.

Ein gewichtiger Aspekt, der für die Trennung spricht, ist der Umstand, dass für Test- und Entwicklungssysteme in der Regel eine wenig kontrollierte Berechtigungsvergabepraxis besteht. Die Nichtvornahme der Trennung würde bedeuten, dass die Berechtigungskontrolle der Produktionsumgebungen entgleitet. Insbesondere im Bereich datenschutzrelevanter Anwendungen ist der Einsatz speziell konditionierter Testdaten auf den nicht produktiven Systemen von Belang, damit auch hier kein unbefugter Zugriff erfolgen kann.

Bei der Einrichtung separater Testsysteme kommt es vor allem darauf an, möglichst die gleiche Systemumgebung zu verwenden, wie sie später in der Produktion vorliegt. Je größer die Abweichung zwischen Test- und Produktionssystem ist, desto höher ist das Risiko, bei der Produktion Fehlerzustände und Ausfälle zu bekommen.

Besonderer Wert ist auch auf Integrationstests zu legen, um das Zusammenspiel zwischen neuen und bereits vorhandenen Komponenten ausreichend testen zu können.

Je nach Kontext kann es geboten sein, Zutritt, Zugriff und Zugang zu Entwicklungs-, Test- und Produktiveinrichtungen strikt zu kontrollieren. Ein unbemerkter Eingriff in den Entwicklungsprozess kann aus Sicht eines Manipulanten besonders effektiv sein...

Die Grundschutz-Maßnahmen

– M2.62 (Software-Abnahme- und Freigabe-Verfahren),

– M2.9 (Nutzungsverbot nicht freigegebener Hard- und Software) und

– M2.82 (Entwicklung eines Testplans für Standardsoftware)

behandeln Einzelaspekte dieses Themas. Man beachte aber, dass sich A.10.1.4 nicht nur auf die Software-Erprobung bezieht.

A.10.2   Management der Dienstleistungs-Erbringung von Dritten

Bei der Verlagerung von Dienstleistungen auf Dritte ist man nicht frei von Verantwortung, sondern muss zumindest die Einhaltung vertraglich vereinbarter Vorgaben prüfen. Bei dieser Sicherheitskategorie A.10.2 geht es um die Vorgabe, Kontrolle und Pflege von Anforderungen an Dienstleistungen Dritter – immer vor dem Hintergrund, die von der Organisation festgelegte Sicherheit aufrechterhalten zu können.

A.10.2.1   Erbringung von Dienstleistungen

Es muss sichergestellt sein, dass die Sicherheitsmaßnahmen, Leistungsbeschreibungen und der Grad der Lieferungen, die in der Liefervereinbarung mit Dritten enthalten sind, von den Dritten umgesetzt, durchgeführt und eingehalten werden.

Dieser Punkt meint eigentlich nur, dass die vertraglichen Vorgaben (insbesondere an die Informationssicherheit) durch den Dienstleister erfüllt werden müssen, d. h. er hat sich dazu zu *verpflichten* und dies in einer genehmen Form nachzuweisen.

Die Art des Nachweises kann dabei nach Art und Komplexität der Vorgaben, betrieblicher Zweckmäßigkeit und nach Aufwandsgesichtspunkten variieren. Die Nachweisform sollte bereits im Vertrag geregelt sein.

Im Bereich des Datenschutzes ist das Erfordernis des Abschlusses von Auftragsdatenvertragsklauseln (§11 BDSG) zu beachten.

A.10.2.2   Überwachung und Überprüfung der Dienstleistungen von Dritten

Die von Dritten gelieferten Dienstleistungen, Berichte und Aufzeichnungen müssen regelmäßig überwacht und überprüft werden, und Audits sollten regelmäßig durchgeführt werden.

In der Praxis werden die Erwartungen an Dritte oft recht gut in Verträgen und Vereinbarungen niedergelegt, selten jedoch enthalten solche Verträge auch eine Nachweispflicht des Beauftragten oder ein Kontrollrecht des Beauftragenden. Dies sollte aber

der Fall sein, wenn man die Managementaufgabe der Erfüllungs-
kontrolle sachgerecht ausführen will.

Bei dieser Maßnahme geht es also um die Kontrolle des Dienst-
leisters: Wenn im Vertrag Aufzeichnungen, Berichte, Fehlerproto-
kolle oder Messprotokolle (z. B. betreffend Antwortzeiten, Per-
formance, Bandbreiten) als Nachweise vereinbart wurden, reicht
es nicht aus, dass der Dienstleister diese liefert – sie sind auch
durch die Organisation zu prüfen und auszuwerten. Das gilt in
gleicher Weise für die Liefergegenstände: Hier sind vertraglich
vorgegebene Spezifikationen auf ihren Erfüllungsgrad zu prüfen.

Je nach Art der Dienstleistung kann es erforderlich sein, die Einhaltung der Sicherheit (und anderer Vorgaben) z. B. vor Ort
beim Dienstleister zu inspizieren. Ob die Organisation dies selbst
durchführt, oder unabhängige Auditoren hiermit beauftragt, ist
sekundär: Beides dient der Erfüllung der Kontrollpflicht.

Für die Kommunikation mit dem Dienstleister sollte die Organisation eine definierte Schnittstelle einrichten und so die Verantwortung für die Überwachung und Überprüfung klar regeln.

Datenschutz Die im Bereich der Auftragsdatenverarbeitung auferlegten Verpflichtungen sind in zweckmäßiger Weise durch den Auftraggeber zu kontrollieren. Eine zweckmäßige Kontrolle umfasst hier
zumindest die Inspektion der entsprechenden Reports, deren
Erstellung dem Auftragnehmer aufzugeben ist. Im Einzelfall können weitergehende Vorortkontrollen oder die Vorlage von externen Kontrollberichten unabhängiger Prüfer angezeigt sein.

**A.10.2.3 *Management von Änderungen an Dienstleistungen
von Dritten***

*Änderungen an der Erbringung von Dienstleistungen, ein-
schließlich des Aufrechterhaltens und Verbesserns der existierenden Sicherheitsleitlinie, Verfahren und Maßnahmen, müssen geregelt werden, und dies unter Berücksichtigung der Kritikalität der betroffenen Geschäftssysteme und -prozesse und
einer zusätzlichen Risikoeinschätzung.*

Wenn der Dienstleister Änderungen an seinen Services ankün-
digt, ist Vorsicht geboten: Vor der Zustimmung zu der neuen
Verfahrensweise muss überprüft werden, welche Auswirkungen
sich auf die Sicherheit der Organisation ergeben.

Änderungen, die der Auftraggeber (unsere Organisation) selbst
verursacht, können mindestens ebenso kritische Auswirkungen
besitzen: Änderungen an der Leitlinie (geänderte Sicherheitsziele,

anderes Sicherheitsniveau, neue Risikoeinschätzung) und sicherheitsrelevante Änderungen an den betrieblichen Abläufen führen zu der Notwendigkeit, alle betroffenen Dienstleistungsverträge mit Dritten daraufhin zu prüfen, ob die vorhandenen Vorgaben noch ausreichend sind oder Anpassungen erforderlich werden.

Letzteres funktioniert natürlich nur, wenn man bei Vertragsabschluss bereits Klauseln im Vertrag vorgesehen hat, die solche anlassbedingten Anpassungen erlauben.

Beim IT-Grundschutz wird das gesamte Thema Dienstleister bzw. Outsourcing, wie es in A.10.2.1 bis A.10.2.3 angesprochen wird, in folgenden Maßnahmen behandelt:

- M2.250 (Festlegung einer Outsourcing-Strategie).

- M2.251 (Festlegung der Sicherheitsanforderungen für Outsourcing-Vorhaben).

- M2.252 (Wahl eines geeigneten Outsourcing-Dienstleisters).

- M2.253 (Vertragsgestaltung mit dem Outsourcing-Dienstleister).

- M2.254 (Erstellung eines IT-Sicherheitskonzepts für das Outsourcing-Vorhaben).

- M2.255 (Sichere Migration bei Outsourcing-Vorhaben).

- M2.256 (Planung und Aufrechterhaltung der IT-Sicherheit im laufenden Outsourcing-Betrieb).

- M6.83 (Notfallvorsorge beim Outsourcing).

A.10.3   Systemplanung und Abnahme

Auch mit dieser Sicherheitskategorie wird beabsichtigt, das Risiko von Systemfehlern und Systemausfällen zu reduzieren.

A.10.3.1   Kapazitätsplanung

Die Verwendung von Ressourcen muss überwacht und abgestimmt werden, und Abschätzungen für zukünftige Kapazitätsanforderungen müssen getroffen werden, um die geforderte Systemleistung sicherzustellen.

Systemüberlastungen oder Performance-Engpässe können eine Ursache für unzureichende Verfügbarkeit oder gar Systemausfälle sein. Diese Maßnahme fordert daher einerseits eine *Kapazitätsüberwachung*, um belastbares Zahlenmaterial zu bekommen, und darauf aufbauend eine vorausschauende *Kapazitätsplanung*.

Der zukünftige Bedarf soll in die Planung von Systemerweiterungen oder Systemanpassungen einfließen.

Beim IT-Grundschutz ist eine entsprechende Maßnahme dazu aus dem Katalog gestrichen worden; das Thema wird in sehr allgemeiner Form im Baustein

– B1.3 (Notfallmanagement)

abgedeckt. Dies erscheint insofern etwas überzogen, da nicht jeder Kapazitätsengpass direkt ein Notfall ist. Kapazitätsplanungen sollten vielmehr zum normalen Geschäft eines IT-Betriebs gehören – dies umso mehr, als Kapazitätsänderungen oft eine längere Realisierungszeit erfordern und somit aus betrieblicher Sicht *rechtzeitig* initiiert werden sollten.

Es empfiehlt sich, die entsprechenden Maßnahmen an den Anforderungen von ITIL (vgl. auch ISO 20000) zum Capacity Management Prozess zu orientieren.

A.10.3.2 System-Abnahme

Kriterien für eine Abnahme von neuen Informationssystemen, Upgrades / Aufrüstungen und neuen Versionen müssen eingeführt, und angemessene Tests von Systemen müssen während der Entwicklung und vor der Abnahme durchgeführt werden.

Wenn z. B. aufgrund der Kapazitätsplanung eine Erweiterung der Systeme beschlossen worden ist, sollte die Aufrüstung in einem geordneten Prozess erfolgen, der von einem durchdachten Design der Anpassung, über die Beschaffung, Aufbau eines Testsystems, aussagekräftige Tests, ggf. Einweisungen und Schulungen bis hin zur Betriebsfreigabe reicht. Nach unserer Erfahrung ist es oft so, dass gerade unter dem Zeitdruck des termingerechten Abschlusses von Projekten auf Tests und Freigaben verzichtet wird. Davor soll auch hier noch einmal gewarnt werden.

A.10.3.2 fordert also einen (dokumentierten) Prozess zur Abnahme neuer bzw. geänderter Systeme, wobei Tests eine Generalvoraussetzung sind. Weiterhin sind entsprechende Abnahmekriterien vorab festzulegen. Gelegentlich wird dies durch einen formalen Akkreditierungs- oder Freigabeprozess organisiert.

Die folgenden Grundschutz-Maßnahmen behandeln dieses Problem mit unterschiedlichen Schwerpunkten:

– M2.216 (Genehmigungsverfahren für IT-Komponenten).

– M2.62 (Software-Abnahme- und Freigabe-Verfahren).

- M2.85 (Freigabe von Standardsoftware).
- M2.82 (Entwicklung eines Testplans für Standardsoftware).
- M4.65 (Test neuer Hard- und Software).

A.10.4 Schutz vor Schadsoftware und mobilem Programmcode

Die folgenden beiden Maßnahmen dienen dem Integritätsschutz von Software – ein zentrales Thema, das praktisch alle Sicherheitsziele für Informationen, Systeme und Geschäftsprozesse betrifft: Nicht-integre Software kann so ziemlich jeden denkbaren Schaden verursachen.

A.10.4.1   Maßnahmen gegen Schadsoftware

Maßnahmen zur Erkennung, Verhinderung und Wiederherstellung zum Schutz vor Schadsoftware, sowie ein angemessenes Bewusstsein der Benutzer müssen umgesetzt sein.

Der Begriff *Schadsoftware* meint hier jede Art von Software, die mit der Absicht in Systeme eingebracht wird, Schaden zu verursachen. Dazu zählen natürlich die bekannten Viren und Trojaner, sowie Spionage-Programme, mit denen sensible Informationen „abgesaugt" werden sollen.

Diese unscheinbare Maßnahme A.10.4.1 adressiert somit den Gesamtkomplex

- der Sensibilität der Anwender von Systemen für den Integritätsschutz,
- der Routine-Kontrollen installierter Software,
- der frühzeitigen Erkennung von Schadsoftware,
- der laufenden Aktualisierung der Erkennungsmuster,
- der Verhinderung der Schadenfunktion von Schadsoftware,
- der sicheren Beseitigung von Schadsoftware aus einem infizierten System bis hin zur
- Wiederherstellung der Daten und Systeme nach einer erfolgreichen Attacke.

Die Organisation muss Maßnahmen ergreifen, um diese Punkte abzudecken. Dabei ist nicht nur auf technische Maßnahmen (Viren-Scanner, ggf. Einsatz zweier unterschiedlicher Produkte) einzugehen: Organisatorische Regeln wie das Verbot, private, insbesondere vom Internet geladene Software zu installieren, sollten eine Selbstverständlichkeit sein. Letzteres muss durch Sensibilisierungsmaßnahmen unterstützt werden, damit Anwender den Sinn solcher Vorgaben richtig einordnen können.

Man beachte, dass Schadsoftware nicht nur in Produktumgebungen eingebracht werden kann, sondern auch in Entwicklungs- und Testumgebungen besonders effektiv sind, weil die entwickelten / getesteten Produkte möglicherweise anschließend in viele Systeme eingespielt werden.

Die konzeptionellen Grundlagen zu dieser Maßnahme des Standards findet man beim IT-Grundschutz im Baustein

- B1.6 (Computer-Viren-Schutzkonzept).

Der Baustein enthält eine Vielzahl von Verweisen auf Einzelmaßnahmen.

A.10.4.2   *Schutz vor mobiler Software (mobilen Agenten)*

Wo die Verwendung mobilen Programmcodes (mobile Agenten) genehmigt ist, muss die Systemkonfiguration dafür Sorge tragen, dass dieser gemäß einer klar definierten Leitlinie agiert und nicht genehmigter mobiler Programmcode nicht ausgeführt wird.

---

mobile Software

Unter *mobiler Software* versteht man eine solche, die – oft verdeckt – von einem System in ein anderes transferiert wird und dort dann automatisch ausgeführt wird. Beispiele hierfür sind Active X Controls, Java Applets und andere Apps, die uns bei der Nutzung des Internets in großer Zahl begegnen – nicht zuletzt auch in Verbindung mit mobilen Geräten wie Smartphones und Pads.

In vielen Anwendungen ist die Nutzung mobiler Software ein „muss" – ob sie eingesetzt wird, ist nicht mehr Gegenstand der Diskussion. Die Organisation sollte jedoch wissen, dass hierbei massive Sicherheitsbedenken bestehen und der Verzicht auf absichernde Maßnahmen schon als grobe Fahrlässigkeit zu betrachten ist.

Eine diesbezügliche Richtlinie sollte einen Genehmigungsvorbehalt enthalten, wenn mobiler Code zum Einsatz kommen soll. Weiterhin sollte die Richtlinie vor der Entscheidung zur Freigabe eine detaillierte Risikoeinschätzung und die Benennung absichernder Maßnahmen fordern.

In diesen Zusammenhang sind die Maßnahmen

– M5.69 (Schutz vor aktiven Inhalten),

– M4.23 (Sicherer Aufruf ausführbarer Dateien) und

– M4.100 (Firewalls und aktive Inhalte)

beim IT-Grundschutz einzuordnen.

A.10.5   Backup

Zerstörte, nicht mehr verfügbare oder manipulierte Daten können ein weiterer Grund für Fehlfunktionen und Systemausfälle sein.

A.10.5.1   *Backup von Informationen*

Backup-Kopien von Informationen und von Software müssen regelmäßig, im Einklang mit der akzeptierten Backup-Methode, erstellt und getestet werden.

Hier ist zunächst von der *akzeptierten Backup-Methode* die Rede: Dies meint das von der Organisation in Kraft gesetzte, dokumentierte Verfahren der Datensicherung, das eine Vielzahl von Aspekten abdecken muss:

– die Grundsätze (Art, Reichweite, Häufigkeit),

– die technische Durchführung (Backup-System, Backup-Software, Verfahrensanweisung),

– ihr Nachweis (Protokollierung),

– die Aufbewahrung der Backup-Medien (darin z. B. auch das Thema Verschlüsselung),

– das Verfahren der Wiedereinspielung,

– die Vernichtung ausrangierter Backup-Medien.

Eine weitere wichtige Anforderung in A.10.5.1 besagt, dass Backup-Kopien *getestet* werden müssen: Es reicht also nicht aus, den Regeln gemäß Backup-Kopien zu erzeugen, man muss auch regelmäßig prüfen, ob der Vorgang des Restore funktioniert und zu den erwarteten Ergebnissen führt.

Beim IT-Grundschutz ist hier zunächst der Baustein

– B1.4 (Datensicherungskonzept)

zu nennen; wesentliche Maßnahmen stellen weiterhin dar

– M6.32 (Regelmäßige Datensicherung),

- M6.20 (Geeignete Aufbewahrung der Backup-Datenträger) und

- M6.41 (Übungen zur Datenrekonstruktion).

A.10.6 Management der Netzsicherheit

Geschäftsprozesse können trotz integrer Systeme und Daten zum Stillstand kommen, wenn die Netzinfrastruktur manipuliert, überlastet, oder aus anderen Gründen funktionsuntüchtig ist. Weiterhin stellt die ungesicherte Übertragung von Daten in vielen Anwendungen ein hohes Risiko dar, vor allem im Hinblick auf die Vertraulichkeit und Integrität der Daten.

> ### A.10.6.1   Maßnahmen für Netze
>
> *Um Netze vor Bedrohungen zu schützen, die Sicherheit von Systemen und Anwendungen in Netzen zu erhalten, sowie die übertragenen Informationen zu sichern, muss ein Netz angemessen verwaltet und kontrolliert werden.*

Für das Netzwerk der Organisation (Intranet, DFÜ- und TK-Netze; unabhängig davon, ob leitungsgebunden oder kabellos) wird die Forderung aufgestellt, dieses (angemessen) zu verwalten und zu kontrollieren.

Eine *Verwaltung* verlangt zunächst eine Verantwortlichkeit (Netzmanagement) und die Festlegung entsprechender Regeln und Verfahren.

Für den Verwaltungsaspekt findet man beim IT-Grundschutz Maßnahmen in den Bausteinen

- B4.1 (Heterogene Netze) und

- B4.2 (Netz- und Systemmanagement),

insbesondere

- M5.7 (Netzverwaltung).

Die *Kontrolle* umfasst neben einer Prüfung der Einhaltung aller bestehenden Regeln auch die Durchführung von Untersuchungen zur Sicherheit des Netzwerks. Dies beinhaltet auch Penetrationstests zur Firewall-Absicherung und der Sicherheit kritischer Anwendungen. Die Kontrolle sollte sich zur Regel machen, alle Prüfungen der Netzsicherheit zu dokumentieren.

Der Kontrollaspekt ist im Grundschutz in einigen Maßnahmen vorhanden:

–   M4.81 (Audit und Protokollierung der Aktivitäten im Netz).

–   M4.298 (Regelmäßige Audits der WLAN-Komponenten).

–   M5.141 (Regelmäßige Sicherheitschecks in WLANs).

–   M5.71 (Intrusion Detection und Intrusion Response Systeme).

Eine wichtige Voraussetzung für eine Kontrolle sind entsprechende Aufzeichnungen, z. B. das Logging von Aktivitäten im Netzwerk, bei Netzübergängen und im Zusammenhang mit Anwendungen.

A.10.6.2   Sicherheit von Netzdiensten

Sicherheitseigenschaften, Service Levels und Administrationsanforderungen aller Netzdienste müssen ermittelt und in eine Vereinbarung über Netzdienste aufgenommen werden. Dies muss unabhängig davon sein, ob diese Dienste intern oder von externen Dienstleistern erbracht werden.

Grundsätzlich sollten alle geforderten Sicherheitseigenschaften, Service Levels und Anforderungen an die Administration eines Netzwerks dokumentiert sein.

Ist der Netzbetrieb an einen Dienstleister vergeben, muss die genannte Dokumentation Bestandteil der Vereinbarungen mit dem Dienstleister werden. Dies gilt unabhängig davon, ob es sich um einen externen oder internen Dienstleister handelt.

Dies betrifft in unserem Kontext natürlich insbesondere alle Anforderungen in punkto *Informationssicherheit*. Hier kann es um die Spezifikation von Verschlüsselungstechniken, Verbindungskontrollen und Authentisierungsmechanismen gehen – aber z. B. auch um Verfahren zur Begrenzung des Verkehrsaufkommens.

Viele Dienstleistungsvereinbarungen enthalten Regelungen zum angebotenen und beanspruchten *Service Level*. Die Kosten sind unter anderem auch vom vereinbarten Service Level abhängig. Es ist daher sinnvoll (und ggf. kostensparend), den benötigten Service Level den geschäftlichen Bedürfnissen entsprechend zu bestimmen und passend zu vereinbaren.

Eine nicht den Regeln konforme *Administration* eines Netzes kann die Gesamtsicherheit der Organisation erheblich beeinträchtigen. Dies gilt erst recht, wenn die Administration den Gesamtkontext der Geschäftstätigkeit der Organisation nicht kennt oder nicht ausreichend berücksichtigt, also vielleicht nur technische Belange im Auge hat. Dieser Fall ist häufig bei externen Netzbetreibern anzutreffen. Hier können Vereinbarungen helfen, administrative Tätigkeiten (bestimmter Kategorien) erst nach einer Vorabstimmung mit der Organisation durchzuführen.

Die schon beim Outsourcing (A.10.2.1 bis A.10.2.3) genannten Maßnahmen des IT-Grundschutzes finden sinngemäß auch hier Anwendung.

A.10.7 Handhabung von Speicher- und Aufzeichnungsmedien

Es wird oft vergessen, dass die Sicherheitsziele Vertraulichkeit, Integrität und Verfügbarkeit sich nicht nur auf Daten und Informationen im laufenden System beziehen, sondern auch deren Speicherung auf externen bzw. wechselbaren Medien betreffen. Die nachfolgenden vier Maßnahmen behandeln dieses Thema über den gesamten Lebenszyklus von Medien.

A.10.7.1 *Verwaltung von Wechselmedien*

Es müssen Verfahrensanweisungen für den Umgang mit Wechselmedien vorhanden sein.

Diese Maßnahme fordert, dass ein Verfahren zur Verwaltung dieser Medien dokumentiert und eingeführt ist. Dieses Verfahren muss die folgenden Schritte beinhalten: Einkauf der Medien, Vorratshaltung, ihre Entnahme aus dem Vorrat, ihre Kennzeichnung, ihre Nutzung bzw. Inbetriebnahme, ihre sichere Lagerung (wenn außer Betrieb), Zugriffsberechtigungen, Weitergabe an Dritte, Archivierung, ihre Wiederaufbereitung (sofern möglich oder vorgesehen) und ihre geordnete Vernichtung.

Dieses so beschriebene Verfahren sollte traditionelle Speichermedien wie Disketten, CDs, DVDs, Tapes, Speicherkarten und Festplatten genauso umfassen wie alle Arten von Speichermedien, die über externe Schnittstellen (USB, PCMCIA, FireWire) angeschlossen werden können. Letztlich könnte das Verfahren auch das Speichermedium *Papier* miteinschließen.

Man hat also bei diesem Punkt eine Vielzahl von Medien, aber auch einen durchaus umfassenden Prozess der Verwaltung mit den oben genannten Schritten. Dies verlangt nach einer einheitlichen Prozess-Beschreibung für den generellen Umgang mit Wechselmedien.

A.10.7.2   Entsorgung von Medien

Werden Medien nicht länger benötigt, müssen diese geschützt und sicher unter Anwendung formaler Verfahrensanweisungen entsorgt werden.

Ein solches Ziel besteht natürlich nicht nur für den Fall, dass die *Speichermedien* selbst entsorgt werden müssen, sondern auch für die Entsorgung von Geräten, die fest installierte Speichermedien enthalten. Wir hatten bereits in A.9.2.6 darauf hingewiesen.

Bei den Medien, die Daten der Organisation enthalten, ist abhängig von den Sicherheitszielen für diese Daten zu entscheiden, nach welchen Kriterien die Medien aufbewahrt, wiederaufbereitet und entsorgt werden. Dabei sollte gefordert werden, dass die Ausgabe von Medien wie auch ihre Vernichtung protokolliert wird.

Ausrangierte Tapes, Platten, CD oder DVD, Speicherkarten als Träger sensibler Daten bedenkenlos auf den Müll zu geben, ist keine Lösung. Medien zu zerstören wäre eine Alternative, wenn dies technisch zuverlässig möglich ist (Verbrennen, mechanisches Schreddern). Magnetische Datenträger einem starken Magnetfeld auszusetzen, kann – abhängig von der Stärke des Feldes – ausreichend sein, um gespeicherte Daten sicher zu löschen. Die Nutzung hierfür vorgesehener, qualifizierter Bulk Eraser wird dringend empfohlen.

Solche Medien können anschließend einer erneuten Verwendung zugeführt werden. Festplatten zeigen sich in dieser Hinsicht eher resistent, hier hilft dann ein sicheres Löschen durch vollständiges Überschreiben mit zufälligen Datenmustern.

Wiederauf-
bereitung

Die sichere Löschung von Speichern und Datenträgern, die anschließend wieder verwendet werden sollen, ist ein durchaus anspruchsvolles Thema. Diese *Wiederaufbereitung* ist eine der Sicherheitsfunktionen zertifizierter Betriebssysteme.

Dazu noch ein Hinweis: Unser Vorschlag des vollständigen Überschreibens von Speicherbereichen mit zufälligen Mustern würde extrem hohen Sicherheitsanforderungen nicht standhalten. Es ist technisch möglich, mehrere „Schichten" von geschriebenen Daten z. B. auf einer Festplatte zu restaurieren, d. h. einmaliges Überschreiben wäre in solchen Kontexten unzureichend. Abhilfe schafft hier nur mehrmaliges Überschreiben – nach einer etwas betagten Regel mindestens sieben Mal. Aber auch das erscheint heute nicht mehr als absolut sicher...

Will man solchen Aufwand generell nicht treiben, wäre an eine sichere Endlagerung der Speichermedien zu denken – aber sicher nicht an eine einfache *Rückgabe* an den Lieferanten. Unter die Maßnahme A.10.7.2 fällt auch die Entsorgung von bedrucktem Papier, das sensible (z. B. auch datenschutzrelevante) Informationen enthalten kann, und daher nur qualifiziert vernichtet bzw. entsorgt werden darf.

Inzwischen sind zertifizierte Dienstleister am Markt tätig, die Datenträger geeignet vernichten. Der nächste Schritt wäre, die Vernichtung der Datenträger beim Dienstleister durch eigenes Personal zu überwachen.

Dies gilt vor allem dann, wenn ihr Unternehmen selbst Dienstleister ist und eine Datenverarbeitung unter Funktionsübertragung oder auch im Wege einer Auftragsdatenverarbeitung durchführt. Wenn sie Datenträger mit Berufsgeheimnisträgerdaten von einem Fremdunternehmen löschen oder vernichten lassen, besteht die Gefahr der (zufälligen) Kenntnisnahme durch Mitarbeiter des Fremdunternehmens, wofür nach §203 StGB – auch ohne dass eine tatsächliche Offenbarung stattgefunden hat – bereits Strafe droht.

A.10.7.3   Umgang mit Informationen

Verfahren für den Umgang mit und die Speicherung von Information müssen etabliert werden, um diese Informationen vor unerlaubter Veröffentlichung oder Missbrauch zu schützen.

Sobald Medien sensible Daten enthalten, muss ihre Verwendung, Weitergabe und Aufbewahrung geregelt sein.

Dies setzt eine saubere Kennzeichnung voraus. Hat man sich bspw. für die Klassifizierung (s. A.7.2.1 auf der Seite 163) von Informationen der Organisation entschieden, müssen Medien neben einer Angabe zum Inhalt auch mit ihrer Klassifikation (z. B. *Firmen-vertraulich* oder *Personenbezogene Daten*) gekennzeichnet sein.

Hat man keine Klassifikation dieser Art, muss man allgemeine Regeln zum Umgang mit solchen Medien formulieren, etwa: *Die Weitergabe von Medien an Externe ist grundsätzlich untersagt. Ausnahmen bedürfen einer Genehmigung durch...*

In Organisationen, die z. B. Software für Dritte entwickeln oder Expertisen erstellen, wird es im Rahmen der Qualitätssicherung und des Auslieferungsverfahrens ohnehin Vorgabe sein, Medien nur kontrolliert weiter zu geben. *Kontrolliert* meint dabei sowohl eine Kontrolle des Inhalts wie auch eine Kontrolle der beabsichtigten Weitergabe bzw. des Empfängers.

Im Hinblick auf Software-Lizenzen, die die Organisation besitzt, wird es immer ein Thema sein, unbefugtes Kopieren und Nutzen entsprechender Datenträger zu verhindern.

A.10.7.4   Sicherheit der Systemdokumentation

Systemdokumentation muss vor unbefugtem Zugriff geschützt werden.

Zunächst sollte festgestellt werden, welche Systeme und welche Dokumentation von dieser Maßnahme betroffen sind. Öffentlich verfügbare Information bedarf dieses Schutzes ganz offensichtlich nicht. Was man im Internet oder im Buchladen findet, ist öffentlich verfügbare Information. Informationen über Systeme – soweit nicht öffentlich verfügbar – dagegen stellen einen Wert dar und sollten ausreichend geschützt werden.

Besonders gilt dies für Informationen über eigene installierte Systeme wie z. B. Netzpläne, Konfigurationsvorgaben und Sicherheitskonzepte: Wenn diese in die Hände von Unbefugten gelangen, können sich daraus gravierende Folgen ergeben – Hacker nehmen Informationen dieser Art gerne zur Kenntnis.

Der verlangte Schutz *kann* somit die Ziele Vertraulichkeit und Integrität betreffen, vor allem aber wird die Verfügbarkeit dieser Informationen zu adressieren sein.

Sie werden sich schon gewundert haben, warum bei den Anforderungen A.10.7.x keine Grundschutz-Maßnahmen angegeben worden sind. Macht man sich die Mühe, Maßnahmen aus den Katalogen herauszusuchen, die diese Themen berühren, dann kommt eine Menge zusammen:

- M1.36 (Sichere Aufbewahrung der Datenträger vor und nach Versand).

- M1.45 (Geeignete Aufbewahrung dienstlicher Unterlagen und Datenträger).

- M1.60 (Geeignete Lagerung von Archivmedien).

- M2.2 (Betriebsmittelverwaltung).

- M2.3 (Datenträgerverwaltung).

- M2.25 (Dokumentation der Systemkonfiguration).

- M2.43 (Ausreichende Kennzeichnung der Datenträger beim Versand).

- M2.44 (Sichere Verpackung der Datenträger).

- M2.45 (Regelung des Datenträgeraustausches).

- M2.112 (Regelung des Akten- und Datenträgertransports).

- M2.167 (Sicheres Löschen von Datenträgern).

- M2.218 (Regelung der Mitnahme von Datenträgern und IT-Komponenten).

- M2.257 (Überwachung der Speicherressourcen von Archivmedien).

- M2.401 (Umgang mit mobilen Datenträgern und Geräten).

- M3.14 (Einweisung des Personals in den geregelten Ablauf der Informationsweitergabe und des Datenträgeraustausches).

- M3.60 (Sensibilisierung der Mitarbeiter zum sicheren Umgang mit mobilen Datenträgern und Geräten).

- M4.32 (Physikalisches Löschen der Datenträger vor und nach Verwendung).

- M4.33 (Einsatz eines Viren-Suchprogramms bei Datenträgeraustausch und Datenübertragung).

- M4.35 (Verifizieren der zu übertragenden Daten vor Versand).

- M4.64 (Verifizieren der zu übertragenden Daten vor Weitergabe / Beseitigung von Restinformationen).

- M4.169 (Verwendung geeigneter Archivmedien).

- M4.200 (Umgang mit USB-Speichermedien).

- M5.23 (Auswahl einer geeigneten Versandart für Datenträger).

- M6.20 (Geeignete Aufbewahrung der Backup-Datenträger).

- M6.47 (Aufbewahrung der Backup-Datenträger für Telearbeit).

Die Liste ist noch nicht vollständig. Ein Teil dieser Maßnahmen ist dem Baustein

- B5.2 (Datenträgeraustausch)

zugeordnet. Hier stellt sich aber in der Tat die Frage, ob nicht eine integrierte, im Prozess-Sinne vollständige Behandlung dieses Sicherheitsaspektes hilfreicher wäre.

A.10.8   Austausch von Informationen

Nun geht es um die Sicherheit von Informationen und Daten bei der Datenübertragung, und zwar sowohl innerhalb der Organisation wie auch mit Externen.

Wie der Austausch anderer Werte, z. B. in einer Ware-Geld-Beziehung, sollte auch der Austausch von Informationswerten als Wertefluss angesehen und entsprechend geschützt werden. Der Weg, den die Informationen nehmen, ist dabei natürlich angemessen zu berücksichtigen. Erfolgt der Informationsaustausch über öffentliche Kanäle, so besteht in der Regel eine besondere Notwendigkeit des Schutzes.

> *A.10.8.1   Regelwerke und Verfahren zum Austausch von In-*
> *formationen*
>
> *Formale Regelungen, Verfahren und Maßnahmen müssen vorhanden sein, um den Austausch von Informationen für alle Arten von Kommunikationseinrichtungen zu schützen.*

Das ist die Generalklausel, die verlangt, dass man sensible Daten bei der Übertragung – gleich welcher Art – schützen muss. Dies soll zunächst auf der Ebene von Regelungen erkennbar sein, dann müssen zum Schutz der Daten Verfahren festgelegt werden, die ihrerseits durch konkrete Maßnahmen umzusetzen sind.

Der Austausch von Informationen kann dabei in sehr unterschiedlichen Kontexten und Formen ablaufen wie z. B. Email, Sprache (Telefon, auch via Internet), FAX, Videoübertragung etc.

Betrachten wir ein Beispiel: Ein Software-Hersteller kommuniziert mit seinen Kunden über das Internet per Email und liefert auf diesem Wege Programmcode und Dokumentation in elektronischer Form aus. Nehmen wir an, es handelt sich um Individualsoftware. Dann mag es unter den Kunden solche geben, die verhindern möchten, dass ihr Programmcode Dritten (anderen Kunden oder Externen, die keine Kunden sind) in die Hände fällt. Der Software-Hersteller seinerseits möchte den Programmcode vielleicht schon deshalb schützen, damit er nicht von der Konkurrenz ausgewertet, nachgebaut oder anderweitig verwendet werden kann.

Regeln

Somit liegen mindestens zwei Anforderungen zum Schutz der Daten vor. Der Software-Hersteller erlässt deshalb die Regel, dass Programmcodes und Dokumentation grundsätzlich nur über einen *sicheren Kanal* übertragen werden dürfen. *Sicher* heißt dabei, dass nur der berechtigte Kunde die Daten erhalten kann und jedwede Änderung der Daten auf dem Transportwege leicht erkennbar ist.

Verfahren

Zur Sicherung der Daten sollen sowohl Verschlüsselung (Vertraulichkeit) als auch die elektronische Signatur (Authentisierung des Absenders) eingesetzt werden. Weiterhin muss auch sichergestellt werden, dass der berechtigte Kunde zweifelsfrei authentisiert werden kann – was ebenfalls durch Techniken der elektronischen Signatur möglich ist.

Maßnahmen

Die Kunden erhalten zu diesem Zweck vom Software-Hersteller Verschlüsselungs-, Signatur- und Authentisierungszertifikate, die für den jeweiligen berechtigten Kunden personalisiert sind. Weiterhin erhalten die Kunden vom Software-Hersteller ggf. eine Kommunikationssoftware, die die genannten Zertifikate nutzt und damit einen sicheren Kanal aufbauen kann.

Der sichere Kanal schützt beide Kommunikationspartner nicht vor dem Problem der Schadsoftware: Es könnten z.B. ausgelieferte Dateien mit Viren infiziert sein. Somit sind auch für diesen Fall entsprechende Sicherheitsmaßnahmen vorzusehen.

Damit ist die technische Seite vielleicht erledigt – es kann aber notwendig sein,

– das Ganze auch im rechtlichen Sinne verbindlich zu machen (d. h. beide Seiten verpflichten sich, das beschriebene Verfahren tatsächlich anzuwenden),

– eine Anlaufstelle einzurichten, um den Kunden bei Problemen mit der sicheren Datenübertragung zu unterstützen,

– eine Einheit der Organisation (oder einen beauftragten Dritten) mit der Ausstellung und Auslieferung der Zertifikate zu beauftragen, usw.

Man erkennt, dass solche Verfahren zu einem Bündel von Maßnahmen in allen Bereichen (Organisation, Personal, Technik und Infrastruktur) führen.

Bei der Erstellung von Regelwerken und der Festlegung von Verfahren können die Grundschutz-Bausteine

– B5.2 (Datenträgeraustausch),

– B5.3 (E-Mail),

– B3.404 (Mobiltelefon),

– B3.402 (Faxgerät) und

– B3.403 (Anrufbeantworter)

helfen – mit weiteren Verweisen zu vielen Einzelmaßnahmen.

A.10.8.2   Vereinbarungen zum Austausch von Informationen

Vereinbarungen zum Austausch von Informationen zwischen Organisationen und Externen müssen getroffen werden.

Dass die Bereitstellung technischer Möglichkeiten *allein* nicht ausreichend ist, haben wir schon an unserem obigen Beispiel erkannt und einige Punkte für eine Vereinbarung genannt. Zusätzlich könnte man hier aufnehmen: Absprachen über eine Schlüsselhinterlegung (Key Escrow), Verfahren zur Benachrichtigung bei Versand und Empfang, besondere Kennzeichnung von Daten, geforderte Aufzeichnungen.

Diesen Punkt A.10.8.2 adressiert auch die Maßnahme

– M5.88 (Vereinbarung über Datenaustausch mit Dritten) beim IT-Grundschutz.

A.10.8.3   Transport physischer Medien

Medien, die Informationen beinhalten, müssen vor unbefugtem Zugriff, Missbrauch oder Verfälschung während des Transports, auch über Organisationsgrenzen hinweg, geschützt werden.

Bei den physischen Medien geht es um den *physischen Transport*, der immer potenziell gefährdet ist. Dass z. B. Post- oder Kuriersendungen verloren gehen können, ist eine allgemeine Erfahrung, dass bei der Auslieferung bzw. Zustellung von Medien diese in falsche Hände geraten können – ebenfalls. Diese Umstände müssen nicht unbedingt zu Missbrauch führen, dieser ist aber nicht auszuschließen. Ungeschützte Medien inhaltlich zu verfälschen, ist natürlich eine leichte Übung, wenn man erst einmal Zugriff hat.

Wir wollen diese Szenarien nicht weiterspinnen, sondern stellen zusammenfassend fest, dass Medien ähnlich zu schützen sind wie die Daten beim elektronischen Transport: Verschlüsseln und Signieren der Daten, versiegelte Transportbehälter, Nutzung zuverlässiger Kurierdienste, Zustellung an vom Sender benannte Personen, die sich gegenüber dem Zusteller geeignet authentisieren (z. B. durch Firmen- oder Personalausweis).

Die Liste auf der Seite 203 zu A.10.7.x enthält entsprechende Grundschutz-Maßnahmen.

A.10.8.4 *Elektronische Mitteilungen / Nachrichten (Messaging)*

Informationen, die in Nachrichtendiensten (Messaging) verwendet werden, müssen angemessen geschützt werden.

Hier liegt der Schwerpunkt auf elektronisch versandten Nachrichten (z. B. Emails, EDI); es gilt das oben Gesagte hinsichtlich des Schutzes der Nachrichten, z. B. Nutzung von Verschlüsselung und Signatur. Man beachte aber, dass Nachrichten an größere Adressatenkreise (z. B. Kundenverteiler) nicht nur inhaltlich zu schützen sind, sondern auch die Liste der Namen der Adressaten ist ggf. schutzbedürftig.

DeMail

Seit 2012 werden von verschiedenen speziell zertifizierten Dienstleistern Email-Systeme auf Basis des deutschen DeMail-Gesetzes und der entsprechenden technischen DeMail-Richtlinien des BSI angeboten. Es kann sinnvoll sein, derartige Dienste in Ergänzung zu den bestehenden Systemen zu nutzen. Die Beweisbarkeit, Authentizität und die Verbindlichkeit von Nachrichtenübermittlungen wird im Vergleich zu herkömmlichen Email-Diensten weitgehend ohne weitere Maßnahmen des Nutzers sichergestellt. Allerdings sollte man sich bei Anwendung des Verfahrens darüber im Klaren sein, dass das Verfahren nicht für alle Zwecke geeignet ist. Einschränkungen ergeben sich

– durch die Tatsache, dass DeMail ein rein nationales Verfahren darstellt,

– der DeMail Provider sämtlichen Datenverkehr zum Zwecke des Virenschutzes öffnen muss und – ohne eine eigenständige Verschlüsselung des Nutzers – die notwendigen Vertraulichkeitsanforderungen (z.B. PCI-Konformität bei Kreditkartendaten) nicht automatisch erfüllt sind,

– hinsichtlich der Möglichkeit der Verwendung von pseudonymen DeMail-Kennungen und einem komplizierten Verfahren zur Offenlegung der Pseudonyme (vgl. §16 DeMail-Gesetz zum Auskunftsanspruch).

Posten

Weiterhin kommt es vor, dass Nachrichten an Partner und Kunden nicht per Email, sondern durch Posten auf einer Web-Site publiziert werden. Wenn jemand eine solche Web-Site hackt und den Inhalt der Nachricht verfälscht, kann er damit erheblichen Schaden – auch die Reputation der Organisation betreffend – anrichten.

Fazit: Bei dieser Maßnahme A.10.8.4 sollte man also nicht ausschließlich an Email denken, sondern generell an das Verteilen von Nachrichten – nicht zuletzt über soziale Netzwerke!

Beim IT-Grundschutz wird dieser Sicherheitsaspekt vor allem im Baustein

–   B5.3 (E-Mail)

behandelt, in dessen Maßnahmenliste sich unter anderem kryptografische Maßnahmen finden; auch die Themen SPAM und Schadsoftware werden behandelt.

A.10.8.5   *Geschäftsinformationssysteme*

Verfahren und Regelwerke zum Schutz von Informationen, die zwischen Geschäftsanwendungen übertragen werden, müssen entwickelt und umgesetzt werden.

Bisher haben wir den Datenaustausch zwischen Organisationen und innerhalb einer Organisation eher grundsätzlich betrachtet. Hier ist jetzt die Rede von den *Geschäftsanwendungen*. Darunter sind z. B. Warenwirtschaftssysteme, ERP-Systeme, etc. zu verstehen.

Technisch sind diese oft in Client-Server Anwendungen realisiert, wobei die Kopplung solcher Anwendungen zwischen unterschiedlichen Organisationen üblich ist.

Hier gilt es, entsprechende Regeln, Verfahren und Maßnahmen zum Schutz von Informationen zu beschreiben und umzusetzen, die in solchen Anwendungen verarbeitet werden.

Bei kommerziellen Anwendungen hat man als Nutzer eher selten die Möglichkeit, individuelle Schutzfunktionen zu einer Anwendung hinzuzufügen, ist somit darauf angewiesen, dass solche Anwendungen z. B. die Möglichkeit einer verschlüsselten Kommunikation bieten. Die Anforderung beim Einsatz solcher Anwendungen lautet somit, sich eingehend mit dem Lieferanten auseinanderzusetzen und Informationen über die Kommunikationskanäle der Anwendung und ihre Sicherheit zu bekommen.

Ist dies nicht möglich, oder sind keine Sicherheitsfunktionen eingebaut, hat man eventuell die Möglichkeit, eine transparente Ende-zu-Ende-Verschlüsselung zwischen den beteiligten Systemen einzusetzen.

Dies hilft allerdings nicht, wenn man *innerhalb* einzelner Systeme einen Schutz realisieren muss: Solche Probleme trifft man an, wenn man etwa Anwendungen unterschiedlichen Sicherheitsbedarfs auf dem gleichen IT-System fährt – hier ist eine Absicherung jeder einzelnen Anwendung erforderlich. Möglicherweise muss man darauf verzichten, Anwendungen unterschiedlichen Sicherheitsbedarfs auf *einem* System zu betreiben, sondern eine Separation durchführen und das System mit den sensiblen Anwendungen stärker schützen.

Dieser Themenkreis wird in der Maßnahme

– M2.217 (Sorgfältige Einstufung und Umgang mit Informationen, Anwendungen und Systemen)

des IT-Grundschutzes gestreift. Die Beschreibungen zu den Bausteinen

– B5.5 (Lotus Notes) und

– B5.13 (SAP System)

sind hier konkreter.

A.10.9 E-Commerce-Anwendungen

Hier geht es um die Sicherheit von E-Commerce-Anwendungen aus Sicht des Betreibers wie auch des Nutzers.

Natürlich kann A.10.9 als eine besondere Ausprägung von A.10.8 angesehen werden. Die Erfahrung zeigt, dass gerade der elektronische Geschäftsverkehr sehr spezifischen Bedrohungen und Angriffen ausgesetzt ist. Seine besondere Berücksichtigung in den folgenden drei Maßnahmen ist daher aus unserer Sicht völlig gerechtfertigt.

A.10.9.1   E-Commerce

Informationen für E-Commerce-Anwendungen, die über öffentliche Netze transportiert werden, müssen gegen betrügerische Aktivitäten, Vertragsstreitigkeiten, unberechtigte Veröffentlichung oder Veränderung geschützt werden.

Im Grunde kann heute jeder bei einem Online-Shop Waren bestellen, und zwar nicht auf seinen eigenen Namen, sondern auf den Namen und zu Lasten anderer. Eine Identitätsprüfung zum Zeitpunkt der Bestellung wird heute eher selten durchgeführt, eine gefälschte Identität stellt sich meist erst nach Auslieferung der Waren heraus.

Somit sind bei einer solchen E-Commerce-Anwendung dem Betrug Tür und Tor geöffnet. Eine beweisbare Identität im Netz erhält man im Grunde nur durch ein qualifiziertes elektronisches Zertifikat und eine rechtssichere elektronische Signatur, die allerdings noch nicht weit verbreitet sind.

Ein weiterer Fall: Bestellvorgänge, die über das Internet laufen, können unterwegs von Dritten eingesehen und geändert werden, indem z. B. Bestellmengen geändert, Konto- und Kreditkartennummern ausspioniert werden. Hier haben wir das Problem der Integrität und Vertraulichkeit der übertragenen Informationen – auch hier sind in offenen Netzen Signatur und Verschlüsselung das Mittel der Wahl. Diese Methoden werden von vielen Shops angewendet, und zwar meist in Form des SSL-Protokolls. Man beachte aber, dass hierüber keine Identifizierung von Personen erfolgt, sondern auf der Basis von (nicht rechtskonformen) Software-Zertifikaten für Client und Server gearbeitet wird.

Dass unter solchen unsicheren Umständen beim E-Commerce über das Internet juristische (Vertrags-)Streitigkeiten entstehen können, ist leicht vorstellbar und gängige Praxis.

Die obige Maßnahme A.10.9.1 verlangt, dass in E-Commerce-Anwendungen, die die Organisation betreibt,

–   Daten-Integrität und Daten-Vertraulichkeit im erforderlichen Umfang gewährleistet sind,

–   die Abwicklung einzelner Vorgänge gegen betrügerische Aktivitäten geschützt ist, und

–   durch eine geeignete vertragliche Gestaltung keine Rechtsstreitigkeiten zu Lasten der Organisation entstehen können.

Der Baustein

–   B5.4 (Webserver)

beim IT-Grundschutz behandelt diese Aspekte an einem konkreten Beispiel.

Trotz aller Konzepte und Maßnahmen sind Betrugsszenarien nie ganz auszuschließen. Vor diesem Hintergrund erscheint nun wieder das Thema *Versicherung* – als letzte Maßnahme der Kompensation finanzieller Schäden.

A.10.9.2   Online-Transaktionen

Informationen von Online-Transaktionen müssen geschützt werden, um unvollständige Übertragungen, Fehlleitungen, unbefugte Veränderung der Inhalte, Veröffentlichung, Verdopplung und Wiedereinspielen zu verhindern.

Während es in der vorausgehenden Maßnahme um E-Commerce-Anwendungen als Ganzes ging, behandelt A.10.9.2 einzelne Transaktionen innerhalb solcher bzw. zwischen solchen Anwendungen. Neben den Aspekten der Integrität und der Vertraulichkeit der übertragenen Informationen geht es hier um Bedrohungen, die gegen *Transaktionen* gerichtet sind:

– Eine unvollständige Übertragung, wodurch eine Transaktion nicht mehr abgeschlossen werden kann und somit einen unklaren Status hat.

– Fehlleitung: Elemente einer Transaktion sind nicht über den vorgesehen Weg oder an die falsche Stelle geleitet worden.

– Ausnutzen von Schwächen in Transaktionsprotokollen.

– Verdopplung und Wiedereinspielen von Informationen in Systeme.

Mit der Vervielfachung und dem Wiedereinspielen verfolgen Manipulanten z. B. das Ziel

– Systeme zu überlasten oder mehrfach zur gleichen Aktion zu veranlassen,

– sich Dienstleistungen zu erschleichen, indem man identische oder geringfügig geänderte, früher bereits ausgeführte Transaktionen wiedereinspielt und Systeme so zu Aktionen veranlasst, für die der Manipulant keine Autorisierung besitzt.

Abgesehen von den kryptografischen Aspekten kommt das Thema *Transaktionssicherheit* beim IT-Grundschutz vor allem im Zusammenhang mit Datenbanken und Mainframes vor – etwa in den Bausteinen

– B5.7 (Datenbanken) und

– B3.107 (S/390- und zSeries-Mainframe).

A.10.9.3   *Öffentlich verfügbare Informationen*

Die Integrität von Informationen, die auf einem öffentlich zugänglichen System bereitgestellt werden, muss geschützt sein, um unbefugte Veränderung zu verhindern.

In aller Regel handelt es sich bei dem *öffentlich zugänglichen System* um die Web-Site der Organisation, auf der Informationen für Interessenten, Kunden und Geschäftspartner veröffentlicht werden und die von außen zugänglich sein muss.

Man kennt diese Fälle, in den besonders auf Sicherheit bedachte Institutionen eines Tages feststellen, dass ihre Web-Site gehackt wurde und Inhalte verändert wurden – mindestens mit der Folge einer Rufschädigung. In kommerziellem Rahmen können sich darüber hinaus erhebliche Verluste einstellen (z. B. manipulative Veränderung von Preisen, Modifikation von Vertrags- und Geschäftsbedingungen)

Solchen Folgen vorzubeugen dient diese Maßnahme. Man beachte, dass es gerade beim Aspekt der Rufschädigung keinen Unterschied macht, ob die Web-Site von der Organisation selbst oder von einem beauftragten Dritten (Hosting Partner) betrieben wird.

Im Detail ist darauf zu achten, dass Informationen erst dann publiziert werden, wenn sie einen entsprechenden Freigabeprozess erfolgreich durchlaufen haben. Dabei muss z. B. festgestellt und verhindert werden, dass Interna der Organisation oder personenbezogene bzw. Kunden-Daten veröffentlicht werden.

Dieser Problematik widmet sich beim IT-Grundschutz der Baustein

–   B5.4 (Webserver),

worunter man folgende Maßnahmen findet:

–   M2.173 (Festlegung einer WWW-Sicherheitsstrategie).

–   M2.272 (Einrichtung eines WWW-Redaktionsteams).

–   M4.93 (Regelmäßige Integritätsprüfung).

–   M4.94 (Schutz der WWW-Dateien).

A.10.10 Überwachung

Hier geht es nun um die Aufdeckung von Aktivitäten, Ereignissen und Zuständen, die den Sicherheitszielen und Sicherheitsregeln der Organisation zuwider laufen.

Überwachungsmaßnahmen verfolgen stets mindestens zwei Ziele: Sie wollen

– potenzielle Täter abschrecken und so von Handlungen abhalten; sowie

– stattgefundene Ereignisse erkennbar machen und ihre Rückverfolgung zu den Ursachen oder Urhebern ermöglichen.

Natürlich haben Überwachungsmaßnahmen nur dann wirklich einen Sinn, wenn ihre Ergebnisse aussagekräftig sind und sie regelmäßig kompetent ausgewertet werden.

Datenschutz   Im Bereich des Datenschutzes sind hier unter dem Begriff der *Eingabekontrolle* die entsprechenden Maßnahmen im BDSG adressiert. Der Datenschutz spielt hierbei eine janusköpfige Rolle. Einerseits wird die Nachvollziehbarkeit sämtlicher Transaktionen zur Änderung personenbezogener Daten gefordert und auf der anderen Seite bestehen im Bereich des Mitarbeiterdatenschutzes inzwischen erhebliche Restriktionen, die die praktische Durchführung der Eingabekontrolle nicht gerade erleichtern. Hier einen gangbaren Wege zu finden erfordert in Anbetracht der aktuellen Entwicklung der Rechtslage im Datenschutz erhebliches Fingerspitzengefühl und die frühzeitige und offene Einbeziehung der Arbeitnehmervertretungen.

A.10.10.1 Auditprotokolle

Es müssen Auditprotokolle erstellt werden, in denen Benutzeraktivitäten, Fehler und Informationssicherheitsvorfälle festgehalten werden. Sie müssen für einen vereinbarten Zeitraum verwahrt werden, um in zukünftigen Untersuchungen und Überwachungen der Zugriffskontrolle behilflich zu sein.

Das Wort „~protokoll" ist hier im Sinne von *Aufzeichnung* gemeint, während „Audit~" mitnichten unser internes oder externes Audit meint, sondern die *Überwachung* bzw. *Überprüfung* von

– Fehlerzuständen und Alarmen,

– Sicherheitsvorfällen und

– Benutzeraktivitäten (autorisierte Zugriffe, nicht-autorisierte Zugriffsversuche, privilegierte Operationen).

Die Maßnahme besagt also, dass über diese drei Typen von Vorkommnissen Aufzeichnungen erstellt und aufbewahrt werden müssen, um diese Vorkommnisse – ggf. zu einem späteren Zeitpunkt – auswerten zu können.

Was soll aufgezeichnet werden? Für den Zweck dieser Maß-nahme ist es wichtig, Namen von Nutzern (User IDs), Datum und Uhrzeit einer Aktivität, Ort der Aktivität (z. B. Terminal ID), Art der Aktivität (z. B. Log-on, Log-off) zu erfassen. Besondere Ereignisse wie Änderung von System-Privilegien, Konfigurations-änderungen, Alarme von Überwachungseinheiten sowie das Ein- und Ausschalten solcher Funktionen verlangen ggf. eine tiefere Protokollierung.

Eine solche Datenerhebung ist der PDCA-Phase CHECK zuzuord-nen: Das Ziel ist, fundierte Daten über Fehlerzustände, die ver-suchte oder tatsächliche Ausübung von Rechten durch Benutzer und über Sicherheitsvorfälle zu erhalten. Hierbei könnten sich Erkenntnisse über die Wirksamkeit von Maßnahmen, die Einhal-tung organisatorischer Regeln oder kritische Fehlerzustände der Systeme ergeben.

Die gerne vernachlässigte Forderung der Überprüfung von Pro-tokolldaten adressiert der IT-Grundschutz mit der Maßnahme

– M2.64 (Kontrolle der Protokolldateien).

Dass die Erhebung von Protokolldaten im Einklang mit Daten-schutzanforderungen stehen muss, verdeutlicht die

– Maßnahme M2.110 (Datenschutzaspekte bei der Protokollie-rung).

Protokolldaten enthalten häufig personenbezogene Daten. Aus datenschutzrechtlicher Sicht sind diese Daten nach Wegfall des Erhebungszwecks zu löschen bzw. zu sperren. Die Nutzung der Protokolldaten durch operative Administratoren sollte bei Daten-schutzrelevanz insofern beschränkt werden. Für nachträgliche Auswertungs- und Aufklärungszwecke können die Logdaten auf einem revisionssicheren Logserver außerhalb des Zugriffsbe-reichs des normalen IT-Betriebspersonals vorgehalten werden.

Ansonsten werden beim Grundschutz Informationen zu speziel-len Systemen gegeben, etwa

– M4.25 (Einsatz der Protokollierung im Unix-System),

– M4.47 (Protokollierung der Sicherheitsgateway-Aktivitäten),

– M4.5 (Protokollierung der TK-Administrationsarbeiten),

– M4.81 (Audit und Protokollierung der Aktivitäten im Netz),

– M4.106 (Aktivieren der Systemprotokollierung)[62],

---

62   Bei Unix-Systemen.

- M4.167 (Überwachung und Protokollierung von Exchange 2000 Systemen),
- M4.172 (Protokollierung der Archivzugriffe),
- M4.205 (Protokollierung bei Routern und Switches) und
- M5.9 (Protokollierung am Server).

Diese Informationen betreffen partiell auch die nachfolgenden Maßnahmen A10.10.2 und A.10.10.4 des Standards.

A.10.10.2 *Überwachung der Systemnutzung*

Es müssen Verfahren zur Überwachung der Nutzung informationsverarbeitender Einrichtungen entwickelt werden, und die Ergebnisse der Überwachungen müssen regelmäßig überprüft werden.

Kennzahlen für die Auslastung der Systeme zu bekommen, dient der Kapazitätsplanung und der Vermeidung von Engpässen, die sich negativ auf das Sicherheitsziel der Verfügbarkeit auswirken können. Die Maßnahme fordert, dass Kennzahlen für die Auslastung der Systeme ermittelt und regelmäßig ausgewertet werden.

Ein weiterer Aspekt ist, dass die Überwachung der Nutzung von Systemen auch dazu dienen soll, die missbräuchliche Nutzung zu erkennen – zumindest im Nachhinein. Dazu müssen jedoch bei der Überwachung Informationen aufgezeichnet werden, die es erlauben, die Urheber zu identifizieren. Die Häufigkeit der Auswertung solcher Aufzeichnungen muss so gewählt werden, dass eine unerkannte missbräuchliche Nutzung nur zu tolerierbaren Verlusten führen kann. Auch hier ist der Datenschutz zu beachten.

A.10.10.3 *Schutz von Protokollinformationen*

Protokollierungseinrichtungen und Informationen aus Protokollen sollten vor Verfälschung und unbefugtem Zugang geschützt werden.

Aufzeichnungen dienen meist dem Nachweis bestimmter Sachverhalte. Betrachtet man dies unter einem juristischen Blickwinkel, handelt es sich um *Beweise*. Damit Aufzeichnungen diesen Beweischarakter erhalten, müssen die Daten zwangsläufig so erhoben und gespeichert werden, dass

- Unbefugte auf das Aufzeichnungsverfahren keinen Zugriff haben,

- Aufzeichnungen nicht durch Verursachen eines Speicherplatzmangels gezielt unterbrochen werden können,

- Änderungen und Manipulationen an den aufgezeichneten Daten verhindert werden oder zumindest sicher entdeckbar sind.

Der dritte Anstrich bezieht sich auch auf Befugte, z. B. auf Personen, die die Aufzeichnungsverfahren installieren oder warten oder Auswertungen der Aufzeichnungen vornehmen. Für die Auswertung der Aufzeichnungen sind nur Lese-Rechte erforderlich. Sind solche Rechte nicht konfigurierbar oder kann man den Vorgang der Installation und Wartung nicht durch die Zugriffskontrolle ausreichend absichern, muss man zu organisatorischen Maßnahmen greifen, etwa dem Vier-Augen-Prinzip.

Der zweite Anstrich in der Aufzählung adressiert eine gängige Technik der Hacker, durch eine Vielzahl (erlaubter) Aktivitäten beim Logging einen Speicherengpass zu produzieren – in der Hoffnung, dass das Logging seine Funktion einstellt und nun unerlaubte Aktivitäten nicht mehr aufzeichnet.

Beim IT-Grundschutz werden diese Aspekte nicht spezifisch adressiert, sondern z. B. unter

- M4.93 (Regelmäßige Integritätsprüfung) und

- M4.135 (Restriktive Vergabe von Zugriffsrechten auf Systemdateien)

behandelt, und zwar interpretiert für Protokolldateien.

A.10.10.4 *Administrator- und Betreiberprotokolle*

Aktivitäten von Systemadministratoren und Betreibern müssen protokolliert werden.

Kurz und knapp: Wo hohe Privilegien im Spiel sind, ist eine Protokollierung umso wichtiger. Dies kann durch eine automatisierte Protokollierung wie auch durch manuelle Aufzeichnungen geschehen.

> ### A.10.10.5 Fehlerprotokolle
>
> *Fehler müssen protokolliert und analysiert werden, und es müssen entsprechende Maßnahmen ergriffen werden.*

Diese Maßnahme hängt eng mit A.10.10.1 zusammen: Dort ging es aber mehr um die Materialsammlung für spätere Auswertungen, während hier die Erfassung und Aufzeichnung von Fehlern mit dem Ziel der zeitnahen Fehlerbehebung im Vordergrund steht.

Die Maßnahme

- M2.215 (Fehlerbehandlung)

behandelt dieses Thema beim IT-Grundschutz.

> ### A.10.10.6 Zeitsynchronisation
>
> *Die Uhren aller wichtigen informationsverarbeitenden Systeme einer Organisation oder eines Sicherheitsbereichs müssen auf eine vereinbarte, genaue Referenzzeit synchronisiert werden.*

Ohne diese Maßnahme ist keine Korrelation von komplexen Ereignissen durchführbar, die mehrere Systeme betreffen oder in die mehrere Systeme involviert sind.

Außerdem können Aufzeichnungen bzw. Nachweise ihren Beweischarakter verlieren, wenn sie nicht auf eine verlässliche Zeit datiert werden können.

Hier empfiehlt sich der Einsatz eines Zeitservers (mit Abruf des DCF77-Signals) und das Verteilen der Uhrzeit im internen Netz über das ntp-Protokoll. In einfacheren Kontexten mag es reichen, statt eines eigenen Zeitservers eine verlässliche Internetzeit abzurufen (z. B. bei der PTB).

Als Maßnahme beim IT-Grundschutz ist speziell die folgende zu nennen:

- M4.227 (Einsatz eines lokalen NTP-Servers zur Zeitsynchronisation).

A.11   Zugangskontrolle

Im Hinblick auf die Übersetzung von *Access Control* in Abschnitt 2.5 sei darauf hingewiesen, dass die Kontrolle des *physischen Zutritts* zu Assets unter A.9.1.2 behandelt wird, während es bei

A.11 eher um den logischen Zugang zu und den Zugriff auf Assets der Organisation geht. Der entsprechende Passus in ISO 27002 stellt aber fest, dass Zugriff und logischer Zugang einerseits und physischer Zutritt andererseits in den Berechtigungskonzepten immer zusammen betrachtet werden sollen. Wir werden deshalb in unseren Erläuterungen zu A.11 keine scharfe Trennung dieser Formen von Zugang(skontrolle) einhalten.

Die Regeln bei Zugangskontrolle finden konkret Eingang in die festzulegenden Berechtigungskonzepte, welche dann in entsprechenden Systemen und Anwendungen umzusetzen sind.

Die Zugangskontrolle steht dabei immer im Zusammenhang mit der Einstufung von Informationswerten (s. Maßnahme A.7.2.1 auf der Seite 163), wenn eine solche existiert.

A.11.1 Geschäftsanforderungen für Zugangskontrolle

Zugangskontrolle meint hier die Kontrolle der Ausübung von Rechten im Einklang mit den Regeln des jeweils anzuwendenden Berechtigungskonzepts.

Die Organisation sollte sich dabei grundsätzlich auf *praktikable* Regeln verständigen und übermäßig filigrane Rechtestrukturen möglichst vermeiden. Ein einfaches, klar strukturiertes Rechtesystem ist leicht überschaubar, gut anpassbar, an Betroffene leicht zu vermitteln und erfüllt damit die wesentliche Anforderung: dass sie in der Praxis beachtet wird.

A.11.1.1   Regelwerk zur Zugangskontrolle

Regelwerke für die Zugangskontrolle müssen basierend auf Geschäfts- und Sicherheitsanforderungen etabliert, dokumentiert und regelmäßig kontrolliert werden.

Es kommen zunächst die üblichen vier Meta-Forderungen zur Anwendung: Das Regelwerk der Zugangskontrolle muss konzipiert (etabliert), dokumentiert, regelmäßig überprüft und ggf. überarbeitet werden.

Ein Regelwerk zur Zugangskontrolle beschreibt die allgemeinen Regeln der Organisation bei der Vergabe und Kontrolle von Rechten.

DAC, MAC   Beispielsweise könnte man für Dateien in IT-Systemen die *benutzerbestimmbare Zugriffskontrolle* vorgeben. Hierbei legt jeder Erzeuger einer Datei fest, welche anderen Personen / Rollen

Zugriff zu dieser Datei erhalten (Discretionary Access Control / DAC).

Für behördlich geheim gehaltene Verschlusssachen gilt die dort übliche *vorgeschriebene Zugriffskontrolle*. Hier wird die Kenntnisnahme von Informationen zentral geregelt und überwacht. Zugang zu eingestuften Informationen haben nur entsprechend hoch ermächtigte Personen (Mandatory Access Control / MAC). Diese Ermächtigung wird oft als *Clearance* bezeichnet. Eine Clearance ist das Ergebnis einer Sicherheitsüberprüfung, welche das betroffene Person dazu ermächtigt, auf Informationen einer bestimmten Geheimhaltungsstufe zugreifen zu können.

Need-To-Know

Das Need-To-Know-Prinzip sagt, dass Zugriff zu Informationen nur der erhält, der sie für seine Tätigkeit wirklich benötigt. Analog: Der Zutritt zu einem Raum wird nur Personen gewährt, die funktionsbedingt wirklich Zutritt benötigen.

Dieses Prinzip schließt somit aus, dass ein Subjekt allein auf Basis einer formalen Clearance Zugriff auf Daten erhält.

4-Augen-Prinzip

Im Zusammenhang mit Rollen, die hohe Privilegien beim Zugriff bzw. Zugang besitzen müssen, ist stets zu überlegen, die Tätigkeiten auf mehrere Personen zu verteilen, mindestens das so genannte Vier-Augen-Prinzip einzurichten. Typischerweise ist dies bei den Tätigkeiten der Systemadministration der Fall.

Restriktiv / Offen

Grundsätzlich muss man überlegen, ob man restriktiv vorgehen will („Alles ist verboten – es sei denn, ein Zugang / Zugriff ist explizit erlaubt") oder einen offenen Betrieb konzipiert („Alles ist erlaubt – es sei denn, ein Zugang / Zugriff ist explizit untersagt").

Least Privilege

Eine sinnvolle Regel lautet, dass jedes Subjekt gerade so viel Rechte erhält, wie für seine Tätigkeit erforderlich ist. Werden z. B. temporär weitere Rechte eingeräumt, müssen diese nach Beendigung der Arbeiten wieder entzogen werden.

Rechtehäufung

Es hat in der Praxis Fälle gegeben, bei denen solche Regeln nicht konsequent umgesetzt wurden und sich bei den Subjekten eine Rechtehäufung einstellte: Im Ergebnis verfügten nach einiger Zeit alle Subjekte über alle Rechte. Eine Rechtekontrolle war dann schon fast obsolet.

Ist man bereits mehr oder weniger in einer solchen Situation, hilft nur eine brutale Methode: Alle Rechte werden zu einem angekündigten Termin entzogen und müssen neu beantragt und genehmigt werden.

Funktions-trennung

Es wird in aller Regel sinnvoll sein, administrative Aufgaben von operativen Aufgaben zu trennen. Systemtechnisch hat dies beispielsweise zur Folge, dass Accounts der Systemadministration nicht für die normale System-Nutzung verwendet werden sollen.

Solche Aufteilungen bzw. Trennungen sind ebenfalls Grundsätze, die in dem geforderten Regelwerk aufzuführen sind.

Gruppen   Neben der Aufteilung und Trennung gibt es auch den umgekehrten Sachverhalt, nämlich die Zusammenfassung von Personen zu Gruppen. Im Regelwerk ist zu beschreiben, zu welchem Zweck Gruppen eingerichtet werden können bzw. welche Gruppen bereits vorhanden sind. Dies bezieht sich sowohl auf die Nutzung von IT-Systemen wie auch auf Zutrittsberechtigungen zu Räumlichkeiten (vgl. A.9.1.2).

Die regelmäßige Kontrolle in A.11.1.1 meint nicht die Kontrolle einzelner Zugriffsrechte (hierzu mehr in A.11.2.4), sondern die Kontrolle der *Regelwerke*. Es wird also gefordert, dass die Grundsätze der Rechtevergabe regelmäßig auf Eignung, Praktikabilität und Wirksamkeit geprüft werden.

Insbesondere im Zusammenhang mit der Klassifizierung von Informationen sind bei einer solchen Überprüfung z. B. Fälle zu berücksichtigen, in denen

– unterschiedliche Systeme bei *gleichem* Klassifikationsschema unterschiedliche Regeln des Zugriffs zu Daten aufweisen können,

– unterschiedliche Systeme auch *unterschiedliche* Klassifikationsschemata besitzen können.

Aus solchen Gegebenheiten können Zugriffs- und Zugangskonflikte entstehen, wenn vorab keine sorgfältigen Analysen durchgeführt wurden oder es an konsistenten Regelwerken fehlt.

Die Analysen könnten z. B. ergeben, dass bei bestimmten Verarbeitungen automatisch von den beteiligten Systemen eine Privileg-Erhöhung durchgeführt wird – etwa das Starten einer Anwendung im Supervisor-Modus. Dies kann zu erheblichen Sicherheitsproblemen führen, wenn Nutzer solcher Anwendungen die Privileg-Erhöhung auch anderweitig ausnutzen können.

Die genannten Aspekte der Regelwerke werden beim IT-Grundschutz mit folgenden Maßnahmen behandelt:

– M2.220 (Richtlinien für die Zugriffs- bzw. Zugangskontrolle).

– M2.5 (Aufgabenverteilung und Funktionstrennung).

– M2.38 (Aufteilung der Administrationstätigkeiten).

A.11.2 Benutzerverwaltung

Rollen bzw. Personen müssen die Rechte zugestanden werden, die sie für die Ausübung ihrer Aufgaben benötigen – und nur so lange, wie sie diese Rechte benötigen.

Die nachfolgenden vier Maßnahmen behandeln das Management der Vergabe und des Entzugs solcher Rechte.

> ### A.11.2.1 Benutzerregistrierung
>
> *Es muss für alle Informationssysteme und Dienste eine formale Benutzer-Registrierung und Deregistrierung zur Vergabe und Rücknahme von Zugangsberechtigungen geben.*

Der wesentliche Punkt ist, dass es einen *formalen Prozess* für die Einrichtung und das Löschen von Accounts sowie Vergabe und Entzug von Rechten geben muss: im Grunde ein schriftliches Antrags- und Genehmigungsverfahren. Unterlagen aus diesen Verfahren sind zu archivieren, um bei gewissen Anlässen die Gewährung bzw. den Entzug von Rechten zweifelsfrei nachweisen zu können.

Wichtig ist dabei, dass dieses Verfahren in die Personalprozesse (Einstellen und Ausscheiden von Mitarbeitern, Abteilungs-, Aufgaben- und Rollenwechsel) eingebunden ist und bei solchen Veränderungen unmittelbar aktiv wird.

Bei der Einrichtung von Accounts ist besonders auf die organisationsweite Eindeutigkeit der Benutzer-IDs zu achten! Das erst ermöglicht, von der Zugriffs- bzw. Zutrittskontrolle erfasste Aktivitäten einzelnen Personen zweifelsfrei zuordnen zu können.

Die *minimale* Rechtevergabe (Least Privilege) ist ein weiterer wesentlicher Punkt: Hierbei soll einer User ID nur so viel an Privilegien zugestanden werden, wie für die beabsichtigte Tätigkeit erforderlich ist.

Neben den zu A.11.1.1 genannten Maßnahmen beziehen sich beim IT-Grundschutz noch folgende Maßnahmen auf die Benutzer-Registrierung und Deregistrierung:

- M2.30 (Regelung für die Einrichtung von Benutzern / Benutzergruppen).
- M2.31 (Dokumentation der zugelassenen Benutzer und Rechteprofile).
- M2.7 (Vergabe von Zugangsberechtigungen).
- M2.8 (Vergabe von Zugriffsrechten).

– M3.6 (Geregelte Verfahrensweise beim Ausscheiden von Mitarbeitern).

– M4.13 (Sorgfältige Vergabe von IDs).

A.11.2.2   Verwaltung von Sonderrechten

Die Zuweisung und Benutzung von Sonderrechten muss einge-schränkt und kontrolliert stattfinden.

Bei den so genannten Sonderrechten geht es um besondere Zu-gangs- oder Zugriffsprivilegien. Solche liegen meist für sicher-heitskritische Rollen wie Systemadministratoren, Backup-Mana-ger, Systemauditoren (z. B. für das Auswerten von Log-Aufzeich-nungen) oder gar Wartungspersonal vor und betreffen nicht sel-ten Personal externer Dienstleister. Es ist klar, dass solche meist hohen Privilegien nur sparsam zu vergeben sind und regelmäßig kontrolliert werden müssen. Für jede betroffene Person sollte zusätzlich zum normalen User Account ein separater privilegier-ter Account angelegt werden, der ausschließlich für diese sicher-heitskritischen Tätigkeiten zu nutzen ist.

In kritischen Situationen (Notfälle und andere gravierende Vor-fälle) kann es erforderlich sein, anwesenden Personen temporär hohe Zugriffsrechte zu geben, um möglichst schnell wieder den normalen Betriebszustand zu erreichen. Hierbei darf die Rück-nahme dieser Rechte nicht vergessen werden!

Abgesehen von solchen Situationen sind andere Sonderrechte nicht erforderlich. Gehört die Vergabe von Sonderrechten den-noch eher zum Alltag, kann dies zweierlei Gründe haben: Das vorhandene Rechtesystem ist nicht praxisgerecht und muss daher neu konzipiert werden – oder es gibt eine Reihe von Personen in der Hierarchie der Organisation, die die Beschränkung ihrer Zugriffsrechte nicht akzeptieren und daher permanent Sonder-rechte verlangen. Letzteres mag ein Sensibilisierungsproblem sein.

A.11.2.3   Verwaltung von Benutzerpasswörtern

Die Zuweisung von Passwörtern muss durch einen formalen Verwaltungsprozess kontrolliert werden.

Der formale Verwaltungsprozess kann darin bestehen, dass

- Regeln zur Bildung von guten Passwörtern (z. B. betreffend die Mindestlänge, das Verwenden von Sonderzeichen und Ziffern) und das Verbot der Speicherung von Passwörtern erlassen werden,

- Passwörter z. B. bei der Einrichtung eines neuen Accounts von zentraler Stelle voreingestellt werden und der Nutzer zur zeitnahen Änderung aufgefordert wird,

- der regelmäßige Wechsel von Passwörtern erzwungen wird,

- Nutzern aufgegeben wird, Passwörter nicht in unverschlüsselter Form auf Systemen zu speichern, und die Einhaltung ggf. kontrolliert wird,

- von System-Lieferanten voreingestellte Passwörter grundsätzlich vor Inbetriebnahme eines Systems geändert werden,

- User Help Desks nur unter besonderen Sicherheitsauflagen neue Passwörter vergeben – insbesondere erst nach eindeutiger Identifikation der betreffenden Person,

- solche Regeln den Nutzern bekannt gegeben werden und von diesen als Verpflichtung unterzeichnet werden.

Die folgenden Maßnahmen beim IT-Grundschutz adressieren diese wichtigen Aspekte:

- M2.11 (Regelung des Passwortgebrauchs).

- M2.22 (Hinterlegen des Passwortes).

- M4.7 (Änderung voreingestellter Passwörter).

- M5.34 (Einsatz von Einmalpasswörtern).

Daneben enthält

- M4.133 (Geeignete Auswahl von Authentikationsmechanismen)

wichtige Grundsatzinformationen.

Auch wenn der Standard hier explizit Anforderungen an das Management von Passwörtern stellt, muss klar gesagt werden, dass die Verwendung von Passwörtern zur Authentisierung nur eine begrenzte Sicherheit liefern kann. Dies hängt daran, dass Nutzern schlichtweg nicht zugemutet werden kann, sich viele Passwörter zu merken. Die Folge ist, dass Passwörter mit geringer Länge oder leicht merkbare Passwörter ausgewählt werden. Dies aber erhöht die Chance gravierend, Passwörter zu erraten. Vor diesem Hintergrund ist es sicher geboten, auf andere Mechanismen auszuweichen, z. B. die Verwendung von Smartcards für alle Authentisierungen (Zutritt, Zugriff, Bezahlvorgänge etc.)

innerhalb einer Organisation – auch hier muss man sich eine PIN
o. ä. merken, aber eben nur *eine*.

A.11.2.4   *Überprüfung von Benutzerberechtigungen*

Benutzerberechtigungen müssen regelmäßig, unter Anwen-
dung eines formalen Prozesses, durch das Management über-
prüft werden.

Die Benutzerberechtigungen sind regelmäßig zu überprüfen;
dabei ist Wert darauf zu legen, dass unnötige Rechte beseitigt,
verdeckte Rechtebeziehungen erkannt und aufgelöst werden,
und die Rechte von Personen, die mehrere Rollen gleichzeitig
besetzen, auf kritische Häufung von Privilegien geprüft werden.
Solche Rechtebündelungen können Manipulation oft erst ermöglichen. Hohe Privilegien sollten in kürzeren Abständen überprüft
werden als normale Privilegien.

Unter diese Maßnahme fällt auch das Problem von User
Accounts, die über eine längere Zeit ungenutzt bleiben – möglicherweise nach ihrer Einrichtung überhaupt noch nie benutzt
wurden. Solche Fälle sind zu überprüfen, die Accounts sind ggf.
zu löschen.

Der Prüfaspekt aus A.11.2.4 wird beim IT-Grundschutz in der
Maßnahme

- M2.31 (Dokumentation der zugelassenen Benutzer und
 Rechteprofile)

als Unterpunkt behandelt.

Fazit   Die vier Maßnahmen der Gruppe A.11.2.x dienen alle der
Durchsetzung der Zugangs-, Zutritts- und Zugriffskontrolle, insbesondere ihrer Durchsetzung mit technischen Mitteln. Dabei
sollten alle technischen Möglichkeiten von Kontrollsystemen für
Räumlichkeiten sowie von Betriebssystemen und Applikationen
betrachtet und zum Vorteil der Organisation eingesetzt werden.

A.11.3   Benutzerverantwortung

Wichtig ist, dass jeder Nutzer seine Verantwortung erkennt, was
die Verhinderung von unbefugtem Zugriff, Kompromittierung
und Diebstahl von Informationswerten anbetrifft. Alles zuvor
Gesagte zum Thema Management der Zugangskontrolle ist nur
dann effektiv, wenn die Nutzer diese Prozesse verstehen und
anwenden.

A.11.3.1   Passwortverwendung

*Benutzer müssen aufgefordert werden, guten Sicherheitsprakti-
ken bei der Auswahl und der Anwendung von Passwörtern zu
folgen.*

Das Auffordern geschieht durch den Erlass entsprechender Passwort-Regeln (s. A.11.2.3) und die Verpflichtung der Mitarbeiter,
diese anzuwenden.

Um die Benutzer dabei zu unterstützen, sollten eventuell vorhandene Möglichkeiten der Betriebssysteme und Applikationen genutzt werden, um die Einhaltung der Passwort-Regeln im Zuge
jeder Passwortänderung automatisch zu erzwingen.

Zu den *Sicherheitspraktiken* gehört natürlich auch, dass Passwörter vertraulich gehandhabt werden müssen, nicht im Kolle-
genkreis Passwörter für alle möglichen Zwecke zirkulieren,
dienstliche Passwörter sich von Passwörtern für private Zwecke
unterscheiden.

Die Beschreibung der Maßnahme

– M2.11 (Regelung des Passwortgebrauchs)

beim IT-Grundschutz gibt umfassende Informationen zu den
Sicherheitspraktiken. Die Maßnahme

– M3.26 (Einweisung des Personals in den sicheren Umgang
mit IT)

behandelt den Aspekt der Verpflichtung zur Anwendung dieser
Praktiken.

A.11.3.2   Unbeaufsichtigte Benutzerausstattung

*Benutzer müssen sicherstellen, dass unbeaufsichtigte Ausstat-
tung ausreichend geschützt ist.*

Hier geht es zunächst um die Regel, bei Verlassen des Arbeitsplatzes Geräte geeignet zu sperren, so dass Unbefugte sie nicht
nutzen können.

Auch hier sollten die Benutzer unterstützt werden, z. B. indem
bei den IT-Systemen am Arbeitsplatz Bildschirmschoner mit Pass-
wortschutz geeignet eingestellt werden. Bei anderen Geräten –
etwa in der Produktion – kann es erforderlich sein, Räume oder

System-Racks grundsätzlich abzuschließen oder gar zu versiegeln.

Besondere Aufmerksamkeit verlangt der Punkt, dass mobile Geräte entsprechend gesichert sind. Sie werden vielfach in unsicherer Umgebung (auf Reisen, in fremden Organisation) genutzt, wo Unaufmerksamkeit oder kurze Abwesenheit schnell zu Sicherheitsproblemen führen kann. Als Regel sind für solche Situationen zumindest das Aktivieren des Bildschirmschoners (mit Passwort) sowie die Abmeldung an laufenden Systemen bzw. Sessions einzuhalten.

Neben der zuvor schon genannten Maßnahme M3.26 behandeln vor allem die folgenden Maßnahmen des IT-Grundschutzes die Sicherung von unbeaufsichtigten Systemen:

– M4.2 (Bildschirmsperre) und

– M1.46 (Einsatz von Diebstahl-Sicherungen)

A.11.3.3   Der Grundsatz des aufgeräumten Schreibtischs und des leeren Bildschirms

Der Grundsatz des aufgeräumten Schreibtisches für Papiere und Wechselmedien sowie des leeren Bildschirms für informationsverarbeitende Einrichtungen muss Anwendung finden.

Diese *Clean Desk Policy* hat zum Ziel, unbefugten Personen den Zugriff auf Akten, Papierunterlagen, Wechselmedien usw. zu verwehren, und zwar dann, wenn sie außerhalb der Arbeitszeiten oder bei vorübergehender *Abwesenheit* des Raum-Inhabers Zutritt zu entsprechenden Räumlichkeiten haben. Dies gilt im Kern auch bei *Anwesenheit* des Raum-Inhabers, wenn andere Personen sich zu kurzen Abstimmungen oder Besprechungen im Raum aufhalten. Unter diese Policy kann man auch die *Clear Screen Policy* fassen, bei der es darum geht, Unbefugten kein Lesen sensibler Bildschirminhalte zu ermöglichen, insbesondere bei kurzzeitiger Abwesenheit vom Arbeitsplatz für eine Aktivierung des zumindest passwortgeschützten Bildschirmschoners zu sorgen. Bei längerer Abwesenheit ist Ausloggen und Abschalten des Rechners erforderlich.

Beim IT-Grundschutz wird diese Thematik mit folgender Maßnahmen abgehandelt:

– M2.37 (Der aufgeräumte Arbeitsplatz).

Fazit

Die vorstehenden Maßnahmen leben natürlich davon, dass sie von den Benutzern auch eingehalten werden. Neben der Sensibilisierung der Mitarbeiter spielt auch die Kontrolle der Einhaltung eine Rolle. Das Sicherheitsmanagement könnte beispielsweise regelmäßige Kontrollen zur Einhaltung der Clean Desk Policy durchführen (lassen).

A.11.4 Zugangskontrolle für Netze

Bei dieser Kategorie geht es darum, das Netzwerk und die Netzwerkdienste der Organisation vor internen und externen Attacken zu schützen.

In dieser Gruppe haben wir es mit sieben zum Teil sehr detaillierten Maßnahmen zu tun, deren Umsetzung mit unterschiedlichem Aufwand verbunden ist. Vor die Frage gestellt, welche dieser Maßnahmen ggf. vorrangig umgesetzt werden sollten, müssen wir antworten, dass diese Beurteilung tatsächlich nur im Einzelfall auf der Basis der konkreten Verhältnisse vorgenommen werden kann. Wesentliches entscheidet sich beispielsweise an der Frage, ob ein Dienstleister mit dem Netzbetrieb oder der Wartung beauftragt wurde.

A.11.4.1   Regelwerk zur Nutzung von Netzen

Benutzer dürfen nur Zugang zu den Netzwerkdiensten bekommen, zu deren Nutzung sie ausdrücklich befugt sind.

Die Forderung meint, dass auch bei der Nutzung von Netzwerkdiensten die Prinzipien der expliziten Autorisierung und des geringsten Privilegs zu beachten sind, d. h. Zugriff bzw. die Nutzung sollte stets an eine (sparsam vergebene) explizite Autorisierung gebunden werden.

Sinngemäß das gleiche gilt auch für die Nutzung des Netzwerks der Organisation insgesamt und für Netzwerkverbindungen (nach innen oder außen).

Dabei ist zu prüfen, welche Zugänge zum Netz der Organisation und ihren Netzdiensten bestehen bzw. für die betriebenen Geschäftsprozesse tatsächlich benötigt werden und wie diese Zugänge zu sichern sind.

Grundsätzliche Regeln für die Nutzung von Netzen, Verbindungen und Diensten sind in einem entsprechenden Regelwerk darzustellen.

Neben den mehr allgemeinen in Hinweisen in

– M2.220 (Richtlinien für die Zugriffs- bzw. Zugangskontrolle) und

– M4.133 (Geeignete Auswahl von Authentikationsmechanismen)

werden beim IT-Grundschutz spezielle Themen adressiert in

– M2.71 (Festlegung einer Policy für ein Sicherheitsgateway) und

– M2.172 (Entwicklung eines Konzeptes für die WWW-Nutzung).

> ### A.11.4.2   Benutzerauthentisierung für externe Verbindungen
>
> *Zur Kontrolle des Zugangs von Benutzern mit Fernzugriff müssen angemessene Maßnahmen zur Authentisierung getroffen werden.*

Hier geht es um die Frage, wie Nutzer unserer Systeme, die sich remote einwählen bzw. verbinden sicher authentisiert werden können. Auch hier gilt das Gebot der restriktiven Handhabung solcher Zugangsmöglichkeiten, insbesondere die *minimale* Rechtevergabe.

Ein Kardinalproblem der Sicherheit stellt die Möglichkeit heutiger Systeme dar, aus der Ferne konfiguriert und gewartet werden zu können, teilweise sind noch weitergehende Funktionen möglich. Dafür sind in der Regel hohe Privilegien erforderlich.

Remote Admin   Wenn auf solche Fern-Zugänge nicht prinzipiell verzichtet werden kann, ist es aus Sicherheitssicht unerlässlich, für eine angemessene Authentisierung der Nutzer dieser Zugänge zu sorgen: Die Identität der Personen muss eindeutig festgestellt sein, bevor derartige Zugriffe erlaubt werden – vor allem, wenn hohe Privilegien im Spiel sind.

Als Sicherheitsmechanismen können z. B. zertifikatsbasierte Verfahren zum Einsatz kommen, die es mittels Verschlüsselungstechniken erlauben, einen sicheren Kanal zu schalten (etwa VPN-basierte Lösungen).

Ausnahmen sind möglich, wenn z. B. ausschließlich Leitungen der eigenen Organisation für die Verbindungsaufnahme genutzt werden. Rückruf-Schaltungen können ebenfalls das Sicherheitsniveau erhöhen.

Aber auch für normale Zugriffsversuche von außen ist auf eine gute (=starke) Authentisierung zu achten, etwa durch Einsatz von Challenge-Response Methoden.

Ein besonderes Problem ergibt sich dann, wenn sich durch Einwahl in das Netz einer Organisation die Möglichkeit ergibt, sich auf weitere vorhandene Verbindungen nach außen aufzuschalten (*Call Forwarding*). Hier ist zu prüfen, ob solche Möglichkeiten bestehen und diese im Sinne der Organisation sind.

Für das Beispiel *Wartungszugang* sei darauf hingewiesen, dass heute schon an das Netz angeschlossene Drucker remote gewartet werden können. Hierbei ist zu beachten, dass manche Drucker speichertechnisch so hochgerüstet sind, dass sie eine Vielzahl von kopierten Seiten speichern – und diese je nach Einstellung von Wartungstechnikern remote ausgelesen werden können.

Besondere Maßnahmen sind bei *Funknetzen* (z. B. WLAN) erforderlich, um zu verhindern, dass Unbefugte die Verbindungsaufnahme zum Access Point und den Datenaustausch über die „Luftschnittstelle" mitschneiden, analysieren und nutzen.

Der Baustein

– B4.4 (Remote Access)

des IT-Grundschutzes gibt eine Fülle von Hinweisen und Verweisen zu diesem Fragenkreis.

A.11.4.3 Geräteidentifikation in Netzen

Die automatische Identifikation von Geräten als Mittel zur Authentisierung von Verbindungen von speziellen Orten und Geräten aus muss in Betracht gezogen werden.

Die Authentisierung von Geräten in einem Netzwerk z. B. mittels entsprechender Maschinen-, Client- und Server-Zertifikate ist ein gutes Mittel, Verbindungen nur zwischen bekannten und authentischen Geräten zuzulassen, andere Verbindungswünsche abzuweisen.

Der IT-Grundschutz gibt hierzu Informationen in den Maßnahmenbeschreibungen zu

– M4.82 (Sichere Konfiguration der aktiven Netzkomponenten) und

– M4.133 (Geeignete Auswahl von Authentikations-Mechanismen).

A.11.4.4 Schutz der Diagnose- und Konfigurationsports

Der Zugang und Zugriff auf Diagnose- und Konfigurations-ports muss einer Kontrolle unterliegen.

Da bei der Nutzung solcher Ports meist viele, wenn nicht alle Kontrollen umgangen werden können, ist eine Kontrolle des physischen und logischen Zugangs zu solchen Ports unverzichtbar.

Das Mittel der Wahl ist eine systemtechnische Überwachung dieser Ports: ihre Nutzung könnte z. B. eine Authentisierung erfordern.

Werden etwa zu Kontroll- und Wartungszwecken physische Ports (Diagnose-Schnittstellen) verwendet, für die eine systemtechnische Überwachung nicht möglich ist, kann der physische Zugang auch durch mechanische Blockierung des Ports, durch visuelle Überwachung (per Kamera) oder Versiegelung von Racks, Geräten und Ports gesichert werden. Dabei ist eine Verletzung der Sicherheitsregeln zumindest erkennbar.

Unbenutzte bzw. nicht erforderliche Ports sollten grundsätzlich immer deaktiviert werden.

Eine in diesem Zusammenhang wichtige Maßnahme beim IT-Grundschutz ist

– M4.80 (Sichere Zugriffsmechanismen bei Fernadministration).

A.11.4.5 Trennung in Netzwerken

Gruppen von Informationsdiensten, Benutzern und Informationssystemen müssen in Netzen getrennt gehalten werden.

Diese Maßnahme spricht eine wichtige, wenn auch häufig missachtete Regel an, nämlich die Trennung von Diensten, Anwendungen und Nutzergruppen. *Alles auf einen Server* ist a priori keine gute Sicherheitsarchitektur. Gibt man sicherheitskritischen Anwendungen eigene Netzsegmente, oder trennt man absolut unsichere Bereiche vom zentralen Netzwerk der Organisation ab, erspart man sich eine Vielzahl von Sicherheitsmaßnahmen und vereinfacht die Kontrolle.

Eine Trennung kann dabei sowohl auf der physikalischen wie auch der logischen Ebene erfolgen. Die physikalischen Trennung von Netzen sowie die physikalische Trennung vom Internet sind meist Ultima Ratio in Bereichen mit sehr hohem Sicherheitsbedarf (etwa in militärischen Umgebungen). Eine Trennung von Netzsegmenten auf der logischen Ebene erfolgt z. B. mittels Gateways und Firewalls.

Eine standfeste logische Trennung ist immer dann erforderlich, wenn in der Organisation *klassifizierte* Daten (z. B. Verschlusssachen) bearbeitet werden. Hier wird verlangt, dass bestimmte Netzsegmente nur Daten einer bestimmten Klasse oder höchstens bis zu einer bestimmten Klasse transportieren: Je höher die Klassifizierung desto sicherer muss das Segment ausgelegt werden. Es soll im Kern vermieden werden, dass höher klassifizierte Daten in geringer gesicherte Segmente fließen.

Im Hinblick auf die Trennung von Netzen findet man gute Hinweise bei den Grundschutz-Maßnahmen

- M5.77 (Bildung von Teilnetzen),

- M5.61 (Geeignete physikalische Segmentierung) und

- M5.62 (Geeignete logische Segmentierung).

A.11.4.6   Kontrolle von Netzverbindungen

Für gemeinsame Netze, besonders für die, die sich über die Grenzen einer Organisation hinaus erstrecken, muss die Fähigkeit der Benutzer, sich an das Netz anzumelden, eingeschränkt sein. Diese Einschränkung muss im Einklang mit der Zugangskontroll-Richtlinie und den Anforderungen der Geschäftsanwendung (siehe 11.1) stehen.

Werden Netzwerke und Dienste von mehreren Organisationen genutzt (Kooperationspartner, Kunden), so sind damit in aller Regel kritische Informationswerte (mindestens einer beteiligten Organisation) verbunden. Hieraus ergibt sich die Anforderung, den Zugang zu diesem Netz bzw. diesen Diensten an eine Zugangskontrolle und eine explizite Autorisierung zu binden. Der Zugang kann auch an die Zeit oder die Verbindungsdauer gebunden sein, d. h. dass Verbindungen nur zu bestimmten Uhrzeiten bzw. nur für bestimmte Zeitspannen zulässig sind.

Neben den bei A.11.4.1, A.11.4.2 und A.11.4.3 angegebenen Hinweisen zum IT-Grundschutz sind hier noch der Baustein

- B3.301 (Sicherheitsgateway (Firewall))

sowie die folgenden Maßnahmen zu ergänzen:

– M4.238 (Einsatz eines lokalen Paketfilters).

– M5.13 (Geeigneter Einsatz von Elementen zur Netzkopplung).

A.11.4.7   Routingkontrolle für Netze

Kontrollen für das Routing in Netzen müssen umgesetzt sein, um sicherzustellen, dass Computerverbindungen und Informationsflüsse nicht das Regelwerk zur Zugangskontrolle von Geschäftsanwendungen verletzen.

Der Schutz von Geschäftsanwendungen, z. B. die Vertraulichkeit dabei verwendeter Daten, muss auch das Problem des Informationsflusses beachten: Es macht keinen Sinn, teure Sicherheitsmaßnahmen zu implementieren, wenn gleichzeitig kritische Daten aufgrund von fehlenden Routing-Vorgaben oder ungeprüften Quell- und Zieladressen in bzw. durch unsichere Netze geleitet werden und damit für Unbefugte einsehbar sind.

Teilaspekte der Routingkontrolle werden beim IT-Grundschutz in den Bausteinen

– B3.301 (Sicherheitsgateway (Firewall)) und

– B3.302 (Router und Switches)

behandelt, unter anderem mit Verweisen zu den Maßnahmen

– M4.82 (Sichere Konfiguration der aktiven Netzkomponenten),

– M5.61 (Geeignete physikalische Segmentierung) und

– M5.70 (Adressumsetzung – NAT (Network Address Translation)).

A.11.5   Zugriffskontrolle auf Betriebssysteme

In diesem Abschnitt geht es um Anforderungen an die Zugriffskontrolle bei Betriebssystemen. Es sei hier vermerkt, dass bei Betriebssystemen, die nach der Funktionalitätsklasse F-C2 (oder höher) zertifiziert[63] worden sind, die folgenden Maßnahmen technisch umgesetzt sind, aber die Gesamtsicherheit an einem qualifizierten Management der Möglichkeiten hängt.

Alle in den folgenden sechs Maßnahmen gestellten Forderungen lassen sich bei den heutigen IT-Systemen praktisch durch eine

---

[63] Vgl. /TCSEC/, /ITSEC/, /CC/.

geeignete Administration realisieren und sollten stets umgesetzt werden.

A.11.5.1 *Verfahren für sichere Anmeldung*

Der Zugang zu Betriebssystemen muss durch ein sicheres Anmeldeverfahren kontrolliert werden.

Sicher bedeutet an dieser Stelle, dass

- das Anmeldeverfahren nicht umgangen werden kann,
- das Anmeldeverfahren hinsichtlich der Identität des Nutzers nicht getäuscht werden kann,
- die Nutzereingaben bei der Anmeldung nicht beobachtet und später von anderen Personen genutzt werden können,
- die Zahl von Anmeldeversuchen begrenzt wird,
- eine Anmeldung vor jeder anderen Aktion mit dem Betriebssystem zwangsweise erfolgen muss,
- vor erfolgreicher Anmeldung keine überflüssigen Informationen (Hilfetexte, Dienst- oder Servernamen etc.) bereitgestellt werden,
- bei fehlerhafter Anmeldung keine Angaben erfolgen, die Rückschlüsse auf die Art oder den Ort des Fehlers zulassen,
- Anmeldeinformationen nicht offen über ein Netzwerk transportiert und
- Anmeldeversuche aufgezeichnet werden.

Diese Vorgaben werden z. T. in den folgenden Maßnahmen des Standards weiter behandelt.

Die sichere Anmeldung an Betriebssysteme behandelt der IT-Grundschutz unter

- M4.15 (Gesichertes Login).

Für den Spezialfall der Client-Server-Architekturen findet man ausführliche Informationen in

- M2.321 (Planung des Einsatzes von Client-Server-Netzen) und
- M2.322 (Festlegen einer Sicherheitsrichtlinie für ein Client-Server-Netz).

A.11.5.2   *Benutzeridentifikation und Authentisierung*

Alle Benutzer müssen eine eindeutige Benutzerkennung für ihren persönlichen Gebrauch haben, und eine angemessene Authentisierungstechnik muss eingesetzt werden, um die vorgegebene Identität eines Benutzers zu bestätigen.

Alle Nutzer müssen über eine eindeutige Identifikation (User-ID) verfügen. Diese unterliegt nicht notwendigerweise der Geheimhaltung, wohl aber die Daten zur Authentisierung (etwa das Passwort, die PIN).

Eine rein auf einer Gruppenzugehörigkeit basierende Identifizierung ist kritisch anzusehen, weil damit beispielsweise bei Sicherheitsvorfällen keine Zuordnung zu einer Person möglich ist.

Es ist klar, dass ein User-ID / Passwort-Schema kein sicheres Anmeldeverfahren *an sich* ist, sondern erst durch geeignete Parameter (u. a. Zeichenauswahl, Länge des Passworts und Wechselhäufigkeit) und deren Beachtung an Sicherheit gewinnt – wenn auch die erreichbare Sicherheit bei diesem Verfahren begrenzt ist.

Man beachte, dass für eine Authentisierung grundsätzlich drei Charakteristiken nutzbar sind: *Wissen* eines Geheimnisses (z. B. Passwort, PIN, logischer Schlüssel), *Besitz* eines Gegenstandes (Token oder Chipkarte, physischer Schlüssel) und Vorhandensein bestimmter *Merkmale* (meist biometrischer Natur). Eine Kombination aus solchen Charakteristiken kann das Sicherheitsniveau massiv erhöhen („starke Authentisierung").

Die grundsätzliche Forderung in A.11.5.2 behandelt der IT-Grundschutz mit den Maßnahmen

- M2.220 (Richtlinien für die Zugriffs- bzw. Zugangskontrolle) und

- M4.133 (Geeignete Auswahl von Authentikations-Mechanismen).

A.11.5.3   *Systeme zur Verwaltung von Passwörtern*

Systeme zur Verwaltung von Passwörtern müssen interaktiv sein und qualitative hochwertige Passwörter garantieren.

Dies betrifft die Eigenschaft vieler Betriebssysteme, die Wahl guter Passwörter gemäß den Regeln und den regelmäßigen

Wechsel (z. B. unter Beachtung der Passwort-Historie) zu erzwingen.

In diesem Zusammenhang soll auch auf die Fähigkeit von Webbrowsern (und anderer Software) hingewiesen werden, Benutzerkennungen samt Passwörtern zu verwalten. Ob diese Möglichkeiten genutzt werden, sollte von der Organisation genau untersucht und geregelt werden.

Die Maßnahmen

– M2.11 (Regelung des Passwortgebrauchs) und

– M4.133 (Geeignete Auswahl von Authentikations-Mechanismen)

beim IT-Grundschutz decken diese Anforderungen zwar von der Planungs- und Regelungsseite ab, behandeln aber nicht die systemtechnische Seite.

A.11.5.4   *Verwendung von Systemwerkzeugen*

Die Verwendung von Dienstprogrammen, die in der Lage sind, System- und Anwendungseinstellungen zu überschreiben, muss eingeschränkt sein und genau kontrolliert werden.

Die Möglichkeit der Verwendung von System-Tools, von Programmen mit hohen Privilegien bei ihrer Ausführung sowie einschlägiger Hacker-Tools muss der Kontrolle durch die Organisation bzw. das Sicherheitsmanagement unterworfen sein.

Unter die Kontrolle fallen

– das Verbot der Installation privater oder vom Internet geladener Software,

– der Grundsatz, nur solche Systemprogramme zu verwenden bzw. zu installieren, die für den Geschäftsbetrieb unter Anlegen eines strengen Maßstabs tatsächlich erforderlich sind,

– die Nutzung solcher Software zu protokollieren und

– das Prinzip, sicherheitskritische Konfigurationsarbeiten nur im Vier-Augen-Prinzip, nach vorher festgelegtem und genehmigtem Plan und mit zuverlässigen Werkzeugen durchzuführen.

Diese Aspekte deckt der IT-Grundschutz mit der Maßnahme

– M4.135 (Restriktive Vergabe von Zugriffsrechten auf Systemdateien)

ab – wenn auch nur rudimentär.

A.11.5.5   *Session Time-out*

Inaktive Sitzungen müssen nach einer festgelegten Zeitspanne von Inaktivität geschlossen werden.

Damit soll verhindert werden, dass absichtlich oder unbeabsichtigt offen gelassene Sessions (Abmeldung „vergessen") durch einen Unbefugten übernommen werden. Das Betriebssystem muss solche Sessions nach einer entsprechend konfigurierten Wartezeit schließen können (d. h. es muss eine neue Anmeldung erzwungen werden).

Die beim IT-Grundschutz aufgeführten Maßnahmen

- M3.18 (Verpflichtung der Benutzer zum Abmelden nach Aufgabenerfüllung) und

- M4.2 (Bildschirmsperre)

gehen in diese Richtung, füllen aber A.11.5.5 nicht aus.

A.11.5.6   *Begrenzung der Verbindungszeit*

Einschränkungen der Verbindungszeiten müssen verwendet werden, um zusätzliche Sicherheit für Anwendungen mit hohem Risiko zu schaffen.

Für eine Anwendung, die nur zu bestimmten Zeiten (etwa innerhalb der normalen Arbeitszeit von 7 – 18 Uhr) benötigt wird, sollten die betroffenen Betriebssysteme so konfiguriert werden, dass eine Nutzung der Anwendung (eine Verbindung zu derselben) außerhalb solcher Zeiten grundsätzlich ausgeschlossen ist.

Nach einem festen Zeitplan startende Anwendungen sollten so konfiguriert werden, dass sie zu anderen Zeitpunkten nicht aktivierbar sind.

Für besonders kritische Anwendungen kann auch vorgesehen werden, dass längere Sessions regelmäßig unterbrochen werden und eine erneute Authentisierung verlangt wird.

Die Maßnahme

- M4.16 (Zugangsbeschränkungen für Accounts und / oder Terminals)

beim IT-Grundschutz deckt Teilaspekte von A.11.5.6 ab.

A.11.6   Zugangskontrolle zu Anwendungen und Informationen

Nach den Betriebssystemen kommen nun die Anwendungen an die Reihe – auch hier geht es um die Verhinderung des unbefugten Zugangs zu Informationen und Anwendungen.

A.11.6.1   Einschränkung von Informationszugriff

Der Zugriff auf Informationen und Funktionen eines Anwendungssystems durch Benutzer und Supportpersonal muss gemäß dem definierten Regelwerk zur Zugangskontrolle eingeschränkt werden.

Der logische Zugriff von Nutzern auf Daten (z. B. in einer Datenbank) und auf die Anwendung (z. B. das DBMS) muss kontrolliert werden, und zwar nach einem festgelegten Regelwerk. Diese Kontrolle muss auch dann wirksam sein, wenn Nutzer z. B. irgendwelche System-Utilities nutzen, um an Daten zu gelangen oder Funktionen der Anwendungen zu umgehen. Die Wirksamkeit ist immer dann gegeben, wenn ein Zugriff nur über eine zugelassene Anwendung möglich ist, und zwar durch zulässige Methoden (etwa aufgerufen durch Anwahl einzelner Menüpunkte der Anwendung). Dabei wird vielfach auch nach Lesen, Schreiben, Modifizieren etc. unterschieden.

Der Aspekt des Supportpersonals ist besonders hervorgehoben. Diese Personengruppe benötigt zur Ausführung ihrer Aufgaben vielfach weitgehende Rechte – zumindest wird die Notwendigkeit behauptet. Damit ist meist ein Einblick in sensitive Daten (und Schlimmeres) möglich. Eine Überwachung dieser Tätigkeiten durch *qualifiziertes* Personal der Organisation ist ein absolutes „muss" – auch wenn damit nicht jede unerlaubte Aktivität verhindert werden kann, weil nicht alle Arbeitsschritte im Einzelnen nachvollziehbar sein dürften.

In Organisationen, in denen klassifizierte Informationen (z. B. Verschlusssachen) verarbeitet werden, muss akribisch geprüft werden, ob die Klassifizierungsregeln auch beim Export von Daten zum Tragen kommen – oder möglicherweise mit den beabsichtigten Daten weitere ggf. höher klassifizierte Informationen übertragen werden, eventuell sogar an nicht ausreichend ermächtigte Instanzen.

Beim IT-Grundschutz gibt es keine spezifisch anwendungsbezogenen Maßnahmen betreffend A.11.6.1. Vielmehr ist auf die grundsätzlichen Maßnahmen zur Zugriffs- und Zugangskontrolle zu verweisen – wie etwa

- M2.8 (Vergabe von Zugriffsrechten),

- M2.217 (Sorgfältige Einstufung und Umgang mit Informationen, Anwendungen und Systemen),

- M2.220 (Richtlinien für die Zugriffs- bzw. Zugangskontrolle) und

- M2.30 (Regelung für die Einrichtung von Benutzern / Benutzergruppen).

A.11.6.2   Isolation sensibler Systeme

Sensible Systeme müssen sich in einer dedizierten (isolierten) Umgebung befinden.

Diese klassische Forderung der Isolation haben wir auch schon beim Thema Netzwerksicherheit kennengelernt: Laufen in der gleichen Umgebung viele Anwendungen unterschiedlichen Sicherheitsbedarfs, kann nicht ausgeschlossen werden, dass eine sensible Anwendung durch eine weniger gesicherte, vielleicht leicht manipulierbare Anwendung beeinträchtigt wird. Dies trifft besonders dann zu, wenn sich solche Anwendungen gemeinsame Ressourcen (z. B. Speicherbereiche oder Daten) teilen.

Auch wenn es dem Bedarf nach Konnektivität widerspricht: Isolation ist und bleibt eine der wirksamsten Sicherheitsmaßnahmen.

Als Beispiel sei die Erzeugung von Root-Schlüsseln und Root-Zertifikaten für ein Trust Center genannt. Die Erzeugung, die Geheimhaltung und Integrität der privaten Schlüssel müssen absolut gesichert sind, weshalb in aller Regel ein physisch System genutzt wird (separater gesicherter Raum, keine Datenleitungen nach außen). Beim Export der erzeugten Zertifikate in andere Produktivsysteme transferiert man die Daten meist händisch über einen neuen oder einen sicher wiederaufbereiteten Datenträger.

Für den Bezug zum IT-Grundschutz vergleichen Sie die Angaben zu A.11.4.5.

A.11.7   Mobile Computing und Telearbeit

Innerhalb der Organisation ein angemessenes Maß an Sicherheit zu etablieren ist wichtig, reicht aber nicht aus, wenn die Verarbeitung von sensiblen Informationen auf Systemen außerhalb der Organisation erlaubt ist und Verbindungen zu solchen Systemen dabei normale Praxis darstellt.

Schlagende Beispiele hierfür sind mobile Geräte wie Laptops, Notebooks, PDAs, Smartphones und Pads, auf denen sensible Daten der Organisation zumindest temporär gespeichert und verarbeitet werden, wie auch Telearbeitsplätze, die zur Kostenreduktion immer häufiger eingerichtet werden.

A.11.7.1 Mobile Computing und Kommunikation

Um sich vor den Risiken bei der Verwendung von Mobile Computing und Kommunikationseinrichtungen zu schützen, muss eine formale Leitlinie vorhanden und angemessene Maßnahmen getroffen worden sein.

In einer entsprechenden Richtlinie ist festzulegen, ob die Verwendung mobiler Geräte gestattet ist und welche spezielle Regeln dabei zu beachten sind. Elemente solcher Richtlinien können folgende Punkte sein:

- die zentrale Beschaffung, Konfiguration und Ausgabe mobiler Geräte,

- eine Meldepflicht bei Verdacht von Missbrauch oder gar Verlust eines Gerätes,

- Maßnahmen zum Diebstahlschutz,

- die grundsätzliche Pflicht der Anwendung kryptografischer Verfahren,

- Regeln für Backup und Restore, ggf. auch Online-Replikationen, sowie Virenschutz,

- Lizenzfragen für genutzte Software,

- (Un)Zulässigkeit der Internet-Nutzung über ungesicherte WLANs und Hotspots,

- eine Genehmigungspflicht der Mitnahme eines Gerätes bei Auslandsreisen (vor dem Hintergrund z. T. restriktiver nationaler Kryptogesetze).

Diese mehr grundsätzlichen Punkte werden beim IT-Grundschutz in den Maßnahmen

- M2.309 (Sicherheitsrichtlinien und Regelungen für die mobile IT-Nutzung) und

- M2.218 (Regelung der Mitnahme von Datenträgern und IT-Komponenten) adressiert. In diesem Zusammenhang interessant sind auch die Bausteine

- B2.10 (Mobiler Arbeitsplatz),

- B3.203 (Laptop),

- B3.404 (Mobiltelefon) und

- B3.405 (PDA).

Eine umfassende Darstellung dieser Thematik des *Mobile Device Managements* findet man in /KeKl2012/.

A.11.7.2   Telearbeit

Regelungen und Betriebsanweisungen für Telearbeit müssen entwickelt und implementiert werden.

Telearbeit sollte grundsätzlich nur aufgrund einer *Vereinbarung* zwischen der Organisation und Mitarbeitern zulässig sein. In dieser Vereinbarung sind auch alle (logischen und physischen) Sicherheitsaspekte einzubeziehen.

Dabei wird es auch um Fragen der Überlassung eines (vorkonfigurierten) IT-Systems und der sicheren Verbindung zum Netzwerk der Organisation gehen. Bei diesen Regelungen wird man aus technischer Sicht Verfahren der starken Authentisierung von Nutzern sowie der verschlüsselten und signierten Datenübertragung einsetzen.

Es ist dringend zu empfehlen, im Rahmen der Telearbeitsplätze die Nutzung von überlassenen Rechnern auf die dienstlichen Belange einzuschränken, weil andernfalls eine angemessene Sicherheit dieser Systeme nicht erreichbar ist.

Bei der Speicherung von Daten im Home Office muss auch das Backup-Problem betrachtet und geregelt werden.

Der Baustein

- B5.8 (Telearbeit)

des IT-Grundschutzes beschreibt viele Einzelaspekte dieses Themas und verweist auf weitere Maßnahmen.

A.12 Beschaffung, Entwicklung und Wartung von Informationssystemen

Dieser Regelungsbereich bezieht sich auf Sicherheitsaspekte bei der Planung, Beschaffung, Entwicklung, Integration und Wartung von informationsverarbeitenden Systemen jeder Art.

A.12.1 Sicherheitsanforderungen für Informationssysteme

Wie bei vielen anderen Maßnahmen geht es hier darum, dass Sicherheit nicht *nachträglich* (und dann meist nur noch mit faulen Kompromissen) konzipiert und realisiert wird, sondern von vorneherein integraler Bestandteil jeder Art von Systemplanung, Systembeschaffung und Systemintegration sein soll.

> #### A.12.1.1 Analyse und Spezifikation von Sicherheitsanforderungen
>
> *Vorgaben von Geschäftsanforderungen an neue Informationssysteme oder Erweiterungen von bestehenden Informationssystemen müssen die Anforderungen an Sicherheitsmaßnahmen spezifizieren.*

Es ist aus unserer Sicht eine originäre Kontrollaufgabe des Managements, die Einhaltung diese Maßnahme zu gewährleisten: Eine Beschaffungsanforderung sollte stets eine Aussage dazu enthalten, ob

– der zu beschaffende Gegenstand bestimmte Sicherheitsanforderungen erfüllen muss,

– er bestimmte Sicherheitseigenschaften besitzen muss,

– für seine Nutzung in der Betriebsumgebung weitere Sicherheitsvorkehrungen erforderlich werden,

– die Sicherheit anderer Systeme in der Einsatzumgebung beeinträchtigt werden kann.

Ob diese geforderten Eigenschaften schlussendlich in den beschafften Systemen tatsächlich vorhanden sind, muss überprüft werden. Es ist insofern sehr hilfreich, wenn bei der Formulierung der Anforderungen gleichzeitig die Art der Überprüfung festgelegt wird.

Eine Variante hierfür ist die Nutzung von entsprechend zertifizierten Systemen: Wo immer möglich, sollten Systeme bevorzugt werden, die nach international anerkannten Sicherheitsstandards evaluiert und zertifiziert worden sind. Hierdurch erspart man sich ggf. eigene umfangreiche Tests. In solchen Fällen muss aber vor der Beschaffung geklärt werden, ob die Sicherheitsanforderungen der Organisation bei der Evaluation zugrunde lagen oder zumindest darin enthalten sind. Ist dies nicht der Fall, kann auf eigene Tests und Validierungen nicht verzichtet werden.

Diese Anregungen gehen insgesamt davon aus, dass das Sicherheitsmanagement in den Beschaffungs- und Genehmigungsprozess eingebunden ist!

Der Aspekt, vorab Anforderungen zu spezifizieren, ist Bestandteil der Grundschutz-Bausteine

–   B1.9 (Hard- und Software-Management) und

–   B1.10 (Standardsoftware),

die auf eine Vielzahl von Maßnahmen verweisen – unter anderem auf

–   M2.80 (Erstellung eines Anforderungskatalogs für Standardsoftware) und

–   M2.66 (Beachtung des Beitrags der Zertifizierung für die Beschaffung).

A.12.2   Korrekte Verarbeitung in Anwendungen

Nach den Systemen sind nun die Anwendungen an der Reihe: Es geht um die Verhinderung von Fehlern, den Verlust, die unbefugte Veränderung oder den Missbrauch von Informationen in Anwendungen.

Natürlich ist es wünschenswert – und nebenbei gesagt auch effektiver –, wenn die drei folgenden Maßnahmen bereits bei der Entwicklung von Anwendungen berücksichtigt werden. Leider ist das nicht immer der Fall, was sich beispielsweise in der Anfälligkeit von Anwendungen gegen Angriffe wie Pufferüberläufe oder SQL Injection zeigt. Dies unterstreicht jedoch nur die Wichtigkeit der Maßnahmen.

Zu den folgenden Maßnahmen A.12.2.1, A.12.2.2 und A.12.2.4 findet man beim IT-Grundschutz keine gute Entsprechung, allenfalls wäre auf folgende Maßnahmen zu verweisen:

–   M2.83 (Testen von Standardsoftware).

–   M2.62 (Software-Abnahme- und Freigabe-Verfahren).

A.12.2.1   Überprüfung von Eingabedaten

Die Daten, die in Anwendungen eingegeben werden, müssen überprüft werden, um sicherzustellen, dass diese Eingaben korrekt und angemessen sind.

Eine Validierung von Daten, die Input für (kritische) Geschäftsanwendungen darstellen, ist unerlässlich: Die Geschäftstätigkeit kann Schaden nehmen, wenn unentdeckt mit falschen oder korrumpierten Daten gearbeitet wird. Die geforderte Validierung kann manuell oder automatisiert, vollständig oder stichprobenartig, detailliert oder eher oberflächlich in Form einer Plausibilitätsprüfung erfolgen. Art, Umfang und Tiefe sind der Bedeutung der Geschäftsanwendung für die Organisation anzupassen.

Solche Erfordernisse sind insbesondere dann zu beachten, wenn Eingabedaten etwa ausführbaren Code oder Steueranweisungen (batch) beinhalten.

A.12.2.2   Kontrolle der internen Verarbeitung

Um Beschädigung von Informationen durch Verarbeitungsfehler oder Vorsatz zu entdecken, müssen Überprüfungen Bestandteil der Anwendung sein.

Hier geht es vorrangig um das Design und die Entwicklung von Anwendungen. In die Anwendungen können z. B. Prüfroutinen eingebaut werden, um fehlerhafte Informationen infolge von Verarbeitungsfehlern (z. B. wegen Hardware-Fehler) oder Manipulationen zu erkennen. Auch das Abfangen von Pufferüberlauf-Attacken gehört in diese Kategorie.

Das Sichern von Daten durch Hashwerte (bei der Übertragung und Speicherung) und Kontrolle derselben vor dem erneuten Gebrauch kann ein weiteres Element sein – vorausgesetzt, solche Hashwerte werden an anderer Stelle sicher aufbewahrt.

Das Thema *ausführbarer Code* hatten wir schon unter A.12.2.1 betrachtet.

A.12.2.3   Integrität von Nachrichten

Anforderungen für die Sicherstellung von Authentizität und Integrität von Nachrichten in Anwendungen müssen identifiziert und entsprechende Maßnahmen ausgewählt und umgesetzt werden.

Die Datenübertragung zwischen Teilen einer Anwendung steht hier im Fokus: Dabei soll die Kommunikation authentisch und nicht angreifbar sein. Dies betrifft Szenarien, bei denen in manipulierender Absicht in Informationsflüsse innerhalb einer Anwendung eingegriffen wird oder die Herkunft von Daten verschleiert werden soll.

Zur Umsetzung dieser Maßnahme sind Signaturen in Verbindung mit elektronischen Zertifikaten geeignet.

Neben der Forderung nach einem Kryptokonzept (Baustein B1.7) findet man zu A.12.2.3 beim IT-Grundschutz Teilaspekte z. B. in den Maßnahmen

- M4.34 (Einsatz von Verschlüsselung, Prüfsummen oder Digitalen Signaturen) und

- M5.66 (Verwendung von SSL).

A.12.2.4   Überprüfung von Ausgabedaten

Die Datenausgabe einer Anwendung muss überprüft werden, um so sicherzustellen, dass die Verarbeitung gespeicherter Informationen korrekt und den Umständen angemessen ist.

Es ist sicher angebracht, gegenüber den Ergebnissen der maschinellen Informationsverarbeitung ein gesundes Maß an Skepsis an den Tag zu legen und sich nicht blind auf Ergebnisse zu verlassen. Was oben zur Validierung von Eingabedaten gesagt wurde, gilt sinngemäß auch für die Ausgabedaten.

A.12.3   Kryptografische Maßnahmen

Kryptografie wird heute von vielen IT-Anwendungen eingesetzt, ohne dass diese Tatsache notwendigerweise allen Benutzern bewusst ist.

Verschlüsselungstechniken sind oft das technische Mittel der Wahl – sei es als reine Datenverschlüsselung oder in Form von elektronischen Signaturen und Zertifikaten. Mit solchen Verfahren kann die Vertraulichkeit und Integrität von Daten sowie die Authentizität von Kommunikationspartnern garantiert werden.

Die beiden folgenden Maßnahmen wollen daran erinnern, dass Kryptografie auch ein Mindestmaß an Management verlangt und damit keineswegs nebenbei oder gar kostenneutral zu haben ist.

A.12.3.1   Leitlinie zur Anwendung von Kryptografie

Eine Leitlinie zur Anwendung von kryptografischen Maßnahmen zum Schutz von Informationen muss entwickelt und umgesetzt werden.

A.12.3.2   Verwaltung kryptografischer Schlüssel

Zur Unterstützung der Anwendung kryptografischer Techniken in einer Organisation muss eine entsprechende Schlüsselverwaltung vorhanden sein.

Kryptokonzept

Das Stichwort *Leitlinie* meint in A.12.3.1 wieder eine entsprechende Richtlinie. In anderen Quellen ist dagegen von einem detaillierten *Kryptokonzept* die Rede, das als Vorbedingung für einen erfolgreichen Einsatz kryptografischer Techniken verlangt wird.

Die Liste der dabei zu bedenkenden Punkte ist lang – es muss unter anderem festgelegt werden,

– welche Sicherheitsziele für welche Daten bestehen,

– welche dieser Ziele kryptografisch realisiert werden sollen,

– wo die Kryptografie angewendet wird (z. B. bei der Speicherung, bei der Übertragung, bei der Authentisierung),

– ob und ggf. welche Einschränkungen für die geplante Verwendung von Kryptografie in den geltenden nationalen Gesetzen festgelegt sind,

– mit welchen Verfahren (Algorithmen, Schlüssellängen, symmetrisch oder asymmetrisch) gearbeitet werden soll,

– ob Software oder Hardware (Kryptogeräte) zum Einsatz kommen soll,

– wo diese Software und Hardware gekauft wird (man denke an die Problematik ausländischer Kryptotechnik),

     –   wie diese Software und Hardware im Betrieb bzw. in den Systemen geschützt wird,

     –   wie Schlüsselerzeugung, Schlüsselverteilung und regelmäßiger Schlüsselwechsel vonstattengehen,

     –   ob und wie Schlüssel aufbewahrt, aktiviert und (z. B. nach Kompromittierung) deaktiviert bzw. gelöscht werden können,

     –   wann bzw. wie häufig es erforderlich ist, Schlüssel zu wechseln,

     –   wie die Authentizität der Kommunikation gesichert wird (z. B. welche Zertifikate von welchen Ausstellern als vertrauenswürdig gelten),

     –   welche Konflikte sich z. B. beim Aufspüren von Viren in verschlüsselten Daten oder bei anderen Inhaltsprüfungen von Dateien ergeben können.

Es muss an dieser Stelle gesagt werden, dass die beiden Maßnahmen des Standards das wichtige Thema *Kryptografie* nur sehr spärlich behandeln.

Schon mehr Informationen erhält man durch den Baustein

     –   B1.7 (Kryptokonzept)

des IT-Grundschutzes und seine Verweise. Bei Unklarheiten und für weitere Details bei kryptografischen Verfahren sollte stets eine fachlich qualifizierte Person zu Rate gezogen werden.

A.12.4   Sicherheit von Systemdateien

> *A.12.4.1   Kontrolle von Software im Betrieb*
>
> *Um die Installation von Software auf Systemen im Betrieb zu kontrollieren, müssen entsprechende Verfahren vorgegeben sein.*

Dieser Punkt wird oft sträflich vernachlässigt: Ist ein System erst mal installiert und funktioniert es (scheinbar) reibungslos, kümmert sich kaum jemand darum, ob die installierte Software im laufenden Betrieb manipuliert, gegen eine andere ausgetauscht oder zum Vorteil eines Manipulanten anders konfiguriert wurde.

Hashwerte

Die Maßnahme A.12.4.1 fordert, ein Verfahren der regelmäßigen Kontrolle einzuführen. Technisch könnte dies so ablaufen, dass Hashwerte der Software nach Installation (andernorts und gesichert) gespeichert und damit regelmäßig Vergleiche durchgeführt werden. Möglicherweise lässt sich auch ein Binärvergleich mit dem (schreibgeschützten) Originaldatenträger der Software durchführen.

Eine andere Methode ist die Installation von Tools, die Änderungen an installierter Software (und ihren Konfigurationsdateien) kontinuierlich protokollieren.

Moderne Betriebssysteme bieten in aller Regel eine *Rollback-Funktion*, die es erlaubt, die Installation von Software rückgängig zu machen und den früheren Stand des Systems wiederherzustellen. Dies kann sinnvoll sein, wenn durch neu installierte Programme Schadfunktionen ausgeführt werden oder gar Systemdateien und Konfigurationseinstellungen manipuliert / zerstört werden.

Weiterhin ist es in diesem Zusammenhang eine gute Strategie, alle Code-generierenden Systeme (wie z. B. Compiler) von Produktionssystemen zu entfernen und lauffähige Software grundsätzlich auf besonderen Test- und Integrationssystemen zu überprüfen, bevor sie in die Produktion eingebracht werden.

Bei käuflich erworbener Software ist besonders das Problem der häufigen, z. T. automatisierten Updates zu analysieren:

– Ist es mit den Sicherheitsgrundsätzen der Organisation vereinbar, wenn Lieferanten Software-Updates ohne weitere Prüfung einspielen?

– Muss man jeden Update-Schritt wirklich mitgehen? Oder sollten diese darauf beschränkt bleiben, Fehler zu beheben und die Sicherheit zu erhöhen, soweit dies für die Organisation überhaupt relevant ist?

Man ist geneigt, die ersten beiden Fragen mit nein, die dritte mit ja zu beantworten. Man beachte aber, dass dies detaillierte Informationen über die Art und Auswirkungen eines Updates voraussetzt.

Beim IT-Grundschutz werden allgemeine Vorkehrungen zu Test-, Freigabe- und Installationsverfahren genannt. Jedoch sind zur Erfüllung von A.12.4.1 kaum spezifische Maßnahmen vorhanden. Die Kontrolle von Software *im Betrieb* wird allenfalls als Option bei folgenden Maßnahmen erwähnt:

– M2.86 (Sicherstellen der Integrität von Standardsoftware).

– M2.87 (Installation und Konfiguration von Standardsoftware).

A.12.4.2   Schutz von Test-Daten

Test-Daten müssen sorgfältig ausgewählt, geschützt und kontrolliert werden.

Dass Testdaten sorgfältig auszuwählen sind, um aussagekräftige Ergebnisse zu erhalten, ist unstreitig.

Wem die weitere Forderung nach *geschützt und kontrolliert* überzogen vorkommt, denke daran, dass die beste Methode, um eine Entdeckung von Manipulationen zu vermeiden, darin besteht, die Testwerkzeuge und Testdaten so zu ändern, dass Abweichungen nicht mehr erkannt werden.

Auch in anderer Hinsicht ist diese Maßnahme wichtig: Testprotokolle mit Referenzdaten können als Nachweis dienen, wenn Funktionsstörungen vermutet werden oder unklares Systemverhalten vorliegt. Dies kann sogar Auswirkungen auf Verträge mit Lieferanten und Kunden haben, weil mit solchen Testdaten und Aufzeichnungen Reklamationen begründet werden können.

Je nach Kontext kann es vorkommen, dass Testdaten personenbezogene Daten beinhalten (z. B. Datenüberlassung bei der Entwicklung von Personalinformationssystemen). Hier sind besondere Sicherheitsvorkehrungen zu ergreifen, um nicht mit den Anforderungen des Datenschutzes zu kollidieren, z. B. indem Daten fiktiver Personen benutzt werden.

Beim IT-Grundschutz wird diese Thematik in der Maßnahme

– M2.83 (Testen von Standardsoftware)

gestreift, aber eben nur auf die Software bezogen.

A.12.4.3   Zugangskontrolle zu Quellcode

Der Zugriff auf Quellcode muss beschränkt sein.

Änderungen am Quellcode – unbeabsichtigt, unkontrolliert, vielleicht aber auch manipulativ – können massive Auswirkungen auf die Geschäftstätigkeit einer Organisation haben.

Besonders kritisch zu beurteilen sind Änderungen an *Software Libraries*, welche Auswirkungen auf eine Vielzahl von Anwendungen haben können. Unkontrollierte Zugriffe zu Libraries sind für jeden Manipulanten ein sehr interessantes Angriffsziel.

Der Zugriff zu Quellcode muss also auf das absolut Nötigste reduziert werden. Geheimhaltung *kann* dabei eine Rolle spielen;

in aller Regel geht es aber um die Integrität des Quellcodes, letzteres insbesondere auch bei Open Source Software. Formale Autorisierungen nach festgelegten Regeln sind hier das Mittel der Wahl.

Teilaspekte von A.12.4.3 werden beim IT-Grundschutz durch die nachstehenden Maßnahmen behandelt:

- M4.135 (Restriktive Vergabe von Zugriffsrechten auf Systemdateien).
- M2.9 (Nutzungsverbot nicht freigegebener Hard- und Software).
- M2.62 (Software-Abnahme- und Freigabe-Verfahren).

A.12.5 Sicherheit bei Entwicklungs- und Unterstützungsprozessen

In Organisationen, in denen Software professionell entwickelt und im weiteren Lebenszyklus unterstützt wird, reicht die Erfüllung von A.12.4.3 nicht aus: Hier sind weitergehende Anforderungen zu stellen, die in den folgenden Maßnahmen behandelt werden.

Die ersten drei Maßnahmen dienen einer möglichst reibungslosen Fortführung des Geschäftsbetriebes.

A.12.5.1 *Änderungskontrollverfahren*

Die Umsetzung von Änderungen muss einem formellen Änderungskontrollverfahren unterliegen.

Diese unscheinbare Maßnahme betrifft das gesamte *Änderungsmanagement*, das nicht nur bei Änderungen an *Systemen*, aber hier besonders wichtig ist. Aus Sicht der Autoren ist nicht nur die *Umsetzung* von Änderungen zu kontrollieren, sondern schon die (langfristige) Planung von Änderungen.

Kardinalziele sind somit, dass Änderungen

- vollständig geplant werden (Anlass und Ziel der Änderung, Versionierung, Implementierung, Tests und Abnahme, Inbetriebnahme, Dokumentation),
- von dazu explizit Beauftragten erst nach entsprechender Genehmigung in Angriff genommen werden,
- ausgiebig getestet werden, möglichst in einer Umgebung, die der Produktionsumgebung vergleichbar ist,

- keinesfalls auf einem Produktivsystem getestet oder auf einem laufenden kritischen System ausgeführt werden,

- ausreichend tief dokumentiert sind,

- erst nach expliziter Freigabe in die Produktion übernommen bzw. an den Kunden ausgeliefert werden.

Weiterhin muss stets zweifelsfrei feststehen, welche Änderung bereits in Betrieb genommen bzw. an bestimmte Kunden ausgeliefert wurde.

Neben den schon genannten Abnahme- und Freigabeverfahren bietet der IT-Grundschutz die (sehr knapp gehaltenen) Maßnahmen

- M2.221 (Änderungsmanagement) und

- M2.34 (Dokumentation der Veränderungen an einem bestehenden System).

Letztere deckt mehr die betrieblichen Änderungen ab.

A.12.5.2   Technische Kontrolle von Anwendungen nach Änderungen am Betriebssystem

Wenn Betriebssysteme geändert werden, müssen geschäftskritische Anwendungen überprüft und getestet werden, um sicherzustellen, dass es keine negative Auswirkungen für den Betrieb und die Sicherheit der Organisation gibt.

Änderungen an Betriebssystemen dürfen keinesfalls direkt im Produktivsystem oder gar bei laufendem Betrieb vorgenommen werden, bevor sie nicht auf einem vergleichbaren Testsystem eingehend auf Funktionstüchtigkeit und vor allem auf *Verträglichkeit* mit den vorhandenen Anwendungen und *Aufrechterhaltung der Sicherheit* geprüft worden sind.

In der Praxis sind Ausfälle von Anwendungen und ganzer Geschäftsprozesse aufgrund „kleiner" Systemanpassungen sehr häufig: Es ist in den komplexen Systemen oftmals nicht möglich, die Auswirkungen solcher Änderungen präzise vorauszusagen.

Hierzu gibt beim IT-Grundschutz keine spezifischen Maßnahmen; das Grundsätzliche wird ansatzweise in zwei Maßnahmen behandelt:

- M2.62 (Software-Abnahme- und Freigabe-Verfahren).

- M4.78 (Sorgfältige Durchführung von Konfigurationsänderungen).

A.12.5.3 Einschränkung von Änderungen an Softwarepaketen

Veränderungen an Softwarepaketen müssen soweit möglich verhindert, auf die notwendigen Änderungen begrenzt und alle Änderungen streng kontrolliert werden.

In den meisten Fällen dürfen an kommerziellen Softwarepaketen aus lizenzrechtlichen Gründen ohnehin keine Änderungen vorgenommen werden – höchstens an ihrer Konfiguration oder Betriebsart.

Liegt kein Lizenzproblem vor (z. B. bei Eigenentwicklungen), gilt das unter A.12.5.1 und A.12.5.2 Gesagte auch für solche Softwarepakete.

A.12.5.4 Ungewollte Preisgabe von Informationen

Gelegenheiten für eine ungewollte Preisgabe von Informationen müssen vermieden werden.

Eine Preisgabe von Informationen – und damit ein Verlust für die Organisation – kann auf verschiedene Weise passieren:

– Bei der Entwicklung von Systemen kann Know How der Organisation durch Insider „abgesaugt" und an gut zahlende Dritte verkauft werden.

– Das gleiche gilt sinngemäß für Quellcode und Dokumentation.

– Beim Test von Systemen werden oft Geschäftsdaten oder Daten von Kunden verwendet, die ihrerseits zu schützen sind, bei Verlust der Vertraulichkeit möglicherweise sogar Strafzahlungen nach sich ziehen. Wo immer möglich, sollte mit unkritischen (fiktiven) Testdaten gearbeitet werden.

– Testwerkzeuge und Testprozeduren, die eine Organisation entwickelt hat, können preisgegeben werden, d. h. auch hierfür ist eine geeignete Überwachung erforderlich.

Verdeckter Kanal Man beachte, dass in diesem Zusammenhang das Thema der *verdeckten Kanäle* besondere Bedeutung erhält: Bei der Entwicklung von Software hierin „Hintertüren" einzubauen, ist für Manipulanten ein probates Mittel, da sie im späteren Betrieb der Software – wo immer dieser dann stattfindet – in der Lage sein werden, diese Software nach eigenem Ermessen zu steuern. Es erfordert nicht viel Phantasie, sich mögliche Auswirkungen auszumalen.

Hier ist ein geeignetes Bündel aus Regeln, technischen und infrastrukturellen Maßnahmen zu schnüren, um der Anforderung A.12.5.4 zu genügen.

Eine direkte Zuordnung zu Bausteinen oder Maßnahmen des IT-Grundschutzes ist nicht möglich.

A.12.5.5   *Ausgelagerte Softwareentwicklung*

Ausgelagerte Softwareentwicklung muss durch die Organisation überwacht und beaufsichtigt werden.

Diese Maßnahme ist aus mehreren Gründen sinnvoll, sei es wegen der Erfolgskontrolle bei der Entwicklung, der Kontrolle des effektiven Mitteleinsatzes (Kostenkontrolle), der Vorbeugung gegen Fehler oder der Kontrolle der Einhaltung von Sicherheitsbestimmungen.

Zur Überprüfung der Entwicklungsergebnisse sollten stets entsprechende Tests und eine formelle Abnahme im Entwicklungsauftrag vereinbart werden. Voraussetzung dafür ist natürlich, dass eine hinreichend genaue Spezifikation vorliegt, deren Erfüllung tatsächlich geprüft werden kann.

Es ist ebenfalls zu bedenken, was passiert, wenn der Outsourcing-Nehmer – aus welchen Gründen auch immer – die Entwicklungsarbeit nicht zu Ende bringen kann. Ist der bisherige Entwicklungsstand bekannt? Sind die Ergebnisse beim Auftraggeber hinterlegt worden? Können andere hierauf aufsetzen und die Entwicklung zu Ende bringen?

Spezifische Grundschutz-Maßnahmen existieren nicht, es wird hierzu auf die entsprechenden Details zum Thema Outsourcing verwiesen. Vergleichen Sie hierzu die Erläuterungen zu A.6.2.x und A.10.2.x

A.12.6   Schwachstellenmanagement

Schwachstellen gibt es überall – vielfach heißt es (zutreffend), die größte Schwachstelle sei der Mensch. Bei der folgenden Maßnahme geht es aber im Kern um *technische* Schwachstellen: Das Risiko besteht darin, dass solche Schwachstellen ausgenutzt werden, um unbefugten Zugriff auf Informationswerte der Organisation zu erlangen.

> ### A.12.6.1   Kontrolle technischer Schwachstellen
>
> *Informationen über technische Schwachstellen müssen rechtzeitig für die verwendeten Informationssysteme bezogen werden, die Gefährdung der Organisation gegenüber solchen Schwachstellen bewertet und angemessene Maßnahmen getroffen werden, um das damit verbundene Risiko zu adressieren.*

CERT

Hier leisten *CERT-Dienste* wertvolle Hilfe. Dort kann man beispielsweise auf die eigenen Systeme zugeschnittene Meldungen abonnieren, die auf entdeckte Schwachstellen aufmerksam machen, Risiken einschätzen und ggf. Hinweise zu ihrer Behebung bieten.

Voraussetzung ist, dass man die CERT-Meldungen auf die eigenen Informationswerte abbilden kann, was die Existenz einer entsprechenden Inventarisierung voraussetzt. Sind Meldungen für die eigenen Informationswerte relevant, ist zu prüfen, welche Risiken sich für die Organisation ergeben und wie diese zu bewerten sind.

Kommt man bei dieser Analyse zum Schluss, dass etwas getan werden muss, kann den Meldungen ggf. auch die Art der Behebung der Schwachstelle bzw. ein Weg zu Risikominderung entnommen werden. Andernfalls sind geeignete Maßnahmen in eigener Regie aufzusetzen.

Die Behebung der entdeckten Schwachstellen kann z. B. im Einspielen von Patches oder Ändern von Konfigurationseinstellungen bestehen. Auch hierbei sollte man besondere Vorsicht walten lassen, indem Patches grundsätzlich erst nach eingehenden Tests – insbesondere der Verträglichkeit mit vorhandenen Anwendungen – eingespielt werden.

Manchmal sind Schwachstellen nicht behebbar, d. h. das Risiko des Ausnutzens der Schwachstelle bleibt bestehen. Für den Fall dadurch bedingter gravierender Risiken müssen diese der Leitung gegenüber kommuniziert werden; dort sind weitere Entscheidungen zu treffen – möglicherweise müssen im Extremfall Produkte bzw. Systeme komplett ausgetauscht werden oder bestimmte Geschäftsprozesse umkonfiguriert oder sogar unterbrochen werden

Ein Risiko besonderer Art stellen natürlich Schwachstellen dar, die der Allgemeinheit nicht bekannt sind – aber dennoch zahlreich vorhanden sein dürften.

*Schwachstellen-
management*

Im Grunde kann man die Ausführungen zu A.12.6.1 so zusammenfassen: Die Organisation muss ein qualifiziertes Schwachstellenmanagement einrichten und betreiben.

Die entsprechenden Maßnahmen des IT-Grundschutzes findet man unter

–   M2.35 (Informationsbeschaffung über Sicherheitslücken des Systems) und

–   M2.273 (Zeitnahes Einspielen sicherheitsrelevanter Patches und Updates).

A.13   Umgang mit Informationssicherheitsvorfällen

Lesen Sie zur Vorbereitung die Beschreibung unter DO-h auf der Seite 73 sowie unter CHECK-g auf der Seite 80, insbesondere wegen der Unterscheidung zwischen Vorfall und Notfall. Der dort verwendete Begriff *Sicherheitsvorfall* heißt im Standard *Informationssicherheitsereignis* oder *Informationssicherheitsvorfall.*

Die unter A.13 behandelte Thematik adressiert der IT-Grundschutz zentral im Baustein

–   B1.8 (Behandlung von Sicherheitsvorfällen),

in dem der gesamte Bearbeitungszyklus vom Erkennen von Vorfällen bis zur Behebung und Nachbereitung dargestellt und auf weitere Einzelmaßnahmen (M6.58 bis M6.66) verwiesen wird.

Aus praktischen Erwägungen ist darauf hinzuweisen, dass der nach ITIL bzw. ISO 20000 nachzuweisende Incident Management Prozess auch *Sicherheitsvorfälle* berücksichtigen muss. Insofern ist anzuraten, einen integrierten Prozess zu gestalten.

A.13.1   Melden von Informationssicherheitsereignissen und Schwachstellen

Von Sicherheitsvorfällen und existierenden Schwachstellen Kenntnis zu haben, ist ein erster Schritt, dem aber der zweite folgen muss: Solche Erkenntnisse sind sofort an die zuständigen Stellen der Organisation weiterzuleiten, um rechtzeitig angemessene und koordinierte Aktionen durchführen zu können.

A.13.1.1 Melden von Informationssicherheitsereignissen und Schwachstellen

Informationssicherheitsereignisse müssen so schnell wie möglich über die geeigneten Managementkanäle gemeldet werden.

Eine zentrale Stelle muss eingerichtet werden, bei der zunächst die Meldungen über die Ereignisse auflaufen. Häufig wird diese Anlaufstelle themenbezogen organisiert sein, d. h. es sind beispielsweise unterschiedliche Ansprechpartner für IT-Vorfälle und Probleme in der Infrastruktur benannt.

Die Kontaktdaten für diese Anlaufstellen müssen in der Organisation bekannt gegeben worden sein bzw. leicht abrufbar sein.

Diese Stellen müssen eine erste Einschätzung des gemeldeten Vorfalls vornehmen und anhand (hoffentlich) aktueller Listen das für die Behebung des Vorfalls zuständige Personal informieren.

Eskalation

Dieses oft als *Eskalation* bezeichnete Verfahren muss für alle Sicherheitsvorfälle – erst recht für Notfälle – Teil des Incident Management Plans sein.

A.13.1.2 Melden von Sicherheitsschwachstellen

Alle Angestellten, Auftragnehmer und Drittbenutzer von Informationssystemen und Dienstleistungen müssen verpflichtet sein, alle beobachteten oder vermuteten Sicherheitsschwachstellen in Systemen oder Dienstleistungen festzuhalten und zu melden.

Die Einhaltung dieser „moralischen" Verpflichtung wird man nicht erzwingen können.

Unabhängig davon ist es sinnvoll, solche Vorgaben in Vereinbarungen mit Dienstleistern, Kunden und Nutzern aufzunehmen.

Wir wollen jedoch darauf hinweisen, dass zum Erkennen von Schwachstellen oder Sicherheitsvorfällen unter Umständen Kenntnisse und Fertigkeiten erforderlich sind, über die die genannten Personen nicht zwangsläufig verfügen müssen. A.13.1.2 muss daher stets als flankierend zu A.12.6.1 betrachtet werden.

Die obige Anforderung darf nicht so verstanden werden, dass der angesprochene Personenkreis etwa selbst entsprechende Tests zur Entdeckung von Schwachstellen vornimmt – und damit möglicherweise kritische Geschäftsprozesse stört oder gar unterbricht.

A.13.2   Umgang mit Informationssicherheitsvorfällen und Verbesserungen

Das Management von Sicherheitsvorfällen ist ein Kernelement des Sicherheitsmanagements. Das Verfahren haben wir unter DO-h auf der Seite 73 sowie ergänzend unter CHECK-g auf der Seite 80 beschrieben. Hiervon kann man natürlich abweichen und ein eigenes Vorgehen entwerfen – wichtig ist aber stets ein einheitlicher und effektiver Ansatz für das Incident Management.

A.13.2.1   Verantwortlichkeiten und Verfahren

Verantwortlichkeiten für den Umgang und Verfahren müssen eingerichtet werden, um eine schnelle, effektive und planmäßige Reaktion auf Informationssicherheitsvorfälle sicherzustellen.

Man beachte zunächst das Wörtchen *planmäßig* – als Gegensatz zu *planlos*. Die Folge davon ist, dass die genannten Verfahren in einem Plan, d. h. in einem Dokument, zu beschreiben sind. Inhaltlich sollte ein solcher Plan für das Incident Management fünf Fragenkreise abdecken:

– Welche Arten von Vorfällen, Ereignissen, Alarmen etc. fallen unter das Incident Management?

– Wie werden solche Incidents erfasst und aufgezeichnet?

– An wen werden Incidents kommuniziert?

– Wie werden solche Incidents bearbeitet (schrittweises Vorgehen bis hin zur Behebung des Incidents)?

– Wie wird das Incident Management überwacht (Einsatz autorisierten und qualifizierten Personals, zeitnahe Behebung, Qualität der Dokumentation, Einhaltung der Berichtswege)?

A.13.2.2   Lernen aus Informationssicherheitsvorfällen

Es müssen Verfahren vorhanden sein, mit denen Art, Umfang und Kosten von Informationssicherheitsvorfällen ausgewertet und überwacht werden können.

Unter CHECK-h auf der Seite 80 haben wir schon angegeben, dass Aufzeichnungen über Sicherheitsvorfälle zu erstellen und auszuwerten sind. Die beschriebene Maßnahme A.13.2.2 verlangt genauer, dass Art, Umfang und Kosten (=entstandener Schaden) erfasst und ausgewertet werden sollen.

Ziel ist, die Häufigkeit solcher Ereignisse zukünftig zu verringern bzw. den entstehenden Schaden zu begrenzen – wozu entsprechende Vorbeuge- und Korrekturmaßnahmen, aber auch die Wiederverwendung der Auswertungen in Sensibilisierungs- und Schulungsveranstaltungen beitragen können.

A.13.2.3   Sammeln von Beweisen

Wenn eine auf einen Informationssicherheitsvorfall folgende Aktion gegen eine Person oder Organisation rechtliche Schritte einschließt (entweder zivil- oder strafrechtlich), so müssen die gesammelten, aufbewahrten und vorgelegten Beweise die für die zuständige Gerichtsbarkeit erforderliche Beweisqualität aufweisen.

Diese Maßnahme darf nicht missverstanden werden: Das Sicherheitsmanagement hat keine „kriminaltechnischen Ermittlungen" durchzuführen, sondern lediglich dafür zu sorgen, dass genaue und vollständige Aufzeichnungen erhoben und sicher aufbewahrt werden.

Für den Fall möglicher Rechtsstreitigkeiten müssen die Aufzeichnungen Beweiskraft haben. Zur Beweiskraft gehört auch der Nachweis, dass eine nachträgliche Änderung der Aufzeichnungen ausgeschlossen ist.

Ein kritischer Punkt ist, dass bei der Analyse eines Vorfalls hinterlassene Spuren nicht zerstört oder verfälscht werden. Solche Fragen der *Forensik* gehen jedoch über unser Buch hinaus.

Der Vollständigkeit halber sei darauf hingewiesen, dass A.13.2.3 sinngemäß auch für den Fall arbeitsrechtlicher Konsequenzen gilt.

A.14   Sicherstellung des Geschäftsbetriebs

Auch wenn die IT oft im Mittelpunkt der Betrachtung steht – im Grunde geht es immer um die *Geschäftsprozesse* einer Organisation, die mehr oder weniger stark von IT unterstützt werden. Nur von der Ausfallsicherheit von *IT-Systemen* zu sprechen, greift daher zu kurz.

Der nun folgende Regelungsbereich *Business Continuity Management* (BCM) adressiert dagegen die *ganzheitliche* Sicht der Geschäftsprozesse. Es geht darum,

– die Unterbrechung bzw. unzulässige Verzögerung von Geschäftsprozessen zu verhindern,

– die Auswirkungen personeller und technischer Ausfälle oder von Elementarereignissen auf die Geschäftsprozesse zu begrenzen und

– so schnell wie möglich eine Fortführung der Geschäftsprozesse nach Unterbrechungen sicherzustellen.

Wie wir leider oft bemerken müssen, werden die im Folgenden behandelten Maßnahmen sehr vernachlässigt, insbesondere in ihren Details: Während Fragen der personellen Vertretung meist hinreichend geregelt sind, fehlen oft Regelungen zu Details des Wiederanlaufs nach Unterbrechungen des Geschäftsbetriebes. Mal sind die Benachrichtigungswege unklar, mal die Verantwortlichkeiten nicht klar geregelt, oder die richtige Reihenfolge einzelner Schritte ist unbekannt. Mitunter fehlen die elementarsten Mittel, um einen Notbetrieb zu etablieren und aufrecht zu erhalten. Viel zu selten wird auf die praktische Vertrautheit der Mitarbeiter mit den entsprechenden Vorgehensweisen Wert gelegt. Notfallübungen sind hier geeignet, Abhilfe zu schaffen.

Beim IT-Grundschutz fokussiert die Darstellung weitgehend auf *IT-bezogene* Notfälle, speziell hier die Bausteine

– B1.3 (Notfallvorsorge-Konzept) und

– B1.8 (Behandlung von Sicherheitsvorfällen).

Die ganzheitliche Sicht kommt in den Katalogen eher nicht zum Ausdruck. Eine solche Darstellung des Themas findet man jedoch in /BSI 100-4/.

Grundsätzlich ist zwischen präventiven und reaktiven Maßnahmen zu unterscheiden:

Die präventive Seite hat zum Ziel, gravierende Vorfälle (bis hin zu Notfällen) möglichst zu vermeiden. Wichtige Hilfsmittel sind dabei Risikoanalysen und -bewertungen und darauf aufbauend die Auswahl geeigneter Maßnahmen, um Risiken zu reduzieren. Die entsprechenden Analysen und Maßnahmen finden sich im *Sicherheitskonzept.*

Die reaktive Seite dagegen verfolgt die Zielrichtung, *nach* dem Eintritt von (mindestens) gravierenden Vorfällen die Schadenauswirkung zu begrenzen und möglichst schnell wieder in den Normalbetrieb zu kommen. Dies ist insbesondere für solche Geschäftsprozesse erforderlich, die eine hohe Relevanz (Umsatz, Ansehen, etc.) für die Organisation haben.

Business Impact Analysis

Entsprechende Überlegungen finden Ausdruck in der so genannten *Business Impact Analysis* (BIA). Die ergriffenen reaktiven Maßnahmen sollten in einem *Notfallkonzept* enthalten sein. Hierzu gehören – möglicherweise als Anlage – Notfallpläne und Wiederanlaufpläne.

Kritikalität

Ein wichtiger Teil der BIA stellen Erhebungen, Einschätzungen und Bewertungen im Rahmen der *Kritikalitätsanalyse* dar. Was meint Kritikalität an dieser Stelle?

Das Wort *kritisch* meint hier *zeitkritisch*. Dazu gibt man sich zunächst eine Zeitachse vor bzw. teilt sie in Perioden ein (z. B. 0-4 Stunden, 4-8 Stunden, 8-24 Stunden, mehr als 24 Stunden). Diese Einteilung muss sich an den Vorgaben für die betrachteten Geschäftsprozesse (z. B. im Rahmen von SLAs) orientieren.

Je länger in einem Ausfallszenario der Ausfall bestehen bleibt, desto höher wird in der Regel der Schaden. Nach unserer Periodeneinteilung: Der (maximale) Schaden (in einer Periode) wird von Periode zu Periode ansteigen – zumindest aber nicht abnehmen.

Man teilt nun unter Anwendung eines einheitlichen Punktesystems die zu erwartenden Schadenhöhen in Klassen bzw. Stufen ein und spricht von *Kritikalitätsklassen* oder *-stufen*.

Fassen wir zusammen: Bei einem Ausfall werden also Geschäftsprozesse mit fortschreitender Periode eine immer höhere Kritikalitätsstufe erhalten – solange bis der Ausfall behoben ist.

Wiederanlauf-klasse

Betrachtet man in der gleichen Zeitperiode mehrere Prozesse, so können diese natürlich unterschiedliche Kritikalitätsstufen besitzen. Dies bedeutet, dass sie bei einem *gleichzeitigen* Ausfall unterschiedlich hohe Schäden für die Organisation verursachen. Dies wiederum hat zur Folge, dass man bei Ausfällen in einer bestimmten Periode zuerst die Prozesse wiederherstellen wird, die die höchste Kritikalität besitzen. Mit anderen Worten: Die Kritikalitätsstufe bestimmt die Reihenfolge der Wiederherstellung von Prozessen. Insofern spricht man statt von Kritikalitätsstufe auch von *Wiederanlaufklasse*.

Vererbung

Nun verwendet jeder Geschäftsprozess eine Vielzahl von Ressourcen organisatorischer, personeller und technischer Art. Die Kritikalität eines Geschäftsprozesses vererbt sich in gewisser Weise auf die benötigten Ressourcen – die Methodik ist vergleichbar mit der Vererbung des Schutzbedarfs beim IT-Grundschutz.

Nachdem man dieses Verfahren für alle relevanten Geschäftsprozesse durchgeführt und die auf jede Ressource vererbten Kritikalitäten miteinander verrechnet (z. B. addiert) hat, besitzt jede Ressource eine eigene Kritikalitätsstufe. Hieran anknüpfend kann man Wiederanlaufpläne für kritische Ressourcen erstellen – aber auch den Bedarf an präventiven Redundanzmaßnahmen erkennen, möglicherweise sogar einheitliche Kontinuitätsstrategien entwickeln.

Diese Ausführungen sollen nur einen groben Überblick über das Thema der Notfallplanung geben und uns mit dem notwendigen Hintergrundmaterial für die Besprechung der ISO-Controls ausstatten (Details zu diesem Thema z. B. in /KeKl2012/).

A.14.1   Informationssicherheitsaspekte bei der Sicherstellung des Geschäftsbetriebs

> *A.14.1.1   Einbeziehen von Informationssicherheit in den Prozess zur Sicherstellung des Geschäftsbetriebs*
>
> *In der gesamten Organisation muss ein gelenkter Prozess zur Sicherstellung des Geschäftsbetriebs entwickelt und aufrechterhalten werden, der die für die Sicherstellung des Geschäftsbetriebs (Business Continuity) erforderlichen Informationssicherheitsanforderungen in der Organisation behandelt.*

Wenn für Geschäftsprozesse Anforderungen an die kontinuierliche Funktion und Bereitstellung der Dienstleistung bestehen, so sind diese genau zu analysieren und zu dokumentieren. Es ist in der Organisation dafür ein geeigneter Prozess zu etablieren, durch den diese Anforderungen aufgenommen und kontinuierlich an die Geschäftsbedingungen angepasst werden.

Gegenstand des gelenkten Prozesses ist es,

–   für alle Geschäftsprozesse Risiken und deren Auswirkungen auf die Organisation zu analysieren,

–   die Geschäftsprozesse hinsichtlich ihrer Bedeutung für die Organisation zu priorisieren,

–   zumindest für die Prozesse hoher Priorität jeweils die Kritikalitäten in einem festgelegten Periodenraster zu bestimmen,

–   alle für diese Prozesse benötigten Ressourcen (Informationswerte) zu erfassen und wie geschildert ihre Kritikalitäten zu ermitteln (Vererbung),

–   basierend auf diesen Zahlen Notfall- und Wiederanlaufpläne zu entwerfen und

–   Notfallsituationen regelmäßig zu üben (zumindest im Rahmen von praxisnahen *Simulationen*).

Während der erste Anstrich die uns schon geläufige Risikoanalyse und -bewertung beinhaltet, sind die folgenden vier Aufzählungspunkte Gegenstand der schon genannten Business Impact Analysis und des darauf aufbauenden Notfallkonzeptes. Diese Schritte werden in den anschließenden Maßnahmen weiter behandelt.

> **A.14.1.2   Sicherstellung des Geschäftsbetriebs und Risikoeinschätzung**
>
> *Ereignisse, die Unterbrechungen in Geschäftsprozessen verursachen können, müssen identifiziert sein, zusammen mit Wahrscheinlichkeit und Auswirkung solcher Unterbrechungen und deren Konsequenzen für Informationssicherheit.*

Dort, wo für Geschäftsprozesse der Organisation eine gewisse Verfügbarkeit gefordert wird, ist die Wahrscheinlichkeit und Auswirkung von unterbrechenden Ereignissen zu ermitteln, d. h. in der Risikoanalyse und Risikobewertung zu berücksichtigen.

Ist man dem Prinzip der Eigentümerschaft an Informationswerten gefolgt (vgl. Seite 54), sind diese Rollen die geeigneten Ansprechpartner, um diese Analysen und Bewertungen gemeinsam durchzuführen.

> **A.14.1.3   Entwickeln und Umsetzen von Plänen zur Sicherstellung des Geschäftsbetriebs, die Informationssicherheit enthalten**
>
> *Pläne müssen entwickelt und umgesetzt werden, um den Betrieb aufrechtzuerhalten oder wieder herzustellen, und um die Verfügbarkeit von Informationen im erforderlichen Maß und im erforderlichen Zeitraum nach Unterbrechungen oder Ausfällen von kritischen Geschäftsprozessen sicherzustellen.*

Lesen Sie hierzu die Ausführungen unter DO-h auf der Seite 73 f. Der Incident Management Plan, das Sicherheits- und das Notfallkonzept (in Verbindung mit Notfallhandbüchern und Wiederanlaufplänen) können diese Anforderung auf der Planungsseite erfüllen.

A.14.1.4   Rahmenwerk für die Pläne zur Sicherstellung des Geschäftsbetriebs

Ein Rahmenwerk für die Pläne zur Sicherstellung des Geschäftsbetriebs muss festgelegt werden, um so sicherzustellen, dass alle Pläne widerspruchsfrei sind, um Informationssicherheitsanforderungen einheitlich zu behandeln, und um Prioritäten für Tests und Instandhaltung zu identifizieren.

Hinweis: In der englischen Fassung der Norm heißt es an dieser Stelle „A single framework of business continuity plans should be maintained...". In der deutschen Fassung hat man *single framework* nur mit *Rahmenwerk* übersetzt. Gerade das Wort *single* ist hier aber wesentlich:

In komplexen Situationen (viele Geschäftsprozesse, umfangreiche IT, vielleicht disloziert in verschiedenen Standorten) kann es vorkommen, dass je nach Bereich getrennte Verantwortlichkeiten bestehen, die wiederum zu unterschiedlichen, historisch gewachsenen Incident Management Plänen geführt haben. Es ist nicht auszuschließen, dass sich bei einem Vergleich der Pläne Abhängigkeiten, Widersprüchlichkeiten oder gegenseitige Blockaden ergeben. Dies zu vermeiden muss ein Anliegen der Organisation sein.

Man erreicht dies, indem

- Grundlagen für solche Pläne einheitlich festgelegt werden,

- Ressourcenverbrauch, der lokale Zuständigkeiten überschreitet, einer Genehmigung bedarf,

- Planspiele nicht nur für isolierte Notfälle, sondern für Verkettungen solcher Fälle – auch über Standortgrenzen hinweg – entwickelt und getestet werden,

- ggf. Prioritäten festgelegt werden, wenn mehrere Notfallszenarien gleichzeitig eintreten.

Prioritäten könnten z. B. durch die erwähnten Kritikalitätsstufen bestimmt sein.

> **A.14.1.5   Testen, Instandhaltung und Neubewertung von Plänen zur Sicherstellung des Geschäftsbetriebs**
>
> *Pläne zur Sicherstellung des Geschäftsbetriebs müssen regelmäßig getestet und aktualisiert werden, um sicherzustellen, dass sie auf dem neuesten Stand und effektiv sind.*

Dies schließt sich nahtlos an die Überlegungen der vorhergehenden Maßnahme an: Das Rahmenwerk und die einzelnen Incident Management Pläne müssen regelmäßig aktualisiert werden. Einen wesentlichen Input liefern

– Änderungen an den Geschäftsprozessen, dem Personal, der IT und der Infrastruktur,

– Erfahrungen aus Übungen und Trainingsaktivitäten für Notfälle, sowie

– die Erfahrungen mit eingetretenen Vorfällen.

Der vorletzte Punkt setzt voraus, dass solche Übungen regelmäßig durchgeführt werden. Nur zwei Beispiele dazu:

– Wer viel Geld in ein separates Notfall- bzw. Ausweichrechenzentrum investiert, tut gut daran, den Ernstfall zu proben, d. h. die Umschaltung zwischen Original- und Ausweich-Rechenzentrum in beiden Richtungen (!) regelmäßig und vollständig zu üben.

– Wunderschöne Backup-Strategien für Daten zu entwerfen und umzusetzen ist eine gute Sache – aber letztlich nur sinnvoll, wenn der Vorgang des Restore oder Recover immer wieder am realen (oder einem zumindest vergleichbaren) System geübt wird.

Solche Übungen zu vermeiden mit dem Argument, dafür haben wir keine Zeit oder es wird schon alles funktionieren, hat schon den Charakter von Fahrlässigkeit!

A.15   Einhaltung von Vorgaben

In den folgenden sechs Sicherheitskategorien begegnen uns bekannte Themen, nun jedoch unter den Blickwinkel der rechtlichen Einordnung. Es sei daran erinnert, dass hierfür die Geschäftsführung eine nur sehr beschränkt delegierbare Verantwortung trägt.

Compliance

Die nachweisliche, genaue Beachtung der rechtlichen Rahmenbedingungen (Compliance) liegt daher im wohlverstandenen Eigeninteresse des oberen Managements und der Leitung.

A.15.1   Einhaltung gesetzlicher Vorgaben

Diese Kategorie spricht im Titel von gesetzlichen Vorgaben, meint dies aber im Sinne von *rechtlichen* Vorgaben, wozu auch Verträge mit Kunden und Verpflichtungen von Mitarbeitern gehören. Die Zielrichtung ist, Verstöße gegen Gesetze, Verträge und Verpflichtungen (insbesondere die Sicherheit betreffend) zu vermeiden. Um einen weiteren englischen Begriff zu verwenden: Es geht um das *Compliance Management*.

> ### *A.15.1.1   Identifikation der anwendbaren Gesetze*
>
> *Alle relevanten gesetzlichen, amtlichen und vertraglichen Anforderungen und der Ansatz der Organisation, um diese Anforderungen zu erfüllen, müssen für jedes Informationssystem und die Organisation ausdrücklich definiert, dokumentiert und aktuell gehalten werden.*

Man könnte diese Maßnahme mit *Anforderungsanalyse* überschreiben: Es ist zu dokumentieren, welche Anforderungen die Sicherheit betreffend aus Gesetzen und Verträgen resultieren und wie diese Anforderungen in der Praxis umgesetzt werden.

Diese Forderung hat einerseits den Sinn, durch eine entsprechende Gegenüberstellung von Anforderungen und Maßnahmen die Erfüllung der Vorgaben *belegen* zu können, andererseits aber auch der Organisation selbst eine Gewissheit zu vermitteln, dass sie sich bei ihrer Geschäftstätigkeit auch in rechtlicher Hinsicht korrekt verhält.

Es sei an dieser Stelle angemerkt, dass die Zahl und Komplexität rechtlicher Vorgaben – erst recht bei international aufgestellten Organisationen – schier unüberschaubar werden kann. Hier gilt es, in jedem Fall juristischen Sachverstand einzubeziehen und sich nicht auf die Interpretation von Gesetzen durch Techniker zu verlassen.

Eine sinnvolle Erfüllung von A.15.1.1 besteht darin, eine Compliance-Tabelle zu erstellen, in der folgende Spalten enthalten sind:

- Quelle der Anforderung,

- Text der Anforderung,

- Interpretation,

- anwendbar / nicht anwendbar,

– vorhandene Maßnahmen der Organisation, um die Anforderung zu erfüllen[64].

Diese Tabelle ist einem regelmäßigen Pflegeprozess zu unterwerfen. Dies bedingt natürlich, dass sich jemand um Änderungen an gesetzlichen und vertraglichen Vorgaben kümmert, erfordert also einen Compliance Manager.

Beim IT-Grundschutz wird das Thema allgemein und umfassend im Baustein 1.16 (Anforderungsmanagement) behandelt. Die Kernaufgaben werden mit folgenden Maßnahmen umrissen:

– M2.340 (Beachtung rechtlicher Rahmenbedingungen) und

– M3.2 (Verpflichtung der Mitarbeiter auf Einhaltung einschlägiger Gesetze, Vorschriften und Regelungen).

A.15.1.2   Rechte an geistigem Eigentum

Angemessene Verfahren müssen umgesetzt werden, um die Einhaltung gesetzlicher, amtlicher und vertraglicher Anforderungen für den Gebrauch von Material, wofür geistige Eigentumsrechte bestehen könnten, und für die Nutzung von urheberrechtlich geschützten Softwareprodukten, sicherzustellen.

Dies betrifft

– jede Art der rechtskonformen Nutzung von Patenten und Lizenzen, soweit solche von der Organisation genutzt werden oder im Rahmen der Organisation entstehen,

– die Nutzung von lizenzierter Software unter Beachtung der Lizenzvorgaben,

– aber beispielsweise auch die Beachtung des ganz normalen Copyrights für entsprechend geschützte Druckwerke und online veröffentlichte Texte.

Entsprechende Regeln sind zu erlassen und deren Einhaltung ist zu überprüfen. Das Thema *Ausmustern von Software mit Lizenzen* hatten wir schon im Zusammenhang mit A.9.2.6 behandelt.

Beim IT-Grundschutz findet man zu diesen Themen folgende Maßnahmen:

– M2.217 (Sorgfältige Einstufung und Umgang mit Informationen, Anwendungen und Systemen).

---

[64] Bei komplexen Anforderungen trägt man hier einen Verweis auf ein separates Dokument ein.

– M2.10 (Überprüfung des Hard- und Software-Bestandes).

– M4.99 (Schutz gegen nachträgliche Veränderungen von Informationen).

A.15.1.3   *Schutz von organisationseigenen Aufzeichnungen*

Wichtige Aufzeichnungen müssen im Einklang mit gesetzlichen, amtlichen, vertraglichen und geschäftlichen Anforderungen vor Verlust, Zerstörung und Fälschung geschützt werden.

Zum Nachweis, dass gesetzliche, vertragliche oder organisationseigene Anforderungen eingehalten werden, werden Aufzeichnungen vorgenommen. Teilweise werden solche Aufzeichnungen durch gesetzliche Vorgaben erzwungen. Es kann sich dabei z. B. handeln um

– Buchungen,

– elektronische Rechnungen[65],

– Datenbank- und andere Transaktionen,

– Schlüssel (zur Entschlüsselung von verschlüsselten Daten),

– Log-Protokolle,

– Siegelprotokolle,

– Nachweise zu Trainings- und ggf. Sensibilisierungsmaßnahmen

– Besucherbücher,

– Nachweise über sicherheitskritische Tätigkeiten (Checklisten) und

– Nachweise über Sicherheitsvorfälle.

Das Thema *Nachweise über Sicherheitsvorfälle* hatten wir schon in A.13.2.3 behandelt, und zwar im Zusammenhang mit rechtlichen Aktionen gegen Personen oder Organisationen (Stichwort: Beweiskraft).

Bei den Aufzeichnungen spielen immer Fragen nach Aufbewahrungsfristen und dauerhafter Archivierung eine Rolle.

---

[65]   Hier ist die Forderung des Umsatzsteuergesetzes zu beachten, die Echtheit der Herkunft und die Unversehrtheit des Inhalts einer elektronischen Rechnung zu garantieren (z. B. realisierbar mittels qualifizierter elektronischer Signaturen).

Das Vorgehen sollte so sein, dass eine Liste aller Aufzeichnungen geführt wird, in der Art und Ort der Aufbewahrung, Aufbewahrungsfristen und andere Vorgaben (z. B. Berechtigung zur Auswertung) eingetragen sind.

Man beachte auch, dass abhängig von Art und Qualität des Speichermediums (elektronische) Daten regelmäßig repliziert werden müssen, um Datenverluste im Zeitablauf zu vermeiden. Der Aufwand hierbei darf nicht unterschätzt werden.

Weiterhin sind Geräte und Software zum Lesen der elektronisch archivierten Daten vorzuhalten, da in einigen Jahren die heutigen Medien und Datenformate möglicherweise mit den dann existierenden Systemen nicht mehr lesbar sind.

Es verwundert nicht, dass in Anbetracht dieser Probleme Papier oder Mikrofiches zur Archivierung immer noch ein hohe Bedeutung haben.

Besonderes Augenmerk verdient im Rahmen der Archivierung das Thema *Verschlüsselung von Daten*, da ein späterer Zugang zu den Informationen nur bei Vorhandensein des genutzten Kryptoverfahrens und Schlüssels möglich ist. Beides ist also in die Archivierung einzubeziehen. Verschlüsselte Dateien und Schlüsselinformationen müssen in aller Regel getrennt archiviert werden. Schlüsselinformationen bedürfen dabei eines besonders hohen Schutzes vor Verlust der Vertraulichkeit und vor (absichtlichen, zufälligen) Änderungen.

> ### A.15.1.4 Datenschutz und Vertraulichkeit von personenbezogenen Informationen
>
> *Datenschutz und Vertraulichkeit müssen sichergestellt werden, wie in einschlägigen Gesetzen, Vorschriften und ggf. Vertragsklauseln gefordert.*

Dieses Thema wird in vielen Ländern durch einschlägige Datenschutzgesetze behandelt.

In Deutschland sind hier das Bundesdatenschutzgesetz (BDSG, anzuwenden auf öffentliche Stellen des Bundes und private Organisationen) und entsprechende Landesgesetze (anzuwenden auf öffentliche Stellen der Bundesländer) zu nennen.

Klassische Strategien des Datenschutzes sind die

- Datensparsamkeit bzw. -vermeidung (personenbezogene Daten sollen nur erhoben werden, wenn dies durch Rechtsvorschrift oder mit Einwilligung der Betroffenen geschieht und nur in dem jeweils benötigten Umfang),

- die Vorabkontrolle (Einschränkung der Datenverarbeitung bei besonders hohen Risiken für die Betroffenen, bei intendierter Persönlichkeits-, Leistungs- oder Verhaltensbewertung) und die

- Zweckbindung (personenbezogene Daten sollen nur für den Zweck verarbeitet bzw. genutzt werden, für den sie erhoben worden sind).

Die zulässigen Verarbeitungszwecke sind dabei entweder gesetzlich festgelegt oder bedürfen der schriftlichen Einwilligung des jeweils Betroffenen.

Aus diesen Grundzielen leiten sich unter anderem die acht Kontrollziele des Anhangs zu §9 BDSG ab: Zutrittskontrolle, Zugangskontrolle, Zugriffskontrolle, Weitergabekontrolle, Eingabekontrolle, Auftragskontrolle, Verfügbarkeitskontrolle und Einhaltung der Zweckbindung. Sie haben im Grunde den gleichen Charakter wie die Controls des Anhangs A der ISO 27001 für die IT-Sicherheit und sind entsprechend zu behandeln. Auch die Umsetzung (*„Compliance mit BDSG"*) folgt sehr ähnlichen Prinzipien:

- Eine Zuständigkeit (Datenschutzmanagement, Datenschutzbeauftragte/r) ist einzurichten.

- Ein Verfahrensverzeichnis ist zu führen (entspricht der Übersicht der Geschäftsprozesse bei ISO 27001) und stets aktuell zu halten.

- Die konkrete Ausgestaltung des Datenschutzes mit den zahlreichen Einzelmaßnahmen kann in einem Datenschutzkonzept beschrieben werden.

- Die Einhaltung der Datenschutzbedingungen kann z. B. mit erfolgreich durchgeführten Datenschutz-Audits untermauert werden, wie sie von einschlägigen Prüf- und Zertifizierungsstellen angeboten werden.

Im Rahmen einer Auftragsdatenverarbeitung sind zumindest diese Grundziele (soweit zutreffend) vertraglich eingehend zu regeln und angemessen zu überwachen.

Beim IT-Grundschutz behandelt der sehr umfangreiche Baustein

- B1.5 (Datenschutz)

diesen Fragenkreis. Dieser Datenschutzbaustein wird von der Konferenz der Landesdatenschutzbeauftragten verabschiedet und unterliegt im Falle der Zertifizierung einem gesonderten Verfahren.

Im Bereich des Datenschutzes können aus drei zusätzlichen Bereichen Maßnahmen zum Einsatz kommen. Es handelt sich hierbei um

- die Sperrung,
- die Pseudonymisierung und
- die Anonymisierung von Daten.

Bei der *Sperrung* von Daten, geht es darum, personenbezogene Daten zu schützen, die aufgrund anderweitiger Gesetze (häufig Handelsrecht) entgegen datenschutzrechtlicher Bestimmungen nicht gelöscht werden dürfen. In diesen Fällen werden die Daten nach Ablauf der datenschutzrechtlich zulässigen Aufbewahrungsfrist nicht gelöscht, sondern dem Zugriff des mit den operativen Prozessen betrauten Personals wirksam entzogen. Zugriffsrechte haben dann nur die Nutzer, die diese Daten ggf. aus handelsrechtlichen Gründen noch aufbewahren müssen.

Bei der *Pseudonymisierung* werden die personenbezogenen Daten durch Platzhalter ersetzt, die nur noch unter Einsatz eines entsprechenden Schlüssels eine Wiederherstellung des Personenbezugs erlauben. Pseudonymisierte Daten behalten, wegen der Reversibilität des Verfahrens (ebenso wie die Verschlüsselung) die Eigenschaft des Personenbezugs und ändern nichts an der Anwendbarkeit der datenschutzrechtlichen Vorschriften.

Die *Anonymisierung* ist im Gegensatz hierzu ein irreversibles Verfahren oder ein Verfahren, bei dem man zur Wiederherstellung des Personenbezugs einen extremen Aufwand betreiben müsste. Neben dem einfachen Ersatz der personenbezogenen Daten durch Platzhalter ist hier ggf. auch dem Umstand Rechnung zu tragen, dass einer möglichen Profilbildung aus den resultierenden Datenbeständen wirksam zu begegnen ist.

A.15.1.5	*Verhinderung des Missbrauchs von informationsverarbeitenden Einrichtungen*

Benutzer müssen davon abgehalten werden, informationsverarbeitende Einrichtungen zu nicht genehmigten Zwecken zu benutzen.

Die nicht genehmigte bzw. nicht beabsichtigte Inanspruchnahme von IT-Einrichtungen (Systeme, Netze, Anwendungen) kann ein Problem für die Organisation darstellen:

–   Man denke an die Nutzung des Emaildienstes einer Organisation für private Emails: Hier kann die Organisation in die Rolle eines Telekommunikationsanbieters geraten, die massive finanzielle und rechtliche Auswirkungen haben kann.

–   Dieses Szenario gilt auch für viele andere Dienste (z. B. Internet-Nutzung am Arbeitsplatz).

–   Eine unbefugte Nutzung kann zu reduzierter Verfügbarkeit der Systeme und Geschäftsprozesse der Organisation mit der Folge finanzieller Verluste führen sowie zu Manipulationen Anlass geben.

Was Gegenmaßnahmen anbetrifft, muss die ganze Palette rechtlicher, personeller und auch technischer Maßnahmen betrachtet werden.

Kontrollmaßnahmen können dabei zu rechtlichen Problemen führen: Lässt man z. B. die private Emailnutzung zu oder duldet sie, ist eine Kontrolle aller Emails nicht mehr zulässig, da es sich um persönliche Daten von Mitarbeitern handeln könnte.

Soweit hier Nutzer der eigenen Organisation gemeint sind, findet man beim IT-Grundschutz Beiträge im Baustein

–   B1.13 (IT-Sicherheitssensibilisierung und -schulung)

und in der Maßnahme

–   M3.26 (Einweisung des Personals in den sicheren Umgang mit IT).

A.15.1.6   Regelungen zu kryptografischen Maßnahmen

Kryptografische Maßnahmen müssen im Einklang mit allen relevanten Vereinbarungen, Gesetzen und Vorschriften angewandt werden.

Abgesehen von Vorgaben, die sich aus dem Erwerb von entsprechenden Geräten ergeben können, ist zu beachten, dass in vielen Ländern Gesetze den Import, den Export und die Nutzung kryptografischer Geräte regeln.

Starke Verschlüsselungssysteme dürfen in bestimmten Ländern nicht eingeführt werden, um ein Mitlesen von Informationen durch staatliche Stellen nicht auszuschließen: Dies kann z. B. für

Dienstreisen bedeuten, dass mitgeführte Laptops mit Kryptotechnik im Extremfall bei den Grenzkontrollen konfisziert werden.

In anderen Ländern ist die Nutzung kryptografischer Systeme generell untersagt, wenn die verwendete Schlüssellänge zu groß ist oder Schlüssel nicht bei staatlichen Stellen hinterlegt worden sind.

Auch hier gilt es, sich über die gesetzlichen Vorgaben in den jeweiligen Ländern genau zu informieren.

Im staatlichen Bereich gibt es für Daten, die Verschlusssachen (VS) darstellen, Vorgaben für die Nutzung kryptografischer Verfahren. Entsprechende Algorithmen und Geräte müssen für eine bestimmte VS-Stufe staatlicherseits *zugelassen* sein.

Hinweise zur Fragenkreis kryptografischer Maßnahmen findet man beim IT-Grundschutz unter

- M2.163 (Erhebung der Einflussfaktoren für kryptographische Verfahren und Produkte) sowie

- M2.165 (Auswahl eines geeigneten kryptographischen Produktes).

A.15.2 Einhaltung von Sicherheitsregelungen und -standards, und technischer Vorgaben

Die folgenden Maßnahmen spiegeln die Verantwortung jedes Managers wider, nicht nur Vorgaben zu machen, sondern auch deren Einhaltung zu kontrollieren.

Kontrollpflicht

Diese zweite Manager-Pflicht der Kontrolle wird vielfach (im wahrsten Sinne des Wortes) *sträflich* vernachlässigt. Statistiken zeigen, dass Kontrollen der Einhaltung der Sicherheitsbestimmungen nur in 10-15% der Unternehmen durchgeführt werden – wohlgemerkt 10-15% derjenigen Unternehmen, in denen schriftliche Sicherheitsbestimmungen überhaupt vorhanden sind.

> ### A.15.2.1 Einhaltung von Sicherheitsregelungen und -standards
>
> *Manager müssen sicherstellen, dass alle Sicherheitsverfahren in ihrem Verantwortungsbereich korrekt angewandt werden, um die Einhaltung von Sicherheitsregelungen und -standards zu erreichen.*

Zu diesem Zweck müssen Manager in ihrem Verantwortungsbereich und dem Anwendungsbereich des ISMS entsprechend regelmäßig Kontrollen durchführen (lassen) und die Ergebnisse im Rahmen der Managementbewertungen auswerten. Letzteres haben wir bereits ausführlich in Abschnitt 3.11 besprochen.

Maßnahmen mit dieser Zielrichtung sind im IT-Grundschutz z. B.

–   M2.199 (Aufrechterhaltung der IT-Sicherheit) und

–   M2.193 (Aufbau einer geeigneten Organisationsstruktur für IT-Sicherheit).

A.15.2.2   Prüfung der Einhaltung technischer Vorgaben

Informationssysteme müssen regelmäßig auf die Einhaltung von Standards zur Sicherheitsimplementierung überprüft werden.

Dort, wo die Einhaltung technischer Vorgaben für die Sicherheit von IT-Systemen (und der damit arbeitenden Personen) wichtig ist, müssen entsprechende Prüfungen durchgeführt werden.

Wo keine Sicherheitsstandards oder Sicherheitsvorschriften zur Verfügung stehen, sollten definierte Sicherheitsanforderungen der Organisation an ihre Stelle treten.

Die notwendigen Prüfungen und ihre Ergebnisse müssen Eingang in die regelmäßig durchzuführenden Beurteilungen der Wirksamkeit des ISMS finden.

Gegenstand solcher Prüfungen können die Einhaltung von

–   VDE-Vorschriften,

–   Umgebungsbedingungen für IT-Systeme (Temperatur, Feuchtigkeit, Spannungsversorgung),

–   baulichen Vorschriften (z. B. Belastbarkeit von Decken in Gebäuden),

–   Arbeitsschutzbestimmungen,

–   Brandschutzbestimmungen (z. B. eine Brandmeldeanlage und die Tauglichkeit von Feuerlöschsystemen betreffend)

sein, aber auch

–   die Nichtausnutzbarkeit von Schwachstellen und die Penetrationsfestigkeit.

Die Prüfungen können manuell, ggf. unter Verwendung von Werkzeugen (Tools), oder voll-automatisiert ablaufen, durch Angehörige der Organisation oder durch beauftragte Dritte vorgenommen werden.

A.15.3 Überlegungen zu Revisionsprüfungen von Informationssystemen

> ### A.15.3.1 Maßnahmen für Revisionen von Informationssystemen
>
> *Anforderungen der Revision und Revisionsaktivitäten, die Prüfungen an im Betrieb befindlichen Systemen betreffen, müssen sorgfältig geplant und vereinbart werden, um das Risiko von Störungen der Geschäftsprozesse auf ein Mindestmaß zu reduzieren.*

Revisionsprüfungen sollten immer von Personen durchgeführt werden, die nicht im operationellen Betrieb der Systeme tätig sind oder davon abhängen, um die Neutralität des Urteils zu gewährleisten.

Beispiele für solche Revisionsaktivitäten sind etwa

- Konsistenzprüfungen bei Datenbanken,

- Vollständigkeitsprüfungen bei Archiven,

- Auswertungen von maschinellen Aufzeichnungen,

- das gezielte Abschalten der externen Stromzufuhr, um das Anspringen der Notstromsysteme und ihre Belastbarkeit zu testen,

- das (kurzzeitige) Abschalten der Klimatisierung für IT-Systeme, um die entsprechenden Alarmeinrichtungen zu prüfen,

- Prüfung der korrekten Umsetzung von Regelsätzen bei Firewalls,

- Penetrationstests, um den Widerstandswert gegenüber Angriffen von Externen oder Insidern zu beurteilen.

Bei vielen Tests dieser Art kann es zu Systemabstürzen und Betriebsunterbrechungen, zu Überlastsituationen, sogar zu einer temporären Verletzung von Sicherheitszielen kommen. Solche Tests müssen deshalb sorgfältig geplant, in betriebsschwache Zeiten verlegt oder nur unter zusätzlichen Vorkehrungen durchgeführt werden. Keinesfalls sollte man aber auf qualifizierte, aussagekräftige Tests dieser Art verzichten.

Die Maßnahme A.15.3.1 spricht auch davon, dass solche Tests vereinbart werden müssen: Dies betrifft einerseits Situationen, in denen (externe und interne) Kunden rechtzeitig benachrichtigt werden müssen, bevor solche Tests ausgeführt werden, andererseits auch die Fälle, in den solche Tests durch externe Berater erfolgen. In diesbezüglichen Verträgen sollten die Testfälle, Testzeiten/-dauer und Testkriterien vereinbart werden.

Der Aspekt der Planung und Vereinbarung von Revisionen wird beim IT-Grundschutz gestreift unter

- M2.199 (Aufrechterhaltung der IT-Sicherheit).

> ## *A.15.3.2   Schutz von Revisionswerkzeugen für Informationssysteme*
>
> *Der Zugriff auf Tools zur Untersuchung von Informationssystemen muss geschützt werden, um einen möglichen Missbrauch oder eine Gefährdung zu vermeiden.*

Gerade die im vorausgehenden Beispiel der Penetrationstests verwendeten Tools sind zu schützen,

- um eine unbefugte und unbeabsichtigte Nutzung zu verhindern,

- aber auch, um Manipulationen an den Tools selbst auszuschließen, die möglicherweise verhindern, dass Sicherheitslücken entdeckt werden.

Sinngemäß gilt dies auch für alle anderen zur Anwendung kommenden Revisionstools.

Läuft ein solches Tool zu Revisionszwecken auf einem bestimmten System, kann es ggf. dort durch die Zugriffskontrolle geschützt werden. Andererseits wird man solche Tools separat von den zu prüfenden Systemen aufbewahren. Die Frage ist, wie die Tools dort geschützt sind. Hier muss im Grunde der ganze Lebenszyklus – von der Beschaffung (oder noch früher) bis zu Ausmusterung – betrachtet werden.

Beim IT-Grundschutz wird dieses Problem nur sehr allgemein betrachtet unter

- M4.93 (Regelmäßige Integritätsprüfung).

***

Damit schließen wir die Vorstellung und Erläuterung der Maßnahmen aus dem Anhang A der ISO 27001 und der zugeordneten Bausteine und Einzelmaßnahmen des IT-Grundschutzes ab.

8   Maßnahmen: Validieren und Freigeben

Im vorhergehenden Kapitel haben wir die Maßnahmen (Controls) aus dem Anhang A des Standards vorgestellt und erläutert.

Die Planungsphase im PDCA-Zyklus umfasst auch die Auswahl der zu den Controls gehörenden Einzelmaßnahmen, s. Abschnitt PLAN-g ab der Seite 59.

Wir wollen uns nun mit weiteren Aspekten bei den Maßnahmen befassen, und zwar den Themen Validierung und Freigabe.

8.1   Validierung von Maßnahmen

Bei komplexeren Maßnahmen oder bei Maßnahmen, deren Wirksamkeit oder Effizienz noch nicht bekannt ist oder noch nicht abgeschätzt werden kann, ist es ratsam, zunächst Erfahrungen zu sammeln.

Simulation, Erprobung

Dies kann in Simulationen geschehen – oder aber durch Erprobung in der Praxis. Wir wollen dies verallgemeinernd als *Validierung* bezeichnen.

Nicht jede Maßnahme eignet sich zur *Erprobung*. Nehmen wir als scheinbar triviales Beispiel die Einzäunung eines Gebäudes durch einen zwei Meter hohen Schutzzaun. Es wäre verfehlt, diese Maßnahme durch Errichtung eines nur zwanzig Zentimeter hohen Zaunes erproben zu wollen – genauso wie es nichts bringt, zunächst nur ein kleines Teilstück des Gebäudes mit einem Zaun zu versehen und den Rest frei zu lassen. Fazit: Eine Maßnahme, deren Wirksamkeit davon abhängt, dass sie in gewissem Sinn *vollständig* umgesetzt wird, eignet sich nur bedingt zur Erprobung. Hier ist eine *Simulation* angebracht.

Bereits bei der Einführung des ISMS und später in jeder Planungsphase sollte daher festgelegt werden,

– welche Maßnahmen dies betrifft,

– welche Art der Validierung vorzusehen ist,

– welche Ziele hiermit verfolgt werden,

– welche Charakteristiken einer Maßnahme betrachtet werden sollen,

– in welchem Rahmen (Szenario, Beteiligte, Zeitdauer) dies erfolgen soll,

– wer verantwortlich für die Durchführung ist,

– wer die Auswertung vornimmt.

Validierungs-faktoren

Will man die Validierung systematisch für jede geplante und ggf. vorhandene Maßnahme durchführen, stellt sich zunächst die Frage nach den geeigneten Charakteristiken bzw. *Validierungs-faktoren.*

Eignung

Zunächst ist zu prüfen, ob eine Maßnahme für den beabsichtigten Zweck grundsätzlich *geeignet* ist, d. h. überhaupt zur Erreichung des Maßnahmenziels beiträgt.

Wirksamkeit

Im nächsten Schritt wird zu validieren sein, ob die grundsätzliche geeignete Maßnahme ausreichend *wirksam* ist, um die bestehenden Risiken im geplanten Umfang zu mindern. Dabei werden auch eventuell vorhandene Schwachstellen zu berücksichtigen sein.

Wirtschaftlichkeit

Im Vergleich zwischen Risikominderung und den für die Maßnahmen entstehenden externen und internen Kosten kann festgestellt werden, ob die geplante Maßnahme *wirtschaftlich* ist.

Praktikabilität

Ein weiteres Kriterium ist die Praktikabilität einer Maßnahme: Ist die Maßnahme überschaubar, einfach umzusetzen und leicht zu handhaben? Dann wäre sie *praktikabel.*

Oder trifft eher zu: Die Maßnahme ist komplex, schwierig umzusetzen oder im Betrieb fehleranfällig. Dann ist sie nicht praktikabel. In solchen Fällen *kann* es helfen, die Intensität von Schulung und Sensibilisierung zu erhöhen.

Akzeptanz

Es gibt Maßnahmen, die von den Betroffenen (Mitarbeitern, Kunden, ggf. auch Aufsichtsstellen) als überflüssig, geschäftlich oder persönlich (z. B. gesundheitlich) beeinträchtigend oder sozial diskriminierend angesehen werden und deshalb nicht *akzeptabel* sind. Als Beispiel sei die Methode genannt, alle Authentisierungen in einer Organisation über einen Augenhintergrund-Scan (Retina-Mustererkennung) durchzuführen. Hier könnten Mitarbeiter die Einführung solcher Systeme mit Hinweis auf potenzielle Schädigungen am Auge ablehnen. Dabei spielt es im Grunde keine Rolle, ob diese Vermutungen tatsächlich zutreffen. Maßnahmen dieser Art können von vorneherein „verbrannt" sein und ihre Aufgabe schon deshalb nicht mehr erfüllen.

Angemessenheit

Man könnte weiterhin abwägen, ob eine Maßnahme im Vergleich zum *Schutzbedarf* des betroffenen Informationswertes angemessen oder unangemessen ist. Sinngemäß gilt das Gleiche für die Angemessenheit im Vergleich zu den *Geschäftsrisiken*.

Dies ist ein sehr weicher Validierungsfaktor – manchmal ist es gut, solche zu haben.

Um eine Auswertung zu unterstützen, ist es hilfreich, *Kennzahlen* abzuleiten, die Aussagen über das Ziel der Validierung liefern können. Selbstredend sollten die erfassten Größen hinsichtlich des Zieles aussagekräftig und trennscharf sein. Die Trennschärfe wird besonders benötigt, wenn ein Ziel der Validierung die Bewertung von Alternativen ist.

Ein Beispiel soll das Thema Kennzahlen für den Validierungsfaktor *Praktikabilität* verdeutlichen. Dabei handelt es sich um ein Beispiel, das man durch eine *Simulation* bearbeiten kann:

Nehmen wir an, die Organisation möchte für Besucher eine Einlasskontrolle mit Besucherbuch einführen. Ein Mitarbeiter am Empfang ist damit beauftragt und soll bestimmte Daten erfassen, etwa Namen, Vornamen, Geburtsdatum, Identifikationsmittel (Personalausweis, Reisepass, Führerschein) und Firma des Besuchers sowie Namen und Abteilung des Besuchten. Ferner soll eine Besucherkarte erstellt und ausgegeben werden. Die Simulation zeigt, dass die Erfassung der geforderten Daten und die Erstellung der Besucherkarte einschließlich der Benachrichtigung des Besuchten insgesamt durchschnittlich 5 Minuten dauert. Solange nicht mehr als 2 Besucher gleichzeitig eintreffen, ist dies sicher kein Problem. Treffen jedoch z. B. 6 Besucher gleichzeitig ein, ergibt sich bereits eine durchschnittliche Wartezeit von 15 Minuten pro Besucher. Man kann leicht ausrechnen, wie sich die mittlere Wartezeit in Abhängigkeit von der Anzahl der Besucher pro Stunde entwickeln wird.

Die mittlere Wartezeit wäre eine Kennzahl, um die Maßnahme *Eingangskontrolle mit Besucherbuch* im Hinblick auf die Praktikabilität zu validieren. Unterstellt man ein bestimmtes Besucheraufkommen, kann man Extrapolationen durchführen und vor dem Hintergrund solcher Zahlen über die Einführung der Maßnahme oder einen Ersatz entscheiden.

8.2 Maßnahmenbeobachtung und -überprüfung

Wenn von einer umgesetzten Maßnahme nicht hinreichend bekannt ist, welche Wirkungen sie haben wird, so sollte diese Maßnahme in der Praxis beobachtet werden. Dies bedeutet, dass Kennzahlen festzulegen sind, die nach der Umsetzung der Maßnahme gemessen oder erfasst werden können, und dass diese Größen im erforderlichen Umfang erfasst werden.

Der Beobachtungszeitraum sollte sich nicht über einen zu langen Zeitraum erstrecken; ein halbes Jahr sollte nur in begründeten Ausnahmefällen überschritten werden. Einem längeren Zeitraum steht insbesondere der Gewöhnungseffekt entgegen.

Wir werden im folgenden Kapitel 9 näher auf das Problem der Kennzahlen eingehen. Dabei werden wir an Beispielen zeigen, dass Zählen *allein* kein hilfreiches Mittel ist, um ein ISMS auch unter wirtschaftlichen Gesichtspunkten zu steuern.

8.3 Maßnahmenfreigabe

Eine ausdrückliche Freigabe von Maßnahmen macht nur Sinn für Maßnahmen, die vorher geeignet validiert wurden.

Wenn alternative Maßnahmen validiert wurden, schafft die Freigabe einer der Alternativen die erforderliche Klarheit darüber, welche der Alternativen schließlich ausgewählt wurde.

Insbesondere nach praktischen Erprobungen oder Simulationen sollte die Freigabe den Mitwirkenden und den zukünftig betroffenen Mitarbeitern bekannt gemacht werden, wobei die üblichen Kommunikationswege benutzt werden sollten, z. B. das Intranet.

Die Freigabe sollte durch die jeweils für diesen Maßnahmentyp zuständige Stelle der Organisation erfolgen.

Bei der Einführung des ISMS kann sich eine Besonderheit ergeben: Anstatt jede ausgewählte Maßnahme einzeln freizugeben, sollte hier die Freigabe aller Maßnahmen en bloc erfolgen. Dies kann explizit geschehen, indem jede einzelne Maßnahme in der Freigabe aufgeführt wird, oder implizit durch den Einführungsbeschluss und die Inkraftsetzung des ISMS summarisch. Dieser zweite Weg wird oft bevorzugt.

Eine weitere Besonderheit ergibt sich, wenn die freigegebene Maßnahme eine oder mehrere andere Maßnahmen *ersetzt*. Dann sollte die Freigabeerklärung explizit angeben, welche früheren Maßnahmen ersetzt werden.

Eine Freigabe ist immer an ein Datum gebunden, damit klar ist, ab wann die betreffende Maßnahme gilt und einzuhalten ist.

8.4 Alternative Vorgehensweise

Das Validieren und Freigeben von Maßnahmen dient unter anderem der Bewertung der Wirksamkeit und der kontinuierlichen Verbesserung des ISMS. Wir erinnern uns, dass mit dem ISMS ausgewählte Informationswerte (Assets) der Organisation geschützt werden sollen. Die Wirksamkeit des ISMS und seiner einzelnen Maßnahmen kann daher auch durch die Beobachtung der *Informationswerte* selbst bewertet werden. Dieser Ansatz wird in der Norm ISO 27003, Anhang E näher dargestellt.

Zunächst soll an einem Beispiel der Unterschied beider Vorgehensweisen erläutert werden. Nehmen wir an, die Daten zu

Kundenverträgen und Angeboten einer Firma sind auf einem Server abgelegt. Sie sind als zu schützende Werte eingestuft. Als Maßnahme zu ihrem Schutz ist der Server so konfiguriert, dass er nur autorisierte Zugriffe auf das Dateisystem zulässt, d. h. vor dem Zugriff ist ein Login mit Benutzername und Passwort erforderlich. Nun kann man zweierlei beobachten.

–   Einerseits können alle erfolgreichen und nicht (!) erfolgreichen Login-Versuche protokolliert werden. Auf diese Weise wird die *Maßnahme* beobachtet.

–   Andererseits können alle *tatsächlichen* Zugriffe auf die Kundenverträge und Angebote protokolliert werden. In diesem Fall werden die *Informationswerte* beobachtet.

Beide Arten der Beobachtung haben ihre Berechtigung, jedoch auch unterschiedliche Aussagekraft.

Beobachtungen, ob sie sich nun auf Maßnahmen oder auf Informationswerte beziehen, sollten als Prozess verstanden und organisiert werden. Als solcher sind sie zu planen, durchzuführen und auszuwerten. Die Planung beantwortet folgende Fragen:

–   Was soll mit welchem Ziel beobachtet werden?

–   Wann soll beobachtet werden?

–   Welche (bedrohliche) Situation soll durch die Beobachtung erkannt werden?

Zur Beantwortung dieser Fragen sollte auch die während der Risikoanalyse gewonnene Information genutzt werden.

ereignisgesteuert Wenn technische Mittel zur Beobachtung eingesetzt werden, kann eine *ereignisgesteuerte* Datenerfassung sehr nützlich sein und Vorteile gegenüber einer *permanenten* Datenerfassung bieten.

In der Durchführungsphase der Beobachtung sind verschiedene Aktivitäten erforderlich. Je nach Art der Beobachtung sind Aufzeichnungen zu führen, die durch technische Mittel erzeugt werden können – im obigen Beispiel entstehen Logdateien auf dem Server – oder als Protokoll von einem Bearbeiter anzufertigen sind. Bei der Festlegung der zu beobachtenden Informationswerte und der Art und Weise ihrer Beobachtung sollte darauf geachtet werden, dass Sicherheitsvorkommnisse erkannt und protokolliert werden, sofern dies nicht durch eigens definierte Maßnahmen bereits geschieht.

Es ist unbedingt erforderlich, dass die während der Beobachtung entstandenen Aufzeichnungen kontrolliert und ausgewertet werden. Durch Kontrolle der Aufzeichnungen wird festgestellt, ob die Beobachtung überhaupt stattfand. Dies ist selbst dann erforderlich, wenn die Aufzeichnungen automatisch erfolgen – kein technisches System arbeitet immer fehlerfrei und zuverlässig. Die Auswertung hingegen zeigt, ob es Sicherheitsvorkommnisse gegeben hat und indirekt, ob die zum Schutz des beobachteten Informationswertes getroffenen Maßnahmen wirksam und ausreichend sind.

Die Auswertung kann im Einzelfall durchaus mit Aufwand verbunden sein. Im obigen Beispiel sind die Zugriffe autorisierter Nutzer auf Vertrags- und Angebotsdaten auszuwerten. Ein erster Schritt wäre zu prüfen, ob die protokollierten Zugriffe plausibel sind. Dazu kann ausgewertet werden, von wo der Zugriff erfolgte, durch welchen autorisierten Nutzer und zu welcher Zeit. Geschah der Zugriff während der Arbeitszeit? Wurde vom Arbeitsplatz des Nutzers aus zugegriffen? War der Nutzer zu der Zeit an seinem Arbeitsplatz? Erfolgte der Zugriff im Rahmen der Arbeitsaufgaben des Nutzers?

Es ist also auch festzulegen, in welcher Weise die Auswertung erfolgt, natürlich auch von wem und zu welchem Zweck.

Das Ergebnis der Auswertung wird dem Management in Berichtsform zur Verfügung gestellt. Oft ist es ratsam, das gefundene Ergebnis auch zu bewerten und Handlungsoptionen daraus abzuleiten. Der Bericht ist ein Arbeitspapier für die *Managementbewertung*, wo auch über die Handlungsoptionen entschieden wird.

Das Validieren und Freigeben von Maßnahmen, ob es nun durch Beobachten und Bewerten der Maßnahme selbst oder des zu schützenden Informationswertes erfolgt, ist ein Teilprozess des ISMS und sollte sich daher nahtlos in das ISMS einfügen. Es ist ferner kein Selbstzweck und sollte daher vom Umfang und vom Aufwand her vertretbar bleiben.

9 Metriken zu ISMS und Sicherheitsmaßnahmen

Der Aspekt der Sicherheitsökonomie spielt eine nicht zu vernachlässigende Rolle: Man benötigt zuverlässige Messgrößen, um eine solide Basis für Sicherheitsentscheidungen zu bekommen. Solche Entscheidungen sind immer auch ökonomischer Natur und müssen dabei unterstützen, die begrenzt vorhandenen Mittel möglichst wirkungsvoll einzusetzen.

Das Ziel eines ISMS sollte daher nicht primär der Erwerb einer Sicherheitsbescheinigung (Zertifikat) sein. Erfahrungen zeigen, dass nach dem Erwerb eines Zertifikats die gefährliche Tendenz bestehen *kann*, das ISMS im Wesentlichen einzufrieren und die geforderten kontinuierlichen Verbesserungen auf die Einführung von Formalismen zu reduzieren. In keinem der für eine Zertifizierung vorgesehenen Managementbereiche hat eine derartige Entwicklung schlimmere Auswirkungen als beim Management der Informationssicherheit.

Ein unbewegliches ISMS führt nicht zu einem gleich bleibendem Sicherheitsniveau: Aufgrund der dauernden Veränderung der Bedrohungslage und der steigenden Anfälligkeit komplexer Informationstechnologien stellt sich oft ein rasanter Abfall des Sicherheitsniveaus einer Organisation ein.

9.1 Einführung von Metriken

Es liegt also nahe, die Wirksamkeit des ISMS und seiner Maßnahmen durch Messungen zu überprüfen. Die Entwicklung der Normenreihe ISO 27000 trägt diesem Bedürfnis durch die inzwischen erschienene Norm ISO 27004 Rechnung. Diese Fassung beschränkt sich im Hauptteil (Kapitel 5 ff) auf relativ allgemein gehaltene Erläuterungen.

Metrik

Zunächst wird festgehalten, worum es bei entsprechenden Metriken geht. Im Einzelnen werden folgende Ziele in den Vordergrund gestellt:

– Verbesserungen der Sicherheit aus dem Blickwinkel der Geschäftsrisiken ermöglichen bzw. erleichtern,

– Beurteilung des ISMS und seiner kontinuierlichen Verbesserung,

- Beurteilungsbasis für die Managementbewertung,
- Input für den Risikomanagementprozess,
- Hilfe bei der Kommunikation der Informationssicherheit in der Organisation,
- Beurteilung bzw. Validierung von Sicherheitsmaßnahmen (z. B. nach ihrer Wirksamkeit, Praktikabilität, Akzeptanz),
- Bereitstellung von Vergleichszahlen für Zwecke des Benchmarkings,
- Überprüfung der Erfüllung von Sicherheitsanforderungen und Darlegung der Compliance,
- Input für Sicherheitsaudits.

Zur Erfüllung dieser Ziele sieht die ISO 27004 die Einführung eines Programms mit Sicherheitsmetriken und eines dazu gehörenden Prozesses vor. Beide sind im Kontext eines bestehenden ISMS nach ISO 27001 zu verwirklichen.

Bei der Aufstellung bzw. Entwicklung der Messgrößen bezieht sich die ISO 27004 auf die Controls des Anhang A der ISO 27001. Kurz gesagt empfiehlt die Norm die Entwicklung von Messgrößen für solche Controls, die im höchsten Maße mit den für die Organisation bestehenden Risiken verknüpft sind.

Es ist demnach nicht notwendig, für *jede* Anwendung eines Controls eine Messgröße zu entwickeln. Im Vordergrund steht hier wieder einmal die Priorisierung, die durch die Organisation selbst vorzunehmen ist und nicht im Rahmen eines Standards geregelt werden kann.

In den weiteren Kapiteln geht es dann um die operative Durchführung, die Analyse der Erhebungsdaten und Messergebnisse, die Kommunikation der Ergebnisse und um die ständige Verbesserung des Messprogramms.

Die Norm ISO 27004 enthält darüber hinaus zwei Anhänge, die den mehr theoretisch orientierten Hauptteil um praxisorientierte Hilfen ergänzen sollen:

- Annex A enthält ein Template, welches bei der Dokumentation und Planung von Metriken eine Hilfe bietet.
- Entsprechend diesem Template ist in Annex B eine Reihe von mehr oder weniger hilfreichen Beispielen für Sicherheitsmessgrößen aufgeführt.

Die in der gegenwärtigen Fassung der Norm im Annex B aufgeführten Beispiele weisen nach Überzeugung der Autoren noch keine für die Praxis hilfreiche Qualität auf[66]. Es soll an dieser Stelle auf einen Satz verwiesen werden, der Albert Einstein zuge-schrieben wird: „Nicht alles, das zählt, kann man zählen, und nicht alles, das man zählen kann, zählt!"

Dementsprechend kritisch sollte man sich auch mit den in der Praxis häufig nahegelegten Messgrößen auseinandersetzen. An den folgenden Beispielen möchten wir verdeutlichen, weshalb es besser sein kann, manch gut gemeinter Messempfehlung[67] aus dem Annex B der ISO 27004 zumindest nicht ohne Weiteres zu folgen:

> *B.1.1: Verhältnis von Personen, die ein ISMS-Training erhalten haben, zu denen, für die eine solches Training noch ansteht.*
>
> *B.1.2: Analoges Verhältnis bezüglich des Information Security Awareness Training.*

Kritik   Hier besteht die Gefahr, dass unabhängig von der *Qualität* der Trainingsinhalte rein formalistische Daten erhoben werden. Au-ßerdem legen die Kenngrößen nahe, dass es für die Sicherheit ausreichend ist, ISMS bzw. Information Security *Awareness Trainings* durchzuführen. In der Praxis ist dies für die Gewährleis-tung von Informationssicherheit nicht hinreichend und es besteht die Gefahr, dass die falschen Prioritäten gesetzt werden.

Was wirklich zählt: Informationssicherheit ist in den Trainings-plänen aller Mitarbeiter entsprechend ihrer am Arbeitsplatz be-stehenden Bedürfnisse aufzunehmen. Die Vollständigkeit und Qualität der Abarbeitung der Trainingspläne kann anhand von Aufzeichnungen in einer Gesamtschau bewertet werden. Hierbei ist zu berücksichtigen, dass einer gezielten fachlichen Erweite-rung von Spezialkompetenzen oft ein erheblich höherer Stellen-wert für die Sicherheit zukommt, als ein formaler Nachweis von Unterweisungen in Allgemeinkompetenzen.

> *B.2.1: Verhältnis der Passwörter, die den geltenden Vorschrif-ten entsprechen, zu den Passwörtern, bei denen dies nicht so ist.*

---

[66]   Eine umfangreichere Sammlung liefert das Dokument „ISO/IEC 27001 & 27002 Implementation Guidance and Metrics" unter www.iso27001security.com.

[67]   Die schattierten Texte im Folgenden sind Zitate aus /ISO27004/.

> *B.2.1: Der Anteil der Passwörter, die innerhalb von 4 Stunden geknackt werden können, wird ermittelt.*

Kritik

Hier wird die Illusion genährt, dass die Qualität von Passwörter entscheidend für die Sicherheit sei. Tatsache ist jedoch, dass passwortbasierte Systeme die mentalen Fähigkeiten des Menschen in der Praxis überfordern und daher mit zunehmender Zahl von komplizierten und ständig zu ändernden Passwörtern als inhärent unsicher anzusehen sind. Diese Feststellung gilt nur dann nicht, wenn es sich um Maschinenpasswörter handelt oder wenn im Unternehmen ein Single-Sign-On realisiert ist, bei dem jeder Nutzer nur ein einziges Passwort verwenden und sich merken muss.

Was wirklich zählt: Im Rahmen der strukturierten Einführung eines zentralen Identity und Access Managements sollten starke Authentisierungsverfahren realisiert werden. Zu ermitteln, welche Systeme und Services während des längerfristig zu realisierenden Vorhabens noch mit schwachen und fehlerträchtigen Zugangskontrollmechanismen ausgestattet sind, ist aussagekräftiger. Hierbei sollte auch in Betracht gezogen werden, wie schwerwiegend die verbleibenden Abweichungen sind.

> *B.3.1: Anzahl der geplanten zur Anzahl der durchgeführten Sicherheitsüberprüfungen durch externe Sicherheitsberater.*

Kritik

Die gebildete Zahl bietet aus unserer Sicht ohne weitere detaillierte Information über die ursächlichen Zusammenhänge nichts für die Sicherheit wirklich Erhellendes.

Was wirklich zählt: Weniger als das Zahlenverhältnis ist hier die Qualität der externen Überprüfungen und das Follow-up von Bedeutung. Externe Überprüfungen können sowohl aus der Organisation selbst veranlasst werden als auch von Seiten des Kunden oder aufgrund einer gesetzlichen Vorgabe (z.B. aus dem BDSG). Wichtig ist, dass die notwendigen externen Überprüfungen geplant, organisiert und aufgearbeitet werden. An dieser Stelle muss eine Auswertung hinsichtlich der jeweils bei den Untersuchungen aufgetretenen Beobachtungen erfolgen. Hier kann es sinnvoll sein, die Abweichungen hinsichtlich der Schwere zu klassifizieren und wiederholt aufgetretene Beobachtungen gleichartiger Umstände zu erfassen.

> *B.4.1: Vergleich der Anzahl von gemeldeten Sicherheitsvorfällen mit vordefinierten Schwellenwerten (Ampelwerte: rot, gelb, grün).*

Kritik

Abgesehen davon, dass hier die Quantität vor die Qualität von Sicherheitsvorfällen gestellt wird, sollte bedacht werden, dass numerische Schwellenwerte sich in diesem Bereich sehr leicht kontraproduktiv auf die Sicherheitsarbeit auswirken können. Die Schwellenwerte bieten aufgrund ihrer Natur einen zusätzlichen Anreiz für das Vertuschen von Sicherheitsvorkommnissen.

Was wirklich zählt: Mangelnde Fehlerkultur ist einer der Hauptgründe für nicht funktionierendes Incident Management. Für die Karriere ist es besser, nur positive Dinge zu berichten und vor allem nicht für die Verursachung „roter Ampeln" verantwortlich gemacht zu werden. Auch wenn die Umsetzung schwierig ist, sollte deshalb daran gearbeitet werden, eher die nicht oder nicht zeitig gemeldeten Sicherheitsvorfälle zu erfassen und in Relation zur Gesamtheit der bekannten Vorfälle darzustellen.

> *B.5 Hier wird empfohlen, die Frequenz der Managementbewertungen zu erfassen und hierbei als Zielwert eine monatliche Wiederholung erwähnt.*

Kritik

Auch hier sollte unseres Erachtens nicht die Quantität sondern die Qualität der Managementbewertungen im Vordergrund stehen. Es ist in der Praxis nicht notwendig, derartige Bewertungen häufiger als 1-2 mal jährlich durchzuführen. Eine zu hohe Frequenz führt dazu, dass die Bewertung nicht mit genügend interessantem Stoff gefüllt werden kann, der die Aufmerksamkeit des Managements wirklich verdient. Bei einer zu hohen Frequenz besteht die Gefahr, dass das Management sich durch untergeordnete Entscheidungsträger vertreten lässt und gar nicht erscheint, die notwendigen Entscheidungen nicht herbeigeführt werden können oder ein reiner Zähltermin stattfindet.

Was wirklich zählt: Für gut vorbereitete Managementbewertungen müssen die höchsten Entscheidungsträger des Unternehmens Managementzeit opfern. Sinnvoll könnte das *Management Commitment* daran gemessen werden, ob die Geschäftsführung komplett teilnimmt, sich vertreten lässt, die anstehenden Entscheidungen abschließend getroffen werden können. Um die Vorbereitung und Akzeptanz der Managementbewertung zu verbessern, könnte ein strukturierter Fragebogen vorgesehen werden.

Fazit
Bei dieser auszugsweisen Diskussion von Messkriterien, die im Anhang B der ISO 27004 genannt sind, wollen wir es zunächst einmal bewenden lassen. Die Qualität der anderen Empfehlungen ist vergleichbar. Es ist erforderlich, dass sich der Anwender genau überlegt, inwieweit er die Empfehlungen als Anregung aufnimmt und umsetzt.

9.2 Praktische Empfehlungen zur Einführung von Metriken

Unabhängig vom gegenwärtigen Stand der Norm kann man erfahrungsgemäß zwischen vier Arten von Metriken unterscheiden:

– Soft Metrics: Sie sollen eine Aussage über die Fähigkeiten einer Organisation zur Einrichtung und Pflege sicherer Systeme bieten. Solche Metriken werden z. B. von den Reifegradmodellen angeboten.

– Konformitätsmetriken: Checklisten zur Messung des Grads der Übereinstimmung mit gesetzten Standards.

– Metriken auf der Basis von ökonomisch orientierten Risikoindikatoren.

– Hard Metrics auf der Basis präzise messbarer oder zählbarer Phänomene; hierdurch wird eine objektive Sicht auf die Sicherheit ermöglicht.

In der Praxis wird man nicht umhin können, die Anwendung aller vier Arten von Metriken in Erwägung zu ziehen. Je nach den Gegebenheiten kann es sich jedoch empfehlen, einzelnen Arten stärkeres und anderen schwächeres Gewicht zuzumessen. Da Messungen grundsätzlich sehr aufwändig sind, sollte genau geplant und festgelegt werden,

– was man sich von der Messung verspricht,

– wie lange die Messung durchgeführt wird und

– wie die Ergebnisse reportiert werden sollen.

Im Folgenden gehen wir kurz auf die einzelnen Typen von Metriken ein.

Soft Metrics

Modelle wie das *System Security Engineering Capability Model*[68] (ISO 21827) fallen unter „sanfte" Metriken. Dies gilt vor allem deshalb, weil die Messergebnisse derartiger Modelle – abhängig von den durchführenden Personen – sehr stark differieren kön-

---

[68] Software Engineering Institute (Carnegie Mellon University).

nen. Sie haben aber den Vorteil, dass sie auf die gesamte Organisation angewandt werden können und sehr schnell einen Handlungsbedarf deutlich machen können.

Die Ergebnisse sind allerdings sehr ungenau; Vergleiche über eine längere Zeit oder zwischen unterschiedlichen Organisationen sollten aus Gründen der Signifikanz nicht allzu hoch bewertet werden.

Neben ISO 21827 zählen wir zu den Soft Metrics den Standort-Kurz-Check /BSI-KRIT/ und die COBIT-Methode.

Die Verfasser haben diese Modelle in der Praxis erfolgreich angewandt, bevorzugen allerdings ein eigenentwickeltes Modell, das sich sehr stark an die Struktur von ISO 27001 anlehnt. Eine Vorstellung von der Vorgehensweise und der Darstellung der Ergebnisse vermittelt die folgende Abbildung.

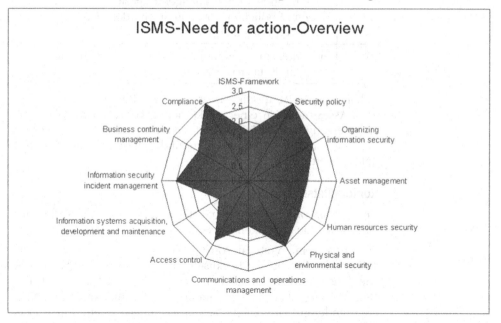

Abbildung 4:   ISMS-Need-for-Action-Overview

Die Darstellung der Spinne basiert auf den 11 Regelungsbereichen (Seite 103f.) und dem Rahmenwerk für das ISMS (Kapitel 3 dieses Buches) aus ISO 27001. Es wird jeweils eine Bewertung anhand folgender Metrik vorgenommen:

Tabelle 19:   Soft Metric

Level	Bedeutung
0	Es besteht kein Handlungsbedarf.
1	Es besteht ein abstrakter Handlungsbedarf, der aufgrund der durchgeführten Erhebung nur an einer formalen Forderung der Norm festgemacht werden kann.
2	Es wurden konkrete Sicherheitsmängel festgestellt.
3	Es wurden Sicherheitsmängel oder Gesetzesverstöße festgestellt, die potenziell Konsequenzen für die Organisation nach sich ziehen können.
4	Es wurden Sicherheitsmängel festgestellt, bei denen mit empfindlichen Konsequenzen oder rechtlich negativen Folgen zu rechnen ist.
5	Sicherheitsmängel mit beträchtlichen Auswirkungen oder mit Katastrophenpotenzial.

Anhand dieser Methodik lassen sich die Befunde eines Audits bzw. Assessments in einer strukturierten Form, komfortabel und auf überzeugende Weise präsentieren. Die Beurteilungen werden anhand konkreter Feststellungen und Handlungsempfehlungen untermauert.

Konformitätsmetriken

Unter *Konformitätsmetriken* verstehen wir an dieser Stelle ganz einfach die einschlägigen Checklisten.

Es existiert eine Vielzahl von Quellen für derartige Checklisten. Einige sehr nützliche Checklisten findet man in ISO-Standards, wie beispielsweise dem Standard zur Netzwerksicherheit ISO 18028[69], dem Checklistenprogramm des US-amerikanischen NIST oder anderen nationalen Standardisierungsquellen. Ein ausgeprägter Checklisten-Katalog liegt auch in Form der Grundschutzkataloge des BSI vor. Ebenso können die PCI-Standards (s. Seite 11f.) hierzu sehr gut genutzt werden.

Das Ergebnis einer Messung besteht zum einen in der Aussage, ob ein bestimmter Bereich den zugrunde liegenden Standards

---

[69]   Wird in revidierter Form in die ISO 27033 überführt (Teile bereits vorhanden).

gerecht wird oder nicht. Falls er den Standards nicht gerecht wird, kann zum anderen anhand der Checkliste gleich der Handlungsbedarf aufgezeigt werden. Auf diese Weise kann man sich einen Überblick über die Elemente einer Organisation verschaffen, bei denen in Sachen Sicherheit etwas zu tun ist.

Diese Art von Metriken ist grundsätzlich auf abgrenzte und definierte Bereiche anwendbar, wie etwa

– Rechenzentrum,

– Serverraum,

– Plattform für einen Server oder eine Workstation oder

– Notfallplanung.

Risikometriken

Im Zusammenhang mit Risiken existiert eine Vielzahl von Metriken. Allein aufgrund der geltenden Definition des Risikos – als eine Kombination aus Eintrittswahrscheinlichkeit und Konsequenzen – ergibt sich eine breite Vielfalt an unterschiedlichen Ansätzen für die Messung von Risikoaspekten. Meist klammern die im Bereich der Informationssicherheit gebräuchlichen Risikoindikatoren den wichtigsten Aspekt des Risikos aus – nämlich die Streuung – und reduzieren das Risiko auf die Schadenerwartung.

ALE Ein gebräuchlicher derartiger, eigentlich risikoneutraler Indikator ist der sogenannte ALE. Hinter diesem Akronym verbirgt sich die Bezeichnung *Average Loss Estimate* oder *Annual Loss Expectancy*. Der ALE wird einfach durch die Multiplikation der jährlich erwarteten Eintrittshäufigkeit mit den monetären Auswirkungen eines Sicherheitsvorfalls ermittelt.

ROSI Eine Weiterentwicklung stellt das RoSI-Konzept dar. RoSI steht für *Return on Security Investment* (Ertrag der Sicherheitsinvestition). Bei diesem Konzept wird Wirtschaftlichkeit der Sicherheitsinvestition beurteilt, indem ein Vergleich mit der Beeinflussung des ALE stattfindet.

$$\text{RoSI} = \frac{\text{Reduzierung des ALE} - \text{Jährliche Kosten der Sicherheitsmaßnahme(n)}}{\text{Jährliche Kosten der Sicherheitsmaßnahme(n)}}$$

Derartige Konzepte suggerieren auf den ersten Blick eine Leistungsfähigkeit, welche in der Praxis kaum zu realisieren ist. Vielfach versprechen sich Organisationen, eine Art Risikobuchhaltung durchführen und Sicherheitsinvestitionen ökonomisch vollständig und objektiv überprüfbar machen zu können. In der Praxis scheitern derartige Ansätze dann kläglich und zwar aus folgenden Gründen:

– Die Einzelrisiken sind nicht unabhängig voneinander und können von daher nicht einfach addiert werden. Die mathematische Lösung der Aggregation von Risiken ist keineswegs trivial:

  – Integritäts-, Verfügbarkeits- und Vertraulichkeitsrisiken stehen miteinander in Beziehung.

  – Die analysierten Systeme arbeiten in einem Netzwerk und stehen zueinander in komplexen Beziehungen.

  – Abhängigkeiten bestehen auch zwischen Mensch, Hardware und Software.

– Ein auf der Basis von ALE oder RoSI aggregierter Risikoindikator für eine Organisation tendiert zu kontraproduktiven Effekten im Hinblick auf das Sicherheitsmanagement:

  – Ein schlechtes und mit wenig Motivation durchgeführtes Sicherheitsmanagement würde nur in geringem Maße ALE identifizieren.

  – Ein engagiert durchgeführtes Sicherheitsmanagement würde hingegen tendenziell mehr Risiken und damit auch einen höheren ALE identifizieren.

– Die Anwendung der Konzepte wird auch sehr stark durch die mangelnde Verfügbarkeit von belastbarem Datenmaterial zur Durchführung der Berechnungen beeinträchtigt.

Eine Anwendbarkeit kann in Einzelfällen zur Darstellung von Business Cases gegeben sein – ansonsten kann eine retrospektive Analyse der Verwendung des Sicherheitsbudgets erfolgen und diese Analyse als Entscheidungsgrundlage für die Aufstellung eines neuen Sicherheitsbudgets herangezogen werden.

Hard Metrics

Harte Metriken zeigen sehr stark an, wo Handlungsbedarf ist; sie sind objektiv messbar und stehen in einem direkten Bezug zum Schutzzweck. Wo immer es ökonomisch zu rechtfertigen ist, sollten derartige Metriken zur Anwendung kommen. Dies gilt vor allem in solchen Fällen, in denen bereits eine Datenerhebung vorliegt, auf deren Basis die Messungen erhoben werden können.

In Fällen, in denen die Messung ausschließlich für Sicherheitszwecke vorgenommen werden soll, ist zuvor zu überlegen, inwiefern durch Stichprobenverfahren oder andere Vereinfachungen eine ökonomisch rechtfertigbare Erhebung erreicht werden kann.

Vor Anwendung einer Metrik sollte auch die Möglichkeit von negativen Wechselwirkungen der Messung auf das zu Messende geachtet werden: Die Bildung einer Kennzahl, die die Zahl der Sicherheitsvorfälle zur Zielgröße macht, kann dazu führen, dass die Beschäftigten sich dazu entscheiden, Sicherheitsvorfälle im Zweifelsfall nicht mehr zu melden – nur um eine „gute" Kennzahl zu produzieren.

In der folgenden Tabelle geben wir einige Beispiele für *Harte Metriken*, die sich aus unserer Sicht bewährt haben.

Tabelle 20:   Hard Metrics

Sicherheitsaspekte	Metrik
Disaster & Recovery	Zeit, die für die Durchführung von Wiederherstellungsmaßnahmen benötigt wird.
Vulnerability & Patch Management	Prozentsatz der Systeme mit vollständig aktuellen Patches, kritischen Patches, Security Patches.
	Ergebnisse von Vulnerability Scans und Penetrationstests.
System Security Configuration	Prozentsatz der perfekt gehärteten Systeme.
Human Computer Interaction Security	Prozentanteil der Arbeitszeit für spezielle Sicherheitsprozeduren (Zutrittskontrolle, Login-Prozeduren, Passwort-Rücksetzungen etc.).
Kosten der Unsicherheit	Zusammenstellung von Kostenpositionen, die in der Buchhaltung auftauchen und mit Sicherheitsvorfällen in Zusammenhang stehen.
System- oder Service-Downtime	Ursachenabhängige Darstellung der Unverfügbarkeit von Einzelsystemen und zentralen Diensten und deren Auswirkung auf die Geschäftstätigkeit.

Sicherheitsaspekte	Metrik
Sicherheitsvorfälle	Anteil der aufgeklärten Sicherheitsvorfälle bzw. der Sicherheitsvorfälle, bei denen eine Wiederholung nicht auszuschließen ist.

10 Audits und Zertifizierungen

Um die Einhaltung von Vorgaben für ein Management-System zu prüfen, sind Audits und Zertifizierungen ein wichtiges Hilfsmittel.

In diesem Kapitel wollen wir deshalb näher auf die Motivation und die Vorbereitung solcher Verfahren im Zusammenhang mit ISO 27001 und IT-Grundschutz eingehen – auch wenn die Ausführungen zur Vorbereitung und Durchführung von Audits weitgehend unabhängig vom konkreten Standard sind.

10.1 Ziele und Nutzen

Konformität zu Standards

Zunächst stellt sich die Frage, warum man sich überhaupt an einem Standard ausrichten soll? Standards berücksichtigen langjährige (internationale) Erfahrungen. Sie beschreiben somit den Stand der Technik und bieten damit eine Messlatte, an der man sich ohne größeres Risiko orientieren kann.

internationale Anerkennung

Eine weitere Motivation zur Anwendung von Standards ist die internationale Akzeptanz und damit die Möglichkeit für international tätige Organisationen, ihre eigene Qualifikation weltweit angemessen darzustellen. Hierbei ist allerdings zu beachten, dass bei der Anwendung von Standards durchaus nationale Eigenheiten eine Rolle spielen und geringfügige Unterschiede in der Anwendung der Standards bedingen können.

Idealerweise sollte ein Standard in unserem Kontext festlegen,

– welche Eigenschaften das ISMS haben soll,

– wie diese Eigenschaften zu überprüfen sind und

– unter welchen Rahmenbedingungen eine solche Prüfung stattfinden soll.

Je präziser diese Punkte festgelegt werden, umso mehr werden Einheitlichkeit und Vergleichbarkeit gefördert.

Anforderungen

Bei ISO 27001 ist im Wesentlichen der erste Punkt in der Aufzählung behandelt worden, d. h. es wird beschrieben, welche (Mindest-)Anforderungen ein ISMS erfüllen soll.

Hinsichtlich der internationalen Anerkennung hat man natürlich mit einem ISO-Standard beste Karten. Dabei dürfte es unerheblich sein, ob man sich *ergänzend* nach dem IT-Grundschutz richtet.

Erfüllungsgrad

Die klare Gliederung des ISO 27001 macht es möglich, sich relativ schnell einen Überblick zu verschaffen, wie weit man noch von der vollen Konformität entfernt ist bzw. wo man noch Defizite hat. Der Erfüllungsgrad ist quasi messbar.

Prüfungen

Hinsichtlich der Art der Prüfung ist in ISO 27001 lediglich die Rede von internen Audits und Managementbewertungen, die regelmäßig durchzuführen sind und zu den Phasen des PDCA-Zyklus beitragen. Die diesbezüglichen Rahmenbedingungen von Audits sind jedoch *nicht* Gegenstand dieses Standards.

Mit der Weiterentwicklung der Normenreihe wurden insgesamt drei Normen erstellt, die diesen Fragenkreis adressieren:

- ISO 27006 beschreibt Anforderungen an Stellen, die Audits und Zertifizierungen durchführen. Dieser Teil dürfte für die Betreiber eines ISMS eher sekundär sein.

- ISO 27007 behandelt das Thema „Management-Audit eines ISMS" und ist damit relevant für interne und externe Audits.

- ISO TR 27008 betrifft das technische Audit bei IT-Systemen, Netzwerken etc.

Für Betreiber eines ISMS ist im Hinblick auf die durchzuführenden internen Audits somit mindestens ISO 27007 relevant und sollte den Auditoren vorliegen. Für grundsätzliche Fragen zu Audits verweisen die obigen Standards noch auf ISO 19011, die man sich ebenfalls besorgen sollte.

Mit der neuen Ausrichtung des IT-Grundschutzes auf den ISO 27001 sind interne Audits auch Bestandteil eines ISMS nach IT-Grundschutz.

Nutzen von Audit und Zertifizierung

Externe Vorgaben

Die Konformität zu ISO 27001 kann wichtig sein, um gesetzlichen Anforderungen (z. B. im KonTraG) zu genügen, externe Vorgaben von Kunden, Aufsichtsbehörden oder Banken zu erfüllen, oder generell Vorbedingung dafür sein, an Ausschreibungen teilnehmen zu können.

Kompetenz

Unabhängig von solchen konkreten Forderungen und Anlässen weist eine Konformität zum Standard immer eine entsprechende Kompetenz der Organisation in Sachen Informationssicherheit aus.

Regress

Im Fall von Rechtsstreitigkeiten oder sogar Regress-Forderungen mit der Begründung unzureichender Informationssicherheit dürfte man mit nachgewiesener Konformität zum Standard immer gute Argumente haben.

Verbesserungs-potenzial

Selbst wenn Audits im Ergebnis feststellen, dass Defizite vorhanden sind oder in einigen Punkten Abweichungen vom Standard vorliegen, ist dies insofern positiv zu werten, als nunmehr ein klar umrissenes Verbesserungspotenzial existiert, das Gegenstand der weiteren Arbeit sein kann.

Entlastung

Wenn sich das ISMS als praktikabel, wirksam und gefestigt erwiesen hat, kommt schnell der Punkt, an dem man überlegt, sich zusätzlich einem *externen* Audit zu unterziehen und sich ggf. sogar zertifizieren zu lassen. Nach einem erfolgreichen externen Audit ist das für die Informationssicherheit zuständige Personal in gewissem Sinne entlastet, da (von der Organisation) *unab-hängige* Experten bestätigt haben, dass in Sachen Informationssicherheit alles in Ordnung ist.

Auditbericht

Die Ergebnisse eines Audits müssen immer in einem schriftlichen Auditbericht festgehalten werden: Die rein mündliche Mitteilung von Ergebnissen ist weder konform zu ISO 19011, noch für die Organisation verwertbar.

Zertifizierung

Dass ein Auditbericht an vielen Stellen Interna der Organisation beschreibt und beurteilt, versteht sich von selbst. Will man nun seine Konformität zum Standard *Dritten* gegenüber nachweisen, müsste man den Auditbericht weitergeben und legt damit (zu) viel offen.

Hier ist es sinnvoll, den Auditbericht einer unabhängigen und vertrauenswürdigen Zertifizierungsstelle vorzulegen, die auf dieser Basis ein anerkanntes Zertifikat über die Konformität ausstellen wird. Dieses enthält keine kritischen Interna und eignet sich deshalb zur Weitergabe an Dritte und zum Nachweis der Erfüllung von externen Vorgaben.

Zertifikatsregister

Inzwischen gehört eine ISMS-Zertifizierung in bestimmten Bereichen (z. B. in Asien) schon fast zum Normalfall. Man erkennt dies, wenn man das internationale Zertifikatsregister[70] inspiziert und dabei feststellt, dass die meisten Zertifikate in Ländern wie Japan, Indien, Taiwan, China (und Großbritannien) erteilt wurden – mit einigem Abstand folgt dann erst z. B. Deutschland.

Bei der angegeben Webadresse finden Sie unter „ISMS Certification Process" auch eine Liste der international tätigen Zertifizierungsstellen (darunter auch die aus „Germany").

---

[70] www.iso27001certificates.com

anerkannte Auditoren

Ein weiterer Grund zur Beteiligung einer Zertifizierungsstelle liegt darin, dass sie Verfahren zur Anerkennung qualifizierter Auditoren besitzt, solche in Listen führt und damit die Auswahl von qualifizierten Auditoren erleichtert. Anerkannte Auditoren unterliegen meist einer Überwachung durch die Zertifizierungsstelle und können eine Lizenz der Zertifizierungsstelle vorweisen.

interne ./. externe Audits

Audits – richtig und qualifiziert durchgeführt – bieten immer die Möglichkeit, aus neutraler Sicht eine wertvolle Einschätzung der Konformität und der realen Sicherheit zu erhalten. Im Grunde gilt dies gleichermaßen für interne und externe Audits.

Gelegentlich hört man allerdings die Meinung, bei *internen* Audits würden viel häufiger die Augen zugedrückt und vorhandene Defizite heruntergespielt oder gar nicht benannt. Die Erfahrung der Autoren mit diesem Punkt ist jedoch eine andere: Interne Audits werden von Angehörigen der Organisation durchgeführt, die die Verhältnisse in der Organisation über längere Strecken bestens kennen und keinen Grund haben, Defizite zu übersehen.

Allerdings bleibt das Problem, dass außerhalb der Organisation interne Audits *allein* als Nachweis der Erfüllung eines Standards *nicht* akzeptiert werden dürften.

10.2   Prinzipielle Vorgehensweise

Initiieren eines Audits

Die Entscheidung, sich auditieren zu lassen, kann von der Leitung der Organisation ausgehen – aber auch vom Sicherheitsmanagement. Um einen solchen Vorschlag zu unterstützen, wird man die Vorteile und den Nutzen für die Organisation herausstellen – und natürlich auch den damit verbundenen Aufwand beziffern müssen.

Festlegungen

Nach der grundsätzlichen Entscheidung, sich einem internen oder externen Audit zu unterziehen, sind eine Reihe weiterer Details festzulegen, und zwar:

– Was soll der Gegenstand des Audits sein?

– Welcher Typ von Audits wird bevorzugt? Terminlich abgestimmte und / oder inhaltlich geplante Audits, oder gar unangemeldete und inhaltlich unspezifizierte Audits?

– Welche Auditoren sollen das Audit durchführen?

– Welcher interne Aufwand ist erforderlich bzw. welche internen Kosten für das Sicherheitsmanagement sind durch das Audit zu erwarten?

- Wie wird das Audit formal vereinbart?
- Ist eine Zertifizierung (jetzt oder bei einem späteren Audit) beabsichtigt?
- Welche Kosten fallen für die Beauftragung von externen Auditoren und der Zertifizierungsstelle an?

Wir werden die aufgezählten Punkte in den folgenden Abschnitten erörtern.

Wiederholungen   Ein weiterer Themenkomplex ist zu bedenken: Es ist in der Regel nicht sinnvoll, sich ein einziges Mal auditieren zu lassen. Vielmehr müssen solche Prozesse regelmäßig wiederholt werden – schon um dem Gedanken der kontinuierlichen Verbesserung Rechnung zu tragen.

Folglich ist es auch bei der Zertifizierung so, dass sie zeitlich limitiert ist und nur durch die Wiederholung von Audits aufrechterhalten bzw. verlängert werden kann. Die Dauer der Gültigkeit eines Zertifikats wird bei den Zertifizierungsstellen unterschiedlich gehandhabt. Manche bevorzugen es, eine zwei- oder dreijährige Gültigkeit vorzusehen, aber dennoch in diesem Intervall jährliche Wiederholungsprüfungen zu verlangen. Andere Stellen beschränken die Gültigkeit von vornherein auf ein Jahr und verlangen zur jährlichen Neuausstellung eines Zertifikats jeweils die Durchführung eines erneuten Audits.

Unbeschadet solcher Verfahren gilt die wichtige Regel, dass sicherheitsrelevante Änderungen beim ISMS den Auditoren und ggf. der Zertifizierungsstelle mitzuteilen sind und eine so genannte *anlassbedingte* Prüfung zur Folge haben können.

Zeitplan   Vor diesem Hintergrund kann nur dringend angeraten werden, Auditierungsprozesse *langfristig* zu planen.

Turnusmäßige Audits wird man dabei z. B. immer auf den gleichen Monat im Jahr legen und dabei möglichst einen Monat auswählen, bei dem die Belastung durch andere Tätigkeiten geringer ist. Entscheidet man sich zusätzlich zu internen Audits auch für externe Audits, sollte man die Terminplanung so vornehmen, dass man vom externen Audittermin ausgeht und von da ab rückwärts plant – beispielsweise so:

8 Wochen vorher: Inhaltliche Vorbereitung

6 Wochen vorher: Information an alle Mitarbeiter über die Planung

4 Wochen vorher: Internes Audits (auch als Probelauf)

2 Wochen vorher: nochmalige Information an alle Mitarbeiter mit Verhaltensregeln für das externe Audit, ggf. in Form einer Info-Veranstaltung

Wir werden auf diese Phasen ab der Seite 306 näher eingehen.

Auditgegenstand

Die Planung wird fortgesetzt mit der Festlegung des Gegenstandes des Audits. Dies kann zum Beispiel eine einzelne Organisationseinheit sein, ein Geschäftsprozess oder ein besonders wichtiges Maßnahmenziel. Natürlich kann als Auditgegenstand auch das gesamte ISMS gewählt werden. Dies sollte insbesondere für das erste interne Audit der Fall sein, bei dem nicht so sehr die Tiefenprüfung als vielmehr die Breitenprüfung im Vordergrund stehen wird.

Typ des Audits

Hierzu müssen wir etwas ausholen: Es gibt Audits, die ohne terminliche Abstimmung und ohne Angabe von inhaltlichen Schwerpunkten durchgeführt werden. Bei Organisationen mit verschiedenen Standorten bleibt selbst die Auswahl des Standorts offen. Solche „Überraschungsaudits" sind vor allem dort sinnvoll, wo es auf permanente Aufrechterhaltung einer hohen Sicherheit und eines kontinuierlich hohen Sicherheitsbewusstseins aller Mitarbeiter ankommt.

Im Gegensatz dazu könnten terminlich angekündigte Audits grundsätzlich den Nachteil haben, dass sich die Organisation darauf einstellen kann – im Extremfall ist zum Audittermin alles in Ordnung, vorher und nachher ist das Sicherheitsniveau eher bescheiden. Erfahrungsgemäß ist dies aber eher nicht die Regel.

Werden zusätzlich die inhaltlichen Schwerpunkte der Prüfung und ggf. auch die zu prüfenden Standorte vorher mit der betreffenden Organisation abgestimmt (und hält der Auditor sich daran), ist das Bestehen eines Audits eine lösbare Aufgabe.

Es ist auf jeden Fall besser, man startet mit inhaltlich, örtlich und terminlich abgestimmten Audits, als überhaupt nichts zu tun.

Vielleicht geht man beim Erst-Audit in der Tat den Weg, sich vorher terminlich und inhaltlich mit den Auditoren abzustimmen. Bei späteren Audits wird man ggf. mutiger und lässt sich auf unangemeldete und inhaltlich offene Audits ein – auch hier also der Gedanke der kontinuierlichen Verbesserung.

Weitere allgemeine Hinweise für die Durchführung interner und externer Audits kann man ISO 27007 und ISO19011 entnehmen. Auditoren sollten sich damit vertraut machen.

Auditoren auswählen

Wer kommt als Auditor für ein ISMS in Frage?

interne Audits Betrachten wir zunächst interne Audits. Es ist aufgrund der Prinzipien der Neutralität und Objektivität klar, dass Sicherheitsverantwortliche das Audit *nicht* durchführen. Ebenso ist es wenig sinnvoll, dass Mitarbeiter aus solchen Abteilungen herangezogen werden, die selbst an der Realisierung der IT-Sicherheit beteiligt sind. Insbesondere dürfte das für die IT-Abteilung bzw. das Rechenzentrum gelten.

Prinzipiell geeignet wären – bei entsprechender Erfahrung mit dem Thema Informationssicherheit – Mitarbeiter der Revision, des Qualitätsmanagements oder ähnlicher Querschnitts- oder Stabsfunktionen. Es kann sinnvoll sein, neben dem Auditor im Auditteam auch einen IT-Spezialisten zu haben, der die spezifischen IT-Sicherheitsaspekte des ISMS beurteilen kann.

Dabei gilt es stets, Personen mit entsprechenden Kenntnissen und Fähigkeiten auszuwählen. Auch die persönlichen Voraussetzungen spielen eine Rolle. Die Auditoren sollen in der Lage sein, die Audits objektiv und unparteiisch durchzuführen. Da die Auditoren eine Kontroll- und Bewertungsaufgabe zu erfüllen haben, sollten sie höflich, korrekt und bestimmt auftreten, ohne dabei überheblich zu wirken.

Da auch die Handlungen von Vorgesetzten ggf. Gegenstand der Überprüfung sein können, sollten Auditoren diesen Vorgesetzten nicht unterstellt sein. Das Management sollte auch dafür sorgen, dass die internen Auditoren ihre Auditorentätigkeit im Rahmen des Auditplans weisungsfrei ausüben können.

externe Audits Dass man für externe Audits nur qualifizierte Auditoren einsetzen möchte, versteht sich von selbst. Woran kann man eine solche Qualifikation erkennen? Lassen Sie sich Qualifikationsnachweise vorlegen, wie z. B. über

– Schulungen bzw. Abschlüsse von anerkannten Institutionen,

– Akkreditierungen bei einschlägigen Instituten[71] oder

– durchgeführte Referenzprojekte.

---

[71] In Deutschland die *Deutsche Akkreditierungsstelle* (DAkks) sowie das BSI.

Auch bei Auditoren, die auf den Akkreditierungslisten einschlägiger Institutionen stehen, kann es von Interesse sein nachzufragen, ob bereits Audits in der speziellen Branche der Organisation durchgeführt worden sind.

Jeder Auditor sollte zudem mit einer Verfahrensbeschreibung (oder vergleichbarem Material) aufwarten können, in der er seine Vorgehensweise beschreibt.

Aufwandsschätzung

Aufwand entsteht bei der Vorbereitung, Durchführung und Auswertung eines Audits. Dieser Aufwand lässt sich anhand der in den weiteren Abschnitten geschilderten Abläufe leicht ermitteln.

Nicht zum Aufwand gerechnet werden darf, was zur Erfüllung des *Standards* erforderlich ist (Dokumentationsarbeiten, Umsetzung von Maßnahmen) oder aufgrund des Ergebnisses eines Audits einer Korrektur bedarf, da dieser Aufwand ja unabhängig von der Durchführung eines Audits ist.

Soweit die Theorie – in der Praxis sieht es natürlich so aus, dass alle noch vor dem Audit zu beseitigenden Defizite und alles, was nachträglich zu reparieren ist, in die Ermittlung des Aufwands einbezogen wird, was die (scheinbaren) Kosten in die Höhe treiben kann.

Bei externen Audits und bei einer Zertifizierung fallen darüber hinaus externe Kosten an, die wir im folgenden Abschnitt zur Vertragsgestaltung erläutern werden.

Vereinbarung eines Audits

externes Audit

Ein *externes Audit* muss auf der Basis einer Vereinbarung oder eines Vertrages ausgeübt werden, in dem alle wichtigen Eckdaten und Bedingungen erfasst sind:

– Gegenstand und Ziel des Audits

Welcher Gegenstand bzw. Anwendungsbereich soll dem Audit zugrunde liegen? Welcher Standard stellt die Messlatte dar? Welche weiteren Vorgaben sollen angewendet werden? Was ist das Ziel des Audits?

– Namen der Auditoren

Der Vertrag sollte alle beteiligten Auditoren namentlich aufführen, um dem Umstand vorzubeugen, dass qualifizierte Auditoren avisiert werden, dann aber tatsächlich Vertreter entsendet werden, die nicht über die erforderlichen Qualifikationen bzw. Erfahrungen verfügen.

– Vom Auftraggeber erwartete Dokumentation

Es sollte zwischen allen Beteiligten Klarheit darüber bestehen, welche Dokumentation zur Vorbereitung des Audits und zur Erfüllung der Vorgaben des Standards erwartet werden. Dabei ist es sehr hilfreich, wenn diese Dokumente nicht nur benannt, sondern zumindest stichwortartig beschrieben werden, um Missverständnissen vorzubeugen. Es stellt die Motivation der Beteiligten meist auf eine harte Probe, wenn das Verfahren durch permanente Nachforderung von Dokumentation und schriftlichen Nachweisen in die Länge gezogen wird oder gar nicht zum Abschluss gebracht werden kann.

– Termine, Orte und Inhalt eines Audits

Legen Sie die Art des von Ihnen gewünschten Audits im Vertrag fest: Das eine Extrem: Terminlich, räumlich (Standorte) und inhaltlich abgestimmte Audits. Das andere Extrem: Überraschungsaudits.

– Schriftlicher Auditplan

Ein schriftlicher Auditplan, der der Organisation vorab zugesandt wird, macht keinen Sinn bei Überraschungsaudits, aber in allen anderen Fällen – und sollte deshalb dann auch angefordert werden. Unabhängig davon muss ohnehin jedes normgerechte Audit von den Auditoren vorab für eigene Zwecke geplant werden, so dass kein (zu zahlender) Zusatzaufwand entsteht.

– Behandlung von Feststellungen

Klassifizierung

Niemand wünscht es sich, dennoch ist es normale Praxis: Beim Audit werden Defizite festgestellt – die es zu lösen gilt. Dabei gibt es natürlich einfache, mittlere oder schwere Probleme. Ein Auditor sollte ein Verfahren zur Klassifizierung seiner Feststellungen haben. Diese Klassifizierung muss die Auswirkungen der Feststellungen auf das Ergebnis des Audits (und die Zertifizierung) beschreiben.

Bei manchen Zertifizierungsstellen verwendet man eine Klassifizierung mit drei Stufen: Empfehlung, Hinweis, Abweichung. *Empfehlung* meint das, was das Wort ausdrückt: Die Organisation muss dem nicht folgen, sollte dies aber dann begründen können. Ein *Hinweis* stellt ein temporär tolerierbares Defizit dar, das durch eine Maßnahme in festgelegter Zeit behoben werden muss, verhindert aber nicht die Zertifizierung. Eine *Abweichung* ist dagegen ein nicht tolerierbares Defizit, widerspricht dem zugrunde liegenden Standard und verhindert bis zu seiner Behebung die Zertifizierung.

– Zeitnahe Erstellung eines Auditberichts

Es gilt die Regel: „Kein Audit ohne zeitnahen schriftlichen Auditbericht!" Der Vertrag sollte einen Termin enthalten, wann spätestens der Auditbericht dem Auftraggeber vorgelegt werden wird. Dies könnte z. B. maximal zwei Wochen nach dem Audit sein. Ist der Zeitraum länger, besteht die Gefahr, dass der Bericht immer weniger konkret wird, weil sich die Auditoren schlicht nicht mehr an alle Details erinnern, oder Feststellungen enthält, von denen beim Audit nicht die Rede war.

– Interaktion mit einer Zertifizierungsstelle

Ist eine Zertifizierung vorgesehen, sollte der Vertrag den Namen der Zertifizierungsstelle enthalten, mit der die Auditoren zusammenarbeiten.

Informieren Sie sich über die Bedingungen und Kosten, die mit einer Zertifizierung verbunden sind!

Ist dazu ein eigener Antrag bei der Zertifizierungsstelle erforderlich?

Gehen Sie im Nachgang zur Zertifizierung irgendwelche Pflichten ein? In der Regel werden Sie eine Informationspflicht übernehmen und gravierende Änderungen an Ihrem ISMS der Zertifizierungsstelle anzeigen müssen.

– Erneute Auditierung

Wie schon gesagt, ist ein Audit selten eine einmalige Aktion. Im Vertrag sollte deshalb festgehalten werden: In welchen Abständen sind erneut Audits durchzuführen? Welchen Umfang haben diese? Können außerplanmäßige Audits notwendig werden und, wenn ja, bei welchen Anlässen? Nehmen Sie diese Absprachen in den Vertrag auf!

– Beschwerdeverfahren

Es kann nicht ausgeschlossen werden, dass Sie entweder mit der Leistung der Auditoren, den erzielten Ergebnissen oder der Abwicklung des Auftrags nicht einverstanden sind. Wie geht man dann vor? Sie sollten zunächst prüfen, ob ihr Auftragnehmer ein Beschwerdeverfahren besitzt und wie es aussieht. Ist ein solches nicht vorhanden, nehmen Sie ein solches explizit in den Vertrag auf!

Ganz sicher existiert ein Beschwerdeverfahren bei akkreditierten Zertifizierungsstellen. Bevor Sie juristische Schritte unternehmen, sollten Sie den Weg der Beschwerde gehen. Zertifizierungsstellen haben oft ein Lenkungsgremium mit einem Beschwerdeausschuss, in dem Experten verschiedener Unternehmen und Behörden vertreten sind und in dem versucht wird, eine neutrale Klärung Ihrer Beschwerde herbeizuführen. In der Regel wird die Beschwerde anonymisiert behandelt, um sicherzustellen, dass auf die Entscheidung nur sachliche Erwägungen Einfluss haben.

– Kosten des Verfahrens

Eine transparente Darstellung aller Kosten (inkl. Reisekosten) bei externen Audits ist selbstverständlich. Prüfen Sie, ob Kosten für die Zertifizierung im Vertrag enthalten sind, oder ob diese von Ihnen separat zu tragen sind.

– Trennung von Beratung und Unterstützung

Seien Sie besonders skeptisch, wenn Ihnen ein potenzieller Auditor anbietet, Sie zunächst durch Übernahme von Dokumentationsarbeiten und Hilfestellung bei der Implementierung von Maßnahmen zu unterstützen, bevor er dann das Audit durchführt.

Neutralität   Ein Audit ist nur dann normengerecht, wenn es personell getrennt von einer Beratung und Unterstützung erfolgt. Andernfalls läge ein Verstoß gegen das Gebot der Neutralität und Objektivität vor – schließlich macht es keinen Sinn, wenn ein Auditor seine eigene Arbeit oder seine eigenen Vorschläge überprüft. Ist eine Zertifizierungsstelle beteiligt, wird sie darauf achten, dass die Auditoren keine Beratung bzw. Unterstützung zur Implementierung eines ISMS leisten.

Dass Auditoren Beratung insofern leisten, als einzelne Anforderungen des Standards oder festgestellte Defizite inhaltlich erläutert werden, ist unkritisch und gehört zu ihrer normalen Aufgabe.

Minimalanforderung wäre deshalb, dass Beratungs- und Unterstützungsleistungen im engeren Sinne durch andere benannte Mitarbeiter des Auftragnehmers erbracht werden. Diesbezügliche Regelungen sollten im Vertrag enthalten sein.

interne Audits   Alle zuvor aufgeführten Punkte bei den externen Audits – soweit sie nicht das Thema Zertifizierung betreffen – sollten Sie auch bei einem *internen Audit* sinngemäß bedenken und in irgendeiner Form mit den vorgesehenen Auditoren vereinbaren oder absprechen!

Dies betrifft auch die Kosten: Man wird man analog eine Aufwandsschätzung vornehmen; ggf. wird der interne Auditor eine Entlastung seiner Kostenstelle erreichen wollen. Im Anhang C der ISO 27006 finden sich Hinweise zur Abschätzung des Aufwandes für ein ISMS-Audit. Die dort angegebene Zeittafel (*Auditor Time Chart*) gibt die erforderliche Zeitdauer für ein Erstaudit des ISMS in Abhängigkeit von der Anzahl der Beschäftigten an. Gemeint ist hierbei nicht die Gesamtzahl der Beschäftigten der Organisation, sondern nur der Teil, der im Geltungsbereich des ISMS arbeitet. Es werden zudem Hinweise gegeben, aufgrund welcher Faktoren die Auditzeit sich verlängern oder verkürzen kann. Daher kann ein Blick in die ISO 27006 auch für den Betreiber des ISMS interessant sein.

10.3 Vorbereiten eines Audits

Wir gehen nunmehr davon aus, dass alle Festlegungen (Auditgegenstand, Auditoren, Tag, Dauer und Ort des Audits, Vertrag bzw. Vereinbarung) getroffen wurden. Weiterhin liegt ein Auditplan vor, aus dem der zeitliche Ablauf des Audits und die erforderliche Mitwirkung von Mitarbeitern der auditierten Organisation ersichtlich sind.

Den groben Zeitplan auf der Seite 299 wollen wir etwas detaillierter behandeln und die einzelnen Vorbereitungsschritte durchgehen.

1.Bekanntgabe des Audits

Alle Mitarbeiter der Organisation (zumindest diejenigen, die vom Gegenstand des Audits betroffen sind) müssen informiert werden, dass ein internes bzw. externes Audit stattfinden wird. Dabei sollte man mitteilen, welchem Ziel das Audit dient, was der Gegenstand ist, wie die weitere Terminplanung aussieht.

Diese Informationen am schwarzen Brett auszuhängen, hat sich als wenig effektiv erwiesen, da nicht alle Mitarbeiter hier regelmäßig hinschauen. Dringend anzuraten ist es, die genannten Informationen in einer *Email* an alle zu senden – wir gehen dabei von einer Büroumgebung aus, in der das Medium Email jedem zur Verfügung steht. In einer Produktionsumgebung muss ggf. ein anderes adäquates Kommunikationsmedium gewählt werden.

Bei den einzelnen Schritten des Zeitplans wird es vor jedem Schritt nochmal eine Erinnerung per Email geben, z. B. vor dem Probelauf oder vor der internen Veranstaltung.

2.Aktualisieren der Unterlagen

Vor allem beim Erstaudit ist man sich noch sehr unsicher, ob die vorhandene Dokumentation den Anforderungen des Standards bzw. der Auditoren genügt. Hier ist anhand der vertraglichen Vereinbarung mit den Auditoren zu prüfen,

– welche Unterlagen und Nachweise benötigt werden und ob diese vorhanden sind (gegebenenfalls sind kurzfristig noch fehlende Unterlagen bereit zu stellen),

– ob sie inhaltlich aktuell sind,

- ob sie formal in Ordnung sind (z. B. Angaben zum Versionsstand, korrekte Versionshistorie, aktuelle Referenzen in den Anhängen),

- ob sie einen Freigabevermerk tragen (d. h. ordnungsgemäß in Kraft gesetzt worden sind),

- ob die Unterlagen nachweislich den Personen zugestellt wurden, die sie benötigen,

- ob ältere Fassungen aus dem Verkehr gezogen worden sind.

Abgesehen vielleicht vom ersten Aufzählungspunkt sollte man diesen Check auch bei einem Wiederholungsaudit vornehmen. Zusätzlich sollte man prüfen, ob sich zwischenzeitlich der Firmenname oder Organisations- und Rollenbezeichnungen geändert haben, ob Änderungen an der IT-Landschaft (z. B. am Netzplan) oder organisatorische Umstrukturierungen vorgenommen worden sind. Diese müssen in der Dokumentation nachgezogen werden. Geänderte Dokumente sind zur Anwendung freizugeben!

Was den Inhalt anbetrifft: Da die Organisation ihre ISMS-Leitlinie und ihre Sicherheitsziele selbst festlegt, kann es nicht Aufgabe der Auditoren sein, eine andere Ausrichtung der Leitlinie, andere Sicherheitsziele oder andere Risikobewertungen zu fordern. In Sachen Dokumentation geht es vielmehr darum, dass diese in sich konsistent und schlüssig ist und den Anforderungen des Standards genügt.

Nicht zu vergessen: Bei früheren Audits könnten Korrektur- und Vorbeugemaßnahmen vereinbart worden sein, die sich die Auditoren beim nächsten Audit hinsichtlich ihrer Wirksamkeit anschauen wollen. Solche Maßnahmen sollten umgesetzt worden sein, schriftliche Nachweise sollten die Wirksamkeit belegen.

Wenn die Dokumentation so auf den neusten Stand gebracht worden ist, kann sie vertragsgemäß an die Auditoren gesandt werden.

3. Teilnehmer

Grundsätzlich sind an dem Audit eines ISMS immer folgende Rollen beteiligt:

- die (internen bzw. externen) Auditoren,

- die Leitung der zu auditierenden Organisation (zumindest für die Arbeitstakte Begrüßung und Einführung, Kenntnisnahme der Ergebnisse),

- das Sicherheitsmanagement (sollte die Sitzungsleitung bzw. Moderation übernehmen) und

–   Verantwortliche für bestimmte Sachgebiete (nur soweit nach Auditplan erforderlich oder nützlich).

Aus dieser Aufzählung ergibt sich der Verteiler für die per Email zu sendenden Informationen. Den betreffenden Personen sollte die Anwesenheitspflicht möglichst frühzeitig bekannt gegeben werden. Unter Umständen sind Vertreter zu benennen.

Die Auditoren werden beim Audit Inspektionen vor Ort durchführen, d. h. sich bestimmte Räumlichkeiten (z. B. das Rechenzentrum) oder Arbeitsplätze, vielleicht auch bestimmte Abläufe (z. B. Entwicklung, Produktion, Vertrieb) ansehen wollen. Wenn diese Informationen dem Auditplan entnommen werden können, sollte man bei der Vorbereitung den Weg durch die Liegenschaften vorplanen und mindestens einmal vorab selbst gehen, um vielleicht neuralgische Punkte auszumachen. Denken Sie daran, diesen Weg beim späteren Audit einzuhalten und keinen Rundgang durch die gesamte Firma zu machen: Je mehr Sie zeigen, desto mehr Angriffsfläche bieten Sie. Es wäre nicht das erste Audit, bei dem erst aufgrund unbedachter Rundgänge Abweichungen erkannt wurden.

Andererseits macht es überhaupt nichts, wenn die Begehung sich deshalb etwas zäh gestaltet, weil man beispielsweise zahlreiche Zutrittskontrollen passieren muss oder Schlüssel für bestimmte Räumlichkeiten erst besorgt werden müssen. Dies zeigt den Auditoren nur, dass die Sicherheit tatsächlich gelebt wird.

Bei der Inspektion vor Ort sollten Auditoren natürlich begleitet werden, und zwar nicht in Mannschaftsstärke, sondern stets in einem angemessenen Verhältnis zur Zahl der Auditoren.

*4. Verhaltens-
regeln*

Die Erfahrung zeigt, dass die positive Einstellung der Mitarbeiter zum Audit und die Beachtung einiger weniger Verhaltensregeln eine gute Grundlage für ein erfolgreiches Audit darstellen.

Negativ wird sich immer auswirken, wenn

–   die Auditoren sich nicht ernst genommen fühlen,

–   die Mitarbeiter über das Audit und dessen Gegenstand gar nicht informiert sind,

–   Fragen der Auditoren nicht, nur teilweise oder nicht korrekt beantwortet werden,

–   ungefragt Auskünfte zu allen möglichen Sachverhalten gegeben werden,

–   am Tag des Audits mit der Sicherheit offensichtlich sehr lässig oder sogar fahrlässig umgegangen wird.

Hier gilt es, die Mitarbeiter besonders bei den ersten Audits mit geeigneten Verhaltensregeln vertraut zu machen – deshalb auch der Hinweis auf einen Probelauf bzw. eine entsprechende Info-Veranstaltung.

Ein wichtiger Faktor für erfolgreiche Audits stellt dabei die Sprachdisziplin dar: Ein Sicherheitsverantwortlicher übernimmt die Gesprächsleitung für die Organisation und fordert auf Fragen der Auditoren einzelne Angehörige der Organisation zu Auskünften auf. Es gilt der Grundsatz: Der Auditor fragt, wir antworten! Angehörige der Organisation lassen sich insbesondere nicht auf Diskussionen untereinander ein, widersprechen sich nicht gegenseitig und äußern sich nur zu den von Ihnen vertretenen Sachverhalten.

5. Probelauf

Ein Probelauf wird dringend empfohlen – zumindest dann, wenn ein externes Audit ins Haus steht.

Um den Aufwand in Grenzen zu halten, könnte man das ohnehin durchzuführende interne Audit als Probelauf ansehen. Planen Sie ruhig einen Härtetest, indem Sie Prüfgegenstände und den genauen Termin des Probelaufs nicht kommunizieren, sondern allen eine entsprechende Überraschung bereiten.

Als günstiger Zeitpunkt für den Probelauf hat sich ein Abstand von ca. 4 Wochen zum „offiziellen" Audit bewährt. Dies gibt einerseits Zeit, manche festgestellte Mängel noch zu korrigieren, andererseits bleiben der Probelauf und die gewonnenen Erfahrungen den Mitarbeitern noch in Erinnerung.

Es ist klar, dass auch ein internes Audit einen Auditbericht verlangt, in dem die festgestellten Mängel aufgeführt sind. Beheben Sie solche Mängel durch entsprechende Korrektur- und Vorbeugemaßnahmen!

Externe Auditoren werden sich immer auch die internen Auditberichte der Organisation ansehen und das Verfahren auf Tauglichkeit und Normenkonformität prüfen. Berichte nicht vorzulegen oder nur solche, die zum Urteil „alles in Ordnung" gekommen sind, fällt den Auditoren spätestens beim zweiten Mal auf: Die Erfahrung zeigt einfach, dass so etwas nichts mit der Realität zu tun hat. Es ist kein Makel, wenn Defizite festgestellt bzw. offengelegt werden, sondern eher schon, wenn später hieraus keine geeigneten Schlüsse gezogen werden.

10.4 Durchführung eines Audits

Audits haben den Charakter eines Snapshots: Das Audit kann nur den IST-Zustand zum Zeitpunkt des Audits ermitteln, die Zeit zwischen zwei Audits dagegen nur anhand von schriftlichen

Nachweisen beurteilen. Weiterhin kann ein Audit nie *alle* Aspekte *vollständig* prüfen, d. h. es beschränkt sich auf eine mehr oder weniger qualifizierte Stichprobe. Erst nach mehreren Audits dieser Art ergibt sich für die Auditoren ein vollständiges Bild.

Ablauf eines Audits

Der grundsätzliche Ablauf eines Audits ist meist wie folgt:

- In einer gemeinsamen Sitzung der Beteiligten wird die Auditplanung (Auditgegenstand, Ziel und Ablauf des Audits, erforderliche Personen) nochmal durchgesprochen und hierüber ein Einvernehmen hergestellt.

- Dann geht es mit fachlichen Erörterungen weiter: Die Organisation stellt die Änderungen gegenüber dem letzten Audit dar, die Auditoren stellen Fragen dazu und zur Dokumentation und äußern ggf. Korrekturwünsche.

- Nun kommt der Punkt „Überprüfung der Übereinstimmung von Dokumentation und Realität": Durch Interviews und Ortsbegehungen werden objektive Nachweise gesammelt bzw. Defizite festgestellt.

In Vorbereitung auf ein Audit können die Auditoren Checklisten erstellen, nach denen sie im Audit vorgehen wollen, um den Ist-Stand des ausgewählten Ausschnitts aus dem ISMS festzustellen.

Interviews Interviews werden mit Mitarbeitern der Organisation (auf unterschiedlichen Ebenen) geführt, um z. B. das Sicherheitsbewusstsein, die Kenntnis und Einhaltung von Verfahrensregeln, den Zugang zu wichtigen Dokumenten zu prüfen.

Ortsbegehung Bei der Ortsbegehung werden die Auditoren sich einzelne Sicherheitsmaßnahmen anschauen: Dies kann von der Beobachtung von Abläufen bis zur Inspektion der Konfiguration einzelner IT-Systeme reichen. Beim Abgleich zwischen Dokumentation und Praxis können sich auch unerwartete Fragen ergeben und diesbezüglich Defizite festgestellt werden: Bei einem Audit kann alles passieren.

Aufzeichnungen Alle Prüfschritte, die dabei gemachten Feststellungen sowie eingesehene Unterlagen bzw. Nachweise werden von den Auditoren aufgezeichnet. Diese Notizen stellen keine Geheimnisse dar, sondern dienen der nachträglichen Abfassung des Auditberichtes.

Ergebnis Im Anschluss an die Ortsbegehung werden die Auditoren sich untereinander darüber abstimmen wollen, wie sich das Ergebnis des Audits insgesamt darstellt, welche Defizite im Auditbericht aufzuführen sind und wie diese klassifiziert werden.

In der abschließenden gemeinsamen Sitzung teilen die Auditoren das Ergebnis der Prüfungen dann der Organisation zumindest mündlich mit[72]. Dabei sollte die Organisation darauf bestehen, dass *alle* Beanstandungen nochmal aufgezählt und klassifiziert werden. Der spätere Auditbericht sollte diesbezüglich keine Überraschungen enthalten. Die Auditoren sollten der auditierten Organisation stets Gelegenheit geben, zu erkannten Problemen Stellung zu nehmen. Missverständnisse sollten unverzüglich ausgeräumt werden.

Korrekturen

Die auditierte Organisation wird je nach Art eines Defizits bereits Korrektur- und Vorbeugemaßnahmen benennen können oder sich in schwierigen Fällen einige Tage Bedenkzeit erbitten und ihre Maßnahmen dann schriftlich mitteilen.

Oft werden für benannte Korrekturmaßnahmen Vereinbarungen darüber geschlossen, wann diese Maßnahmen umgesetzt sein werden und wie dies gegenüber den Auditoren nachzuweisen ist. Bei gravierenden Abweichungen kann es vorkommen, dass sich die Auditoren das Recht einer nochmaligen Nachprüfung vor Ort vorbehalten.

Logistik

Der Moderator der Organisation sollte grundsätzlich auf Einhaltung des Auditplans achten und bei erheblichen Zeitüberschreitungen höflich darauf aufmerksam machen.

Schlussendlich sollte ein Termin für die Zusendung des Auditberichtes abgestimmt werden.

Umgang mit festgestellten Defiziten

Wie geht man mit festgestellten Defiziten um – sei es, dass sie sich auf die Dokumentation beziehen, oder, dass sie sich während des Audits ergeben haben? Folgende Vorgehensweise kann empfohlen werden:

– Zeigen Sie keine Enttäuschung oder gar Verärgerung, bleiben Sie cool!

– Hinterfragen Sie die Feststellungen und andere kritische Äußerungen der Auditoren, um deren Anliegen genau zu verstehen!

– Lehnen Sie Forderungen nicht brüsk ab, sondern argumentieren Sie sachlich (ggf. mit Angemessenheit und Kosten, Sicherheitswert, Akzeptanz, Praktikabilität)!

---

[72] Besser: Es sollte eine (ggf. nur hand)schriftliche Auflistung aller Defizite (mit Klassifizierung) übergeben werden.

– Schlagen Sie bei berechtigter Kritik leicht umzusetzende Korrekturmaßnahmen vor und testen Sie die Reaktion der Auditoren!

– Vermeiden Sie, bei Korrekturmaßnahmen zu kurze Erledigungstermine zu vereinbaren – damit ist niemandem geholfen.

– Versuchen Sie ggf. bei der Klassifikation, Defizite durch gute Argumente herunterzustufen!

Sobald Sie den Auditbericht erhalten haben, überprüfen Sie, ob die Inhalte mit dem beim Audit genannten Ergebnis übereinstimmen. Wenn es hier gravierende Abweichungen gibt, sollten Sie Einwände gegen den Bericht geltend machen.

Halten Sie in jedem Fall vereinbarte Termine für Korrekturmaßnahmen ein und erbringen Sie die vereinbarten Nachweise.

10.5	**Erfahrungen aus realen Audits**

In diesem Abschnitt wollen wir einige Erfahrungen aus realen Audits nach ISO 27001 zusammentragen, um allen, die ein solches Audit planen und erdulden müssen, etwas Orientierungshilfe zu geben.

Wir behandeln dazu einige Themen aus dem Sicherheitsprozess, ohne Vollständigkeit anzustreben.

Leitlinie
Organisation

Beginnen wir mit Feststellungen zu den Leitlinien und zur Organisation. Die Erfahrungen dabei sind:

– Die Leitungsebene lässt sich nicht einbinden: Leitlinien werden nicht in Auftrag gegeben oder erstellte nicht per Unterschrift in Kraft gesetzt, es gibt keinen genehmigten Ressourcenplan für die Informationssicherheit, eine offizielle Sicherheitsorganisation ist nicht erkennbar, es wurde kein Berichtswesen installiert.

– Die Abteilungen der Organisation spielen nicht mit: kein Interesse an der Mitwirkung, keine Transparenz der Abläufe bei den Geschäftsprozessen vorhanden bzw. erwünscht, es werden keine Beiträge zur Sicherheitsplanung geleistet, der Grad der Maßnahmenumsetzung ist und bleibt unbekannt, es herrscht kein Informationsfluss in der Organisation, insgesamt besteht eine unklare Sicherheitslage.

– Mitarbeiter sind nicht ausreichend informiert und motiviert, kennen die Leitlinie(n) nicht, es sind keine Schulungen geplant, die Betroffenen kennen ihre Sicherheitsverantwortung nicht, einschlägige Unterlagen sind am Arbeitsplatz nicht vorhanden.

– Das Sicherheitsmanagement ist notorisch überlastet, hat widersprüchliche Aufgaben, ist demotiviert und fungiert nur als Aushängeschild.

– Kooperationspartner und Kunden haben keine transparenten Vorgaben, es bestehen unklare Schnittstellen und keine präzisen Vereinbarungen, beiderseits vorhandene Leitlinien sind inkompatibel.

Anwendungs-
bereich

Man erlebt auch Audits, bei denen unklar ist, ob und wie der Anwendungsbereich des ISMS festgelegt wurde – oder ob er nur nicht dokumentiert wurde. Vor dem Hintergrund, möglichst schnell ein Zertifikat zu bekommen, wird der Anwendungsbereich zu klein geschnitten (d.h. umfasst nicht die wesentlichen risikobehafteten Geschäftsprozesse).

PDCA

Bei der Inspektion des PDCA und der kontinuierlichen Verbesserung konnte festgestellt werden, dass

– das PDCA-Modell nur als Theorie aufgefasst und nicht überall verstanden bzw. angewendet wurde,

– die vier Phasen gar nicht oder nicht vollständig durchlaufen wurden,

– die Zeitabstände für einen Komplettdurchlauf aller vier Phasen zu lang oder zu kurz waren,

– keine Nachweise (Aufzeichnungen, Protokolle, Auswertungen) darüber existierten, dass die Phasen des PDCA überhaupt durchlaufen worden sind,

– der Regelkreis einfach nicht funktionierte.

Interne Audits

Bei den vom Standard verlangten *internen* Audits lagen typische Defizite vor:

– Es existierte keine Auditplanung.

– Die Audits wurden gar nicht oder in zu langen Abständen durchgeführt.

– Interne Audits wurden nicht norm- und fachgerecht (Ablauf und Inhalte) durchgeführt.

– Teilweise führte das Sicherheitspersonal die Audits selbst durch.

– Es wurde kein Auditbericht erstellt.

–   Feststellungen wurden nicht ausgewertet, ihre Erledigung nicht nachverfolgt.

Informationswerte   Bei den Informationswerten wurden folgende Erfahrungen gemacht:

–   Informationswerte waren überhaupt nicht identifiziert und erfasst worden.

–   Verzeichnisse waren veraltet oder unvollständig.

–   Es existierten in der gleichen Organisation unterschiedliche Verzeichnisse von Informationswerten.

–   Die Verzeichnisse waren zu detailliert (nicht geeignet gruppiert) oder zu stark abstrahiert.

–   Informationswerte waren keinem verantwortlichen Eigentümer zugeordnet.

–   Sie trugen keine Einstufung hinsichtlich ihres Wertes bzw. Schutzbedarfs für die Organisation.

Risiken   Teils als Folge der zuvor geschilderten Defizite war festzustellen:

–   Es wurden nicht alle typischen relevanten Risiken identifiziert.

–   Risiken und Schwachstellen wurden nicht für *alle* Informationswerte betrachtet.

–   Es existierte kein dokumentierter einheitlicher Maßstab für die Risikoabschätzung.

–   Die Risikoabschätzung war zu detailliert bzw. schein-genau; die angenommenen Zahlen waren teilweise weit von der Realität entfernt (nach oben oder nach unten).

–   Der Stand der durchgeführten Risikoanalyse war stark veraltet, regelmäßige Aktualisierungen waren nicht erkennbar.

–   Es existierten keine vernünftigen Risikoschwellen bzw. Risikoklassen bzw. diese wurden nicht fortgeschrieben.

–   Es war erkennbar, dass Schwellenwerte und Risikoklassen nachträglich „justiert" worden waren, um Risiken in der Bewertung günstiger erscheinen zu lassen.

Maßnahmen   Bei der Auswahl von Sicherheitsmaßnahmen ergaben sich eine Reihe von Beanstandungen:

–   Die Begründungen, warum bestimmte Maßnahmen ausgewählt wurden, fehlten oder waren nicht nachvollziehbar.

- Die Begründung lautete gelegentlich, dass die Maßnahme in irgendwelchen Katalogen empfohlen wird. Dort, wo dies als Standardbegründung festzustellen war, ergab sich eine riesige Liste von Maßnahmen, deren Sinnhaftigkeit nicht begründbar war.

- Maßnahmen waren z. T. überzogen, nicht wirksam, hoben sich gegenseitig auf oder behinderten sich – meist vor dem Hintergrund, dass die Bereiche der Organisation unterschiedlich vorgingen bzw. nichts voneinander wussten.

- Validierungen im Hinblick auf Praktikabilität und Akzeptanz waren nicht erfolgt.

- Der rote Faden, nämlich die Zuordnung Informationswerte → Risiken → Maßnahmen → verbleibende Risiken, war nicht erkennbar.

verbleibende Risiken

Dieses Thema erschien als eines der schwierigsten und wurde meist erst gar nicht angegangen, zumindest aber zeigten sich folgende Defizite:

- Eine Einschätzung des verbleibenden Risikos wurde nur global, nicht von den Einzelrisiken ausgehend angegeben.

- Die Angabe bzw. Einschätzung von verbleibenden Risiken war nicht begründet bzw. nicht nachvollziehbar.

- Gelegentlich wurden verbleibende Risiken „manipuliert", um sie klein erscheinen zu lassen.

- Es existierten keine Schwellenwerte für noch akzeptable bzw. nicht mehr akzeptierbare Risiken.

- Ermittelte verbleibende Risiken wurden der Leitung nicht zur Kenntnis gegeben bzw. von dieser nicht zur Kenntnis genommen, insbesondere existierte kein unterzeichnetes SoA.

- Optionen für die Behandlung der verbleibenden Risiken waren entweder gänzlich unbekannt oder wurden nicht dokumentiert bzw. angewendet. Ein Risikobehandlungsplan existierte nicht.

Umsetzung

Bei der Umsetzung der Maßnahmen gab es eine zentrale, sehr häufig vorkommende Kritik: Die Praxis unterschied sich vielfach von der Konzeption, d. h. eine Überprüfung, ob die konzipierten Maßnahmen (korrekt) umgesetzt worden waren, fand weder anfänglich noch gar periodisch statt.

Bei der Dokumentation zeigten sich die üblichen Schwächen, die man auch schon vom Qualitätsmanagement kennt: nicht auffindbar, alter Stand, mehrere Versionen, keine Freigabe, unklarer Status, kein Verantwortlicher.

Will man den Betreiber eines ISMS beim Audit etwas unter Stress setzen, muss man nur akribisch nach der Dokumentation, oder noch besser nach den Aufzeichnungen fragen. Will man den Stressfaktor noch etwas erhöhen, fragt man nach den Auswertungen der Aufzeichnungen...

10.6 Auswertung des Audits und Optimierung der Prozesse

Auditbericht und Auswertung

Im Nachgang zum Audit verfassen die Auditoren, ggf. unterstützt von den hinzugezogenen Spezialisten, einen Auditbericht für das Management der Organisation. Der Auditbericht dient der Beschreibung des Ablaufs des Audit, des verwendeten Inputs und insbesondere der Dokumentation der festgestellten Probleme und Abweichungen vom Sollzustand. Auch die vereinbarten oder vorgeschlagenen Korrekturen und Verbesserungen werden im Auditbericht niedergelegt. Auf diese Weise wird der Auditbericht zu einem Dokument, das bei der Vorbereitung des nächsten regelmäßigen (internen, externen) Audits als Grundlage dient.

Das Management der Organisation verwendet seinerseits den Auditbericht, um die Art und Weise des Abstellens der festgestellten Mängel zu beschließen, zu beauftragen und zu kontrollieren. Die Abstellung der Mängel soll ohne unvertretbare Verzögerung erfolgen. Wenn während des Abschlussgespräches beim Audit bereits Termine vereinbart wurden, sollte das verantwortliche Management die Einhaltung der Termine kontrollieren.

Auf diese Weise bilden die regelmäßigen internen (und ggf. externen) Audits gewissermaßen eine Kette, an der man die schrittweise Entwicklung und Verbesserung des ISMS ablesen kann.

Optimierung

Zur Vorbereitung auf ein Erst-Audit kann es sinnvoll sein, sich Beratung und Unterstützung einzukaufen, d. h. externe Berater hinzuzuziehen, die Erfahrung im Umgang mit dem betreffenden Standard haben. Hier kann man

– Fragen zum Verständnis der Anforderungen des Standards stellen,

– sich kritische Dokumente schreiben oder (besser:) dabei unterstützen lassen,

- vorhandene Unterlagen einer Vorprüfung unterziehen lassen und

- eine Einschätzung erhalten, wie weit man noch von der Konformität entfernt ist.

Solche Dienstleistungen in Anspruch zu nehmen hilft, unnötigen Aufwand zu vermeiden und Unsicherheiten auszuräumen.

Zwischen zwei Audits sollte man folgenden Empfehlungen folgen:

- Dokumentieren Sie *jede Änderung* am ISMS sofort und achten Sie darauf, dass Ihre Sicherheitsdokumente stets aktuell sind.

- Vor *sicherheitsrelevanten Änderungen* sollten Sie Ihre Auditoren um eine Einschätzung bitten, ob diese Änderungen irgendwelche Probleme bei der Konformität verursachen könnten.

- Sammeln Sie *Sicherheitsnachweise* nicht erst wenige Tage vor dem Audit, sondern kontinuierlich. Machen Sie sich Gedanken darüber, wie Sie diese Nachweise archivieren und wie Sie einen schnellen Zugriff realisieren können.

10.7 Grundschutz-Audit

Alle Vorgehensweisen, die in den vorausgehenden Abschnitten dargestellt wurden, gelten im Grunde auch für Audits nach dem BSI-Programm „ISO 27001 auf der Basis von IT-Grundschutz".

Bei der Vorbereitung eines solchen Grundschutz-Audits sind jedoch einige zusätzliche Arbeitstakte einzuplanen. Bei dem eher Maßnahmen-orientierten Ansatz des IT-Grundschutzes wird besonderer Wert darauf gelegt, dass die im Maßnahmenkatalog beschriebenen und für den IT-Verbund der Organisation anzuwendenden Maßnahmen 1:1 umgesetzt werden.

Folglich ist besonderes Augenmerk darauf zu richten, bei den erforderlichen Grundschutz-Maßnahmen einen detaillierten Abgleich zwischen Dokumentation und Realität vorzunehmen. Dabei können die Formulare des Basis-Sicherheits-Checks (oder die entsprechende Datenbasis bei Tool-Nutzung) helfen.

IT-Grundschutz-Auditoren sind darüber hinaus gehalten, die Anwendung der Methode des IT-Grundschutzes im Einzelnen zu prüfen, d. h. man tut gut daran, entsprechende Nachweise über die einzelnen Schritte vorzuhalten.

Die entsprechenden Prüfrichtlinien zur Grundschutz-Zertifizierung hat das BSI auf seinen Webseiten veröffentlicht. Interessierte tun gut daran, sich im Vorfeld mit den dort veröffentlichten Richtlinien vertraut zu machen. Für die allgemeinen Zertifizierungsgrundsätze sind die Richtlinien unter der Rubrik „Zertifizierungsschema" zu finden.

IS-Revision

Im Falle der Zertifizierung einer Bundesbehörde ist zusätzlich das Verfahren der IS-Revision zu berücksichtigen. Hierfür hat das BSI ein eigenes Regelwerk und einen eigens dafür ausgebildeten Auditoren-Pool geschaffen. Diese Auditoren sind in der Auditorenliste des BSI speziell gekennzeichnet.

Die Verfahren benötigen eine sehr aufwendige Dokumentation. Je nach Größe des Informationsverbundes können leicht hunderte von auszufüllenden und zu pflegenden Checklisten (mit je ca. 10-100 Prüfpunkten) zusammenkommen, da für jede Baustein-Zielobjekt-Zuordnung eine Nachweispflicht besteht.

Die Überprüfung durch die Auditoren bzw. Revisoren betrifft die komplette Dokumentation, begrenzt sich allerdings bei der Vor-Ort-Prüfung auf recht überschaubare Stichproben.

Auslagerungs-richtlinie

Unabhängig von der eigenen Zertifizierung können Unternehmen auch von einer IT-Revision einer Bundesbehörde oder einem Zertifizierungsaudit eines Kunden betroffen sein. In solchen Fällen ist hinsichtlich der Nachweisführung die Auslagerungsrichtlinie des BSI zu beachten, zu der wir nachfolgend einen ausführlichen Beitrag bringen.

Auslagerungen bei BSI-Zertifizierungen

Im Falle von Ausschreibungen öffentlicher Auftraggeber wird häufig die Forderung nach einer „BSI-Konformität" bzw. Grundschutz-Zertifizierung gestellt. Zugrunde liegen dem meist Bestimmungen auf Landesebene, bei denen oft der Landesdatenschutzbeauftragte federführend ist, oder im Falle von Bundesbehörden der unveröffentlichte, aber häufig erwähnte „UP-Bund": Beim Umsetzungsplan-Bund[73] handelt es sich um ein Maßnahmenpaket für die Behörden, bei dem unter anderem die Einhaltung der vom BSI vorgegebenen Methode zur Umsetzung der *ISO 27001 auf der Basis von IT-Grundschutz* vorgegeben ist.

---

[73] Auf Basis des 2005 verabschiedeten und auf der Webseite des Bundesinnenministeriums abrufbaren *Nationalen Plans zum Schutz der Informationsinfrastrukturen* (NPSI) wurde 2007 vom Bundeskabinett mit dem *Umsetzungsplan für die Gewährleistung der IT-Sicherheit in der Bundesverwaltung* (UP Bund) eine IT-Sicherheitsleitlinie für die Bundesverwaltung beschlossen.

Hiermit steigt der Anteil der IT-Service-Nachfrager, die eine entsprechende Compliance bzw. Zertifizierung verlangen, von einer relativ kleiner Zahl zertifizierter Unternehmen praktisch auf den größten Teil des öffentlichen IT-Service-Beschaffungsmarkts in Deutschland an.

Wenn ein IT-Serviceleister in der Praxis mit einer derartigen Ausschreibungsforderung konfrontiert ist, ist es sehr wichtig, die Handlungsspielräume der Auftraggeber zu kennen. Innerhalb der kurzen verfügbaren Zeit wird es unmöglich sein, eine Zertifizierung zu erlangen. Abgesehen davon kann es auch aus Sicht des Unternehmens ratsam sein, ein anderes Modell der Darlegung der Informationssicherheit zu favorisieren. In diesem Fall ist es wichtig, die Handlungsalternativen zu kennen, die das BSI in seiner 2004 veröffentlichten Auslagerungsrichtlinie veröffentlicht hat.

Im Folgenden geben wir zusammenfassend und interpretierend die nach dieser Richtlinie zu durchlaufenden Prüfschritte wieder. Das Original der Richtlinie ist auf der BSI-Webseite unter Zertifizierungsschema veröffentlicht und sollte ggf. vom Leser im Ernstfall mit herangezogen werden.

Schritt 1: Klärung – Liegt eine Auslagerung vor?

Die Behandlung als Auslagerung setzt zunächst einmal voraus, dass eine Auslagerung überhaupt bejaht wird. Dies ist der Fall, wenn die Leistung

– außerhalb des organisatorischen Rahmens des jeweilig zu zertifizierenden IT-Verbunds erbracht wird

– und wenn die Leistung zu dem zu zertifizierenden Informationsverbund gehörig ist.

Hierbei ist nicht von Belang, dass die Informationsverbünde gemeinsame Ressourcen, wie Personal, Räumlichkeiten, Anwendungen und IT-Systeme nutzen. Maßgeblich ist vielmehr ob eine substanzielle Abgeschlossenheit des IT-Verbundes bzw. des Informationsverbundes begründet werden kann, wenn man sich die Leistungen wegdenkt.

Schritt 2: Klärung – Ist die Auslagerung relevant?

Für die qualitativ identifizierten Auslagerungsfälle ist nun deren Schwere zu überprüfen, um festzustellen, ob die Auslagerungsfälle bei der Modellierung überhaupt zu berücksichtigen sind. Nach den Ausführungen des BSI-Prüfschemas ist dies der Fall, wenn folgende Bedingungen zutreffend sind:

– Es erfolgt eine auf längere Zeit angelegte Bindung an den Dienstleister (Outsourcing-Nehmer).

– Die Dienstleistung kann die IT-Sicherheit des Auftraggebers (Outsourcing-Geber) beeinflussen.

– Er erbringt die Leistungen des IT-Sicherheitsmanagements regelmäßig und im Rahmen der betroffenen Dienstleistung.

– Die Leistungen des IT-Sicherheitsmanagements sind nicht marginaler Natur, sondern nennenswert.

Schritt 3: Welcher Auslagerungsfall liegt vor?

Das BSI unterscheidet hier 4 Fälle:

Auslagerungsfall 1:   *Unbedeutende Gefährdung für den Untersuchungsgegenstand.*

Dieser Auslagerungsfall ist nur anwendbar, wenn drei Kriterien zusammentreffen:

1. Die Auslagerung betrifft nur unwesentliche Komponenten des IT-Verbundes.

2. Der Schutzbedarf der ausgelagerten Komponenten liegt nicht im hohen Bereich.

3. Der Schutzbedarf im IT-Verbund gerät durch Kumulation nicht in den hohen Bereich.

Der Fall 1 dürfte in der Praxis kaum vorkommen, da man eine Auslagerung anhand der vorgegebenen Kriterien wohl eher als irrelevant eingestuft hätte. Folge der Zuordnung zu dieser Kategorie ist die optionale Anwendung des Bausteins B1.11 (Outsourcing) durch den Outsourcing-Geber. Bei einer Zertifizierung unterliegt nur die *Schnittstelle* zum Outsourcing- Nehmer einer Überprüfung, nicht er selbst.

Auslagerungsfall 2:   *Ausgelagerte Komponenten sind sehr gefährdet.*

Dieser Auslagerungsfall ist anzuwenden, wenn der Outsourcing-Nehmer keiner ausreichend belastbaren BSI-Zertifizierung (GS ISO 27001) unterliegt und eines der beiden folgenden Kriterien zutrifft:

1. Mindestens eine ausgelagerte Komponente beansprucht einen hohen Schutzbedarf.

2. Die Auslagerung umfasst wesentliche Teile des IT-Verbundes.

Fall 2 ist der für die Praxis relevanteste. Für das zu zertifizierende Unternehmen und seinen Auslagerungspartner ergibt sich nun folgender Handlungsbedarf:

–   Der Baustein B1.11 (Outsourcing) ist vom Outsourcing-Geber zwingend anzuwenden.

–   Die Bausteine B1.0 (Sicherheitsmanagement), B1.1 (Organisation), B1.2 (Personal), B 1.3 (Notfallmanagement), B 1.8 (Behandlung von Sicherheitsvorfällen), B1.9 (Hard- und Software-Management) sind auf den Outsourcing-Geber und soweit zutreffend – immer getrennt – auch auf den Outsourcing-Nehmer anzuwenden.

Alle anderen Bausteine sind auf beide Partner in *zweckmäßiger* Weise anzuwenden, d. h. bei klarer Aufgabentrennung *exklusiv* auf Outsourcing-Geber oder Outsourcing-Nehmer, bei phasenabhängigen[74] Überschneidungen *gemeinsam* auf beide. Weiterhin ist zu beachten:

–   Gruppierungen, die Komponenten aus dem Bereich des Outsourcing-Gebers und Outsourcing-Nehmers umfassen, sind nicht möglich.

–   Der Outsourcing-Nehmer ist von der stichprobenartigen Verifikation im Rahmen der Sicherheits-Checks ebenso betroffen (d.h. im Verhältnis zur Bedeutung des ausgelagerten Teilverbundes zum gesamten zu zertifizierenden IT-Verbund) wie der Outsourcing-Geber.

Auslagerungsfall 3:   *"Sonderfall" bei begrenztem Schadensausmaß.*

Dieser Fall ist nach BSI nur anwendbar, wenn folgende Kriterien zusammentreffen:

1. Vertraglich ist IT-Grundschutz, d.h. Einhaltung der A-, B- und C-Maßnahmen der Grundschutzkataloge – soweit zutreffend –, vereinbart.

2. Es kann ausschließlich finanzieller und kein andersartig charakterisierbarer Schaden im Bereich des Outsourcing-Nehmers entstehen.

---

[74]   Planung, Betrieb, Ausmusterung etc.

Andersartige Schäden wären z.B.:

– Menschen dürfen nicht vom potentiellen Schaden bedroht sein.

– Ein Handeln des Outsourcing-Nehmers, welches Gesetzesverstöße im Auslagerungsbereich impliziert, darf nicht möglich sein.

– Beeinträchtigungen des informationellen Selbstbestimmungsrechts müssen im Auslagerungsbereich ausgeschlossen sein.

– Potentielle Schäden müssen eindeutig beschrieben und vertraglich so festgeschrieben werden, dass Schadensersatz eingefordert werden kann.

– Die Solvenz des Outsourcing-Nehmers ist zu prüfen.

– Die Anwendbarkeit des "Sonderfalls" muss transparent sein.

Da diese Kriterien extrem restriktiv formuliert sind, kommt aus Sicht der Verfasser diesem Fall keine praktische Relevanz zu, weshalb hier auf eine weitere Erläuterung zur Darlegung des Nachweises verzichtet wird.

> *Auslagerungsfall 4:* *Der Outsourcing-Nehmer verfügt über eine belastbare Zertifizierung.*

Hier müssen drei Kriterien erfüllt sein:

1. Der Outsourcing-Nehmer verfügt über ein BSI-Zertifikat („ISO 27001 auf der Basis von IT-Grundschutz")

2. Die Komponenten sind Teil des zertifizierten IT-Verbunds des Outsourcing-Nehmers.

3. Das Sicherheitskonzept des Outsourcing-Nehmers wird den Anforderungen des Sicherheitskonzepts des Outsourcing-Gebers in transparenter Weise gerecht.

Dieser Fall 4 hat folgende Konsequenz[75]:

„Bei der Modellierung müssen alle relevanten Bausteine getrennt auf Auftraggeber und Dienstleister angewendet werden. Der Auditor muss überprüfen, welche ausgelagerten Komponenten (bzw. Bausteine) bereits von der Zertifizierung abgedeckt sind. Alle Zielobjekte, die bereits geprüft sind, müssen dann nicht wieder geprüft werden. Der Auditor muss im Auditreport seine Entscheidung, das Zertifikat des Outsourcing-Dienstleisters anzuerkennen, genau dokumentieren und begründen."

Fazit

Im Ergebnis bedeutet die Auswahl des Falles 4 für den Outsourcing-Nehmer und den Outsourcing-Geber den höchsten Aufwand.

Fall 2 lässt sich erheblich leichter und mit weniger Risiken an die jeweils zu kontrollierende Sicherheitssituation anpassen. Fall 2 ist notfalls auch kurzfristig zu realisieren und lässt sich einfacher in ein bereits bestehendes (ggf. bereits zertifiziertes ISMS) integrieren. Darüber hinaus lassen sich die bürokratischen Aufwände beim Auftragnehmer im Wesentlichen auf das Erstellen und die Pflege der Checklisten zum Basis-Sicherheits-Check reduzieren. Daneben entstehen natürlich auch Aufwände für das Schließen ggf. entdeckter Sicherheitslücken. Diese Aufwände werden jedoch erfahrungsgemäß durch den erzielten Sicherheitsgewinn häufig mehr als neutralisiert.

---

[75] Originalzitat aus der BSI-Auslagerungsrichtlinie vom 08.03.2004.

11 Zum Abschluss...

In diesem Buch haben Sie die wesentlichen Elemente des Standards ISO 27001 (und anderer) kennen gelernt. Wie geht es nun weiter?

User Group

Es könnte für Sie von Interesse sein, sich der ISMS User Group[76] zum Standard ISO 27001 anzuschließen, um Fragen zur Interpretation des Standards zu diskutieren oder an der Weiterentwicklung des Standards beteiligt zu sein.

Das BSI wartet auf seinen Web-Seiten mit vielen Informationen rund um den IT-Grundschutz auf. Wie schon festgestellt, beinhaltet eine Grundschutz-Zertifizierung neueren Typs sowohl die Konformität des ISMS zu ISO 27001 als auch den Nachweis, dass die laut IT-Grundschutz anzuwendenden Maßnahmen vollständig und korrekt umgesetzt wurden. Eine solche kombinierte Zertifizierung ist natürlich viel aussagekräftiger als eine reine Management- oder eine reine Maßnahmen-Zertifizierung.

Es bleibt allerdings die Frage, ob damit aus Sicht der Organisation alle Sicherheitsaspekte abgedeckt sind. Die Antwort ist: *nein*.

Penetrationstests

Es fehlen z. B. Tests zur Sicherheit des IT-Verbunds im Sinne von Penetrationsfestigkeit. Im einfachsten Fall handelt es sich dabei um so genannte *Off-Site Tests*, die von einem entfernten Rechner aus initiiert werden und die Sicherheit des Übergangs zwischen dem Intranet der Organisation und dem Internet überprüfen. Dabei versetzt sich der Prüfer in die Rolle eines Hackers, der nicht viel über die Organisation weiß – abgesehen von einigen IP-Adressen der beteiligten Rechner.

Im Gegensatz dazu werden auf dem Markt auch *On-Site Tests* angeboten, bei denen der Prüfer die interne Netzstruktur und die IT-Anwendungen der Organisation kennt und versucht, einzelne Rechner oder Anwendungen anzugreifen; solche Tests werden typischerweise an den Standorten der Organisation durchgeführt.

Analyse von Anwendungen

Nicht nur bei komplexen IT-Anwendungen macht es Sinn, anhand der Dokumentation einer Anwendung zunächst eine Si-

---

[76] Siehe www.iso27001certificates.com/ISMS_IUG.htm mit Kontaktdaten für das deutsche Chapter dieser User Group.

cherheitsanalyse durchzuführen, um auf der Ebene der Architektur und der verwendeten Sicherheitsmechanismen Schwachstellen aufspüren zu können.

Da die zugrunde liegende IT-Landschaft der Organisation und die Methoden der Hacker ständig im Wandel sind, wird klar, dass solche Analysen und Tests periodisch zu wiederholen sind, um eine reale Einschätzung der Sicherheit zu erhalten. Ebenso leicht einsehbar ist der Umstand, dass derjenige, der solche Analysen und Tests durchführen will, möglichst über die entsprechenden Erfahrungen, Werkzeuge und Qualifikationen verfügen sollte.

Sicherheitstechnik Für die Gesamtsicherheit wesentlich sind darüber hinaus natürlich Aussagen über das (technische) Sicherheitsniveau zentraler Komponenten im IT-Verbund der Organisation. Hier zu nennen sind die verwendeten Betriebssysteme, Datenbanken, Verschlüsselungs- und Signatursysteme, Firewalls, usw. Wie im Abschnitt 1.4 „Zertifizierfähige Modelle" erwähnt, ist dies die Domäne der ITSEC und Common Criteria (/ITSEC/, /CC/).

Nutzen Sie deshalb die Informationen aus den Zertifizierungsreports solcher Produkte! Betreiben Sie zertifizierte Produkte möglichst so, wie es in den entsprechenden Reports beschrieben ist. Scheuen Sie sich nicht, Fragen an die Zertifizierungsstellen und die Hersteller solcher Produkte zu richten, wenn Sie mit den Angaben in den Reports Probleme haben oder von den Angaben abweichen müssen, aber die Auswirkungen nicht abschätzen können.

Akkreditierung Damit kommen wir zur Frage, wie sich das Prüf- und Zertifizierungswesen in Deutschland zum Sicherheitsthema generell darstellt.

Für die Akkreditierung von Zertifizierungsstellen ist seit 2010 zentral und als einzige Stelle die *Deutsche Akkreditierungsstelle* (DAkks[77]) für den gesetzlich nicht-geregelten[78] Bereich tätig. Sie verlangt von den Zertifizierungsstellen die Einhaltung der Normen

– DIN EN 45012 (ISO Guide 62) für Zertifizierungsstellen von Management-Systemen[79], sowie

---

[77] www.dakks.de

[78] Prüfungen und Zertifizierungen, die nicht durch ein Gesetz / eine Verordnung vorgeschrieben sind.

[79] Anwendbar auf ISMS-Zertifizierungen nach ISO 27001.

– DIN EN 45011 (ISO Guide 65) für Zertifizierungsstellen von Produkten.

In diesen Normen sind die Anforderungen an Organisation, Personal, Infrastruktur und Verfahren der genannten Stellen beschrieben.

Die Zertifizierung von *Produkten* erfolgt auf der Basis einer Evaluation in einem akkreditierten Prüflabor. Für die Akkreditierung solcher Prüflaboratorien ist die Einhaltung der Norm ISO 17025 (früher: DIN EN 45001) maßgebend.

Bei der DAkks erhält man eine Liste der akkreditierten Prüflaboratorien und Zertifizierungsstellen.

Die Zertifizierungsstellen führen ihrerseits Listen der mit ihnen in einem vertraglichen Verhältnis (Lizenz) stehenden Laboratorien (und deren Evaluatoren) bzw. den für sie tätigen Auditoren.

Die *Akkreditierung* ist ein wichtiges Qualitätsmerkmal: Es weist unter anderem nach, dass die betreffende Stelle normgerecht organisiert ist, ihr Personal – einschließlich der externen Auditoren und Evaluatoren – einschlägig qualifiziert ist und die Prozesse der Prüfung und Zertifizierung transparent und nachvollziehbar gestaltet sind.

Stellen, die nicht über eine solche Akkreditierung verfügen, müssen deshalb nicht schlechter sein: Sie müssen jedoch das Problem lösen, Interessenten gegenüber die zuvor genannten Merkmale anderweitig nachweisen zu können.

Interessant ist in diesem Zusammenhang, dass sich das BSI als Zertifizierungsstelle bisher weder für den IT-Grundschutz noch ITSEC und Common Criteria hat akkreditieren lassen – im Gegensatz zu vergleichbaren Institutionen im Ausland. Das BSI verweist dabei auf seinen gesetzlichen Auftrag.

Grundsätzlich gilt aber, dass Zertifikate des BSI wegen der fehlenden Akkreditierung nicht unter die internationalen Anerkennungsvereinbarungen der genannten Akkreditierungsgeber fallen und somit z. B. auch nicht im internationalen ISO 27001-Register gelistet werden.

Beispiel einer Informationssicherheitsleitlinie

Das folgende Beispiel beinhaltet eine Informationssicherheitsleitlinie, die dem Standard genügt (nicht zu verwechseln mit irgendwelchen Sicherheitsrichtlinien oder -plänen). Sie beschreibt folgendes Szenario:

Die Organisation nennt sich QualSoft GmbH und gehört dem KMU Segment an. Sie besitzt nur einen Standort (Berlin) und verfügt dort über 2 Gebäude mit Bürotrakt, Entwicklungsbereich und Rechenzentrum. Das Unternehmen betreibt Software-Entwicklung im Kundenauftrag (Individualsoftware für normale kommerzielle Anwendungen). Es besteht aus dem Geschäftsführer, jeweils 2 Personen in Verwaltung und Marketing / Vertrieb sowie 8 Entwicklern.

Eine „passende" Sicherheitsleitlinie könnte so aussehen (ohne die eingefügten Kommentare):

Informationssicherheitsleitlinie

der Qualsoft GmbH

Unternehmen und Geschäftszweck

Unser Unternehmen ist ein innovativer Dienstleister bei der Entwicklung kundenspezifischer Software. Wir sind gegliedert in Verwaltung, Marketing / Vertrieb und Software-Entwicklung. Letztere ist auch für den Betrieb unserer IT verantwortlich.

Zur Zeit ist Berlin unser zentraler und einziger Standort.

Kommentar　　*Dieser Absatz „Unternehmen und Geschäftszweck" ist bei dieser Organisation sehr knapp gehalten – andererseits ist alles Wesentliche vorhanden. Ergänzen könnte man noch Informationen über die Art der Kunden, der entwickelten Software und die Bedeutung der Sicherheit für einzelne Kunden und Aufträge.*

Geltungs-/ Anwendungsbereich

Der Wettbewerb verlangt neben der Produktion und Lieferung qualitativ hochwertiger Software auch den Nachweis der Qualität und Sicherheit interner Prozesse. Die vorliegende Informationssicherheitsleitlinie adressiert dieses Erfordernis im Hinblick auf die Sicherheit der Informationsverarbeitung innerhalb unseres Unternehmens. Sie gilt somit für das *gesamte Unternehmen*.

Kommentar   *Dieser Text unter „Geltungs-/ Anwendungsbereich" bestimmt als Anwendungsbereich (Scope) die gesamte Organisation und begründet dies. Mehr ist nicht verlangt!*

Anforderungen, Risiken und Ziele

Das Vertrauen unserer Kunden und letztlich unser Geschäftserfolg beruhen darauf, dass wir insbesondere

- die gesetzlichen Vorgaben und hier nicht zuletzt die Datenschutzgesetze einhalten (Compliance),

- unsere Betriebsgeheimnisse schützen,

- die Vertraulichkeit der Daten unserer Kunden wahren,

- unsere Projekte und Dienstleistungen in der geplanten bzw. zugesicherten Zeit abwickeln,

- integre Produkte (Software) sicher ausliefern und archivieren.

Vor diesem Hintergrund ist der Geschäftserfolg unseres Unternehmens davon abhängig, dass wir bestehende Risiken für die genannten Ziele erkennen, durch geeignete Maßnahmen vermeiden bzw. mindern und verbleibende Risiken geeignet behandeln.

Zu den Risiken zählen die unvollständige bzw. nicht korrekte Einhaltung von gesetzlichen Vorgaben, die unbefugte und ggf. unbemerkte Weitergabe von Betriebsgeheimnissen, die Verletzung von Vorgaben unserer Kunden aufgrund von Systemausfall, Datenverlust, unbefugter Preisgabe von Informationen.

Kommentar   *Dieser Abschnitt „Anforderungen, Risiken und Ziele" gibt summarisch die Sicherheitsziele der Organisation einschließlich externer Vorgaben an und zählt in gleichem Stil relevante Risiken bzw. Bedrohungen auf. Diese Informationen bilden einen guten Ausgangspunkt für eine Risikoanalyse und -bewertung.*

Bedeutung der Sicherheit

Vor dem Hintergrund der externen und internen Anforderungen, vor allem aber den Sicherheitsanforderungen unserer Kunden muss Informationssicherheit ein integraler Bestandteil unserer Unternehmenskultur sein.

Jeder Mitarbeiter / jede Mitarbeiterin muss sich der Notwendigkeit der Informationssicherheit bewusst sein und die grundsätzlichen Auswirkungen von Risiken auf den Geschäftserfolg kennen.

Kommentar

Dieser Absatz „Bedeutung der Sicherheit" stellt dar, dass die Erfüllung der Sicherheitsanforderungen für die Organisation aus geschäftlicher Sicht ein „muss" ist, woraus folgt, dass jeder Mitarbeiter für seinen Arbeitsbereich auch eine Sicherheitsverantwortung kennen und tragen muss.

Grundsätzliche Regelungen

–   Die Leitung hat zur Umsetzung der Sicherheitsziele eine Stabsfunktion "Informationssicherheit" eingerichtet und dieser die Aufgabe übertragen, einheitliche Vorgaben für den Sicherheitsprozess zu erstellen, für ausreichende Sensibilisierung aller Mitarbeiter/innen zu sorgen, sowie die Einhaltung aller Sicherheitsrichtlinien angemessen zu überprüfen bzw. überprüfen zu lassen.

–   Alle Organisationseinheiten wirken jeweils durch einen Vertreter / eine Vertreterin im Sicherheitsforum mit, in dem die wesentlichen Richtlinien und Arbeiten koordiniert werden. Die Leitung dieses Sicherheitsforums obliegt der Stabsfunktion "Informationssicherheit". Insbesondere wird im Sicherheitsforum ein Gesamtsicherheitskonzept erarbeitet und der Leitung zur Genehmigung vorgelegt.

Kommentar

Die ersten beiden Punkte geben Auskunft über die geplante Organisation der Sicherheit und deren Aufgaben, insbesondere die Erstellung eines Sicherheitskonzeptes.

–   Nach Maßgabe dieser Leitlinie ist zunächst jede Organisationseinheit unseres Unternehmens für die Sicherheit der eigenen Daten und deren Verarbeitung verantwortlich ("Informationseigner"). Im Rahmen dieser Verantwortung wird jede Organisationseinheit eine Aufstellung ihrer Assets (Daten, Systeme und Prozesse) anfertigen, eine Risikoanalyse und -bewertung nach vorgegebenem einheitlichen Muster dafür durchführen und in regelmäßigen Abständen sowie nach gravierenden Änderungen aktualisieren.

–   Dort wo eine Klassifizierung von Informationen und verarbeitender Systeme erforderlich ist, wird der Umgang mit solchen Informationen und Systemen in einer separaten Richtlinie geregelt.

–   Zur Wahrung der Vertraulichkeit, Integrität, Verfügbarkeit und Authentizität (soweit anwendbar) von Daten und Systemen sind auf der Basis der Risikoeinschätzungen geeignete Maßnahmen in einem Sicherheitskonzept darzustellen und umzusetzen.

- Durch geeignete technische, organisatorische und infrastrukturelle Maßnahmen ist der Zugang zu sensiblen Systemen, zu Sicherheitszonen und kritischen Infrastruktureinrichtungen sowie der Zugriff zu kritischen Informationen und Anwendungen zu kontrollieren und nur für Befugte zu ermöglichen. Zutritts- und Zugriffsberechtigungen werden nur nach formalisierten Antragsverfahren bei Bedarf vergeben und entzogen. Dabei sind die Informationseigner einzubinden.

Kommentar
Die obigen vier Punkte adressieren das Eigentümer-Prinzip, sowie Sicherheitsrichtlinien und -maßnahmen (für Daten, Systeme und die Infrastruktur), an denen die Eigentümer mitwirken sollen.

- Die Mitarbeiter/innen unseres Unternehmens erhalten bei Bedarf für den jeweiligen Arbeitsplatz spezielle Sicherheitsregeln, die insbesondere eine Meldepflicht bei Sicherheitsvorkommnissen beinhalten.

- Alle Mitarbeiter/innen haben regelmäßig an den angebotenen Sicherheitsschulungen teilzunehmen

Kommentar
Dieser Punkt zeigt das Commitment der Leitungsebene im Hinblick auf die Schulung und Einweisung der Mitarbeiter.

- Vor dem Hintergrund der oben genannten Sicherheitsziele sind angemessene Nachweise über die Einhaltung aller Sicherheitsmaßnahmen zu erbringen und zu archivieren.

- Die die Informationssicherheit betreffenden Unterlagen, Berichte, etc. sind einem geordneten Dokumentenmanagement zu unterwerfen, in dem die Erstellung, Freigabe, Verteilung, Archivierung geregelt sind.

- Der Stabsfunktion "Informationssicherheit" wird aufgegeben, der Leitung quartalsweise Berichte über die Sicherheitslage des Unternehmens zuzuleiten.

Kommentar
Diese drei Vorgaben regeln summarisch das Führen von Aufzeichnungen, die Dokumentenlenkung und das Reporting.

Verpflichtungen

Die Leitung wird die Sicherheitsorganisation und den Sicherheitsprozess aktiv unterstützen.

Unser Unternehmen wird sich an dem Standard ISO 27001 orientieren und die Management-Elemente dieses Standards realisieren. Diese umfassen die Durchführung von regelmäßigen internen Audits, eine geeignete Steuerung der Dokumentation und der Aufzeichnungen, eine Managementbewertung und die Anwendung des Modells der kontinuierlichen Verbesserung (PDCA).

Kommentar   *Diese beiden Absätze zeigen das Commitment der Leitungsebene in Bezug auf die Unterstützung der Sicherheit und geben Orientierung hinsichtlich des anzuwendenden Standards.*

Jeder Mitarbeiter / jede Mitarbeiterin ist verpflichtet, die allgemeinen sowie die für den jeweiligen Arbeitsplatz geltenden Sicherheitsrichtlinien zu beachten und einzuhalten.

Kommentar   *Hierdurch wird die Verpflichtung der Mitarbeiter/innen geregelt.*

Die vorliegende Sicherheitsleitlinie ist grundsätzlich nur unternehmensintern zu halten. Bei Bedarf wird die Leitung darüber befinden, ob sie an Dritte (z. B. Kunden, Vertragspartner, Lieferanten) weitergegeben werden kann.

Kommentar   *Hierin wird der Grad der Vertraulichkeit dieser Leitlinie geregelt.*

Diese Sicherheitsleitleitlinie tritt am <Datum> in Kraft.

<Ort, Datum, Unterschrift der Leitung>

Kommentar   *Mit den letzten beiden Zeilen wird die Leitlinie offiziell in Kraft gesetzt. Nach Unterschrift ist sie im Unternehmen bekannt zu machen.*

Verzeichnis der Maßnahmen aus Anhang A der ISO 27001

Das folgende Verzeichnis verweist über die angegebene Seitenzahl auf unsere Erläuterungen zu den angegebenen Regelungsbereichen (erste Gliederungsebene), Sicherheitskategorien (zweite Gliederungsebene) und Maßnahmen (dritte Gliederungsebene) des Standards ISO 27001.

Verzeichnis der Grundschutzmaßnahmen

Im folgenden Verzeichnis sind die bei der Erläuterung der ISO 27001-Controls genannten Grundschutzmaßnahmen mit den jeweiligen Seitennummern in diesem Buch aufgeführt.

Maßnahmengruppe 3 – Personal

Maßnahmengruppe 4 – Hardware und Software

Einige Fachbegriffe: deutsch / englisch

Die wenigen hier aufgeführten Fachbegriffe dienen ausschließlich dem Vergleich zwischen der englischen und deutschen Fassung des ISO 27001. Lesen Sie auch die Ausführungen in Abschnitt 2.5 zu Übersetzungsproblemen.

Akzeptanz des (Rest-)Risikos...... risk acceptance

Anwendungsbereich .... scope

Bedrohung................................ threat

Dokumentenlenkung .... control of documents

Einhaltung von Vorgaben........... compliance

Erklärung zur Anwendbarkeit .... statement of applicability

Informationssicherheitsleitlinie... information security policy

Integrität..................................... integrity

ISMS-Leitlinie .... ISMS policy

Managementbewertung .... management review

Maßnahme .... control

Maßnahmenziele .... control objectives

Nicht-Abstreitbarkeit................... non-repudiation

Regelungsbereich .... security control clause

Risikoabschätzung...................... risk estimation

Risikoanalyse .... risk analysis

Risikobehandlung....................... risk treatment

Risikobewertung......................... risk evaluation

Risikoeinschätzung..................... risk assessment

Risiko-Identifizierung................. risk identification

Schwachstelle .... vulnerability

Sensibilisierung(smaßnahmen)... awareness (programme)

Sicherheitsvorfall .... (security) incident

Sicherheitskategorie .... (main) security category

Sicherstellung des..................... business continuity management
Geschäftsbetriebs

verbleibendes Risiko .... residual risk

Verfügbarkeit .... availability

Vertraulichkeit .... confidentiality

(Informations-)Werte .... (information) assets

Zuverlässigkeit .... reliability

Zuweisbarkeit .... accountability

Verzeichnis der Abbildungen und Tabellen

Verwendete Abkürzungen

AGB	Allgemeine Geschäftsbedingungen
AktG	Aktiengesetz
ALE	Average Loss Estimate / Annual Loss Expectancy
BCM	Business Continuity Management
BDSG	Bundesdatenschutzgesetz
BGB	Bürgerliches Gesetzbuch
BIA	Business Impact Analysis
BNetzA	Bundesnetzagentur
BS	British Standard
BSI	Bundesamt für Sicherheit in der Informationstechnik
CAD	Computer Aided Design
CBT	Computer Based Training
CC	Common Criteria
CD	Compact Disc
CERT	Computer Emergency Response Team
CMM	Capability Maturity Model
CMMI	Capability Maturity Model Integration
CobiT	Control Objectives for Information and Related Technology
COSO	Committee of the Sponsoring Organizations of the Treadway Comission
CSP	Certification Service Provider
DAkkS	Deutsche Akkreditierungsstelle
DFÜ	Datenfernübertragung
DIN	Deutsches Institut für Normung e.V.
DoS	Denial of Service
DVD	Digital Versatile Disc
EDI	Electronic Data Interchange

(E)DV	(elektronische) Datenverarbeitung
EN	European Norm
ETSI	European Telecommunications Standards Institute
EVU	Energieversorgungsunternehmen
FiBu	Finanz-Buchhaltung
GdPdU	Grundsätze der Prüfung digitaler Unterlagen
GoBS	Grundsätze ordnungsgemäßer DV-gestützter Buchführungssysteme
HGB	Handelsgesetzbuch
ISAE	International Standard on Assurance Engagements
IDS	Intrusion Detection System
IEC	International Electrotechnical Commission
IEEE	Institute of Electrical and Electronics Engineers Inc.
IFRS	International Financial Reporting Standards
IKS	Internes Kontrollsystem
IP	Internet Protocol
ISF	Information Security Forum
ISMS	Information Security Management System, Informationssicherheits-Management-System
ISO	International Organization for Standardization
IT	Informationstechnik, informationstechnisches...
ITIL	Information Technology Information Library
ITSEC	Information Technology Security Evaluation Criteria
ITSEM	Information Technology Security Evaluation Manual
IV	Informationsverarbeitung, informationsverarbeitendes...

KMU	Kleine und mittelständische Unternehmen
KonTraG	Gesetz zur Kontrolle und Transparenz im Unternehmensbereich
LAN	Local Area Network
MTBF	Mean Time between Failure
NAT	Network Address Translation
NDA	Non Disclosure Agreement
NIST	National Institute of Standards and Technology
PC	Personal Computer
PCI-DSS	Payment Card Industry Data Security Standard
PCMCIA	Personal Computer Memory Card International Association (Standard für PC-Erweiterungskarten)
PDA	Personal Digital Assistent
PDCA	Plan-Do-Check-Act
PDF	Portable Document Format
PIN	Personal Identification Number
PUK	Personal Unblocking Key
QM	Qualitätsmanagement
ROSI	Return on Security Investment
RZ	Rechenzentrum
SAK	Signaturanwendungskomponente
SigG	Signaturgesetz
SoA	Statement of Applicability
S-OX	Sarbanes Oxley Act
SLA	Service Level Agreement
SQL	Structured Query Language
SSL	Secure Sockets Layer
SüG	Sicherheitsüberprüfungsgesetz
TCSEC	Trusted Computer System Evaluation Criteria
TDDSG	Teledienstedatenschutzgesetz

TDG	Teledienstegesetz
TK(-)	Telekommunikation(s-)
TKG	Telekommunikationsgesetz
UrhG	Urheberrechtsgesetz
USB	Universal Serial Bus
USV	unterbrechungsfreie Stromversorgung
VDE	Verband der Elektrotechnik, Elektronik und Informationstechnik
VS	Verschlusssache(n)
VS-A	Verschlusssachen-Anweisung
WLAN	Wireless LAN

Quellenhinweise

Bei den folgenden Internet-Adressen kann man ergänzende Informationen zu den unten angegebenen Quellen erhalten, verschiedentlich ist auch ein Download der Standards und Dokumente möglich:

British Standard	....www.bsi-global.com
Common Criteria	.... www.commoncriteriaportal.com
ETSI	.... www.etsi.org
ISO	....www.iso.org
IT-Grundschutz	.... www.bsi.de
Signaturgesetz	.... www.bundesnetzagentur.de[80]
TCSEC	.... www.nist.gov[81]

/BS 7799-1/	BS 7799-1:1999 Information security management – Part 1: Code of practice for information security management, www.bsi-global.com
/BS 7799-2/	BS 7799-2:2002 Specification for Information Security Management, www.bsi-global.com
/BSI 100-1/	BSI-Standard 100-1: Managementsysteme für Informationssicherheit (ISMS)
/BSI 100-2/	BSI-Standard 100-2: IT-Grundschutz-Vorgehensweise
/BSI 100-3/	BSI-Standard 100-3: Risikoanalyse auf der Basis von IT-Grundschutz
/BSI 100-4/	BSI-Standard 100-4: Notfallmanagement
/BSI-KRIT/	Audit-Materialien IT-Sicherheit zum Standort-Kurzcheck in kritischen Infrastrukturen, Version 1.0, 29.06.2005, www.bsi.de
/CC/ ·	Common Criteria for Information Technology Security Evaluation, Version 3.1

---

[80] Menüpunkte: Sachgebiete ▶ Qualifizierte elektronische Signatur.

[81] Direkter Link: http://csrc.nist.gov/publications/secpubs/rainbow/.

/CEM/	Common Methodology for Information Technology Security Evaluation, Version 3.1
/DIN ISO 27000/	Informationstechnik – IT-Sicherheitsverfahren – Informationssicherheits-Management-systeme – Überblick und Terminologie (ISO/IEC 27000:2009), deutsche Fassung 2010-05 von /ISO27000/
/DIN ISO 27001/	Informationstechnik – IT-Sicherheitsverfahren – Informationssicherheits-Management-systeme – Anforderungen (ISO / IEC 27001:2005), deutsche Fassung 2008-09 von /ISO 27001/
/DIN ISO 27002/	Informationstechnik – IT-Sicherheitsverfahren – Leitfaden für das Informationssicherheits-Management (ISO/IEC 27002:2005), deutsche Fassung 2008-09 von /ISO 27002/
/DIN 45011/	DIN EN 45011:1998 Allgemeine Anforderungen an Stellen, die Produktzertifizierungssysteme betreiben (entspricht ISO / IEC Guide 65:1996)
/DIN 45012/	DIN EN 45012:1998 Allgemeine Anforderungen an Stellen, die Qualitätsmanagementsysteme begutachten und zertifizieren (entspricht ISO / IEC Guide 62:1996)
/ETSI 101.456/	(ETSI TS 101456) ESI[82]: Policy requirements for certification authorities issuing qualified certificates
/ETSI 102.042/	(ETSI TS 102042) ESI: Policy requirements for certification authorities issuing public key certificates
/ETSI 102.023/	(ETSI TS 102023) ESI: Policy requirements for time-stamping authorities
/ETSI 101.861/	(ETSI TS 101861) ESI: Time stamping profile

---

[82] Electronic Signatures and Infrastructures (ESI).

/GdPdU/	Grundsätze zum Datenzugriff und zur Prüfbarkeit digitaler Unterlagen (GDPdU), BMF-Schreiben vom 16. Juli 2001 - IV D 2 - S 0316 - 136/01, geändert durch BMF-Schreiben IV A 4 - S 0316/12/10001 vom 14.09.2012, www.bundesfinanzministerium.de
/GoBS/	Grundsätze ordnungsmäßiger DV-gestützter Buchführungssysteme (GoBS), BMF-Schreiben vom 7. November 1995 - IV A 8 - S 0316 - 52/95- BStBl 1995 I S. 738
/GS/	IT-Grundschutz, Bundesamt für Sicherheit in der Informationstechnik, www.bsi.de
/ISO 13335/	ISO/IEC IS 13335: Information Technology – Security techniques – Management of information and communications technology security (Part 1 to 5)
/ISO 15408/	ISO/IEC 15408:2008/2009 standardisierte Fassung einer früheren Version der Common Criteria /CC/
/ISO 17025/	ISO/IEC 17025:2005 Allgemeine Anforderungen an die Kompetenz von Prüf- und Kalibrierlaboratorien
/ISO 18045/	ISO/IEC 18045:2008 standardisierte Fassung einer früheren Version von /CEM/
/ISO 19011/	DIN EN ISO 19011:2010 Leitfaden für Audits von Managementsystemen
/ISO 73/	ISO/IEC Guide 73:2009 Risk management – Vocabulary
/ISO 17799/	ISO/IEC 17799:2005 Information technology – Security techniques – Code of practice for information security management
/ISO 18028/	ISO/IEC 18028: Information technology – Security techniques – IT network security, Part 1 bis Part 5 (2005/2006)
/ISO 21827/	ISO/IEC 21827:2008 Information technology – Systems Security Engineering – Capability Maturity Model (SSE-CMM®)
/ISO 27000/	ISO/IEC 27000:2009 Information technology – Security techniques – Information security management systems – Overview and vocabulary

/ISO 27001/	ISO/IEC 27001:2005 Information technology – Security techniques – Information security management systems – Requirements
/ISO 27002/	ISO/IEC 27002:2005 Information technology – Security techniques – Code of Practice for Information Security Management
/ISO 27003/	ISO/IEC 27003:2010 Information technology – Security techniques – Information security management system implementation guidance
/ISO 27004/	ISO/IEC 27004:2009 Information technology – Security techniques – Information security management – Measurement
/ISO 27005/	ISO/IEC 27005:2008 Information technology – Security techniques – Information security risk management
/ISO 27006/	ISO/IEC 27006:2007 Information technology – Security techniques – Requirements for bodies providing audit and certification of information security management systems
/ISO 27007/	ISO/IEC 27007:2011 Information technology – Security techniques – Guidelines for information security management systems auditing
/ISO TR 27008/	ISO/IEC TR 27008:2011 Information technology – Security techniques – Guidelines for auditors on information security management systems controls
/ISO 9000/	ISO 9001:2008, Qualitätsmanagementsystem – Anforderungen
/ISO 14000/	ISO 14001:2004/2009, Umweltmanagement-system – Anforderungen
/ISO 20000-1/	ISO/IEC 20000-1:2011 Information technology — Service management — Part 1: Service management system requirements
/ISO 20000-2/	ISO/IEC 20000-2:2012 Information technology — Service management — Part 2: Guidance on the application of service management systems
/ITSEC/	Information Technology Security Evaluation Criteria, Version 1.2, 1991

/ITSEM/	Information Technology Security Evaluation Manual, Version 1.0, 1993
/KeKl2012/	Mobile Device Management, mitp Professional, 2012, ISBN 978-3-8266-9214-7
/KSK2011/	IT-Nofallmanagement mit System, Springer-Vieweg, 2011, ISBN 978-3-8348-1288-9
/PCI-DSS/	Payment Card Industry Data Security Standard (PCI DSS), Version 2.0, 2010
/SigG/	Signaturgesetz vom 16. Mai 2001 (BGBl. I S. 876), zuletzt geändert durch Artikel 4 des Gesetzes vom 17. Juli 2009 (BGBl. I S. 2091)
/TCSEC/	Trusted Computer System Evaluation Criteria, DoD: 5200.28-STD, December 1985

Sachwortverzeichnis

J

W

Printed in the United States
By Bookmasters